Jeu gratuit sans obligation d'achat
CONCOURS DU MOIS
chaque mois
GAGNEZ
50 €
de livres
des Editions ENI
Pour participer au prochain tirage au sort,
inscrivez-vous sur
www.editions-eni.fr/jeu
Le tirage au sort à lieu le dernier mercredi de chaque mois.
Chaque mois, 10 gagnants seront tirés au sort et prévenus par e-mail.
Règlement complet sur
www.editions-eni.fr/jeu
eni
éditions
AF859100

MICROSOFT®

EXCEL 2007

Microsoft
GOLD CERTIFIED
Partner

Excel 2007

ISBN : 978-2-7460-3495-2
Imprimé en France

Editions ENI

ZAC du Moulin Neuf
Rue Benjamin Franklin
44800 St HERBLAIN

Tél : 02.51.80.15.15
Fax : 02.51.80.15.16

e-mail : editions@ediENI.com
http://www.editions-eni.com

La collection **Référence Bureautique** est dirigée par Corinne HERVO

Avant-propos

Cet ouvrage est destiné à tout utilisateur d'Excel 2007 (version d'Excel livrée avec Microsoft Office 2007). Il a été conçu pour vous permettre de retrouver rapidement les options à activer et les manipulations à effectuer pour réaliser telle ou telle opération. Les dessins d'écrans proposés tout au long de ces pages permettent d'expliciter la manœuvre en cours en affichant la boîte de dialogue correspondant à la commande ou en proposant un exemple précis.

Cet ouvrage est composé de treize parties :

Microsoft Office Excel 2007 .... pages 13 à 40

Cette première partie décrit le nouvel environnement de travail proposé par Excel 2007.

La gestion des fichiers .... pages 41 à 68

Cette seconde partie décrit l'ensemble des commandes qui permettent d'enregistrer, d'ouvrir, de gérer les classeurs et les modèles.

La saisie/modification de données .... pages 69 à 100

Vous trouverez dans cette partie tout ce que vous devez savoir pour saisir, modifier, copier, déplacer... les données de vos feuilles de calcul.

Les feuilles de calcul .... pages 101 à 122

Dès les premières données saisies, vous aurez besoin de gérer les feuilles de calcul du classeur et les lignes et colonnes du tableau. Vous optimiserez la saisie en créant des zones nommées.

Les calculs .... pages 123 à 162

Après la saisie des différentes données de votre tableau, vous devez y insérer les formules permettant des calculs divers. Cette partie détaille aussi les fonctions d'audit des feuilles de calcul.

La présentation des données .... pages 163 à 202

Une fois les données et les calculs saisis, vous pouvez utiliser toutes les fonctions d'Excel pour enjoliver vos feuilles de calcul par l'application de mises en valeur, format, bordure, style et thèmes.

La réorganisation des données .... pages 203 à 226

Cette partie aborde des fonctions avancées concernant la gestion de vos tableaux : comment trier les données, les filtrer et optimiser l'exploitation de grands tableaux à l'aide des plans.

L'impression des données .... pages 227 à 242

Votre tableau terminé et mis en forme, vous voilà prêt à l'imprimer. Découvrez dans cette partie, les techniques de mise en page et d'impression des feuilles.

Avant-propos

Les graphiques..pages 243 à 268
Pour mettre en valeur les données chiffrées du tableau, vous pourrez réaliser des graphiques divers.

Les objets graphiques...pages 269 à 290
Vous pouvez aussi agrémenter vos feuilles de calcul d'objets graphiques divers : formes diverses, objet WordArt, image, diagramme...

Les tableaux de données et tableaux croisés dynamiques..........pages 291 à 308
Excel vous permet aussi de gérer des tableaux de données (tableaux présentés sous forme de liste de données) et de concevoir à partir de ces données, des tableaux et graphiques croisés dynamiques.

Le travail collaboratif...pages 309 à 328
Après avoir abordé la protection des données et des macros par l'utilisation de mots de passe, vous verrez dans cette partie comment travailler à plusieurs sur un même classeur grâce au suivi des modifications.

Les fonctions avancées diverses...pages 329 à 371
Cette dernière partie vous présente des fonctions plus spécifiques concernant la saisie des données (création de séries de données personnalisées, annotation des cellules...), l'insertion de liens hypertexte, l'importation de données à partir d'une base de données Access, d'une page Web, l'exportation de vos données Excel vers d'autres applications, la création de macro-commandes et de pages Web.

Vous trouverez en **Annexe** la liste des principaux raccourcis-clavier. Les dernières pages de cet ouvrage présentent un **index thématique** qui sera fort utile pour retrouver rapidement les manipulations correspondant à tel ou tel thème.

Conventions typographiques

Pour que l'utilisateur puisse plus facilement retrouver et interpréter les informations qui l'intéressent, nous avons adopté les conventions typographiques suivantes.

Ces styles de caractères sont utilisés pour :

gras	indiquer une option du menu ou d'une boîte de dialogue à activer.
italique	un commentaire introduisant la manipulation ou explicitant les modifications visibles sur votre écran.
Ctrl	symboliser les touches du clavier sur lesquelles vous devez appuyer ; lorsque deux touches sont placées l'une à côté de l'autre, vous devez appuyer simultanément sur les deux touches.

Avant-propos

Les symboles suivants introduisent :

- la manipulation à exécuter (activer une option, cliquer avec la souris...).

 une remarque d'ordre général sur la commande en cours.

 une astuce à connaître et à retenir !

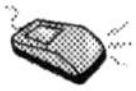 des manipulations à effectuer exclusivement avec la souris.

 des manipulations à effectuer exclusivement au clavier.

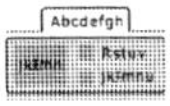

des manipulations à effectuer exclusivement avec les outils des rubans.

Avant-propos

Table des matières

Microsoft Office Excel 2007

Généralités

Aide

Personnalisation

Affichage

Table des matières

La gestion des fichiers

La saisie/modification des données

Table des matières

Table des matières

Table des matières

Table des matières

Table des matières

Options graphiques

Les objets graphiques

Objets graphiques

Table des matières

Importation/exportation

Macro-commandes

Pages Web

Annexes

Table des matières

Microsoft Office Excel 2007

première partie

Lancer Microsoft Office Excel 2007

- Cliquez sur le bouton **démarrer**.
- Faites glisser la souris sur l'option **Tous les programmes** puis sur l'option **Microsoft Office.**
- Cliquez sur l'option **Microsoft Office Excel 2007.**

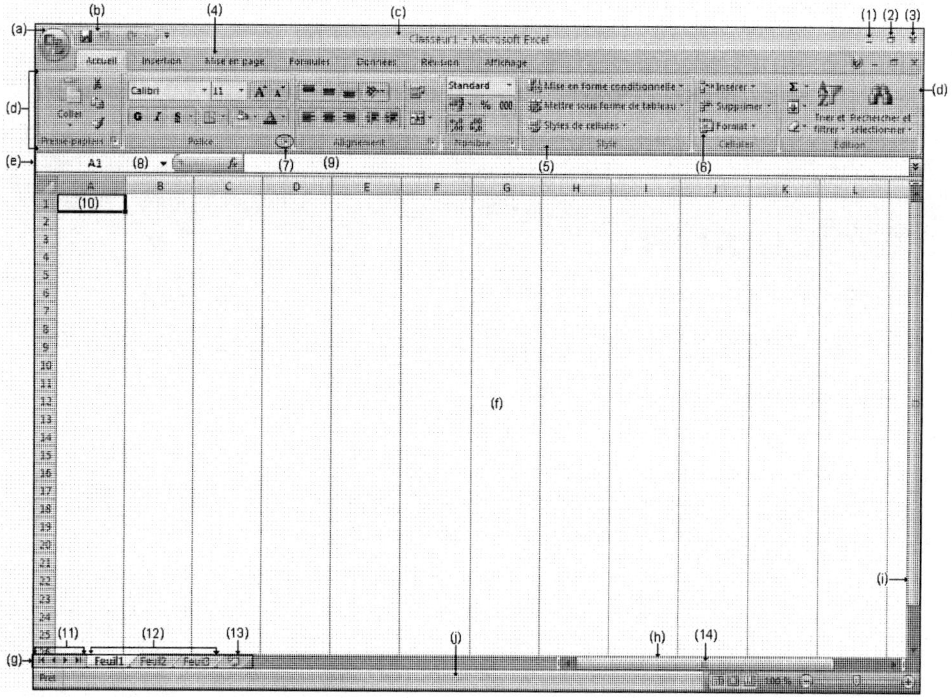

Une fenêtre intitulée Classeur1 - Microsoft Excel s'affiche dans l'écran entier.

- Le bouton **Microsoft Office** (a) remplace le menu **Fichier** des versions précédentes de Excel : il ouvre un menu donnant accès aux fonctionnalités de base de l'application (créer un nouveau classeur, ouvrir, enregistrer et fermer un classeur, imprimer...) mais aussi à d'autres fonctionnalités comme celle permettant de partager un fichier ou encore, celle permettant de paramétrer l'application Excel.
- La barre **d'outils Accès rapide** (b) contient les outils les plus fréquemment utilisés. Vous pouvez la personnaliser en l'affichant sous le ruban ou en y ajoutant de nouveaux outils (cf. Chapitre Personnalisation).

- La **barre de titre** (c) affiche le nom du classeur (**ClasseurN** lorsque celui-ci n'est pas encore enregistré) suivi du nom de l'application Microsoft Excel ; sur la droite, vous retrouvez les boutons **Réduire** (1), **Agrandir** ou **Niveau inférieur** (2) et **Fermer** (3).

  En dessous apparaissent les boutons **Réduire la fenêtre** et **Restaurer la fenêtre** concernant la fenêtre du classeur.

- Le **Ruban** (d) comporte la majorité des commandes de l'application et remplace les menus et les barres d'outils des versions précédentes de Microsoft Excel. Ces commandes sont regroupées par tâches, chacune de ces tâches étant représentée par un **onglet** (4). La sélection de certains objets (comme par exemple une image), fait apparaître des onglets supplémentaires, appelés onglets contextuels. Ces onglets s'affichent à droite des onglets standards et regroupent les commandes appropriées à l'objet sélectionné. Chaque onglet présente plusieurs **groupes** (5) de commandes (ou sous-tâches) dans lesquels vous visualisez des **boutons de commande** (6) permettant de réaliser la plupart des manipulations. Certains des groupes présentent un **lanceur de boîte de dialogue** (7) permettant d'afficher une boîte de dialogue ou un volet Office donnant accès à des options supplémentaires.

- La **barre de formule** (e) contient la **zone de nom** (8) et la **zone de formule** (9) ; la zone de nom permet d'afficher des informations sur la cellule active tandis que la zone de formule permet de saisir et de modifier des données ; chacune de ces deux zones peut être dimensionnée (cf. Chapitre Affichage).

- La **feuille de calcul** (f) est composée de cellules organisée en lignes et en colonnes ; les lignes sont caractérisées par des numéros tandis que les colonnes le sont par des lettres ; avec Excel 2007, vous disposez de 1 048 576 lignes et de 16 384 colonnes (identifiée XFD) ; chaque cellule correspond à l'intersection d'une ligne et d'une colonne et est identifiée par la lettre associée à cette colonne et le numéro associé à cette ligne (on parle de référence de cellule). Par exemple, la cellule située à l'intersection de la troisième colonne et de la dixième ligne est identifiée **C10**. Lorsque vous êtes positionné dans une cellule, elle devient la cellule **active** (10) et sa référence apparaît dans la zone de nom de la barre de formule. Le carré noir qui apparaît dans le coin inférieur droit de la cellule active s'appelle la **poignée de recopie**.

- Un classeur étant composé de plusieurs feuilles de calcul (3 par défaut), Excel affiche dans le bas de la feuille de calcul active, la barre des **onglets de feuille de calcul** (g) qui permet d'identifier chaque feuille ; cette barre contient les boutons de défilement des feuilles (11), les différents onglets des feuilles (12) et le bouton **Insérer une feuille de calcul** (13).

- Les **barres de défilement** servent à faire défiler la feuille de calcul à l'horizontale (h) et à la verticale (i) ; les rectangles visibles dans ces barres (14) sont appelés curseurs de défilement.
- La **barre d'état** (j) affiche des informations sur l'environnement de travail, le mode de vue, le bouton Zoom et le curseur de zoom. Vous pouvez modifier les indicateurs qu'elle est susceptible d'afficher (cf. Chapitre Personnalisation).

Quitter Microsoft Office Excel 2007

- Cliquez sur le bouton **Microsoft Office** puis sur le bouton **Quitter Excel** visible dans la partie inférieure droite du menu.
- Enregistrez, si besoin est, les classeurs modifiés (l'option **Oui pour tout** permet d'enregistrer tous les classeurs ouverts avant de quitter l'application).

Si un seul classeur est ouvert dans l'application Excel, vous pouvez également cliquer sur le bouton X ou utiliser le raccourci-clavier Alt F4 pour quitter Excel.

Utiliser/gérer le ruban

Le ruban regroupe la majorité des commandes de l'application et remplace les menus et les barres d'outils des versions précédentes de Microsoft Office Excel.

- Pour afficher le contenu d'un onglet, cliquez sur son nom.

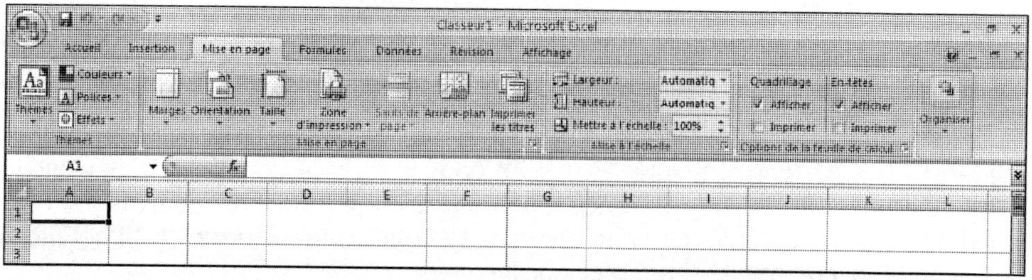

*Chaque onglet est divisé en plusieurs groupes. Par exemple, dans l'onglet **Mise en page**, qui traite de la présentation des pages du classeur, les commandes sont réparties dans quatre groupes : **Thèmes**, **Mise en page**, **Mise à l'échelle** et **Options de la feuille de calcul**.*

- Pour réduire temporairement le ruban afin de disposer de plus d'espace à l'écran, faites un double clic sur un onglet ou utilisez le raccourci-clavier Ctrl F1.

Seuls les onglets restent visibles à l'écran permettant ainsi d'augmenter la taille de la fenêtre du document.

- Pour afficher à nouveau le ruban en entier, cliquez sur un onglet ou utilisez le raccourci-clavier Ctrl F1.
- Pour réduire le ruban de façon permanente, cliquez sur le bouton **Personnaliser la barre d'outils Accès rapide** ; dans la liste, cliquez sur l'option **Réduire le ruban**. Pour utiliser le ruban lorsqu'il est réduit, cliquez sur l'onglet que vous voulez utiliser, puis sur l'option ou la commande voulue.
- Pour afficher la boîte de dialogue ou le volet Office associé à un groupe, cliquez sur le bouton visible dans la partie inférieure droite du groupe de commandes concerné.
- Pour accéder au ruban à l'aide du clavier, appuyez sur la touche Alt.

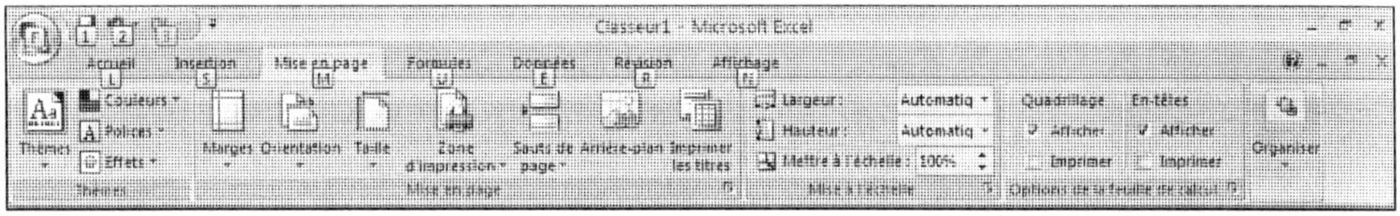

Les raccourcis-clavier de la barre d'accès rapide et des onglets sont désormais visibles.

Appuyez sur la lettre visible sur le ruban correspondant à l'onglet à activer.

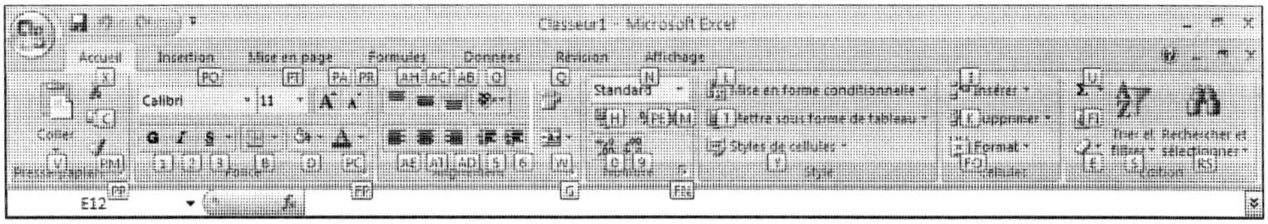

Un raccourci est associé à chaque commande de l'onglet actif.

Appuyez sur la lettre correspondant à l'option à laquelle vous souhaitez accéder. Si deux lettres sont associées à une option, tapez-les l'une après l'autre.

*Vous pouvez aussi utiliser directement le raccourci-clavier pour activer un onglet. Par exemple, le raccourci-clavier Alt **R** active l'onglet **Révision**.*

Les raccourcis-clavier sont masqués automatiquement après exécution d'une commande. Cependant, si aucune commande ne doit être exécutée, appuyez sur la touche Alt pour masquer les raccourcis-clavier.

Si le ruban remplace les menus et barres d'outils des versions précédentes, les menus contextuels sont conservés ; un menu contextuel apparaît lorsque vous cliquez avec le bouton droit de la souris sur un élément et affiche uniquement les commandes liées à cet élément.

Annuler les dernières manipulations

- Pour annuler la dernière manipulation, cliquez sur l'outil **Annuler** visible dans la barre d'outils **Accès rapide** ou utilisez le raccourci-clavier Ctrl **Z**.
- Pour annuler les dernières manipulations, cliquez sur la flèche associée à l'outil **Annuler** pour ouvrir la liste des dernières actions puis cliquez sur la dernière des manipulations à annuler (cette action et toutes celles qui ont suivi seront annulées).

Certaines actions, telles que l'ouverture ou l'enregistrement d'un classeur, ne peuvent pas être annulées. Dans ce cas, l'outil **Annuler** est remplacé par **Impossible d'annuler**.

Rétablir des manipulations précédemment annulées

- Pour rétablir la dernière action annulée, cliquez une fois sur l'outil **Rétablir** visible dans la barre d'outils **Accès rapide** ou utilisez le raccourci-clavier Ctrl **Y**.
- Pour rétablir les dernières actions annulées, cliquez autant de fois que nécessaire sur l'outil **Rétablir** visible dans la barre d'outils **Accès rapide**.

Répéter la dernière manipulation

Plutôt que de refaire plusieurs fois de suite la même manipulation, il est possible de la répéter.

- Si besoin, sélectionnez les cellules concernées par la répétition.
- Cliquez sur l'outil **Répéter** visible dans la barre d'outils **Accès rapide** ou utilisez le raccourci-clavier Ctrl **Y** ou F4.

Dans la barre d'outils **Accès rapide**, les outils **Rétablir** et **Répéter** ne sont jamais visibles en même temps. En effet, ces outils ont le même emplacement dans la barre d'outils ; l'un ou l'autre est visible en fonction de la manipulation effectuée. Par exemple, si vous venez d'annuler une action, vous visualisez l'outil **Rétablir** tandis que si vous venez d'effectuer une mise en forme de cellule, vous visualisez l'outil **Répéter**.

Lancer/quitter l'application d'aide de Microsoft Office Excel 2007

Nous vous conseillons vivement d'être connecté à Internet pour utiliser l'aide de Microsoft Office Excel. Vous pouvez ainsi bénéficier d'une aide plus complète et mise à jour.

Cliquez sur l'outil **Aide sur Microsoft Office Excel** visible dans la partie droite du ruban ou dans une boîte de dialogue ou encore appuyez sur la touche F1.

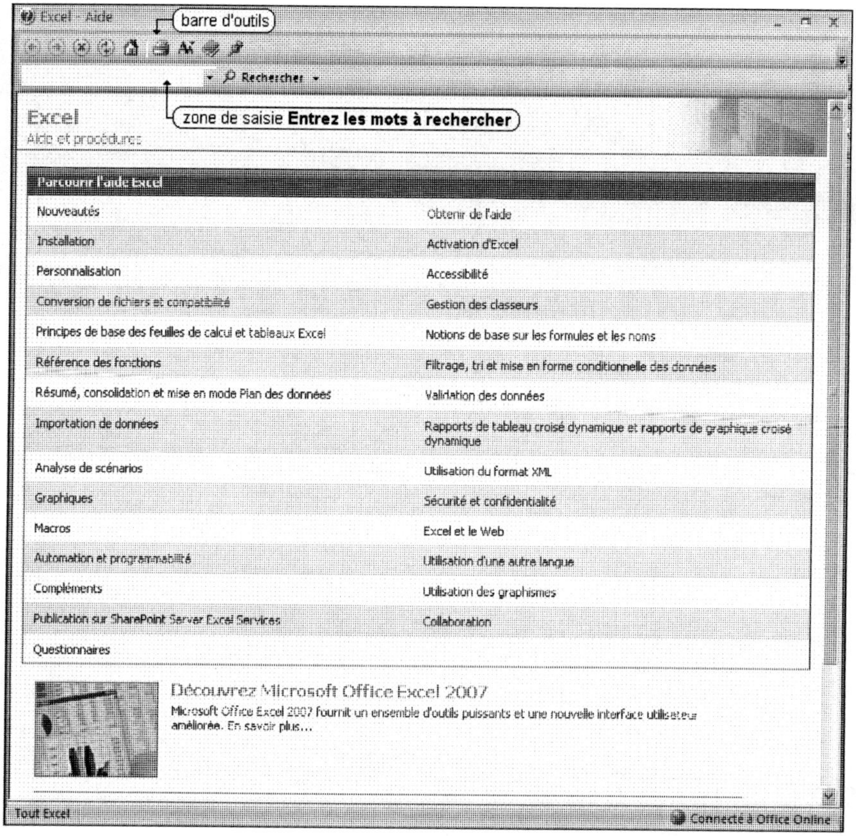

La fenêtre ***Excel - Aide*** *s'affiche à l'écran. Si votre connexion Internet est active, la page d'accueil de l'aide d'Excel, nommée* ***Aide et procédures****, apparaît après téléchargement des informations sur le site Microsoft Office Online. Vous visualisez alors le libellé* ***Connecté à Office Online*** *dans le coin inférieur droit de la fenêtre d'aide ; dans le cas contraire, c'est le texte* ***Hors connexion*** *qui apparaît.*

- Pour quitter l'application d'aide, cliquez sur son bouton **Fermer** [x] ou utilisez le raccourci-clavier [Alt][F4].

Pour basculer de l'aide en ligne à l'aide hors connexion, cliquez sur le bouton signalant l'état de connexion (**Connecté à Office Online** ou **Hors connexion**) visible dans le coin inférieur droit de la fenêtre puis activez une des deux options proposées : **Afficher un contenu à partir d'Office Online** ou **Afficher un contenu à partir de cet ordinateur uniquement**. Vous retrouverez l'état de connexion choisi à la prochaine ouverture de la fenêtre d'aide.

Effectuer une recherche à partir de la page d'accueil

- Lancez, si besoin, l'application d'aide sur Excel.
- Affichez, si besoin est, la page d'accueil de l'aide en cliquant sur l'outil **Accueil** visible dans la barre d'outils de la fenêtre d'aide.
- Pointez le lien correspondant à l'aide que vous souhaitez consulter.

  Lorsque vous pointez un lien, il apparaît souligné et le pointeur de la souris prend la forme d'une main avec un doigt pointé.
- Cliquez pour faire apparaître les rubriques contenues dans le lien.

  Les différentes rubriques sont précédées du symbole .
- Pour consulter une rubrique, pointez son nom et cliquez dessus.

Les outils et permettent d'afficher une des pages précédemment consultées.

Effectuer une recherche à partir de la table des matières

- Lancez, si besoin, l'application d'aide sur Excel.
- Affichez, si besoin est, la table des matières en cliquant sur l'outil **Afficher la table des matières** visible dans la barre d'outils de la fenêtre d'aide.

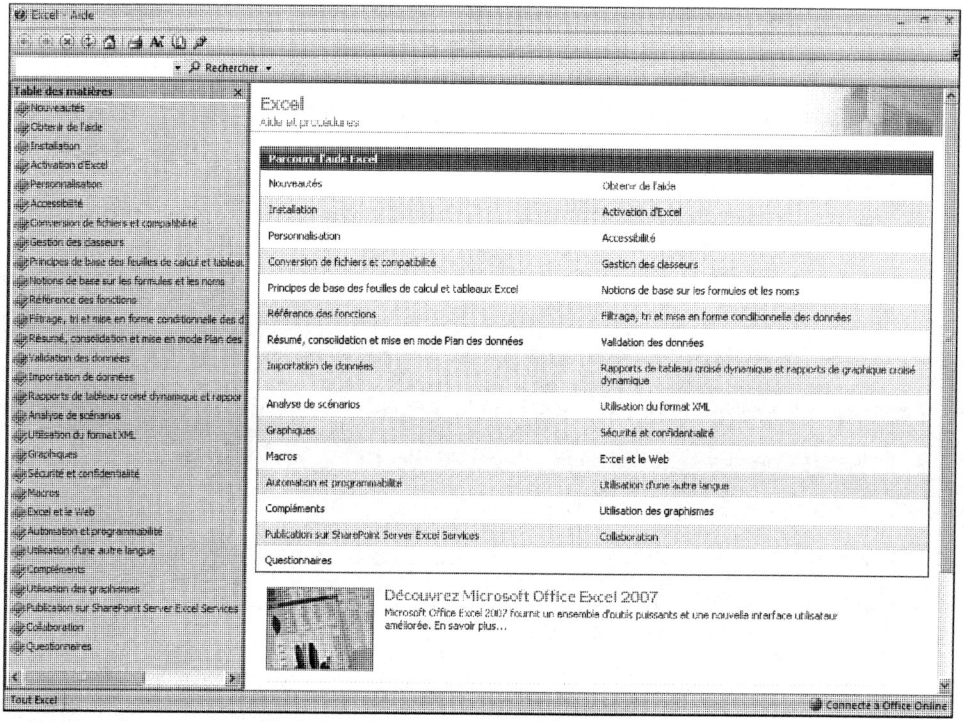

La table des matières s'affiche dans la partie gauche de la fenêtre d'aide. Elle est composée de catégories d'aide représentées par un livre fermé  *lorsqu'elles ne sont pas développées ou par un livre ouvert*  *dans le cas contraire. Lorsqu'une catégorie est développée, les différentes rubriques qu'elle contient apparaissent précédées du symbole* .

- Pour développer l'arborescence d'une catégorie d'informations, cliquez sur le nom de la catégorie à développer.
- Pour refermer l'arborescence d'une catégorie d'informations, cliquez à nouveau sur le nom de la catégorie concernée.
- Pour afficher le détail d'une rubrique, cliquez sur son nom.

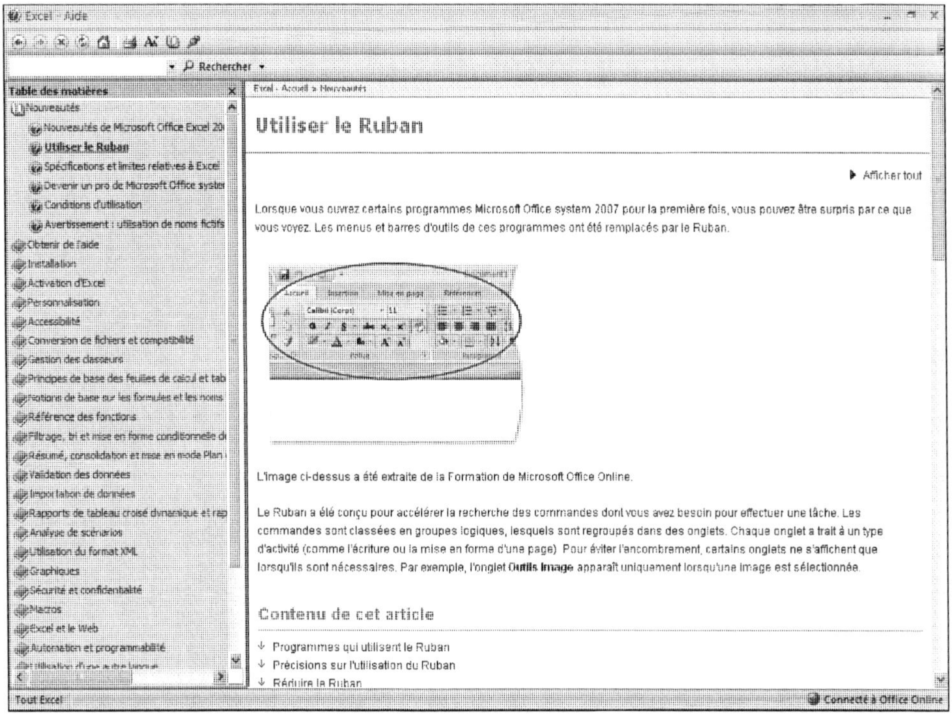

Le nom de la rubrique apparaît en gras et en souligné dans la partie gauche de la fenêtre tandis que son contenu s'affiche dans la partie droite de la fenêtre.

Si vous restez trop longtemps sans consulter les rubriques d'aide de la table des matières, la connexion peut s'interrompre ; dans ce cas, cliquez sur l'outil **Actualiser** pour mettre à jour les rubriques.

Effectuer une recherche à partir de mots clés

- Lancez, si besoin, l'application d'aide sur Excel.
- Saisissez le ou les mots clés correspondant à la recherche à effectuer dans la zone de saisie **Entrez les mots à rechercher**.
- Cliquez sur le bouton **Rechercher** ou appuyez sur la touche [Entrée].

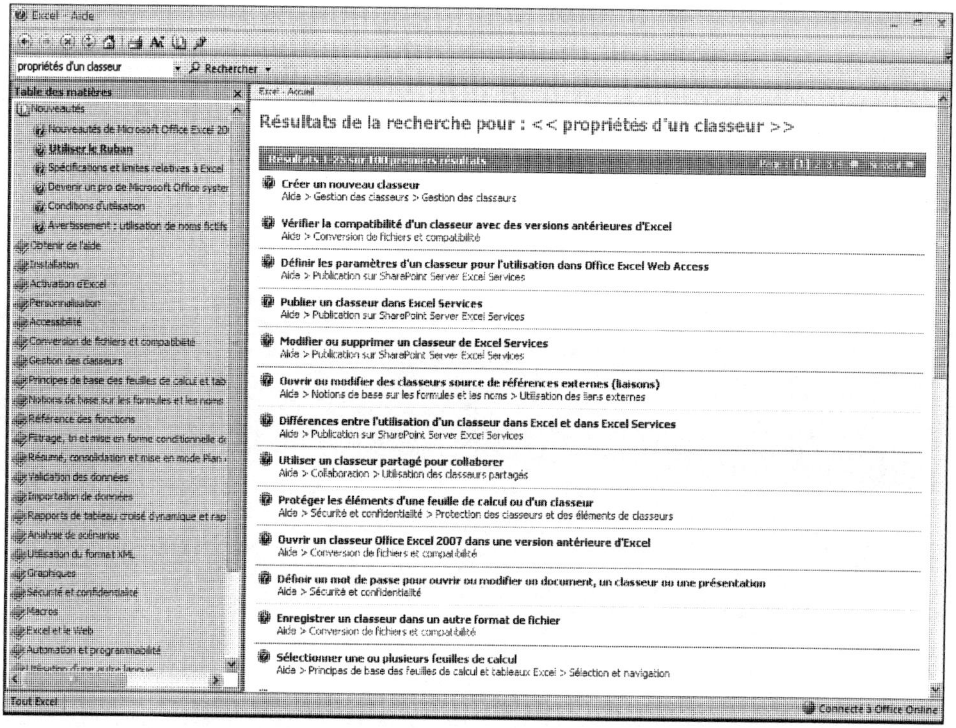

Le titre des rubriques correspondant au thème recherché s'affiche dans la fenêtre d'aide. Le nombre de rubriques trouvées est visible dans la partie supérieure de la fenêtre de résultats, au-dessus de la première rubrique. Si les rubriques trouvées sont nombreuses, elles sont réparties dans plusieurs pages.

- Si besoin, activez la page contenant la rubrique pour laquelle vous souhaitez afficher l'aide en cliquant sur le numéro correspondant visible dans la partie supérieure droite de la fenêtre de résultats.

  Vous pouvez également utiliser les boutons  *et*  *pour atteindre les pages précédentes ou suivantes.*

- Cliquez sur le nom de la rubrique pour afficher son contenu.

  Si la table des matières est affichée, le contenu de la rubrique apparaît dans la partie droite de la fenêtre d'aide ; l'arborescence de la table des matières est développée et le titre de la rubrique correspondant est mis en gras et souligné.

Pour effectuer une recherche à l'aide de mots clés utilisés récemment, ouvrez la liste **Entrez les mots à rechercher** puis cliquez sur le texte à partir duquel vous souhaitez effectuer la recherche : les rubriques d'aide correspondantes s'affichent automatiquement sans que vous ayez besoin de cliquer sur le bouton **Rechercher**. Cette liste se vide automatiquement à chaque fermeture de la fenêtre d'aide.

Pour restreindre la recherche du mot clé à un domaine précis, ouvrez la liste associée au bouton **Rechercher** de la fenêtre d'aide, puis cliquez sur l'option correspondant au domaine voulu (par défaut, l'option **Tout Excel** est sélectionnée).

Gérer la fenêtre d'aide

- Lorsque la fenêtre d'aide n'occupe pas tout l'écran, vous pouvez la garder en permanence au-dessus (au premier plan) des autres fenêtres de l'application Excel ; pour cela, cliquez sur l'outil **Ne pas placer sur le dessus** ; l'outil **Maintenir sur le dessus** est désormais visible et seul un clic sur l'outil permet de masquer la fenêtre d'aide.
- Si vous souhaitez que la fenêtre d'aide puisse être à nouveau masquée par les autres fenêtres de l'application Excel, cliquez sur l'outil **Maintenir sur le dessus** : l'outil **Ne pas placer sur le dessus** est à nouveau visible ; le fait d'activer une autre fenêtre Excel masque automatiquement la fenêtre d'aide. Pour l'afficher de nouveau, il vous faudra cliquer sur le bouton correspondant dans la barre des tâches.
- Pour modifier la taille du texte de la fenêtre d'aide, cliquez sur l'outil puis cliquez sur l'option correspondant à la taille de caractères souhaitée ; l'option **Moyenne** est sélectionnée par défaut.
- Pour mettre à jour le contenu de la fenêtre d'aide si votre connexion Internet est active, cliquez sur l'outil visible dans la barre d'outils ; l'outil permet de stopper l'ouverture d'une page.
- Pour ajouter/supprimer des outils à la barre d'outils, cliquez sur l'outil visible dans la partie supérieure droite de la fenêtre d'aide puis pointez l'option **Ajouter/supprimer des boutons**. Cochez ensuite les options correspondant aux outils à ajouter et décochez celles correspondant aux outils à supprimer ; l'option **Réinitialiser la barre d'outils** permet de retrouver la barre d'outils d'origine.

Déplacer la barre d'outils Accès rapide

- Cliquez sur l'outil **Personnaliser la barre d'outils Accès rapide** .
- Cliquez sur l'option **Afficher en dessous du ruban.**

Pour placer à nouveau la barre d'outils Accès rapide sur le ruban, cliquez sur l'outil **Personnaliser la barre d'outils Accès rapide** puis activez l'option **Afficher au-dessus du ruban.**

Personnaliser la barre d'outils Accès rapide

- Cliquez sur l'outil **Personnaliser la barre d'outils Accès rapide** puis sur l'option **Autres commandes.**

  *La boîte de dialogue **Options Excel** s'ouvre et active la catégorie **Personnaliser**.*

- Choisissez si la personnalisation concerne tous les classeurs Excel ou seulement le classeur actif ; pour cela, ouvrez la liste **Personnaliser la barre d'outils Accès rapide** et activez l'option **Pour tous les documents (par défaut)** ou l'option **Pour Nom du classeur actif.**

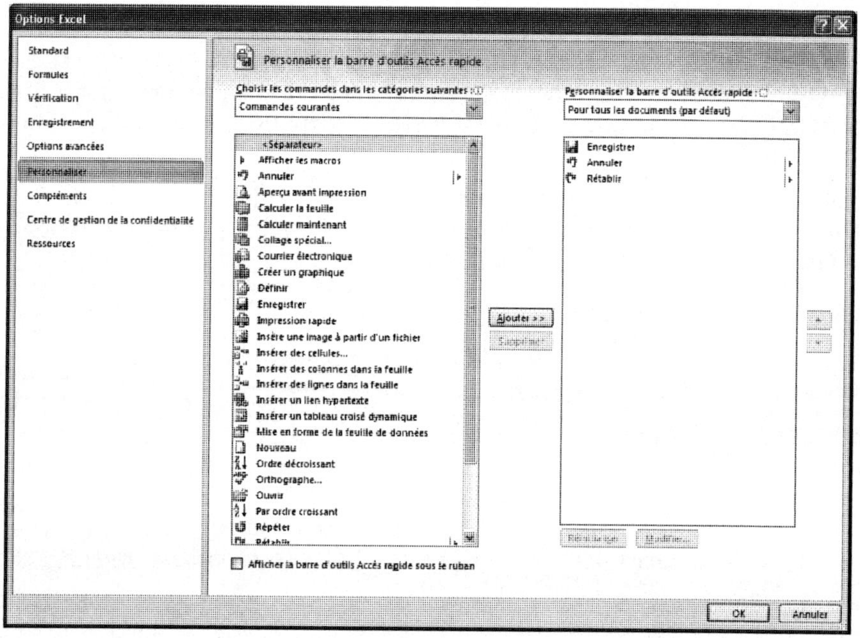

- Apportez vos modifications (cf. sous-titres suivants) puis, lorsque toutes les modifications sont apportées, cliquez sur le bouton **OK** de la boîte de dialogue **Options Excel**.

Ajouter une commande à la barre d'outils Accès rapide

- Ouvrez la liste **Choisir les commandes dans les catégories suivantes** puis cliquez sur la catégorie de commandes contenant la commande à ajouter.
- Dans la liste des commandes de la catégorie sélectionnée, cliquez sur la commande à ajouter.
- Cliquez sur le bouton **Ajouter**.

Supprimer une commande de la barre d'outils Accès rapide

- Ouvrez la liste **Choisir les commandes dans les catégories suivantes** puis cliquez sur la catégorie de commandes contenant la commande à supprimer.
- Dans la liste des commandes de la barre d'outils **Accès rapide**, située à droite de la boîte de dialogue, cliquez sur la commande à retirer.
- Cliquez sur le bouton **Supprimer**.

Modifier l'ordre des commandes de la barre d'outils Accès rapide

- Dans la liste des commandes de la barre d'outils **Accès rapide**, située à droite de la boîte de dialogue, cliquez sur la commande à déplacer.
- Cliquez sur le bouton  ou sur le bouton  en fonction du sens voulu pour le déplacement.

Pour réinitialiser la barre d'outils **Accès rapide**, cliquez sur le bouton **Réinitialiser** de la boîte de dialogue **Options Excel** et confirmez en cliquant sur le bouton **Oui** du message qui s'affiche.

Afficher/masquer les info-bulles

Par défaut, lorsque vous pointez une commande du ruban, un texte descriptif de la commande pointée s'affiche dans une fenêtre appelée info-bulle. Vous pouvez choisir de ne pas afficher ces info-bulles ou encore, de n'afficher que le nom de la commande sans son descriptif.

Ci-dessous, vous visualisez le descriptif de la commande ***Renvoi à la ligne automatiquement*** *dans une info-bulle avancée :*

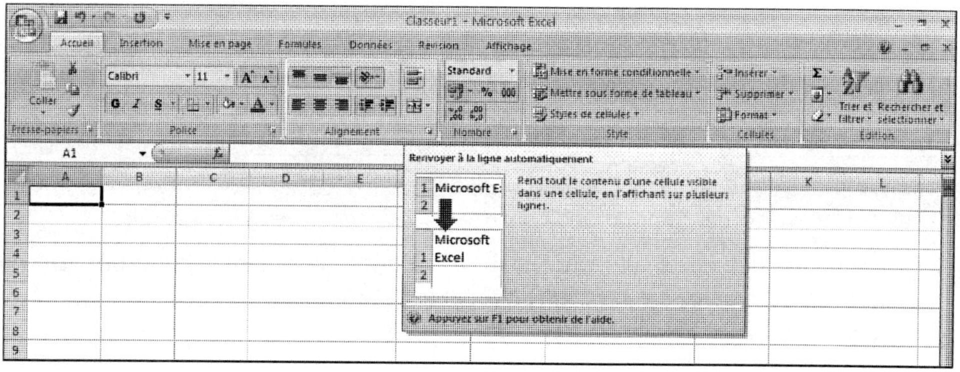

- Cliquez sur le bouton **Microsoft Office**  puis cliquez sur le bouton **Options Excel.**
- Dans la partie gauche de la boîte de dialogue, sélectionnez la catégorie **Standard.**
- Ouvrez la liste **Style d'info-bulle** présente dans la zone **Meilleures options pour travailler avec Excel** puis cliquez sur une des options suivantes :

  Afficher les descriptions de fonctionnalités dans des info-bulles : cette option active les info-bulles avancées : le nom de la commande pointée suivi d'un texte descriptif de celle-ci s'affiche dans la fenêtre de l'info-bulle ; s'il existe un raccourci-clavier pour la commande pointée, celui-ci apparaît entre parenthèses à droite du nom de la commande.

  Ne pas afficher les descriptions de fonctionnalités dans des info-bulles : cette option désactive les info-bulles avancées : seuls le nom de la commande pointée et le raccourci-clavier s'il existe, s'affichent dans la fenêtre de l'info-bulle.

  Ne pas afficher les info-bulles : cette option désactive les info-bulles : aucune info-bulle n'apparaît lorsqu'une commande est pointée.

- Cliquez sur le bouton **OK.**

Si vous avez choisi d'activer les info-bulles avancées, lorsque vous pointez certaines commandes, vous visualisez le texte **Appuyez sur F1 pour obtenir de l'aide**. Dans ce cas, il vous suffit d'appuyer sur la touche F1 pour ouvrir la rubrique d'aide correspondant à la commande pointée.

Personnaliser la barre d'état

Les indicateurs affichés sur la barre d'état peuvent être ou non affichés.

- Cliquez avec le bouton droit de la souris sur la barre d'état.

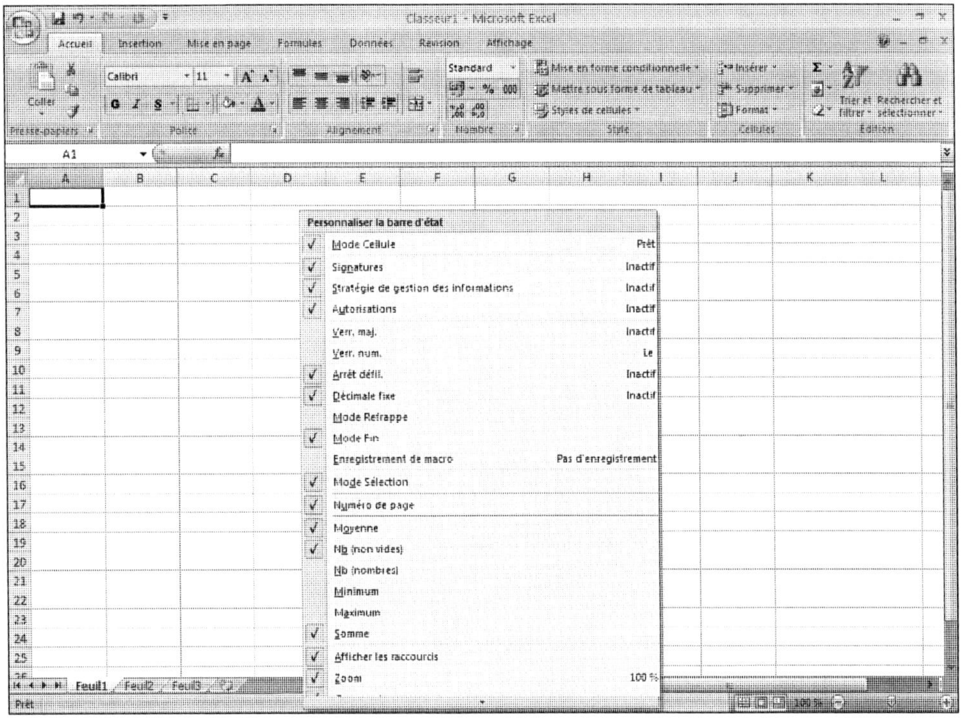

Les options cochées correspondent aux indicateurs qui peuvent apparaître, en fonction des manipulations que vous faites.

- Cliquez sur les options souhaitées pour les activer ou les désactiver.
- Lorsque vous avez terminé, cliquez en dehors de la barre d'état pour valider.

Changer le mode d'affichage

Microsoft Office Excel 2007 propose trois principaux modes d'affichage.

Le mode Normal

Le mode Normal est le mode d'affichage activé et utilisé par défaut.

- Dans l'onglet **Affichage**, cliquez sur le bouton **Normal** du groupe **Affichages classeur** ou cliquez sur l'outil visible à droite dans la barre d'état.

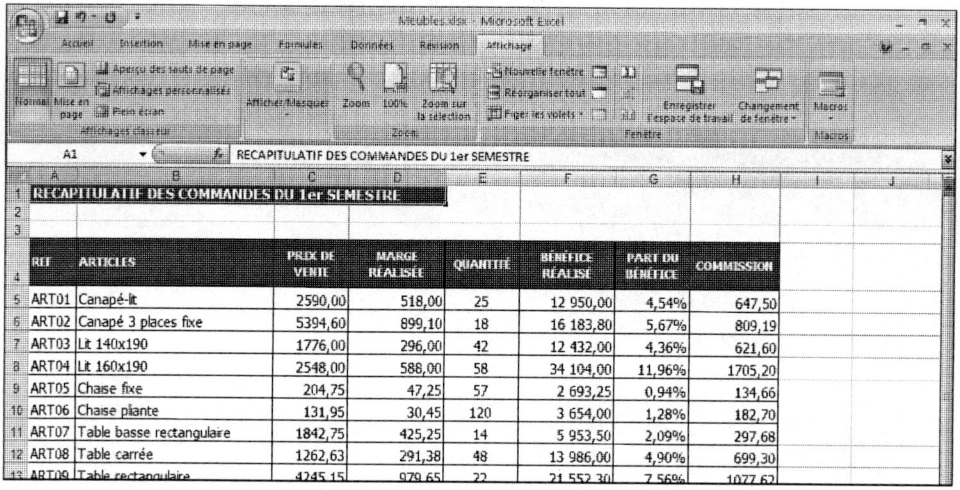

RECAPITULATIF DES COMMANDES DU 1er SEMESTRE

REF	ARTICLES	PRIX DE VENTE	MARGE RÉALISÉE	QUANTITÉ	BÉNÉFICE RÉALISÉ	PART DU BÉNÉFICE	COMMISSION
ART01	Canapé-lit	2590,00	518,00	25	12 950,00	4,54%	647,50
ART02	Canapé 3 places fixe	5394,60	899,10	18	16 183,80	5,67%	809,19
ART03	Lit 140x190	1776,00	296,00	42	12 432,00	4,36%	621,60
ART04	Lit 160x190	2548,00	588,00	58	34 104,00	11,96%	1705,20
ART05	Chaise fixe	204,75	47,25	57	2 693,25	0,94%	134,66
ART06	Chaise pliante	131,95	30,45	120	3 654,00	1,28%	182,70
ART07	Table basse rectangulaire	1842,75	425,25	14	5 953,50	2,09%	297,68
ART08	Table carrée	1262,63	291,38	48	13 986,00	4,90%	699,30
ART09	Table rectangulaire	4245,15	979,65	22	21 552,30	7,56%	1077,62

Le mode Mise en page

- Dans l'onglet **Affichage**, cliquez sur le bouton **Mise en page** du groupe **Affichages classeur** ou cliquez sur l'outil visible à droite dans la barre d'état.

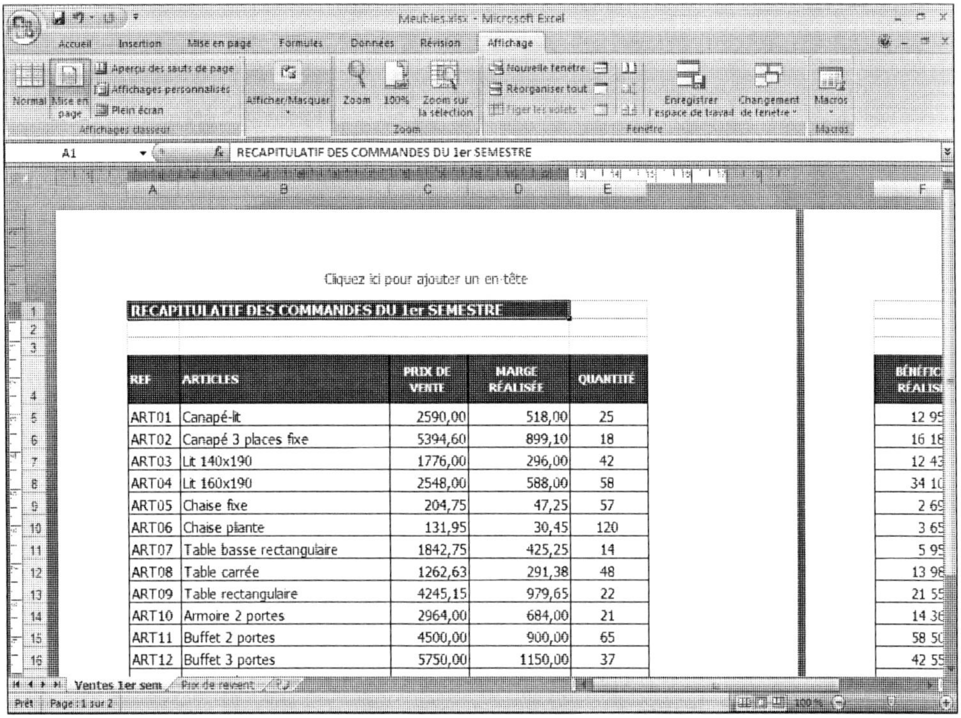

En mode Mise en page, Excel affiche la disposition générale de la feuille de calcul telle qu'elle sera imprimée sur une feuille de papier ; vous visualisez le haut de deux pages ; une règle horizontale et une règle verticale apparaissent, qui permettent de positionner correctement les objets et d'afficher ou de modifier directement les marges de page dans la feuille de calcul. Vous avez aussi la possibilité de créer ou de modifier les en-têtes et les pieds de page.

Le mode Aperçu des sauts de page

Ce mode d'affichage permet de visualiser les sauts de page existants et de les déplacer.

- Dans l'onglet **Affichage**, cliquez sur le bouton **Aperçu des sauts de page** du groupe **Affichages classeur** ou cliquez sur l'outil visible à droite dans la barre d'état.

Une boîte de dialogue apparaît, indiquant que vous pouvez déplacer les sauts de page en les faisant glisser.

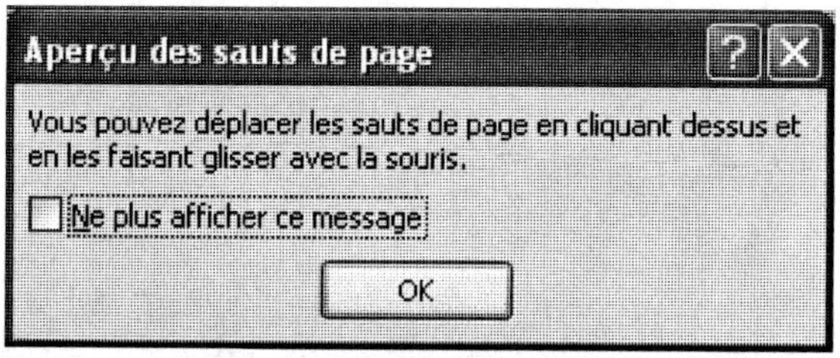

- Activez l'option **Ne plus afficher ce message** si cette boîte de dialogue ne doit plus apparaître ; cliquez ensuite sur le bouton **OK.**

  Les sauts de page sont matérialisés par des traits bleus, continus pour les sauts de page manuels et en pointillés pour les sauts de page automatiques. Vous pouvez travailler normalement dans la feuille de calcul (saisir, modifier des données...).

- Pour déplacer un saut de page, pointez le trait bleu puis faites-le glisser à sa nouvelle position.

Activer le mode Plein écran

*Quel que soit le mode d'affichage actif, le mode Plein écran permet de visualiser seulement la feuille de calcul, sans la barre d'outils **Accès rapide**, le ruban et la barre d'état.*

- Activez le mode d'affichage voulu (**Normal**, **Mise en page** ou **Aperçu des sauts de page**).
- Dans l'onglet **Affichage**, cliquez sur le bouton **Plein écran** du groupe **Affichages classeur**.

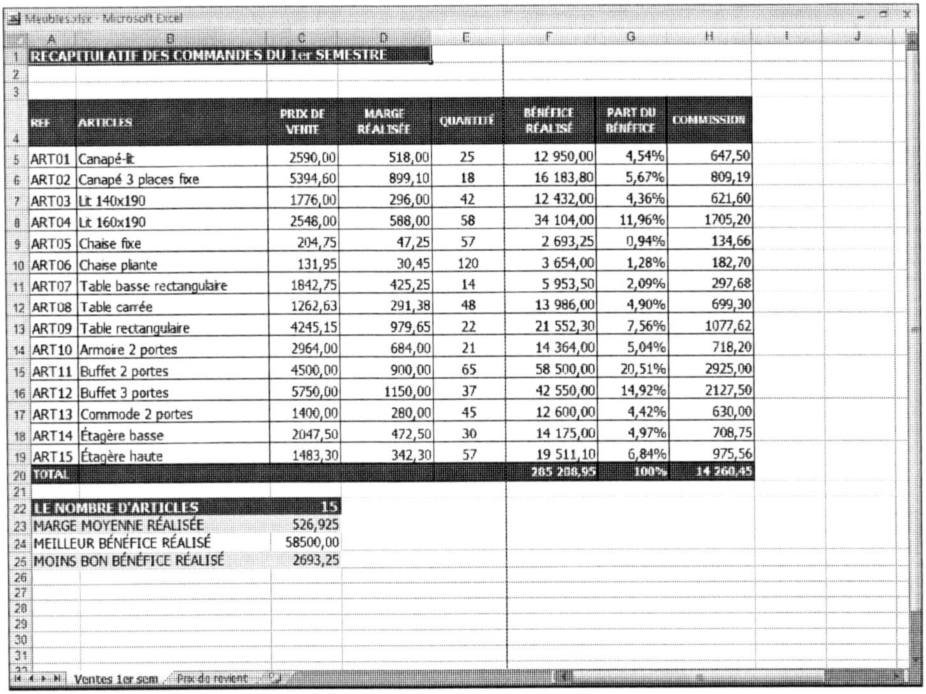

RECAPITULATIF DES COMMANDES DU 1er SEMESTRE

REF	ARTICLES	PRIX DE VENTE	MARGE RÉALISÉE	QUANTITÉ	BÉNÉFICE RÉALISÉ	PART DU BÉNÉFICE	COMMISSION
ART01	Canapé-lit	2590,00	518,00	25	12 950,00	4,54%	647,50
ART02	Canapé 3 places fixe	5394,60	899,10	18	16 183,80	5,67%	809,19
ART03	Lit 140x190	1776,00	296,00	42	12 432,00	4,36%	621,60
ART04	Lit 160x190	2548,00	588,00	58	34 104,00	11,96%	1705,20
ART05	Chaise fixe	204,75	47,25	57	2 693,25	0,94%	134,66
ART06	Chaise pliante	131,95	30,45	120	3 654,00	1,28%	182,70
ART07	Table basse rectangulaire	1842,75	425,25	14	5 953,50	2,09%	297,68
ART08	Table carrée	1262,63	291,38	48	13 986,00	4,90%	699,30
ART09	Table rectangulaire	4245,15	979,65	22	21 552,30	7,56%	1077,62
ART10	Armoire 2 portes	2964,00	684,00	21	14 364,00	5,04%	718,20
ART11	Buffet 2 portes	4500,00	900,00	65	58 500,00	20,51%	2925,00
ART12	Buffet 3 portes	5750,00	1150,00	37	42 550,00	14,92%	2127,50
ART13	Commode 2 portes	1400,00	280,00	45	12 600,00	4,42%	630,00
ART14	Étagère basse	2047,50	472,50	30	14 175,00	4,97%	708,75
ART15	Étagère haute	1483,30	342,30	57	19 511,10	6,84%	975,56
TOTAL					285 208,95	100%	14 260,45

LE NOMBRE D'ARTICLES	15
MARGE MOYENNE RÉALISÉE	526,925
MEILLEUR BÉNÉFICE RÉALISÉ	58500,00
MOINS BON BÉNÉFICE RÉALISÉ	2693,25

*Ici, le classeur est en mode Normal et plein écran : vous ne visualisez plus la barre d'outils **Accès rapide**, le ruban et la barre d'état.*

- Faites [Echap] pour retrouver le mode d'affichage précédent.

Modifier l'affichage de la barre de formule

Nous vous rappelons que la barre de formule contient deux zones qui peuvent être dimensionnées.

- Pour élargir ou diminuer la zone de nom par rapport à la zone de formule, pointez leur intersection (le pointeur de la souris prend la forme d'une flèche horizontale à deux têtes) et réalisez un cliqué-glissé vers la gauche ou vers la droite.
- Pour agrandir ou diminuer la zone de formule, pointez le bas de la zone (le pointeur de la souris prend la forme d'une flèche verticale à deux têtes) et réalisez un cliqué-glissé vers le bas ou vers le haut.

Lorsque la zone de formule comporte une barre de défilement, cela signifie que tout son contenu n'est pas visible.

- Pour ajuster automatiquement la zone de formule en fonction de son contenu (c'est-à-dire en fonction du nombre de lignes de texte comprises dans la cellule active), pointez le bas de la zone (le pointeur de la souris prend la forme d'une flèche verticale à deux têtes) et réalisez un double clic.
- Pour développer la zone de formule d'au moins trois lignes ou pour la diminuer à une seule ligne, cliquez sur le bouton au bout de la barre de formule ou utilisez le raccourci-clavier Ctrl Shift **U**.

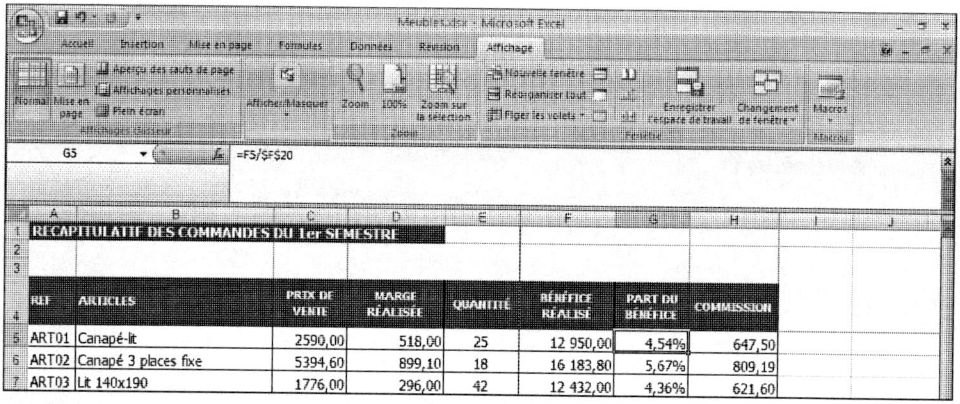

Pour masquer la barre de formule, activez l'onglet **Affichage** et désactivez l'option **Barre de formule** du groupe **Afficher/Masquer**.

Afficher/masquer le quadrillage, les en-têtes de lignes et de colonnes

- Activez l'onglet **Affichage**.
- Pour masquer le quadrillage, désactivez l'option **Quadrillage** du groupe **Afficher/Masquer** ; pour réafficher le quadrillage, activez l'option à nouveau.
- Pour masquer les lettres représentatives des colonnes et les numéros représentatifs des lignes, désactivez l'option **Titres** du groupe **Afficher/Masquer** ; pour réafficher ces éléments, activez à nouveau cette option.

Modifier le zoom d'affichage

- Pour modifier rapidement la valeur du zoom, faites glisser le **Curseur de zoom** situé sur la barre d'état ou cliquez autant de fois que nécessaire sur le bouton **Zoom arrière** ou sur le bouton **Zoom avant** .

  Vous pouvez aussi maintenir la touche Ctrl enfoncée tout en actionnant la roulette de la souris vers l'avant ou vers l'arrière. Le pourcentage de zoom de la feuille de calcul s'affiche dans la barre d'état.

- Pour zoomer une partie de la feuille de calcul, sélectionnez les cellules à zoomer et cliquez sur le bouton **Zoom sur la sélection** du groupe **Zoom** de l'onglet **Affichage**.

- Pour spécifier une valeur précise du zoom, activez l'onglet **Affichage** puis cliquez sur le bouton **Zoom** visible dans le groupe du même nom ou cliquez sur le bouton **Zoom** dans la barre d'état qui affiche le pourcentage du zoom actif.

  *La boîte de dialogue **Zoom** s'affiche à l'écran.*

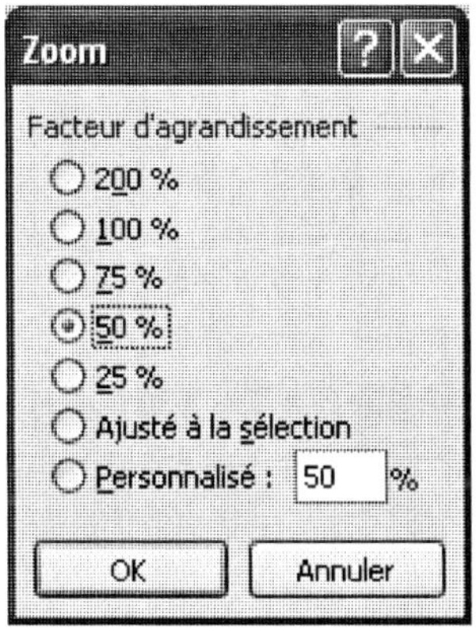

  Cliquez sur l'option correspondant au pourcentage désiré ou saisissez une valeur de zoom dans la zone de saisie **Personnalisé**.

  *L'option **Ajusté à la sélection** permet, comme son nom l'indique, de zoomer les cellules sélectionnées au préalable.*

- Cliquez sur le bouton **OK**.

Activer une fenêtre

Lorsque plusieurs classeurs sont ouverts ou lorsque vous avez créé plusieurs fenêtres à partir d'un classeur (cf. titre suivant), il est indispensable de savoir comment activer l'une ou l'autre des fenêtres.

- Activez l'onglet **Affichage** et cliquez sur le bouton **Changement de fenêtre** du groupe **Fenêtre.**

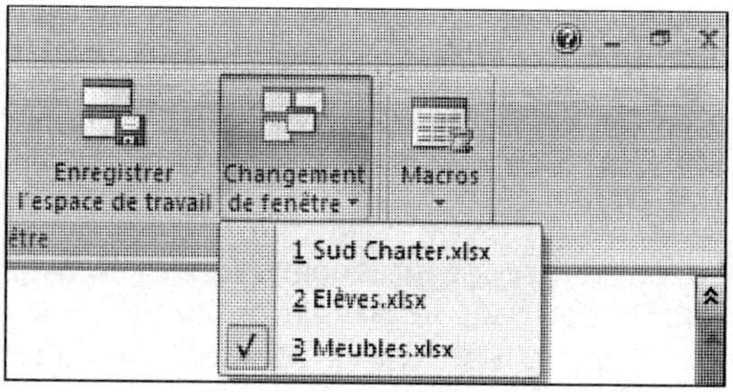

La liste des fenêtres ouvertes apparaît ; celle active est précédée d'une coche.

- Cliquez sur la fenêtre à activer.

Si toutes les fenêtres sont affichées à l'écran (cf. Réorganiser l'affichage des fenêtres), cliquez tout simplement dans la fenêtre à activer ; vous pouvez aussi cliquer sur le bouton correspondant à la fenêtre à activer dans la barre des tâches de Windows.

Créer une fenêtre à partir de la fenêtre active

Vous avez la possibilité de créer plusieurs vues différentes de la feuille de calcul, ce qui permet, par exemple, de visualiser en même temps deux zones éloignées d'une même feuille de calcul ou encore deux feuilles de calcul d'un même classeur.

- Dans l'onglet **Affichage**, cliquez sur le bouton **Nouvelle fenêtre** du groupe **Fenêtre.**

Une nouvelle fenêtre intitulée ***Nom du classeur.xlsx :2*** *se superpose immédiatement à la fenêtre d'origine.*

Lorsque vous travaillez dans l'une ou l'autre des fenêtres, vous modifiez le classeur, pas uniquement la feuille active dans la fenêtre.

Réorganiser l'affichage des fenêtres

Vous avez la possibilité d'afficher les différentes fenêtres ouvertes d'un ou de plusieurs classeurs en même temps à l'écran.

- Activez la fenêtre du classeur voulue.
- Dans l'onglet **Affichage**, cliquez sur le bouton **Réorganiser tout** du groupe **Fenêtre**.

Une boîte de dialogue permet de choisir la disposition des fenêtres.

- Choisissez la disposition voulue pour les fenêtres. L'option **Mosaïque** affiche toutes les fenêtres côte à côte ; l'option **Cascade** permet de superposer les fenêtres en les décalant afin que la barre de titre de chaque fenêtre soit accessible.
- Si plusieurs classeurs sont ouverts et que le classeur actif contient plusieurs fenêtres, activez l'option **Fenêtres du classeur actif** si vous souhaitez afficher uniquement les différentes fenêtres créées pour le classeur actif.
- Cliquez sur le bouton **OK**.

Masquer/afficher une fenêtre

Excel vous permet de masquer une fenêtre sans pour autant la fermer.

- Pour masquer une fenêtre, commencez par activer celle que vous souhaitez masquer.

  Dans l'onglet **Affichage**, cliquez sur le bouton **Masquer la fenêtre** du groupe **Fenêtre**.

- Pour afficher une fenêtre masquée, cliquez sur le bouton **Afficher la fenêtre** du groupe **Fenêtre**.

  Dans la boîte de dialogue **Afficher** qui apparaît, cliquez sur le nom de la fenêtre à afficher puis cliquez sur le bouton **OK** ou faites un double clic sur son nom.

Figer/libérer des lignes et/ou des colonnes

Cette manipulation permet de fixer des lignes et/ou des colonnes à l'écran de manière à afficher côte à côte des données distantes les unes des autres lorsque vous ferez défiler la feuille de calcul.

- Activez l'onglet **Affichage**.
- Pour verrouiller une ligne, faites défiler, si besoin, la fenêtre de manière à afficher la ligne concernée en tant que première ligne de la fenêtre ; cliquez sur le bouton **Figer les volets** du groupe **Fenêtre** et activez l'option **Figer la ligne supérieure**.
- Pour verrouiller une colonne, affichez-la, si besoin, en tant que première colonne de la fenêtre ; cliquez sur le bouton **Figer les volets** du groupe **Fenêtre** et activez l'option **Figer la première colonne**.
- Pour verrouiller les premières lignes et colonnes de la fenêtre, cliquez dans la cellule située à droite des colonnes et en-dessous des lignes à verrouiller ; cliquez ensuite sur le bouton **Figer les volets** du groupe **Fenêtre** et activez l'option **Figer les volets**.
- Pour libérer les lignes et/ou les colonnes verrouillées, cliquez sur le bouton **Figer les volets** du groupe **Fenêtre** et activez l'option **Libérer les volets**.

Fractionner/défractionner la fenêtre

Suivant le même principe que celui décrit dans le titre précédent, vous pouvez également fractionner la fenêtre en deux ou quatre volets. Cette fonctionnalité permet ainsi de faire défiler indépendamment le contenu de chaque volet de la fenêtre.

- Pour fractionner la fenêtre, cliquez dans la cellule située à droite et en dessous de l'emplacement où vous souhaitez fractionner la feuille de calcul.
- Activez l'onglet **Affichage** et cliquez sur le bouton **Fractionner**  du groupe **Fenêtre**.

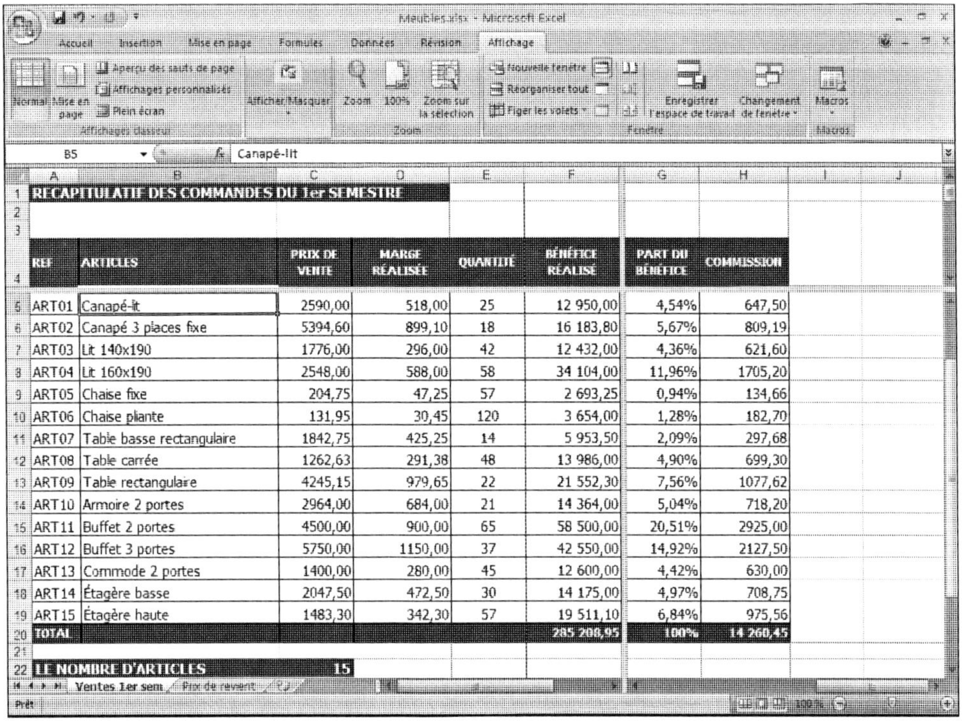

	A	B	C	D	E	F	G	H
1	RECAPITULATIF DES COMMANDES DU 1er SEMESTRE							
4	REF	ARTICLES	PRIX DE VENTE	MARGE RÉALISÉE	QUANTITÉ	BÉNÉFICE RÉALISÉ	PART DU BÉNÉFICE	COMMISSION
5	ART01	Canapé-lit	2590,00	518,00	25	12 950,00	4,54%	647,50
6	ART02	Canapé 3 places fixe	5394,60	899,10	18	16 183,80	5,67%	809,19
7	ART03	Lit 140x190	1776,00	296,00	42	12 432,00	4,36%	621,60
8	ART04	Lit 160x190	2548,00	588,00	58	34 104,00	11,96%	1705,20
9	ART05	Chaise fixe	204,75	47,25	57	2 693,25	0,94%	134,66
10	ART06	Chaise pliante	131,95	30,45	120	3 654,00	1,28%	182,70
11	ART07	Table basse rectangulaire	1842,75	425,25	14	5 953,50	2,09%	297,68
12	ART08	Table carrée	1262,63	291,38	48	13 986,00	4,90%	699,30
13	ART09	Table rectangulaire	4245,15	979,65	22	21 552,30	7,56%	1077,62
14	ART10	Armoire 2 portes	2964,00	684,00	21	14 364,00	5,04%	718,20
15	ART11	Buffet 2 portes	4500,00	900,00	65	58 500,00	20,51%	2925,00
16	ART12	Buffet 3 portes	5750,00	1150,00	37	42 550,00	14,92%	2127,50
17	ART13	Commode 2 portes	1400,00	280,00	45	12 600,00	4,42%	630,00
18	ART14	Étagère basse	2047,50	472,50	30	14 175,00	4,97%	708,75
19	ART15	Étagère haute	1483,30	342,30	57	19 511,10	6,84%	975,56
20	TOTAL					285 208,95	100%	14 260,45
22	LE NOMBRE D'ARTICLES		15					

- Pour supprimer le fractionnement, cliquez à nouveau sur le bouton **Fractionner** du groupe **Fenêtre** de l'onglet **Affichage**.

Pour fractionner la fenêtre, vous pouvez aussi pointer la barre de fractionnement située en haut de la barre de défilement vertical et/ou à droite de la barre de défilement horizontal (le pointeur de la souris se transforme en double flèche), cliquer et faire glisser la barre de fractionnement vers le bas ou vers la gauche jusqu'à l'emplacement voulu.

La gestion des fichiers

deuxième partie

Les fichiers créés dans Microsoft Office Excel 2007 sont appelés des classeurs.

Créer un nouveau classeur vide

- Cliquez sur le bouton **Microsoft Office** puis sur l'option **Nouveau**.
- Dans la boîte de dialogue **Nouveau classeur** qui s'affiche, vérifiez que le bouton **Nouveau classeur Excel** du volet **Vierge et récent** est sélectionné.
- Cliquez sur le bouton **Créer**.

*Une nouvelle fenêtre vierge intitulée **Classeur** suivi d'un numéro apparaît.*

Pour créer un nouveau classeur, vous pouvez aussi tout simplement utiliser le raccourci-clavier Ctrl **N**.

Créer un classeur basé sur un modèle

Il s'agit de créer un nouveau classeur à partir d'un autre modèle que celui utilisé pour créer un classeur vide : soit à partir d'un des modèles prédéfinis et installés avec Excel, soit à partir d'un modèle créé par vos soins (cf. Chapitre Modèles - Créer un modèle de classeur personnalisé), soit à partir d'un modèle téléchargé directement sur le site de Microsoft.

- Cliquez sur le bouton **Microsoft Office** puis sur l'option **Nouveau**.

Créer un classeur basé sur un modèle prédéfini

- Dans la boîte de dialogue **Nouveau classeur**, cliquez sur la catégorie **Modèles installés** de la zone **Modèles**.

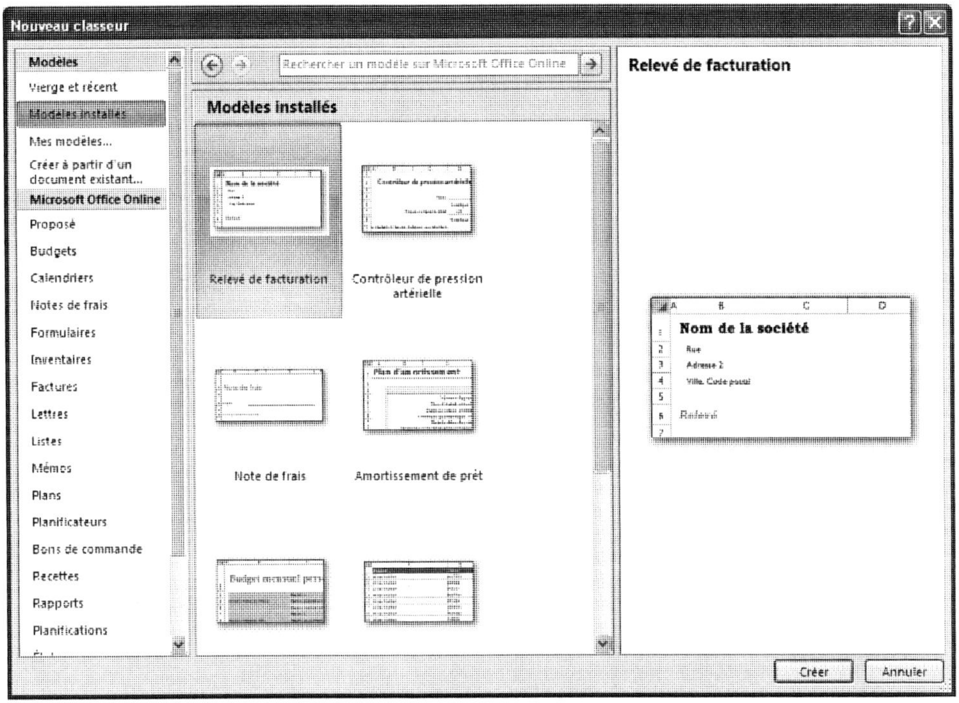

*Les modèles prédéfinis d'Excel 2007 apparaissent dans la partie centrale de la boîte de dialogue, dans le volet **Modèles installés**.*

- Cliquez sur le modèle à utiliser.
- Cliquez sur le bouton **Créer**.

Une nouvelle fenêtre contenant les données du modèle choisi s'affiche.

- Réalisez vos modifications et enregistrez le classeur en tant que nouveau classeur.

Créer un classeur basé sur un modèle personnalisé

- Dans la boîte de dialogue **Nouveau classeur**, cliquez si besoin, sur la catégorie **Mes modèles** de la zone **Modèles**.

*La boîte de dialogue **Nouveau** apparaît et affiche la liste des modèles enregistrés par vos soins. Les modèles personnalisés sont généralement stockés dans un dossier réservé aux modèles (C:\Documents and Settings\nom_utilisateur\Application Data\Microsoft\Modèles sous Microsoft Windows XP et C:\Users\nom_utilisateur\Application Data\Microsoft\Templates sous Microsoft Windows Vista).*

- Faites un double clic sur le modèle à utiliser.

  Une nouvelle fenêtre contenant les données du modèle choisi s'affiche. Cette fenêtre est intitulée comme le modèle, suivi d'un numéro.

- Réalisez vos modifications et enregistrez le classeur en tant que nouveau classeur.

Créer un classeur basé sur un modèle téléchargé

- Dans la boîte de dialogue **Nouveau classeur**, dans la zone **Modèles**, dans la catégorie **Microsoft Office Online**, cliquez sur la catégorie contenant le modèle à télécharger.

- Selon la catégorie choisie, il est possible que des sous-catégories vous soient proposées dans la partie centrale de la boîte de dialogue. Dans ce cas, cliquez sur le lien correspondant à la sous-catégorie pour laquelle vous souhaitez afficher les modèles.

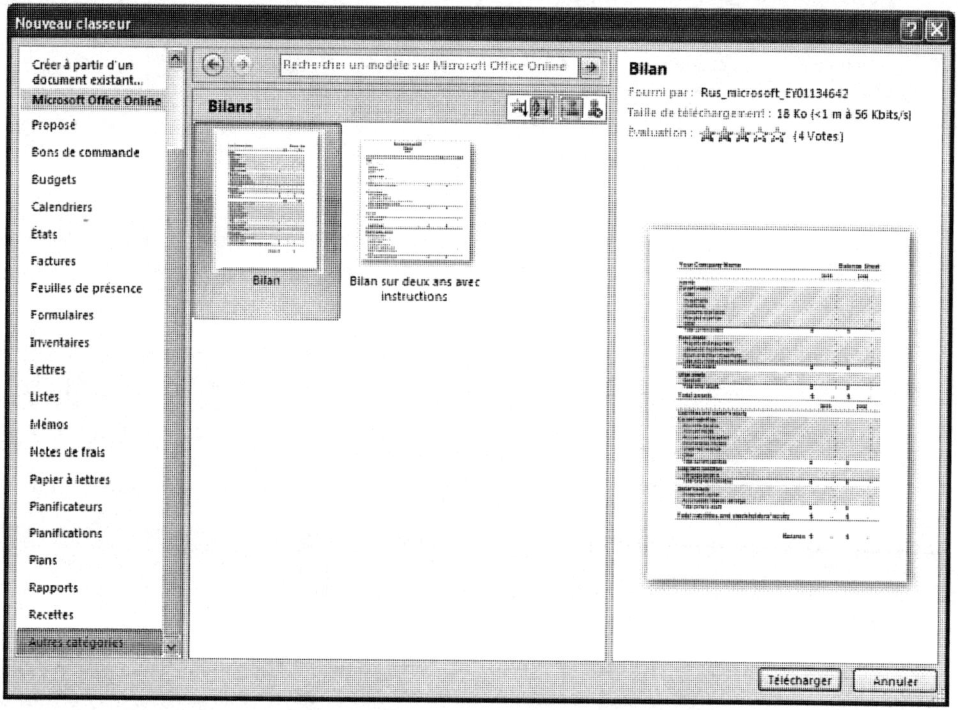

*La liste des modèles proposés sur le site **Microsoft Online** est téléchargée et apparaît dans la partie centrale de la boîte de dialogue.*

*Le nom de la catégorie ou de la sous-catégorie est visible dans la partie supérieure du volet. Si les modèles font partie d'une sous-catégorie, le lien de la catégorie correspondante est visible au-dessus de la zone **Trier par**, vous permettant ainsi de l'activer en cliquant dessus.*

- Pour trier la liste des modèles par nom, cliquez sur le bouton **Trier par nom** .
- Pour trier la liste des modèles par note d'évaluation, cliquez sur le bouton **Trier par évaluation client** .

Sur le site de Microsoft Office Online, les internautes peuvent donner une note à chacun des modèles utilisés. Cette option, active par défaut, permet donc de trier les modèles de la meilleure à la moins bonne évaluation.

Par défaut, vous visualisez les miniatures des modèles.

- Sélectionnez le modèle que vous souhaitez utiliser : son aperçu ainsi que ses propriétés (nom, taille, évaluation...) sont visibles dans le volet de droite.
- Cliquez sur le bouton **Télécharger** ou faites un double clic sur le modèle concerné.

Après téléchargement, une nouvelle fenêtre contenant les données du modèle choisi apparaît. Là encore, la fenêtre porte le même nom que le modèle, suivi d'un numéro.

- Réalisez vos modifications et enregistrez le classeur en tant que nouveau classeur.

La liste des **Modèles récemment utilisés** est visible dans la boîte de dialogue **Nouveau classeur**, catégorie **Vierge et récent**. Pour créer un classeur basé sur un de ces modèles, il suffit de faire un double clic sur le nom de celui que vous souhaitez utiliser. Si aucun modèle n'a été utilisé auparavant, vous ne visualisez pas cette liste. Pour supprimer un modèle de cette liste, faites un clic droit sur le nom du modèle à supprimer puis cliquez sur l'option **Supprimer le modèle**. Pour supprimer tous les modèles de cette liste, faites un clic droit sur le nom d'un des modèles puis cliquez sur l'option **Supprimer tous les modèles récents**.

Pour rechercher un modèle sur le site Microsoft Office Online, saisissez un ou plusieurs mots clés dans la zone de saisie **Rechercher sur Microsoft Online** de la boîte de dialogue **Nouveau classeur** puis lancez la recherche en cliquant sur le bouton : s'ils existent, les modèles correspondant à la recherche s'affichent dans le volet central de la boîte de dialogue. Si le temps de recherche devient trop long, cliquez sur le bouton **Arrêter** car cela signifie qu'aucun modèle ne correspond à la recherche.

Créer un classeur à partir d'un classeur existant

- Cliquez sur le bouton **Microsoft Office** puis sur l'option **Nouveau**.
- Dans la boîte de dialogue **Nouveau classeur** qui s'affiche, faites un double clic sur le bouton **Créer à partir d'un document existant** du volet **Modèles**.

  *La boîte de dialogue **Créer à partir d'un document existant** semblable à la boîte de dialogue **Ouvrir** apparaît.*

- Accédez au dossier contenant le classeur à utiliser et faites un double clic sur son nom.

  La fenêtre qui apparaît contient les données du classeur choisi mais n'existe pas en tant que classeur : elle porte le même nom que le classeur de base, suivi d'un numéro.

- Réalisez vos modifications et enregistrez le classeur en tant que nouveau classeur.

Ouvrir un classeur

- Cliquez sur le bouton **Microsoft Office** puis sur l'option **Ouvrir** ou utilisez le raccourci-clavier Ctrl **O**.
- Indiquez où se trouve le classeur à ouvrir à l'aide de la liste déroulante **Regarder dans** ou grâce aux boutons de la barre **Mon Environnement** (située dans la partie gauche de la boîte de dialogue).

  *Le bouton **Mes documents récents** permet de visualiser les 50 derniers documents et/ou dossiers utilisés.*

  *Le bouton **Bureau** permet d'accéder aux raccourcis ou documents installés sur le bureau Windows.*

  *Le bouton **Mes documents** permet d'ouvrir le dossier **Mes documents**.*

  *Le bouton **Poste de travail** permet d'afficher l'arborescence de votre ordinateur.*

  *Le bouton **Favoris réseau** permet d'accéder au réseau.*

  *La liste **Regarder dans** contient l'ensemble des unités accessibles sur votre ordinateur le disque dur (C:), un lecteur de CD-Rom ou de DVD), sur votre réseau (Favoris réseau) ou sur Internet (sites FTP).*

- Sélectionnez l'unité où se trouve le document (A:, C:, D:...) s'il s'agit du poste de travail ou cliquez sur **Favoris réseau** pour accéder à un emplacement du réseau.

- Accédez au dossier où se trouve le classeur à ouvrir en faisant un double clic sur l'icône du dossier et si besoin, accédez aux sous-dossiers en effectuant des doubles clics.

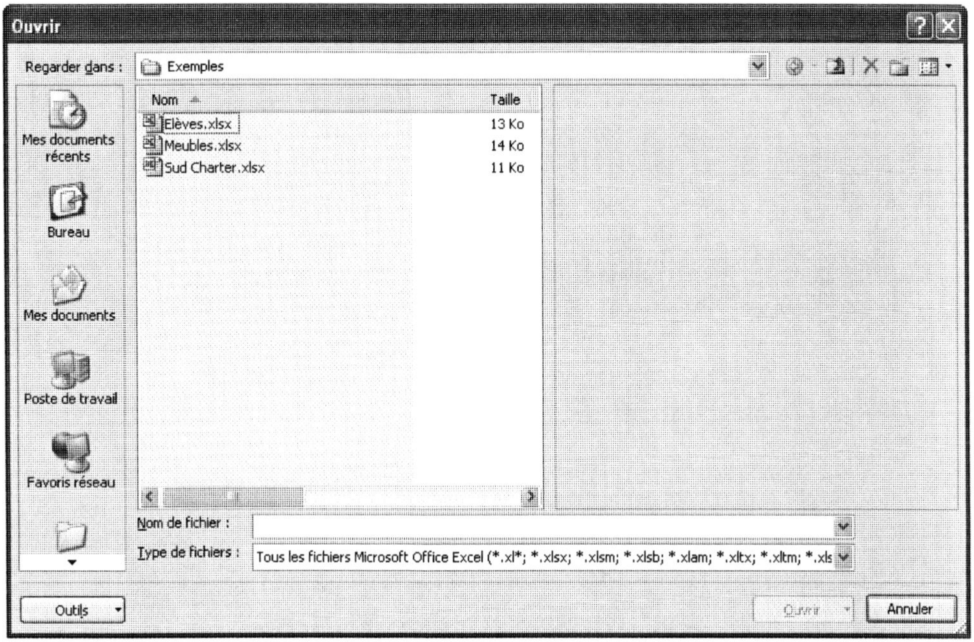

Le bouton  *permet d'afficher le contenu du dossier parent (répertoire père) tandis que le bouton*  *permet d'afficher le contenu d'un dossier précédemment visité.*

- Pour modifier l'affichage de la liste des documents du dossier actif, cliquez sur l'outil 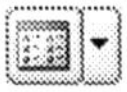 et choisissez l'option :

Miniatures	Affiche une grande icône (représentative du type de fichier) et le nom de chaque document.
Mosaïques	Affiche une icône de taille moyenne, le nom, le type et la taille de chaque document.
Icônes	Affiche une petite icône et le nom de chaque document.
Liste	Affiche une petite icône de chaque document suivie de son nom, sous forme de liste.

Détails	Affiche une petite icône, le nom, la taille, le type, la date de la dernière modification... de chaque document, sous forme de liste.
Propriétés	Permet d'afficher les propriétés du document sélectionné : cliquez sur son nom dans la partie centrale pour visualiser ses propriétés dans la partie droite de la boîte de dialogue.
Aperçu	Permet d'afficher un aperçu du document sélectionné : cliquez sur son nom dans la partie centrale pour visualiser son aperçu dans la partie droite de la boîte de dialogue.

Pour ouvrir un classeur, faites un double clic sur son nom ; pour ouvrir plusieurs classeurs simultanément, cliquez sur le premier classeur à ouvrir puis :

- si les classeurs sont contigus, appuyez sur la touche Shift tout en cliquant sur le dernier classeur à ouvrir,
- si les classeurs ne sont pas contigus, appuyez sur la touche Ctrl tout en cliquant sur chaque classeur à ouvrir.

Cliquez sur le bouton **Ouvrir**.

Pour ajouter un raccourci à la barre **Mon environnement**, sélectionnez dans la liste **Regarder dans** (si vous êtes dans la boîte de dialogue **Ouvrir**) ou **Enregistrer dans** (si vous êtes dans la boîte de dialogue **Enregistrer sous**), le dossier ou le lecteur pour lequel vous souhaitez créer un raccourci. Cliquez ensuite avec le bouton droit de la souris dans une zone vide de la barre **Mon environnement** puis cliquez sur l'option **Ajouter "nom du dossier/du lecteur"**.

Ouvrir un classeur récemment utilisé

Pour ouvrir rapidement un des derniers documents utilisés, cliquez sur le bouton **Microsoft Office** puis sur le nom du classeur à ouvrir visible dans la liste **Documents récents**.

Par défaut, les neuf derniers documents utilisés sont visibles dans cette liste. À chaque fois que vous ouvrez un document, le dernier document de cette liste disparaît pour laisser la place au document que vous venez d'ouvrir qui lui, est placé en haut de la liste.

Pour garder un document dans la liste des **Documents récents**, cliquez sur le symbole **Ajouter ce document à la liste Documents récents** visible à droite du nom du document concerné.

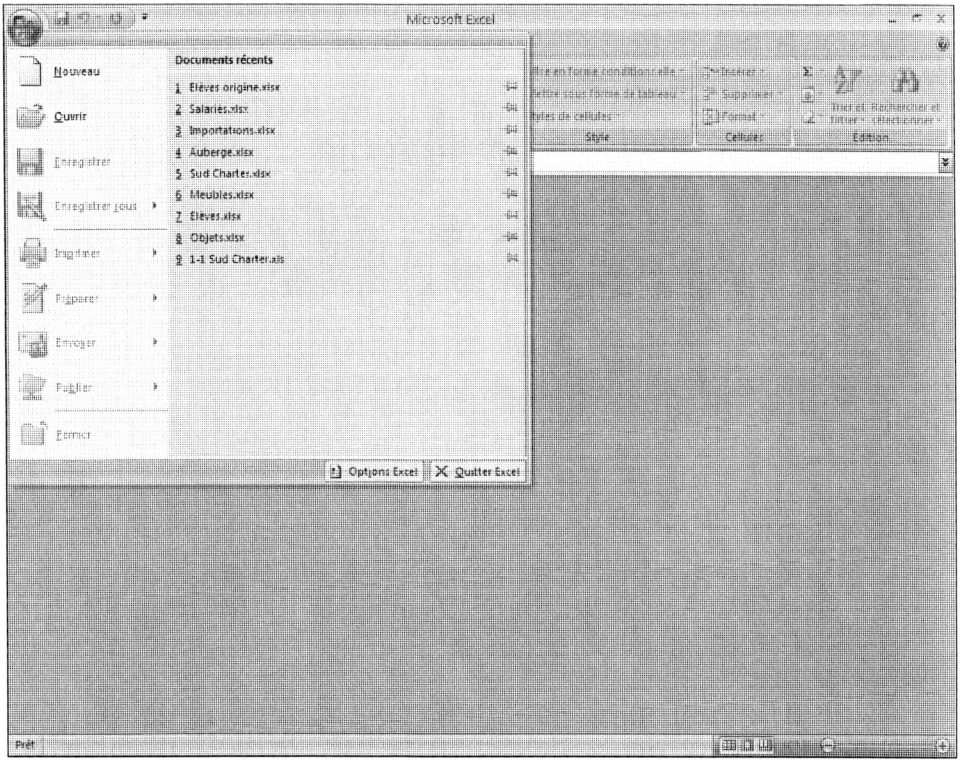

Le symbole apparaît alors en vert : ; pour annuler cette manipulation, il vous suffit de cliquer sur ce symbole ; dans ce cas, le document disparaîtra automatiquement lorsqu'il aura atteint la dernière position dans la liste.

- Pour modifier le nombre de documents visibles dans la liste des **Documents récents**, ouvrez la boîte de dialogue **Options Excel** (, bouton **Options Excel**) puis cliquez sur la catégorie **Options avancées** ; spécifiez la valeur souhaitée dans la zone associée à l'option **Afficher ce nombre de documents récents** de la zone **Afficher.**

  Cinquante documents maximum peuvent être visibles dans cette liste.

- Cliquez sur le bouton **OK**.

Enregistrer un classeur

Enregistrer un nouveau classeur

Un classeur qui n'a jamais été enregistré n'a pas de nom. Il n'existe que dans la mémoire de l'ordinateur. La mémoire étant volatile, toutes les données qu'elle contient sont effacées à l'extinction de l'ordinateur.

- Cliquez sur le bouton **Microsoft Office** puis sur l'option **Enregistrer** ou cliquez sur l'outil **Enregistrer** de la barre d'outils **Accès rapide** ou utilisez le raccourci-clavier Ctrl **S.**
- Sélectionnez l'unité dans laquelle doit être enregistré le classeur à l'aide de la liste déroulante **Enregistrer dans** ou des icônes de la barre **Emplacement.**
- Accédez au dossier dans lequel vous souhaitez enregistrer le classeur en réalisant un double clic sur l'icône du dossier et, si besoin, du ou des sous-dossiers ; si vous souhaitez créer un dossier, accédez au dossier dans lequel le nouveau dossier doit être créé et cliquez sur le bouton ; saisissez alors le nom à attribuer au dossier et cliquez sur le bouton **OK.**
- Faites un double clic dans la zone **Nom de fichier** puis tapez le nom que vous voulez attribuer au classeur.

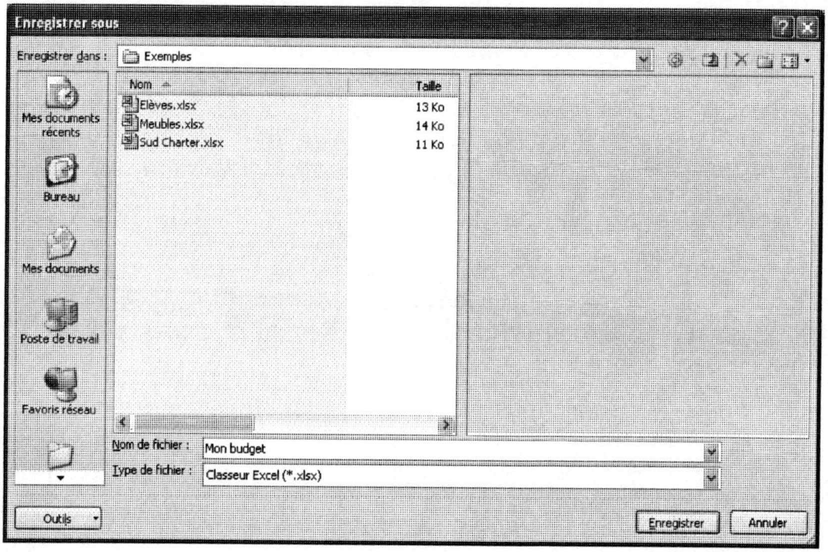

Cliquez sur le bouton **Enregistrer**.

Un document Excel porte désormais l'extension **.xlsx** (même si celle-ci n'est pas forcément visible). Ce format de fichier basé sur le langage XML permet, entre autres, de réduire la taille des fichiers, de les rendre plus résistants ou encore, de les utiliser facilement dans d'autres applications professionnelles. Sachez cependant qu'il est toujours possible d'enregistrer un classeur dans un format d'Excel antérieur à la version 2007 (cf. Exploiter les classeurs de version antérieure à Office Excel 2007).

Enregistrer un classeur existant

Lorsque vous travaillez sur un classeur existant, vous lui apportez des modifications. Pour que ces modifications restent gravées, vous devez les enregistrer.

Cliquez sur le bouton **Microsoft Office** puis sur l'option **Enregistrer** ou cliquez sur l'outil **Enregistrer** de la barre d'outils **Accès rapide** ou utilisez le raccourci-clavier Ctrl **S**.

Lorsque les modifications à enregistrer sont importantes, une barre montrant l'évolution de l'enregistrement apparaît dans la barre d'état.

Excel mémorise la cellule active lors de l'enregistrement d'un classeur.

Exploiter les classeurs Office Excel 2007 dans des versions antérieures

Un nouveau format de fichier basé sur le langage XML est associé aux classeurs créés dans Microsoft Office Excel 2007. Désormais, ils portent l'extension ***.xlsx*** *tandis que ceux créés dans les versions antérieures portent l'extension* ***.xls*** *(format binaire).*
Il est toutefois possible d'enregistrer un classeur dans une version antérieure (97 à 2003), mais il est conseillé de vérifier au préalable sa compatibilité.

Vérifier la compatibilité d'un classeur

Cette manipulation permet de détecter et de résoudre d'éventuels problèmes de compatibilité, susceptibles de provoquer une perte d'informations avec des versions antérieures d'Excel.

- Dans Microsoft Office Excel 2007, ouvrez le classeur concerné.
- Cliquez sur le bouton **Microsoft Office** , cliquez sur l'option **Préparer** puis sur l'option **Activer le vérificateur de compatibilité.**

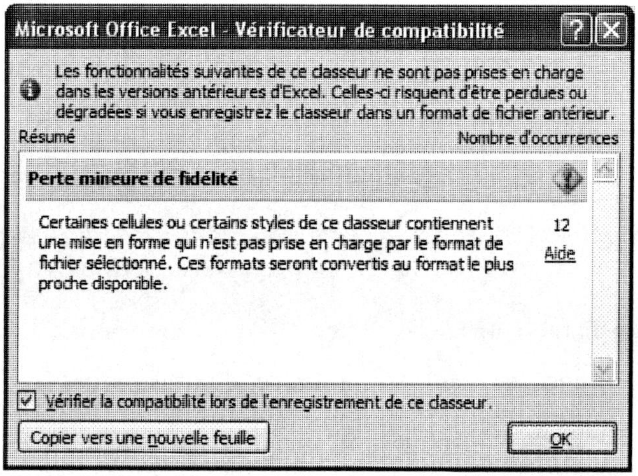

- Pour vérifier la compatibilité du classeur à chaque enregistrement, cochez la case **Vérifier la compatibilité lors de l'enregistrement de ce classeur**.
- Si des problèmes ont été trouvés, cliquez sur le bouton **Copier vers une nouvelle feuille** pour créer un rapport de tous les problèmes répertoriés dans une feuille de calcul distincte ; sinon, cliquez sur le bouton **OK** pour quitter la boîte de dialogue **Vérificateur de compatibilité**.

Enregistrer un classeur au format Excel 97-2003

Cette manipulation consiste à créer une copie du classeur version 2007, entièrement compatible avec les versions d'Excel 97 à 2003.

- Dans Excel 2007, ouvrez le classeur concerné.
- Cliquez sur le bouton **Microsoft Office** , pointez la flèche visible à droite de l'option **Enregistrer sous** puis cliquez sur l'option **Classeur Excel 97-2003.**

  *La boîte de dialogue **Enregistrer sous** apparaît. Remarquez que l'option **Classeur Excel 97-2003 (*.xls)** est sélectionnée dans la liste **Type de fichier**.*

- Sélectionnez le dossier d'enregistrement du classeur puis spécifiez son nom dans la zone **Nom de fichier.**

Même si vous conservez le dossier d'enregistrement et le nom semblables à ceux du classeur d'origine Excel 2007, celui-ci n'est pas remplacé mais simplement dupliqué.

Cliquez sur le bouton **Enregistrer**.

Pour enregistrer un classeur au format Excel 97-2003, vous pouvez aussi cliquer sur le bouton **Microsoft Office**, sur l'option **Enregistrer sous** puis sélectionner l'option **Classeur Excel 97-2003 (*.xls)** dans la liste **Type de fichier** de la boîte de dialogue **Enregistrer sous.**

Exploiter les classeurs de version antérieure à Office Excel 2007

Travailler en mode de compatibilité dans Excel 2007

Dans Excel 2007, ouvrez le classeur créé dans une version antérieure.

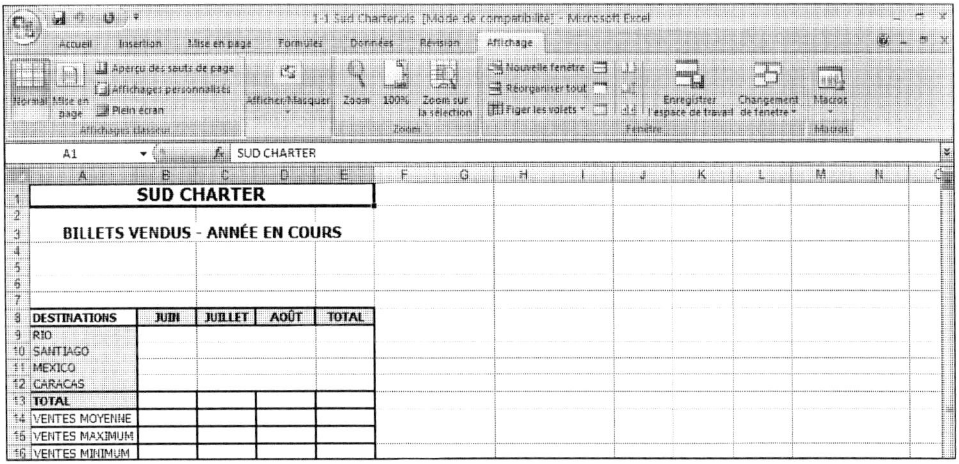

Le classeur est automatiquement ouvert en ***Mode de compatibilité*** *: ce terme est indiqué entre crochets à côté du nom de fichier dans la barre de titre. Le format de fichier Excel 97-2003 (.xls) est utilisé.*

Les nouvelles fonctionnalités d'Excel 2007 ou celles qui ont été améliorées ne sont pas disponibles (ceci afin d'empêcher la perte de données et de confidentialité lorsque le classeur est ouvert dans une version antérieure d'Excel).

- Travaillez et enregistrez vos modifications comme vous le faites habituellement, en tenant compte des remarques précédentes.

  Lorsque vous enregistrez les modifications, le format de fichier Excel 97-2003 (.xls) est conservé.

Convertir un classeur au format de fichier Excel 2007

Lorsque, pour un classeur donné, vous souhaitez travailler définitivement dans la nouvelle version d'Office et ainsi profiter des nouvelles fonctionnalités d'Excel 2007, vous pouvez convertir le classeur concerné.

- Ouvrez le classeur à convertir dans le format Office Excel 2007.
- Cliquez sur le bouton **Microsoft Office** puis sur l'option **Convertir.**

  Excel vous informe sur l'action en cours :

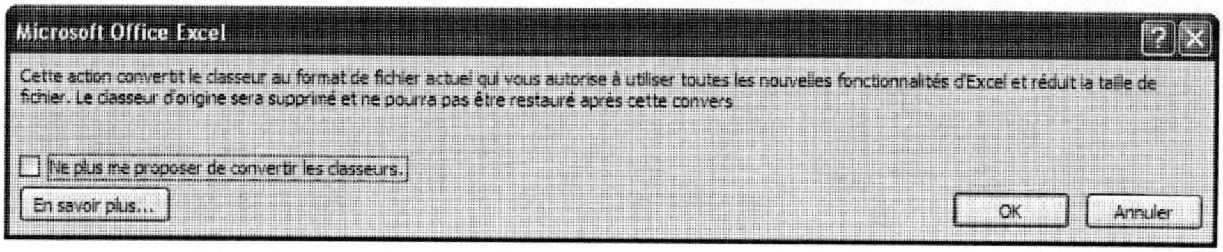

- Si vous souhaitez que ce message ne s'affiche plus lors de prochaines manipulations identiques, activez l'option **Ne plus me proposer de convertir les classeurs.**
- Cliquez sur le bouton **OK.**

  Le message suivant apparaît :

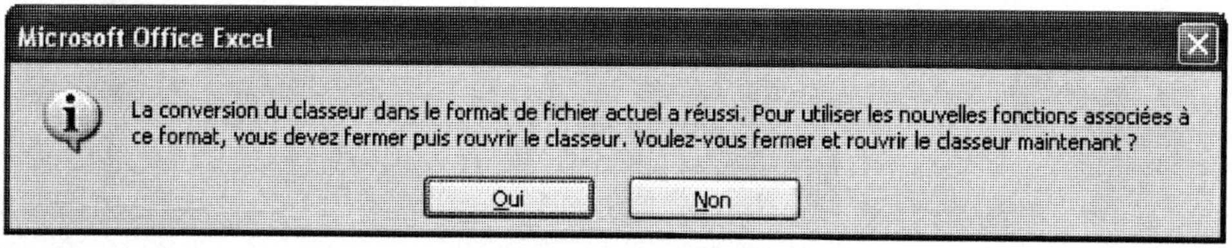

- Cliquez sur le bouton **Oui** pour fermer et rouvrir le classeur ou sur le bouton **Non** pour conserver le classeur ouvert dans l'ancienne version.

  Si vous avez cliqué sur le bouton ***Non****, remarquez que la barre de titre du classeur affiche à présent l'extension .xlsx ; par contre, le texte* ***[Mode compatible]*** *est toujours visible (il disparaîtra lors de la prochaine ouverture du classeur).*

La conversion d'un fichier entraîne la diminution de sa taille.

Lorsque vous convertissez un classeur, il est remplacé par une copie du classeur dans le format de fichier actuel (.xlsx). Une fois que le classeur est converti, il n'est plus disponible dans le format de fichier initial. Si vous souhaitez conserver une copie du classeur dans le format de fichier initial, au lieu de convertir le classeur, vous pouvez enregistrer le classeur dans le format de fichier actuel (.xlsx) : cliquez sur le bouton **Microsoft Office** puis sur l'option **Enregistrer sous**. Modifiez éventuellement le dossier d'enregistrement et le **Nom de fichier**, et dans la liste déroulante **Type de fichier**, choisissez **Classeur Excel (*.xlsx)**, puis cliquez sur le bouton **Enregistrer** ; si vous ne modifiez ni l'emplacement ni le nom du classeur, deux classeurs portant le même nom seront alors visibles dans le même dossier : l'un portera l'extension **.xls** et l'autre l'extension **.xlsx**. Si vous ne visualisez pas les extensions, vous pouvez différencier ces fichiers grâce à leurs icônes (et).

Enregistrer un classeur au format PDF ou XPS

Installer le complément Publier au format PDF ou XPS

Avant d'enregistrer un classeur au format PDF ou XPS, vous devez installer le complément Publier au format PDF ou XPS pour Microsoft Office system 2007, si cela n'a pas été fait auparavant.

- Cliquez sur le bouton **Microsoft Office** , pointez l'option **Enregistrer sous** puis cliquez sur l'option **Rechercher des compléments pour d'autres formats de fichier**.

  *Si le complément a déjà été installé, cette option est remplacée par l'option **PDF ou XPS**.*

- Dans la page d'aide qui s'affiche, cliquez sur le lien **Complément logiciel Microsoft Publier au format PDF ou XPS pour le programme Microsoft Office 2007** visible dans la rubrique **Installer et utiliser le complément Publier au format PDF ou XPS de Microsoft.**

  La page du site Microsoft Office, permettant l'installation de ce complément, s'affiche dans votre navigateur.

- Pour afficher cette page en français, ouvrez la liste **Change Language** visible un peu plus bas dans la page, sélectionnez l'option **French** puis cliquez sur le bouton **Change**.

- Cliquez sur le bouton **Continuer** puis, comme expliqué dans la page qui s'affiche, faites un clic droit sur le barre d'informations puis cliquez sur l'option **Installer le contrôle Active X.**

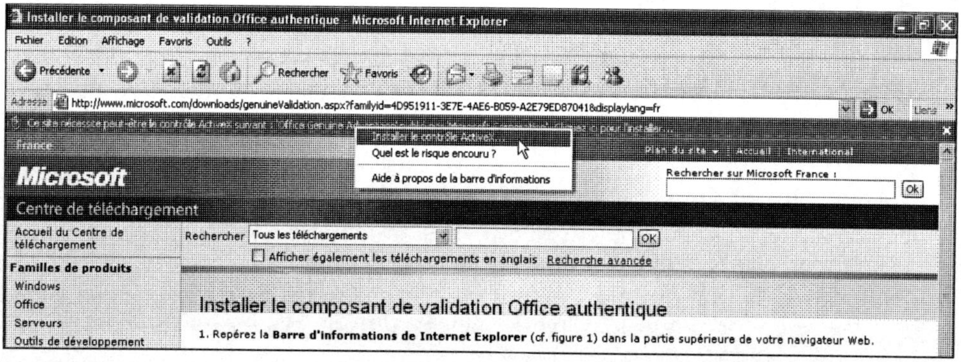

- Cliquez sur le bouton **Installer** de la boîte de dialogue qui s'affiche.
- Cliquez sur le bouton **Télécharger** visible à gauche de l'option **Logiciel Microsoft Office** authentique de la page qui s'affiche puis cliquez sur le bouton **Exécuter** de la boîte de dialogue **Téléchargement de fichiers.**
- Cliquez sur le bouton **Exécuter** de la boîte de dialogue **Internet Explorer** qui s'affiche.

  La boîte de dialogue du programme d'installation du complément Microsoft s'affiche à l'écran.

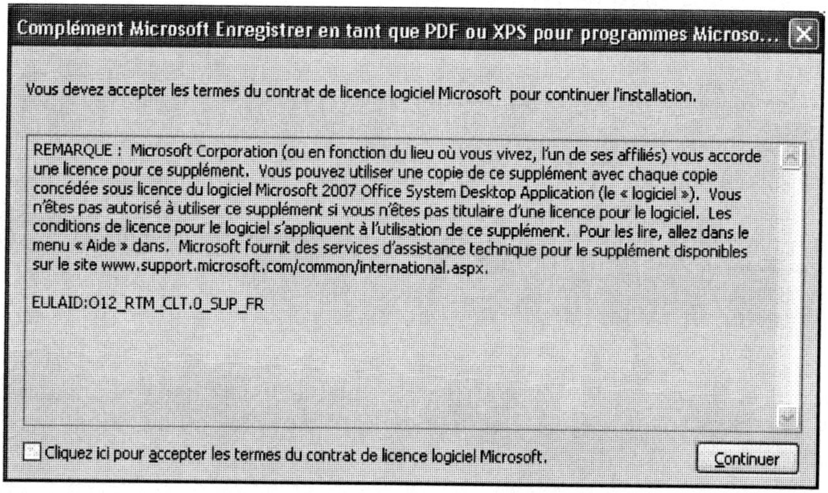

- Après avoir lu les termes du contrat de licence logiciel Microsoft, si vous les acceptez, cochez l'option **Cliquez ici pour accepter les termes du contrat de licence logiciel Microsoft** puis cliquez sur le bouton **Continuer**.
- Cliquez sur le bouton **OK** du message vous informant que l'installation est terminée.
- Fermez la fenêtre de votre navigateur puis activez la fenêtre de l'application Excel.

Enregistrer au format PDF ou XPS

Les formats de fichiers PDF et XPS sont des formats de fichier qui permettent la diffusion de documents électroniques (documents transmis par messagerie). Ces formats conservent les polices, les images, les graphiques et la mise en forme d'un document tel qu'il a été créé dans son application d'origine. Un utilisateur peut afficher, partager et imprimer des fichiers PDF s'il dispose du logiciel Acrobat Reader (disponible gratuitement sur le site Web d'Adobe) et des fichiers XPS s'il dispose de Microsoft .NET Framework (disponible gratuitement sur le site Microsoft).

- Cliquez sur le bouton **Microsoft Office**, pointez l'option **Enregistrer sous** puis cliquez sur l'option **PDF ou XPS.**

Si vous ne visualisez pas cette option, cela signifie que le composant permettant l'enregistrement des fichiers au format PDF et XPS n'est pas installé (cf. sous-titre précédent).

- Modifiez éventuellement le dossier d'enregistrement puis le **Nom de fichier** dans la zone de saisie correspondante.
- Ouvrez la liste **Type de fichier** puis, en fonction du type de fichier à créer, sélectionnez l'option **PDF** ou l'option **Document XPS.**

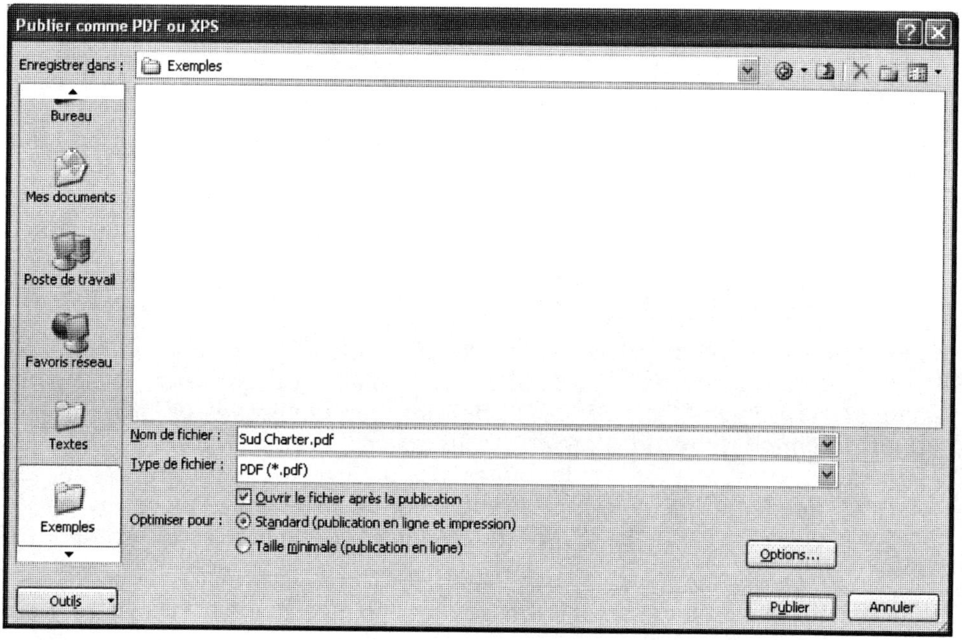

- Cochez l'option **Ouvrir le fichier après la publication** si vous souhaitez ouvrir le fichier (**PDF** ou **XPS**) immédiatement après l'avoir enregistré.
- Activez une des options associées à l'option **Optimiser pour** :

Standard (publication en ligne et impression)	Pour avoir une bonne qualité d'impression du document : la taille du fichier est augmentée.
Taille minimale (publication en ligne)	Si le fichier n'est pas destiné à l'impression : la taille du fichier est réduite.

- Modifiez éventuellement les **Options** associées au format **PDF** ou **XPS** en cliquant sur le bouton correspondant.

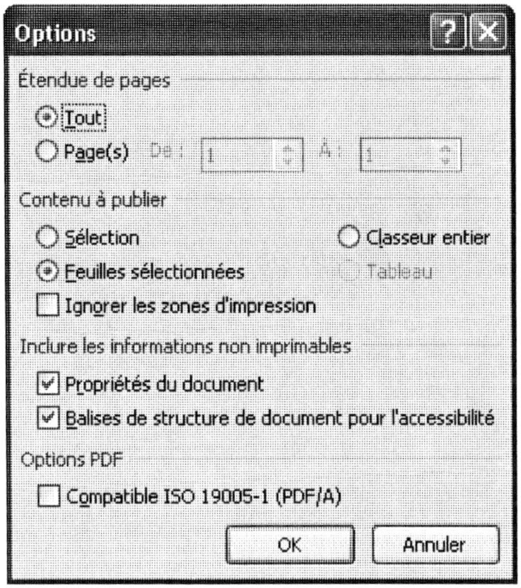

*Ici, vous visualisez les options liées au format **PDF**. Ces options sont identiques dans la boîte de dialogue liée au format **XPS** sauf celles de la zone **Options** visible dans la partie inférieure de la boîte de dialogue.*

- Spécifiez la partie du classeur à publier en activant une des options suivantes :

Toutes	Pour publier toutes les pages du classeur.
Page(s)	Pour publier les pages spécifiées dans les zones **De** et **À** qui suivent.
Sélection	Pour publier les cellules sélectionnées.
Feuilles sélectionnées	Pour publier la ou les feuilles sélectionnées.
Classeur entier	Pour publier toutes les données du classeur.
Tableau	Pour publier la table sélectionnée.

- Cochez l'option **Ignorer les zones d'impression** pour imprimer toute la feuille, y compris les zones d'impression existantes.
- Cochez l'option **Propriétés du document** si vous souhaitez inclure les propriétés du classeur (titre, sujet, auteur...) dans la version publiée.
- Cochez l'option **Balises de structure de document pour l'accessibilité** pour publier un fichier plus accessible pour les utilisateurs souffrant d'un handicap ; si vous désactivez cette option, active par défaut, le fichier publié sera plus petit car il ne contiendra pas les données qui contribuent à améliorer l'accessibilité.

- Dans le cas de la création d'un fichier PDF, vous pouvez activer l'option **Conformité ISO 19005-1 (PDF/A)** si vous souhaitez que le fichier soit à ce format (exigé dans certaines administrations).
- Cliquez sur le bouton **OK** de la boîte de dialogue **Options.**
- Cliquez sur le bouton **Publier** de la boîte de dialogue **Publier comme PDF ou XPS.**

Afficher/modifier les propriétés d'un classeur

Les propriétés, également appelées métadonnées (c'est-à-dire données décrivant d'autres données ; par exemple, les mots d'un classeur sont des données et le nombre de mots est un exemple de métadonnées.), sont des informations relatives à un fichier qui le décrivent ou l'identifient. Elles comprennent des informations comme le titre, le nom de l'auteur, l'objet...

- Cliquez sur le bouton **Microsoft Office** , pointez la flèche visible à droite de l'option **Préparer** puis cliquez sur l'option **Propriétés.**

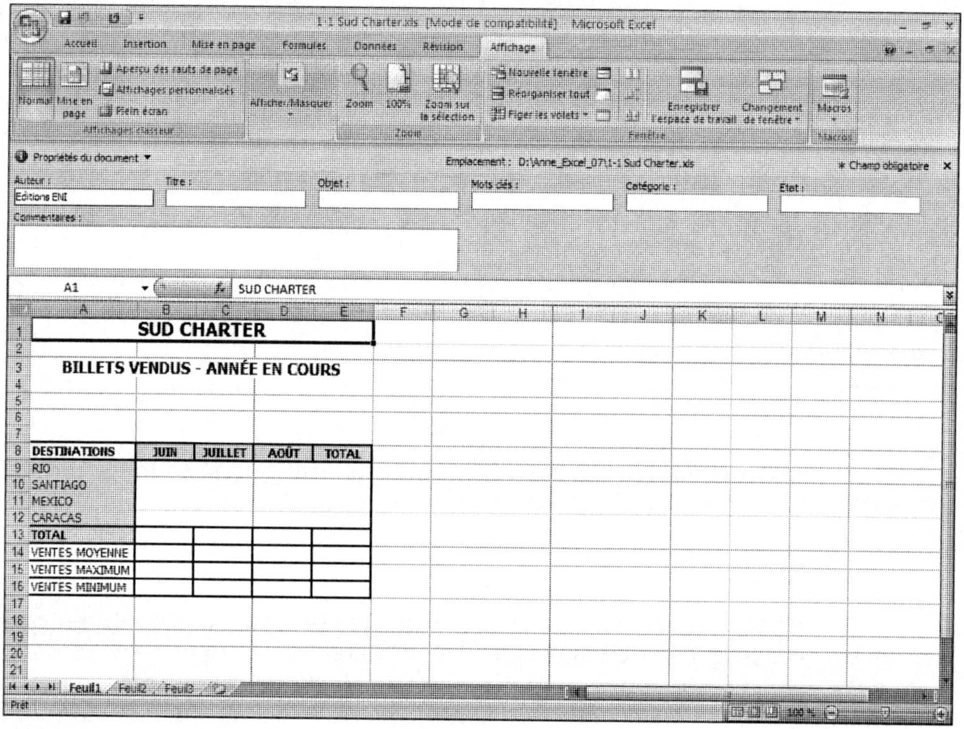

*Un panneau intitulé **Informations sur le document**, s'affiche en haut du classeur entre le ruban et la barre de formule.*

- Saisissez les informations voulues dans les zones de propriétés adéquates.
- Pour accéder aux propriétés avancées, cliquez sur la flèche située à droite de l'option **Propriétés du document** et cliquez sur l'option **Propriétés avancées.**

  *La boîte de dialogue **Propriétés** du classeur s'affiche.*
- Activez l'onglet **Résumé** pour remplir les propriétés supplémentaires.

  Les autres onglets de cette boîte de dialogue affichent des informations générales, des statistiques... qui ne peuvent être modifiées.
- Cliquez sur le bouton **OK.**
- Enregistrez les modifications du classeur.
- Refermez le panneau **Informations sur le document** en cliquant sur son bouton de fermeture, situé à droite et dénommé **Fermer le panneau Informations sur le document**.

Pour afficher les propriétés du classeur lors de son enregistrement ou de son ouverture, cliquez sur son nom dans la boîte de dialogue **Enregistrer sous** ou **Ouvrir** et cliquez sur l'outil afin de choisir l'option **Propriétés.**

Comparer des classeurs côte à côte

- Ouvrez les deux classeurs concernés par la comparaison.
- Si besoin, activez l'un des classeurs que vous souhaitez comparer : dans l'onglet **Affichage**, cliquez sur le bouton **Changement de fenêtre** puis sur le nom du classeur à afficher ou cliquez sur le bouton correspondant au classeur à afficher dans la barre des tâches.
- Dans l'onglet **Affichage**, cliquez sur le bouton **Afficher côte à côte** visible dans le groupe **Fenêtre.**

  *Les deux classeurs s'affichent dans des fenêtres distinctes disposées l'une au dessous de l'autre. Par défaut, le défilement des classeurs est synchrone, c'est-à-dire que lorsque vous faites défiler une fenêtre, l'autre défile en même temps (le bouton **Défilement synchrone** est actif).*

- Pour faire défiler les deux fenêtres indépendamment l'une de l'autre, cliquez sur le bouton **Défilement synchrone** pour le désactiver.
- Si vous avez modifié la taille et/ou la position des fenêtres, dans l'onglet **Affichage** de l'un des deux documents, cliquez sur le bouton **Rétablir la position de la fenêtre**.
- Lorsque la comparaison des documents est terminée, cliquez sur le bouton **Afficher côte à côte** dans l'onglet **Affichage** de l'un des deux classeurs pour fermer l'affichage côte à côte.

Fermer un classeur

- Cliquez sur le bouton **Microsoft Office** puis sur l'option **Fermer** ou utilisez le raccourci-clavier Ctrl F4 ou cliquez sur le bouton X visible dans le coin supérieur droit de la fenêtre de l'application.

  Attention, si seul un classeur est ouvert dans l'application Excel, le fait de cliquer sur le bouton X ferme le classeur mais aussi l'application.

- Si le classeur a été modifié depuis le dernier enregistrement, Excel propose de l'enregistrer avant de le fermer. Dans ce cas, cliquez sur un des boutons suivants :

  Oui pour enregistrer et fermer le classeur.

  Non pour fermer le classeur sans enregistrer les modifications apportées à celui-ci.

  Annuler pour annuler la fermeture du classeur.

Choisir le dossier de travail par défaut

Ce dossier de travail vous sera automatiquement proposé lors de l'enregistrement ou lors de l'ouverture d'un classeur.

- Cliquez sur le bouton **Microsoft Office** puis sur le bouton **Options Excel** et sélectionnez la catégorie **Enregistrement.**
- Précisez le dossier de travail à utiliser par défaut dans la zone **Enregistrer les classeurs**, puis **Dossier par défaut.**
- Cliquez sur le bouton **OK.**

Paramétrer la récupération automatique des classeurs

Il peut arriver parfois qu'Office Excel s'interrompe (coupure de courant, dysfonctionnement...) avant que vous n'ayez eu le temps d'enregistrer votre travail. Le système de récupération automatique, actif par défaut, permet d'enregistrer vos données et l'état du programme d'une manière automatique. Vous pouvez paramétrer ce système.

- Cliquez sur le bouton **Microsoft Office** puis sur le bouton **Options Excel** et sélectionnez la catégorie **Enregistrement.**
- Pour activer la récupération automatique, activez, si besoin, l'option **Enregistrer les informations de récupération automatique toutes les x minutes.**
- Précisez la fréquence à laquelle vous souhaitez que le programme enregistre vos données et l'état du programme dans la liste **minutes.**
- Modifiez, si besoin, le dossier dans lequel le programme enregistre automatiquement une version des fichiers sur lesquels vous travaillez dans la zone de saisie **Emplacement du fichier de récupération automatique.**

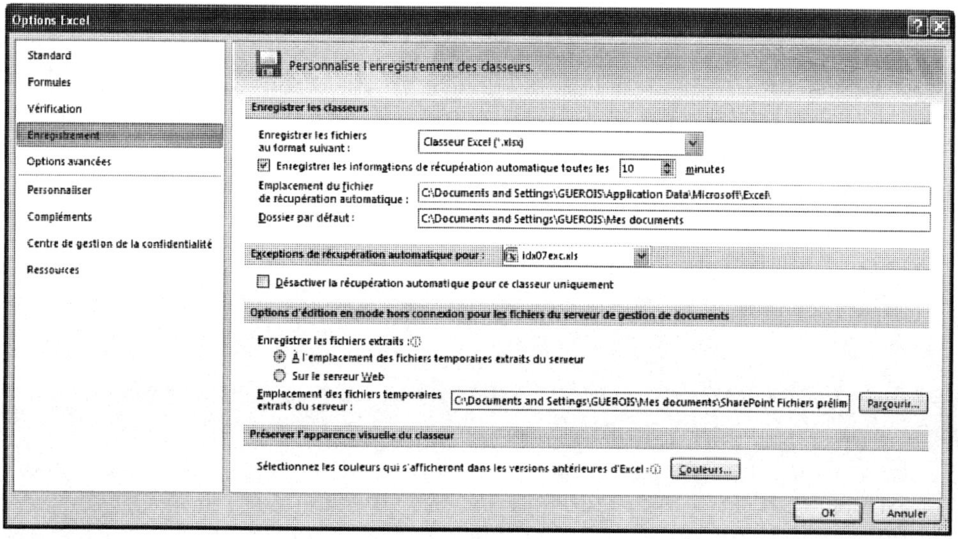

- Cliquez sur le bouton **OK**.

Envoyer un classeur par courrier électronique

Microsoft Office Excel 2007 permet d'envoyer un classeur en utilisant la messagerie électronique à condition bien sûr de disposer d'un logiciel de messagerie et d'une connexion Internet et/ou intranet. Le ou les destinataires du message devront avoir Excel pour ouvrir le classeur.

- Ouvrez le classeur à envoyer par courrier.
- Cliquez sur le bouton **Microsoft Office**  puis pointez l'option **Envoyer** et cliquez sur l'option **Courrier électronique**.

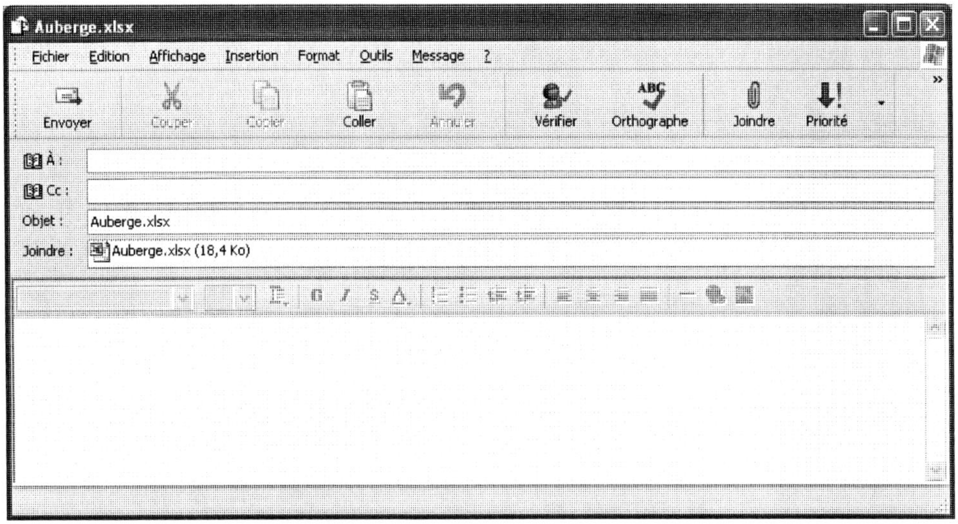

La fenêtre d'envoi de message du logiciel de messagerie (Outlook Express dans notre exemple) s'affiche. Le classeur sera envoyé en pièce jointe.

- Dans la zone **À**, tapez l'adresse du ou des destinataires du message en séparant leur nom par un point-virgule ou cliquez sur le bouton **À** pour sélectionner les adresses à partir d'un carnet d'adresses.
- Dans la zone **Cc**, précisez, si besoin est, l'adresse des destinataires du message à qui vous souhaitez envoyer une Copie conforme.
- Dans la zone **Objet**, saisissez ou modifiez le sujet du message.
- Saisissez le message dans la zone de saisie réservée au corps du message.
- Cliquez sur le bouton **Envoyer**.

Pour ouvrir et modifier le classeur envoyé, le destinataire devra ouvrir le message puis faire un double clic sur le nom du classeur : l'ouverture du classeur lancera automatiquement l'application Excel.

Un modèle est un document contenant des feuilles de calcul, des données présentées, des formules de calcul... qui peuvent être exploitées lors de la création de nouveaux classeurs.

Créer un modèle de classeur personnalisé

- Élaborez le classeur modèle en y intégrant les éléments communs aux futurs classeurs qui seront créés à partir de ce modèle ; définissez si besoin, des protections sur les feuilles ou sur les cellules (cf. chapitre Protection).
- Cliquez sur le bouton **Microsoft Office** puis sur l'option **Enregistrer sous.**
- Ouvrez la liste **Type de fichier** puis choisissez l'option **Modèle Excel (*.xltx).**

  Le dossier d'enregistrement proposé par défaut est alors le dossier ***Templates*** *situé sur votre disque dur, généralement à cette adresse (dans Windows XP) :*

  C:\Documents and Settings\nom d'utilisateur\Application Data\Microsoft\Modèles.

  Attention : si vous modifiez le dossier d'enregistrement proposé par défaut, vous ne pourrez pas l'utiliser comme modèle, vous pourrez seulement l'ouvrir.
- Précisez le nom du modèle en complétant la zone **Nom de fichier**.

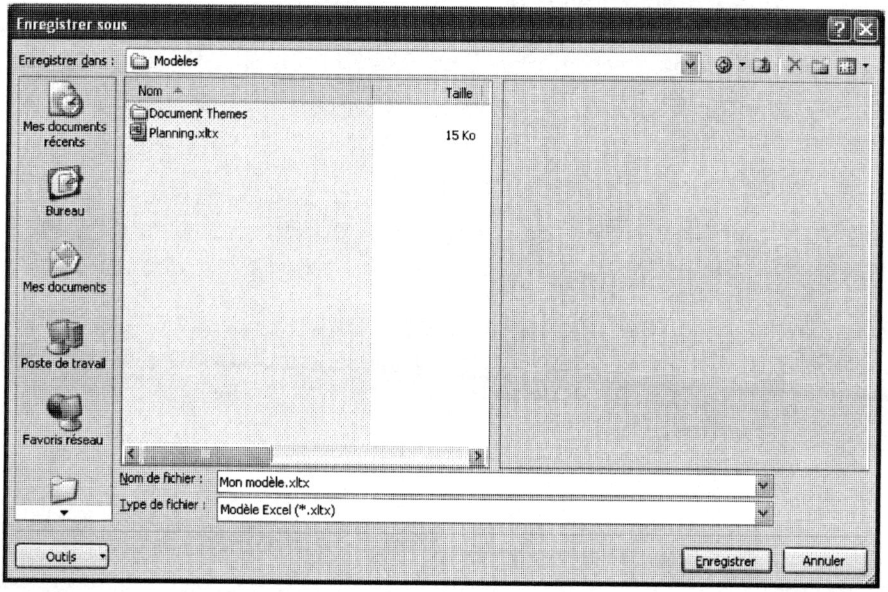

- Cliquez sur le bouton **Enregistrer**.

L'extension attribuée aux fichiers modèles est XLTX (selon les paramètres définis dans Windows, l'extension peut être masquée).

Pour modifier un modèle personnalisé, ouvrez-le : procédez comme pour un classeur quelconque, sans oublier de sélectionner l'option **Modèles** dans la liste **Type de fichiers** de la boîte de dialogue **Ouvrir**.

Pour créer un classeur basé sur un modèle personnalisé, reportez-vous au titre correspondant du chapitre Classeurs.

Créer un modèle de classeur ou de feuille à utiliser par défaut

*Lorsque vous démarrez l'application Excel, le nouveau classeur créé automatiquement utilise les paramètres (mise en forme, nombre de feuilles...) d'un modèle nommé **Classeur.xltx**. Ce même modèle est aussi utilisé lorsque vous créez un nouveau classeur vide (cf. chapitre Classeurs).*

*Lorsque vous insérez des feuilles dans le classeur, vous utilisez aussi un modèle nommé **Feuille.xltx** dans lequel sont définis la mise en forme et l'éventuel contenu pour créer une nouvelle feuille.*

- Pour créer vos propres modèles de classeur et/ou de feuilles de calcul, le principe consiste à créer un modèle que vous nommez **Classeur.xltx** ou **Feuille.xltx** suivant la procédure décrite dans le titre précédent (le modèle Feuille.xltx ne doit comporter qu'une seule feuille de calcul, sinon toutes les feuilles du modèle seront insérées lorsque vous choisirez d'insérer une feuille).

- Pour que les modèles soient utilisés automatiquement, veillez à les enregistrer dans le dossier :
  - C:\Documents and Settings\nom d'utilisateur\Application Data\Microsoft\Excel\XLStart pour le modèle Classeur.xltx,
  - C:\Documents and Settings\ nom d'utilisateur\Application Data\Microsoft\Modèles pour le modèle Feuille.xltx.

Pour retrouver les paramètres d'origine des classeurs, supprimez le modèle Classeur.xltx ; pour restaurer ceux des feuilles de calcul, supprimez le modèle Feuille.xltx.

La saisie/modification de données

troisième partie

Se déplacer dans une feuille de calcul

Plusieurs techniques sont à votre disposition en fonction de l'outil que vous souhaitez utiliser : la souris ou le clavier.

Utilisez les barres de défilement pour visualiser la cellule à activer :

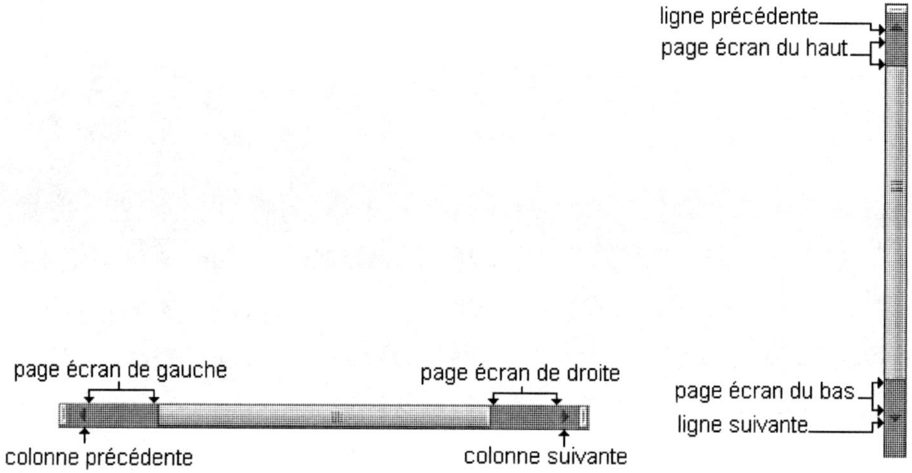

Utilisez le clavier de la manière suivante :

cellule de droite/de gauche	[→] ou [Tab] / [←] ou [Shift][Tab]
cellule du haut/du bas	[↑] ou [Shift][Entrée] / [↓] ou [Entrée]
page écran de droite/de gauche	[Alt][Pg Dn] / [Alt][Pg Up]
page écran du haut/bas	[Pg Up] [Pg Dn]
colonne A de la ligne active	[↖]
cellule A1	[Ctrl][↖]
Bord droit/gauche de la région de données	[Ctrl][←] / [Ctrl][→]
Bord supérieur/inférieur de la région de données	[Ctrl][↑] / [Ctrl][↓]

*La **région de données** est une plage de cellules contenant des données et délimitée par des cellules vides ou des bordures de feuille de calcul.*

Atteindre une cellule précise

- Cliquez dans la zone de nom (partie de la barre de formule affichant la référence de la cellule active).

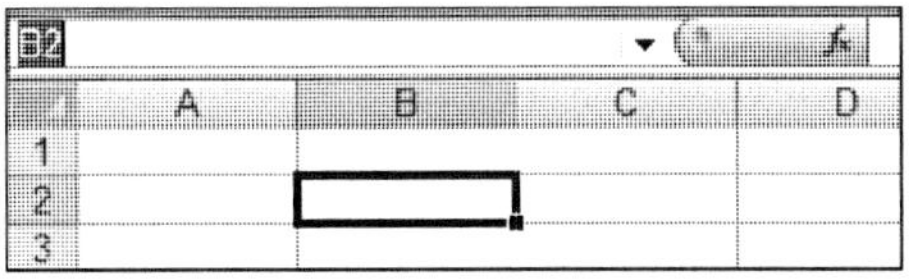

La référence de la cellule active est alors sélectionnée.

- Saisissez la référence de la cellule à atteindre et appuyez sur la touche Entrée pour valider.

Vous pouvez aussi utiliser l'option **Atteindre** du bouton **Rechercher et sélectionner** du groupe **Édition** de l'onglet **Accueil**, taper la référence de la cellule à atteindre et valider.

Rechercher une cellule

Par son contenu

- Si la recherche doit porter sur toute la feuille ou tout le classeur, activez une cellule ; si la recherche concerne une partie de la feuille active, sélectionnez la plage de cellules concernée.
- Dans l'onglet **Accueil**, cliquez sur le bouton **Rechercher et sélectionner** du groupe **Édition** puis cliquez sur l'option **Rechercher** ou utilisez le raccourci-clavier Ctrl **F**.
- Entrez ce qui doit être recherché dans la zone de saisie **Rechercher**.
- Cliquez, éventuellement, sur le bouton **Options** pour déterminer comment la recherche doit être réalisée :

Dans Choisissez, dans la liste, si la recherche doit s'effectuer dans la **Feuille** active ou dans toutes les feuilles du **Classeur**.

Sens Choisissez, dans la liste, le sens de la recherche.

Regarder dans Choisissez, dans la liste, si la recherche doit s'effectuer sur le détail des **Formules**, sur les **Valeurs** ou sur les **Commentaires** des cellules.

Respecter la casse Cochez cette option si vous souhaitez faire la distinction entre les caractères en majuscules et ceux en minuscules.

Totalité du contenu de la cellule	Cochez cette option si vous souhaitez qu'Excel recherche dans les cellules une correspondance exacte des caractères tapés dans la zone de saisie.

- Pour effectuer une recherche cellule par cellule, cliquez sur le bouton **Suivant**. Cliquez ensuite sur le bouton **Fermer** si la cellule trouvée contient le texte recherché sinon cliquez sur le bouton **Suivant**.
- Pour rechercher toutes les cellules, cliquez sur le bouton **Rechercher tout**. Dans ce cas, la liste des cellules trouvées s'affiche dans la partie basse de la boîte de dialogue.

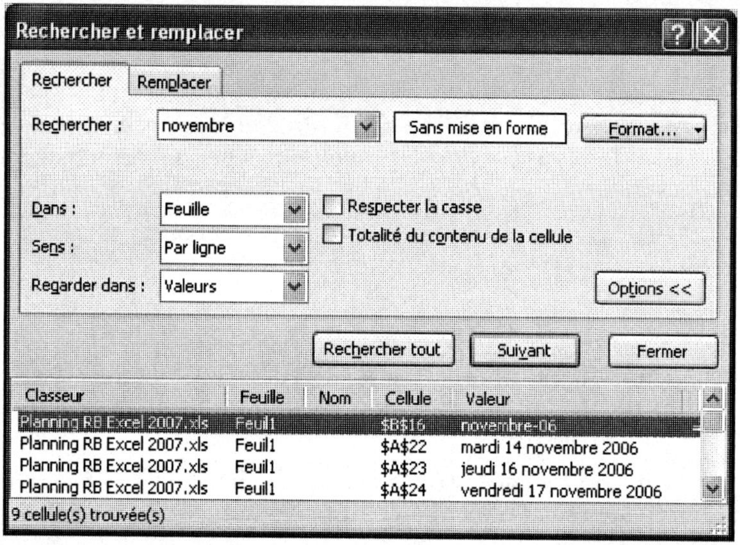

- Cliquez sur une des valeurs de la liste pour sélectionner la cellule correspondante puis cliquez sur le bouton **Fermer**.

Par sa mise en valeur

- Activez une seule cellule ou sélectionnez la plage de cellules concernée par la recherche.
- Dans l'onglet **Accueil**, cliquez sur le bouton **Rechercher et sélectionner** du groupe **Édition** puis cliquez sur l'option **Rechercher** ou utilisez le raccourci-clavier Ctrl **F**.
- Supprimez, à l'aide de la touche Suppr, l'éventuel contenu de la zone **Rechercher**.
- Cliquez, si besoin, sur le bouton **Options** pour afficher les options de recherche.

- Cliquez sur le bouton **Format** et sélectionnez dans la boîte de dialogue **Rechercher le format**, les options de formats recherchées.

  *L'option **Choisir le format à partir de la cellule** permet de sélectionner une cellule afin de récupérer automatiquement tous les attributs de mise en forme.*

- Cliquez sur le bouton **OK**.
- Selon votre choix, effectuez une recherche en cliquant sur le bouton **Suivant** ou sur le bouton **Rechercher tout**.

Lorsque la boîte de dialogue **Rechercher et remplacer** est fermée, vous pouvez poursuivre la recherche par [Shift] [F4].
Vous pouvez cumuler une recherche de texte et de mise en valeur ; dans ce cas, saisissez le texte dans la zone **Rechercher** et choisissez les options de mise en valeur en cliquant sur le bouton **Format**.

Sélectionner des cellules

Des cellules adjacentes

- Utilisez l'une des trois techniques suivantes :

Le **cliqué-glissé**	Cliquez dans la première cellule à sélectionner et, sans relâcher le bouton de la souris, faites glisser celle-ci pour étendre la sélection ; relâchez le bouton de la souris lorsque la sélection vous convient. Attention, ne réalisez pas le cliqué-glissé à partir du bouton de recopie (carré noir en bas à droite de la cellule active) !
Le [Shift] **clic**	Cliquez dans la première cellule à sélectionner, pointez la dernière, appuyez sur la touche [Shift] et, sans la relâcher, cliquez. Relâchez ensuite le bouton de la souris puis la touche.
Avec le clavier	Appuyez sur la touche [Shift] et, tout en la maintenant enfoncée, utilisez les touches de déplacement correspondant à la sélection à réaliser.

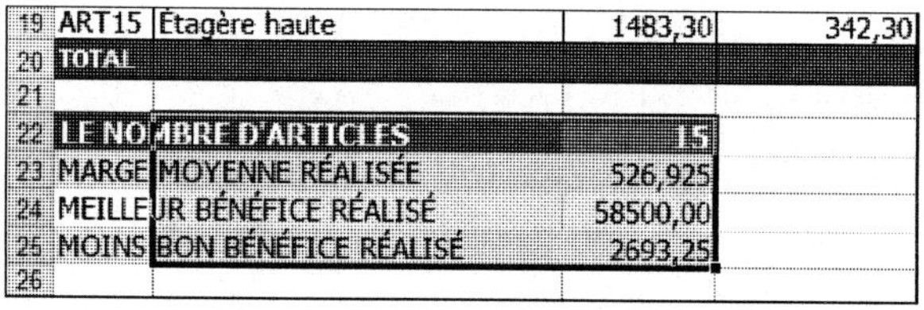

19	ART15	Étagère haute	1483,30	342,30
20	TOTAL			
21				
22	LE NOMBRE D'ARTICLES		15	
23	MARGE MOYENNE RÉALISÉE		526,925	
24	MEILLEUR BÉNÉFICE RÉALISÉ		58500,00	
25	MOINS BON BÉNÉFICE RÉALISÉ		2693,25	
26				

*Une **plage de cellules** sélectionnée apparaît encadrée et de couleur plus sombre (sauf la première cellule qui s'affiche comme à l'ordinaire car il s'agit de la cellule active).*

Des cellules non adjacentes

- Sélectionnez la première plage de cellules.
- Appuyez sur la touche Ctrl et tout en la maintenant enfoncée, sélectionnez les autres plages de cellules ; lorsque vous avez terminé, relâchez la touche Ctrl avant le bouton de la souris.

Par défaut, la barre d'état affiche la moyenne et la somme des cellules sélectionnées si au moins l'une des cellules sélectionnées contient une valeur numérique ; la barre d'état affiche aussi le nombre de valeurs (texte, numérique ou autre) contenues dans la sélection.

Pour sélectionner toutes les cellules de la feuille de calcul, cliquez sur le bouton (situé à l'intersection des en-têtes de lignes et de colonnes) ou utilisez les raccourci-clavier Ctrl A ou Ctrl ⇧ Shift Espace.

Sélectionner des lignes/des colonnes

- Procédez selon les techniques suivantes :

	Ligne	Colonne
	cliquez sur le numéro de la ligne à sélectionner.	cliquez sur la lettre de la colonne à sélectionner.
	activez une cellule située dans la ligne puis utilisez les touches ⇧ Shift Espace.	activez une cellule située dans la colonne puis utilisez les touches Ctrl Espace.

Lorsqu'une ligne (une colonne) est sélectionnée, son numéro (sa lettre) apparaît en noir sur un fond de couleur sombre.

- Pour sélectionner plusieurs lignes (colonnes) adjacentes, faites glisser la souris sur les en-têtes de lignes (colonnes). Si les lignes (colonnes) ne sont pas adjacentes, maintenez la touche Ctrl enfoncée lors de la sélection de chaque ligne (colonne).

Vous pouvez sélectionner des lignes et des colonnes en même temps.

Sélectionner des cellules d'après leur contenu

- Dans l'onglet **Accueil**, cliquez sur le bouton **Rechercher et sélectionner** du groupe **Édition** puis cliquez sur l'option **Sélectionner les cellules**.

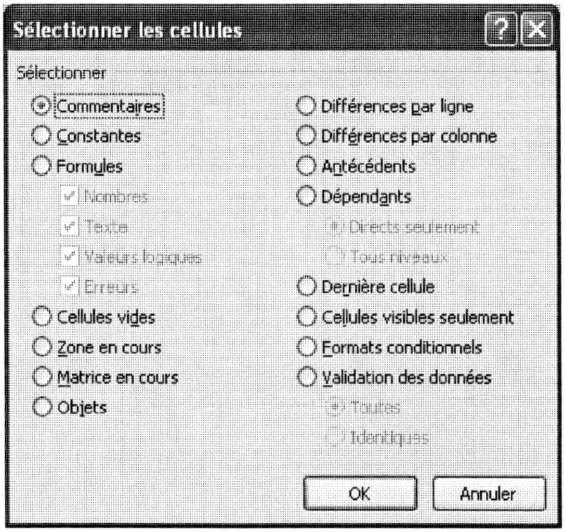

- Cliquez sur l'option correspondant à la nature des cellules à sélectionner.
- Cliquez sur le bouton **OK**.

Vous pouvez aussi utiliser les options suivantes de la liste associée à l'outil **Rechercher et sélectionner** :

Formules	Pour rechercher les cellules contenant des formules de calcul.
Commentaires	Pour rechercher les cellules contenant des commentaires.
Mise en forme conditionnelle	Pour rechercher les cellules ayant des formats conditionnels.
Constantes	Pour rechercher les cellules contenant des valeurs quelconques.

Validation des données	Pour rechercher les cellules contenant une liste déroulante.

Lorsque la feuille de calcul ne contient pas de cellules correspondant à la recherche, Excel affiche le message suivant :

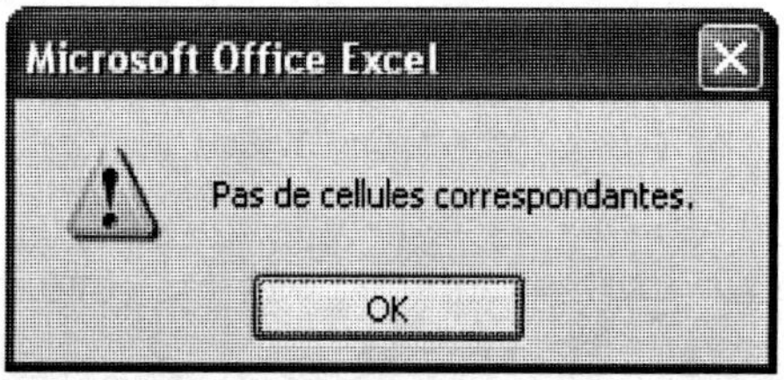

Saisir des données constantes (texte, valeurs...)

- Activez la cellule dans laquelle la donnée doit apparaître.

  Vérifiez toujours la référence de la cellule active dans la zone de nom de la barre de formule.

- Saisissez la donnée.

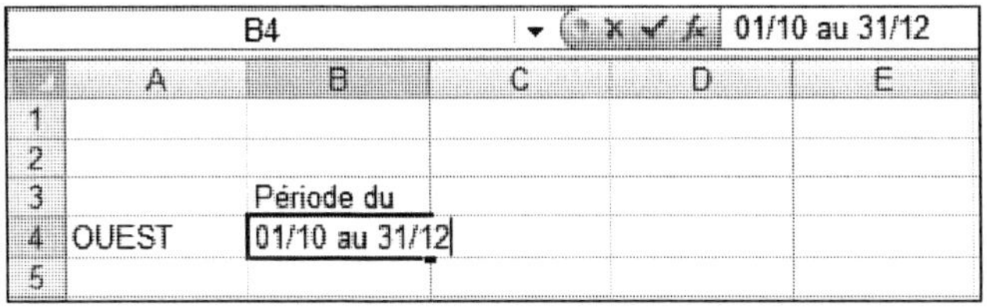

Dès la saisie du premier caractère, deux symboles apparaissent dans la barre de formule :

 *permet d'annuler la saisie (correspond à la touche* [Echap] *).*

 *permet de valider la saisie (correspond à la touche* [Entrée]*).*

Parallèlement, l'indicateur de la barre d'État indique que seules des saisies peuvent être réalisées.

- Validez la saisie : utilisez la touche [Entrée] ou [⇄] ou une touche de direction quelconque ou cliquez sur le bouton [✓].

  Le fait d'atteindre une nouvelle cellule valide la saisie précédente. Dès que vous activez une nouvelle cellule, Excel revient en mode Prêt et les symboles [X] et [✓] disparaissent.

  Après validation, les données de type Texte s'alignent à gauche des cellules et celles de type Date ou Numérique s'alignent à droite. En outre, les données de type Date sont automatiquement formatées (exemple : 31/03 devient 31-mars).

Pour la saisie des données, prêtez attention aux remarques suivantes :

- Pour les valeurs numériques, faites attention à saisir des 0 (zéros) et pas des O (la lettre o).
- Pour une valeur négative, faites-la précéder d'un signe moins (-) ou entourez-la de parenthèses.

- Pour qu'un nombre comme 10000 apparaisse immédiatement sous la forme 10 000 €, effectuez la saisie suivante : 10000 € (le symbole € s'obtient souvent à l'aide de la combinaison [Alt Gr] **E**, cela dépend du type de clavier utilisé).
- Pour entrer un pourcentage, tapez le signe % juste après le nombre.
- Pour saisir des décimales, utilisez la virgule ou le point comme séparateur décimal (selon la configuration de Windows, c'est le point ou la virgule qui apparaît dans la feuille de calcul).

Pour la saisie des dates, Excel interprète l'année saisie sur deux chiffres de cette façon :

- de 00 à 29 = de 2000 à 2029,
- de 30 à 99 = de 1930 à 1999.

Si vous utilisez Windows XP, les paramètres de **Date**, **Symbole monétaire**, **Heure** et de séparateur sont modifiables à partir du menu **démarrer - Panneau de configuration - Options régionales et linguistiques** - bouton **Personnaliser.**

Pour saisir un même contenu sur plusieurs feuilles de calcul simultanément, sélectionnez les feuilles de calcul concernées (nous vous rappelons que vous êtes alors dans un groupe de travail) et procédez comme pour une saisie normale.

Insérer des caractères spéciaux

Cette technique permet d'insérer des symboles qui ne figurent pas sur le clavier. Un caractère spécial peut être inséré dans une cellule vide ou à l'intérieur d'un texte au moment de la saisie.

- Activez l'onglet **Insertion** et cliquez sur le bouton **Symbole** du groupe **Texte** ou utilisez le raccourci-clavier [Ctrl] **F.**

  La boîte de dialogue ***Caractères spéciaux*** *s'affiche ; l'onglet* ***Symboles*** *y est actif.*

- Dans la liste **Police**, sélectionnez la police contenant le caractère à insérer.
- Sélectionnez le caractère à insérer en cliquant dessus.

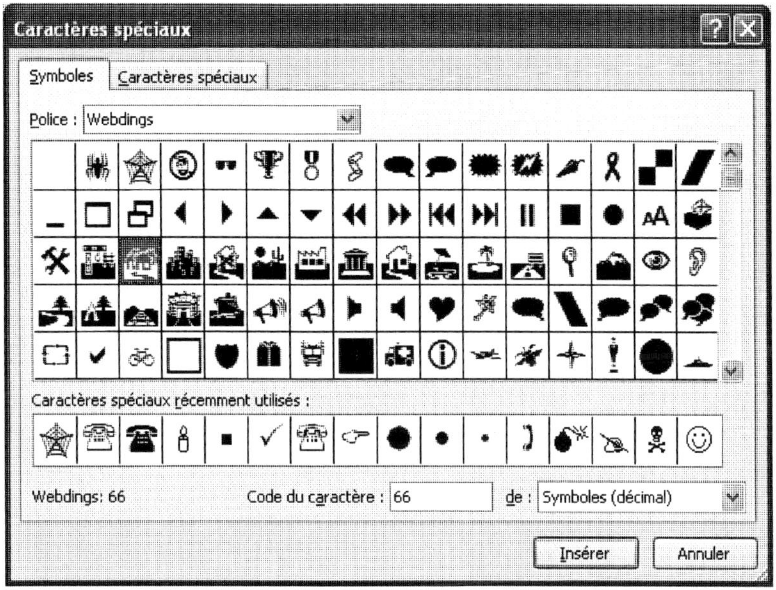

- Cliquez sur le bouton **Insérer**.
- Insérez éventuellement d'autres caractères puis fermez la boîte de dialogue en cliquant sur le bouton **Fermer**.
- Terminez la saisie si besoin puis validez.

Insérer la date/l'heure système dans une cellule

- Activez la cellule dans laquelle doit apparaître la date et/ou l'heure système.
- Pour insérer la date et/ou l'heure système, mises à jour à chaque ouverture du classeur, utilisez l'une des deux fonctions suivantes :

=AUJOURDUI()	pour insérer la date.
=MAINTENANT()	pour insérer la date et l'heure.

- Pour insérer la date du jour et/ou l'heure système statiques, c'est-à-dire fixes, utilisez l'un des raccourcis-clavier suivants :

Ctrl ;	pour insérer la date.
Ctrl :	pour insérer l'heure.
Ctrl ; Espace Ctrl :	pour insérer la date suivie de l'heure.

Si la date affichée n'est pas celle du jour, corrigez la date système de votre micro-ordinateur à partir du **Panneau de configuration** de Windows option **Date et heure.**

Utiliser la fonction de saisie semi-automatique d'entrée de cellule

Après avoir tapé les premiers caractères, il arrive qu'Excel propose des caractères correspondant à une entrée existant dans la colonne (il ne doit pas cependant exister plus d'une cellule vierge au-dessus de la cellule de saisie).

- Si l'entrée proposée vous convient, validez la saisie ; sinon, vous pouvez afficher la liste de choix en appuyant sur [Alt][↓].

La liste des entrées existant dans la colonne apparaît. Vous pouvez également afficher cette liste en cliquant avec le bouton droit de la souris et en choisissant l'option ***Liste déroulante de choix*****.**

Cliquez alors sur l'entrée qui vous convient.

- Si aucune entrée ne vous convient, poursuivez la saisie.

Cette fonction est disponible si l'option **Saisie semi-automatique des valeurs de cellule** de la boîte de dialogue **Options Excel** est active (bouton **Microsoft Office** - bouton **Options Excel** - catégorie **Options avancées - Options d'édition**).

Saisir un même contenu dans plusieurs cellules

- Sélectionnez la plage des cellules concernées (elles peuvent ne pas être adjacentes).
- Saisissez le contenu commun à toutes ces cellules (formule ou texte).

  Lorsque le contenu est une formule, saisissez la formule qui concerne la cellule active.

- Validez par les touches Ctrl Entrée.

  Saisie et recopie sont réalisées en une seule manipulation !

Renvoyer du texte à la ligne dans une cellule

Deux techniques permettent de faire apparaître du texte sur plusieurs lignes dans une cellule : par la saisie ou en modifiant le format de la cellule.

Entrer un saut de ligne

- Lorsque vous êtes en cours ou en modification de saisie, utilisez la combinaison des touches Alt Entrée pour imposer votre retour à la ligne à l'endroit souhaité.

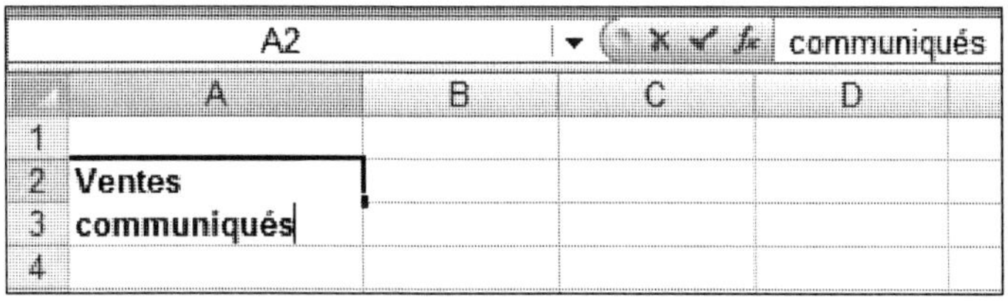

Si la hauteur de la barre de formule n'est pas ajustée, vous n'y visualisez que la dernière ligne saisie.

Définir un renvoi à la ligne automatique

- Sélectionnez les cellules concernées.
- Dans le groupe **Alignement** de l'onglet **Accueil**, cliquez sur l'outil **Renvoyer à la ligne automatiquement** .

  Les données sont renvoyées à la ligne de manière à ajuster le contenu à la largeur des cellules. Si vous modifiez la largeur des colonnes, les données sont automatiquement ajustées en conséquence.

Créer une série de données

Une série de données correspond à une suite logique de valeurs. Vous pouvez créer une série de données de dates, d'heures, de mois, de jours, d'un mélange de textes et de valeurs numériques. Vous utilisez pour cela la fonctionnalité appelée "recopie incrémentée".

Créer une série de données simple

Ce type de série permet d'afficher des valeurs successives avec un incrément égal à une unité.

- Saisissez la première valeur de la série.
- Faites glisser la poignée de recopie de cette cellule jusqu'à la cellule d'affichage de la dernière valeur vers le bas ou vers la droite pour remplir en ordre croissant, vers le haut ou vers la gauche pour remplir en ordre décroissant.

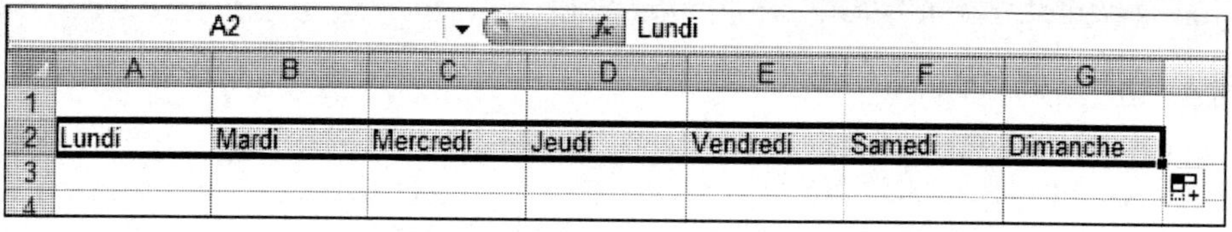

Juste après avoir créé votre série, le bouton ***Options de recopie incrémentée*** *apparaît dans le coin inférieur droit de la série.*

- Si vous souhaitez modifier le type de copie ou d'incrémentation selon le type de série, cliquez sur le bouton **Options de recopie incrémentée** .

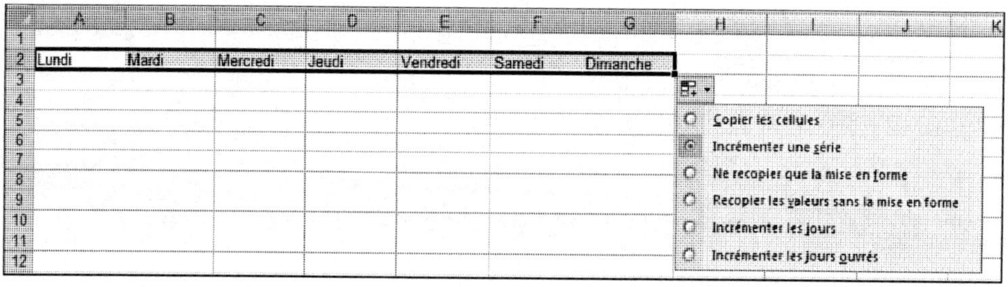

- Cliquez sur l'option adéquate.

Créer une série de données "complexe"

Ce type de série permet de définir l'incrément entre les valeurs de la série.

- Saisissez les deux premières valeurs pour indiquer la valeur de l'incrément.
- Sélectionnez ces deux cellules.
- Réalisez un cliqué-glissé à partir du bouton de recopie.

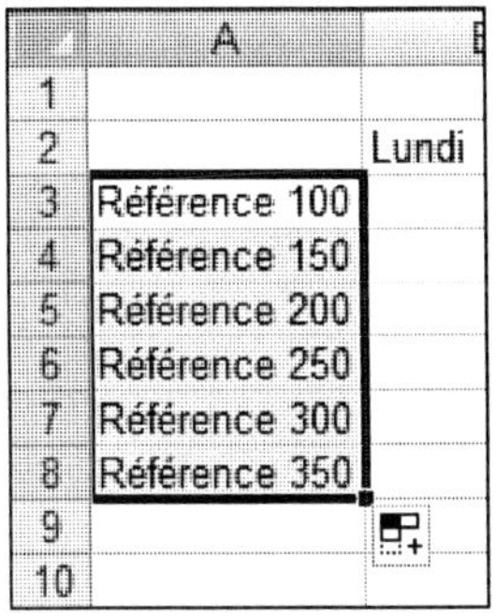

Référence 100 et Référence 150 sont les deux premières données de cette série complexe.

- Saisissez la première valeur de la série et sélectionnez la cellule contenant cette valeur.
- Cliquez sur la flèche de l'outil **Remplissage** situé dans la catégorie **Édition** de l'onglet **Accueil** et activez l'option **Série**.

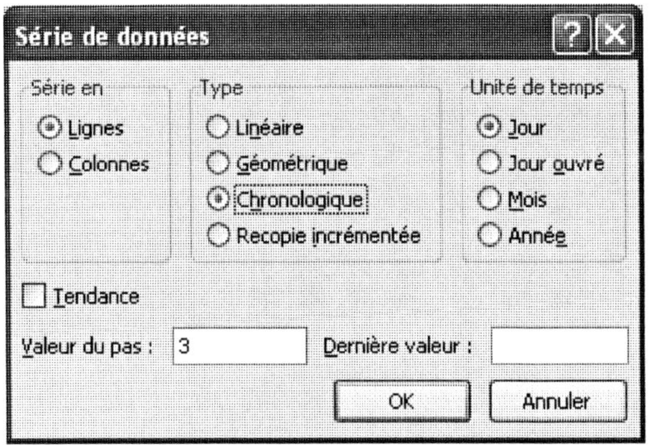

- Dans le cadre **Série en**, indiquez si la série doit être insérée en **Lignes** ou en **Colonnes**.
- Dans le cadre **Type**, indiquez le type de série à effectuer.

- Si vous avez choisi d'effectuer une série de type **Chronologique**, indiquez dans le cadre droit, l'**Unité de temps.**
- Modifiez si besoin, l'incrément dans la zone **Valeur du pas.**
- Indiquez si besoin, la **Dernière valeur.**
- Cliquez sur le bouton **OK.**

Les séries de données personnalisées sont abordées dans le chapitre Optimisation de la saisie des données.

Modifier le contenu d'une cellule

- Faites un double clic dans la cellule à modifier :

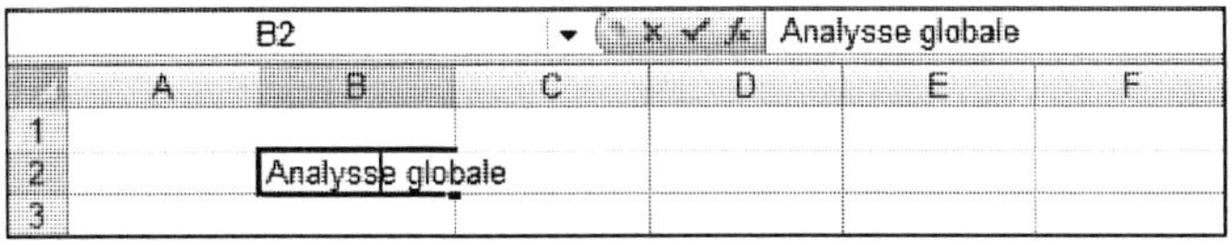

*Un point d'insertion apparaît dans la cellule (la petite barre verticale clignotante) à l'endroit où vous avez cliqué et Excel passe en mode **Modifier**.*

- Réalisez vos modifications.

*Les nouveaux caractères saisis s'ajoutent aux caractères existants lorsque le mode **Insertion** est actif. Si le mode **Refrappe** est actif, les nouveaux caractères remplacent les caractères existants.*

- Pour passer du mode **Insertion** au mode **Refrappe** et inversement, appuyez sur [Inser].
- Validez les modifications.

Vous pouvez aussi cliquer dans la cellule puis dans la barre de formule pour effectuer directement vos modifications.

Effacer le contenu des cellules

- Sélectionnez les cellules à effacer puis appuyez sur la touche [Suppr].

Le contenu des cellules est alors supprimé mais pas le format.

- Pour effacer le contenu et/ou le format et/ou les commentaires, cliquez sur l'outil  du groupe **Édition** de l'onglet **Accueil**.

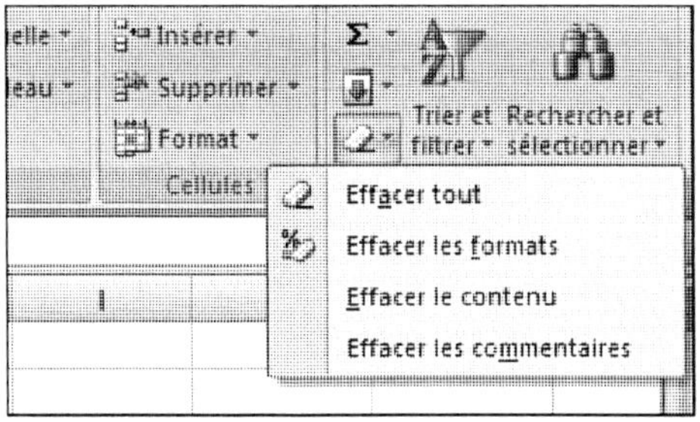

- Cliquez sur l'option en fonction de ce que vous souhaitez effacer.

Pour effacer le contenu des cellules, vous pouvez également sélectionner les cellules concernées puis faire glisser la poignée de recopie sur cette même sélection.

Remplacer un contenu de cellule et/ou un format par un autre

Cette manipulation permet de remplacer automatiquement le texte contenu et/ou le format dans plusieurs cellules par un autre texte et/ou format. Cette technique permet également de modifier du texte contenu dans les formules.

Remplacer du texte

- Si le remplacement doit porter sur toute la feuille ou toutes les feuilles du classeur, activez une seule cellule ; si le remplacement ne concerne qu'une partie de la feuille active, sélectionnez la plage de cellules correspondantes.
- Dans l'onglet **Accueil**, cliquez sur le bouton **Rechercher et sélectionner** du groupe **Édition** puis cliquez sur l'option **Remplacer** ou utilisez le raccourci-clavier Ctrl **H**.
- Dans la zone **Rechercher**, saisissez le texte à remplacer.

  *Cette zone peut contenir des lettres, des nombres, des signes de ponctuation ou des caractères génériques (? ou * qui remplacent respectivement un ou plusieurs caractères).*
- Dans la zone **Remplacer par**, saisissez le texte de remplacement.
- Comme pour la recherche de cellules (cf. Rechercher une cellule) vous pouvez, après avoir cliqué sur le bouton **Options**, indiquez où et comment Excel doit rechercher le texte à remplacer.
- Pour réaliser un remplacement un par un, cliquez sur le bouton **Suivant** pour atteindre la première cellule concernée, puis cliquez sur le bouton **Remplacer**, si vous voulez remplacer cette valeur ou **Suivant** pour ignorer le remplacement et poursuivre.
- Pour effectuer un remplacement en une seule manipulation, cliquez sur le bouton **Remplacer tout**.
- Cliquez sur le bouton **Fermer**.

Remplacer un format

- Activez une seule cellule ou sélectionnez la plage de cellules concernée par le remplacement.
- Dans l'onglet **Accueil**, cliquez sur le bouton **Rechercher et sélectionner** du groupe **Édition** puis cliquez sur l'option **Remplacer** ou utilisez le raccourci-clavier Ctrl **H**.

- Cliquez, si besoin, sur le bouton **Options** pour les afficher.
- Supprimez le contenu de la zone **Rechercher** si celle-ci n'est pas vide ainsi que le contenu de la zone **Remplacer par**.
- Cliquez sur le bouton **Format** de la ligne **Rechercher** et sélectionnez dans la boîte de dialogue **Rechercher le format**, les formats recherchés.

  *Le bouton **Choisir le format à partir de la cellule** permet de sélectionner une cellule afin de récupérer automatiquement tous les attributs de mise en forme. Cette fonctionnalité est également accessible en cliquant sur la flèche associée au bouton **Format**.*
- Cliquez sur le bouton **OK**.
- Cliquez sur le bouton **Format** de la ligne **Remplacer par** et sélectionnez dans la boîte de dialogue **Remplacer le format**, les formats concernés puis cliquez sur le bouton **OK**.
- Selon votre choix, effectuez les remplacements un par un en utilisant les boutons **Suivant** et **Remplacer** ou tous les remplacements à la fois en cliquant sur le bouton **Remplacer tout**.
- Cliquez sur le bouton **Fermer**.

Vous pouvez cumuler un remplacement de texte et de format ; dans ce cas, saisissez les textes dans la zone **Rechercher** et **Remplacer par** et choisissez les formats après avoir cliqué sur les boutons **Format**.

Vérifier l'orthographe

Le vérificateur contrôle la feuille de calcul active, y compris le contenu des cellules, les commentaires de cellule, les graphiques, les zones de texte, les boutons, les en-têtes et pieds de page mais ne contrôle pas les feuilles protégées ni les formules ou le texte résultant d'une formule.

- Pour vérifier toute une feuille d'un classeur, activez seulement l'une de ses cellules. Pour vérifier une zone de texte, sélectionnez-la.
- Activez l'onglet **Révision** et cliquez sur le bouton **Orthographe** du groupe **Vérification** ou faites [F7].

  Excel lit le texte et s'arrête dès qu'un mot lui est inconnu. Un mot peut être inconnu s'il est absent du dictionnaire Excel ou saisi avec un emploi inhabituel de majuscules (exemple : NOus).

Cette vérification repose sur un dictionnaire principal (celui d'Excel) et autant de dictionnaires personnels que vous le souhaitez (par défaut le seul dictionnaire personnel existant est PERSO.DIC).

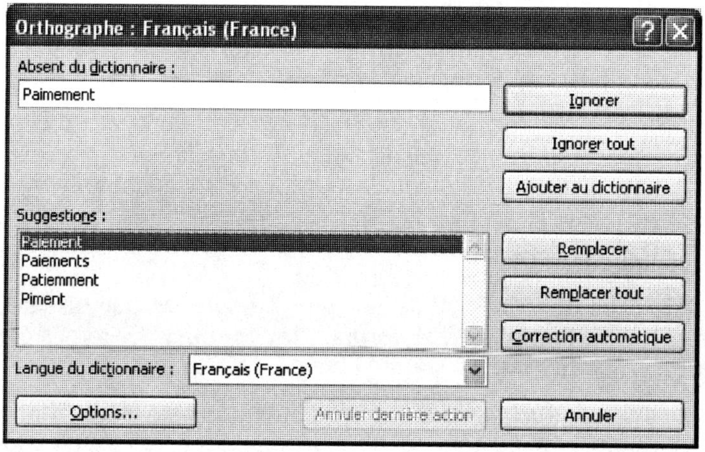

- Si le mot est correctement orthographié, cliquez sur le bouton :

Ignorer pour laisser le mot inchangé et poursuivre la vérification.

Ignorer tout pour "ignorer" le mot et toutes ses occurrences suivantes.

Ajouter au dictionnaire pour ajouter le mot dans le dictionnaire personnel actif.

- Si le mot est incorrect, vous pouvez le corriger en sélectionnant une des suggestions ou en saisissant la bonne orthographe dans la zone **Absent du dictionnaire** puis en cliquant sur :

Remplacer pour remplacer le mot erroné par celui saisi.

Remplacer tout pour remplacer le mot et toutes ses occurrences par le mot saisi.

Vous pouvez aussi faire un double clic sur une des suggestions.

Lorsque la vérification est terminée, Excel vous le signale :

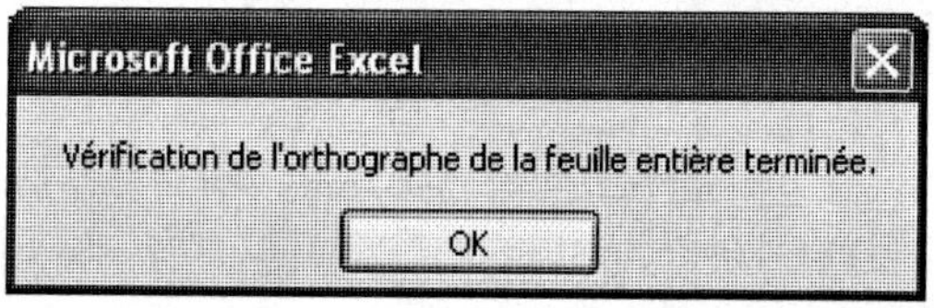

- Cliquez sur le bouton **OK**.

Gérer la correction orthographique automatique

La correction orthographique automatique permet à Excel de corriger vos fautes habituelles en cours de saisie (par exemple, si vous tapez toujours "magazin" au lieu de "magasin").

Activer/désactiver la correction automatique

- Cliquez sur le bouton **Microsoft Office** puis cliquez sur le bouton **Options Excel**.
- Sélectionnez la catégorie **Vérification** et cliquez sur le bouton **Options de correction automatique**.
- Cochez ou décochez l'option **Correction en cours de frappe** selon que vous souhaitez ou non arrêter la correction et le remplacement automatique du texte en cours de frappe.

  Par défaut, cette option est cochée.
- Cliquez sur le bouton **OK**.

Définir des corrections automatiques

Par défaut, Excel met à votre disposition une liste importante de corrections automatiques. Vous pouvez ajouter à cette liste d'autres corrections automatiques qui seront des mots ou des abréviations que Excel remplacera en cours de frappe.

- Cliquez sur le bouton **Microsoft Office** puis cliquez sur le bouton **Options Excel**.
- Sélectionnez la catégorie **Vérification** et cliquez sur le bouton **Options de correction automatique**.
- Assurez-vous que l'option **Correction en cours de frappe** est bien cochée.
- Saisissez le mot mal orthographié ou l'abréviation dans la zone **Remplacer**.
- Saisissez la bonne orthographe dans la zone de saisie **Par**.

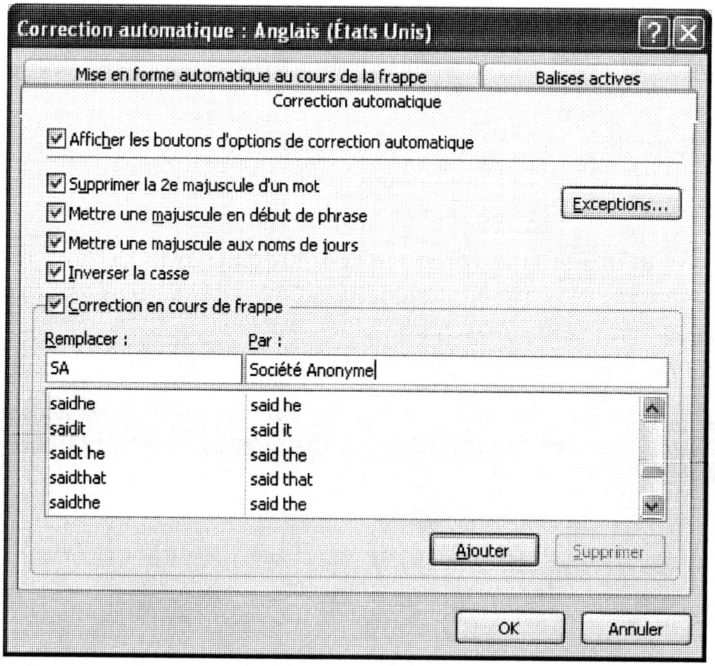

- Cliquez sur le bouton **Ajouter**.
- Insérez ainsi vos abréviations ou fautes usuelles.
- Fermez la boîte de dialogue **Correction automatique** par le bouton **OK**.
- Fermez la boîte de dialogue **Options Excel** par le bouton **OK**.

Copier un contenu vers des cellules adjacentes

Cette technique permet de recopier rapidement du texte ou des formules.

- Activez la cellule à recopier.
- Pointez la poignée de recopie de la cellule :

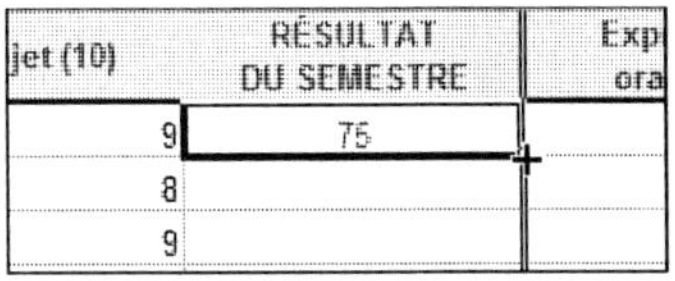

Nous vous rappelons que cette poignée correspond au petit carré sombre situé en bas à droite de la cellule active. Notez le nouvel aspect du pointeur de la souris.

- Cliquez, et sans relâcher le bouton de la souris, faites glisser celle-ci en direction de la dernière cellule destinatrice de la copie.

Les cellules ainsi "balayées" apparaissent avec des bords hachurés.

- Quand la dernière cellule destinatrice est atteinte, relâchez le bouton de la souris.

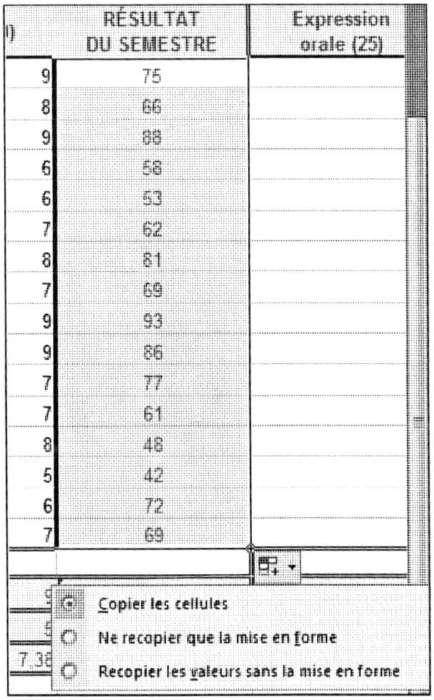

Juste après avoir effectué la copie, le bouton  *apparaît dans le coin inférieur droit de la plage de cellules copiée.*

- En cliquant sur ce bouton, vous pouvez, si besoin, modifier le type de copie et choisir ainsi, de **Ne recopier que la mise en forme** ou de **Recopier les valeurs sans la mise en forme**.

Copier/déplacer des cellules

La technique concernant la copie fait référence à une duplication vers des cellules non adjacentes.

Première méthode

Cette technique est surtout utilisée lorsque vous pouvez visualiser en même temps les cellules à transférer et le lieu de destination.

- Sélectionnez les cellules à transférer.
- Pointez l'un des bords de la sélection :

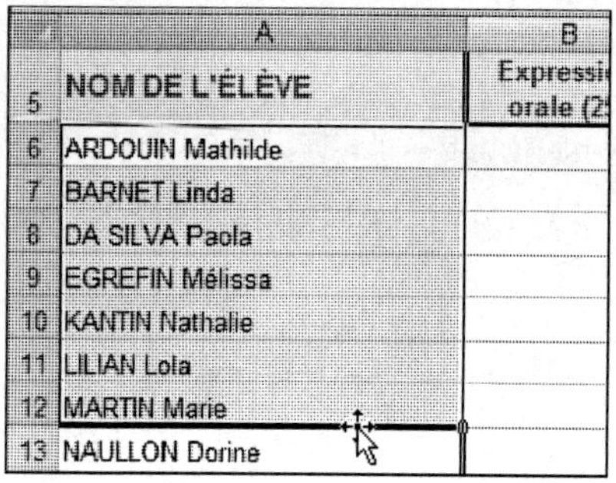

La souris prend alors l'apparence d'une flèche. Attention, ne pointez pas la poignée de recopie.

- S'il s'agit d'une recopie, appuyez sur la touche Ctrl et, sans la relâcher, faites un cliqué-glissé vers le lieu de la duplication.

  S'il s'agit d'un déplacement de cellules, réalisez un cliqué-glissé vers le lieu de destination.

  Au cours du cliqué-glissé, dans le cas de la recopie, un petit plus apparaît à droite du pointeur de la souris.
- Relâchez le bouton de la souris puis éventuellement la touche Ctrl.

  Le contenu ainsi que la mise en valeur est ainsi déplacé ou copié.

Seconde méthode

- Sélectionnez les cellules à transférer.
- Activez l'onglet **Accueil**.
- S'il s'agit de copier les cellules, cliquez sur l'outil **Copier**  du groupe **Presse-papiers** ou Ctrl **C**.

  S'il s'agit de déplacer les cellules, cliquez sur l'outil **Couper**  ou Ctrl **X**.

La sélection apparaît entourée de tirets clignotants.

- Activez la première cellule de destination.

  Même si plusieurs cellules sont copiées ou déplacées, seule une cellule de destination doit être montrée.

- Cliquez sur le bouton **Coller** ou faites [Ctrl] **V**.

  Si vous avez effectué une copie, il apparaît en bas à droite de la zone de destination, un bouton qui permet de modifier le type de copie.

- Si besoin, cliquez sur ce bouton et activez l'option de votre choix.

  La sélection d'origine clignote toujours : vous pouvez la coller à d'autres emplacements, si besoin est. Lorsque le clignotement s'arrête, il n'est plus possible de coller la sélection.

Copier des cellules vers d'autres feuilles

- Sélectionnez les cellules à copier.
- Sélectionnez les autres feuilles : maintenez la touche [Ctrl] enfoncée et cliquez sur les onglets de ces feuilles.
- Cliquez sur la flèche de l'outil **Remplissage** du groupe **Édition** de l'onglet **Accueil** puis activez l'option **Dans toutes les feuilles de données**.
- Selon votre choix, choisissez de **Tout** copier ou de copier seulement le **Contenu** ou les **Formats**.
- Validez par le bouton **OK**.

Pour copier un groupe de cellules vers une autre feuille, vous pouvez utiliser la première méthode du titre précédent : tout en maintenant les touches [Ctrl] et [Alt] enfoncées, faites glisser la sélection sur l'onglet de la feuille concernée puis vers la première cellule de destination.

Utiliser le Presse-papiers Office

Le Presse-papiers Office permet d'effectuer des copies et des déplacements multiples de sélections.

Afficher/masquer le volet Presse-papiers Office

- Pour afficher le volet Office **Presse-papiers**, cliquez sur le **lanceur de boîte de dialogue** du groupe **Presse-papiers** du volet **Accueil**.
- Pour masquer le volet Presse-papiers, cliquez sur situé à droite de la barre de titre du volet.

Définir les options du volet Presse-papiers Office

- Affichez le volet Office **Presse-papiers**.
- Cliquez sur le bouton **Options** situé tout en bas du volet Office Presse-papiers.

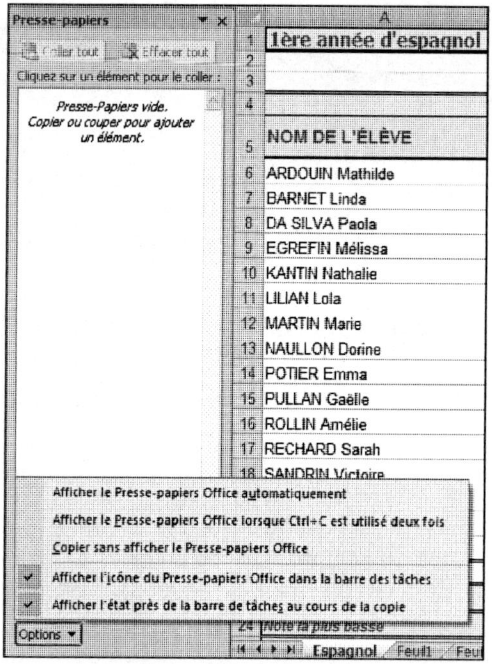

Les options "cochées" sont activées.

- Cochez la ou les options de votre choix :

  Afficher le Presse-papiers Office automatiquement pour que le volet Presse-papiers s'affiche lors de la copie d'éléments.

  Afficher le Presse-papiers Office lorsque Ctrl+C est utilisé deux fois pour que le volet Presse-papiers s'affiche dès que le raccourci-clavier Ctrl **C** (Copie) est utilisé à deux reprises.

Copier sans afficher le Presse-papiers Office pour copier automatiquement les éléments vers le Presse-papiers sans afficher le volet.

Afficher l'icône du Presse-papiers Office dans la barre des tâches pour afficher l'icône **Presse-papiers Office** dans la zone d'état de la barre des tâches système lorsque le Presse-papiers Office est activé.

Afficher l'état près de la barre de tâches au cours de la copie pour que le message relatif aux éléments copiés s'affiche.

- Pour masquer les options du bouton **Options**, faites Echap.

Effectuer des copies/déplacements multiples

- Affichez le volet Office **Presse-papiers.**
- Sélectionnez les cellules ou l'objet concerné puis transférez-les dans le Presse-papiers à l'aide des outils **Copier** ou **Couper** (selon le cas) du groupe **Presse-papiers**. Effectuez cette opération pour chaque élément à copier ou déplacer.

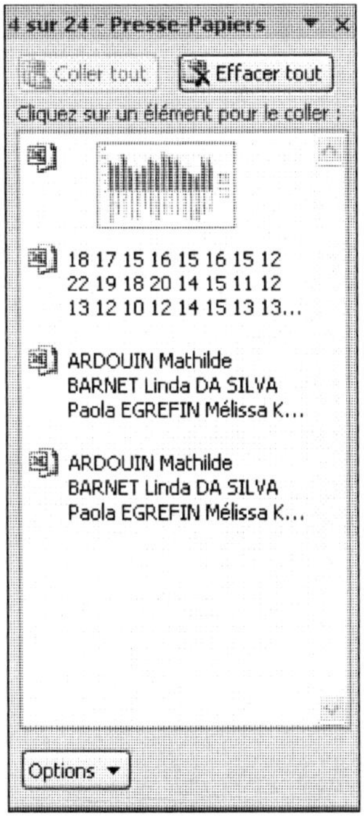

*Vous pouvez visualiser dans le volet Office **Presse-papiers** une partie du contenu des éléments coupés ou copiés (24 maximum).*

*Le **Presse-papiers** contient tous les éléments coupés ou copiés des différentes applications Office (Excel, Word, PowerPoint...).*

- Activez la première cellule de destination.
- Pour coller une des sélections situées dans le **Presse-papiers**, cliquez sur l'élément correspondant.
- Insérez ainsi chacun des éléments du volet Office **Presse-papiers** autant de fois que vous le souhaitez.

*Lorsque vous pointez un élément, vous visualisez une flèche à droite de celui-ci. Si vous cliquez sur cette flèche, vous ouvrez une liste qui vous permet de **Coller** ou de **Supprimer** l'élément.*

- Si besoin, fermez le volet Office en cliquant sur le bouton x.

Le bouton **Coller tout** du volet Office **Presse-papiers** permet de coller tous les éléments. Ils seront alors copiés en colonne (du haut vers le bas). Ce bouton n'est pas accessible si un des éléments est une image ou un objet.

Pour vider le **Presse-papiers**, cliquez sur le bouton **Effacer tout** du volet Office **Presse-papiers**.

Copier un format

Cette technique vous permet de copier des formats d'une plage de cellules à une autre.

- Sélectionnez la ou les cellules qui contiennent les formats à copier.
- Cliquez sur l'outil **Reproduire la mise en forme** situé dans le groupe **Presse-papiers** de l'onglet **Accueil**.

Un pinceau apparaît à côté du pointeur de la souris.

- Sélectionnez les cellules concernées par les formats.

Vous pouvez également effectuer une copie de mise en forme en activant l'option **Format uniquement** après avoir cliqué sur le bouton qui apparaît en bas à droite de la zone de destination lors d'un copié-collé classique.

Si le format doit être copié plusieurs fois, faites un <u>double</u> clic sur l'outil . Appuyez ensuite sur la touche Echap pour désactiver cette fonction.

Copier contenu, résultat et/ou format de cellules

- Sélectionnez les cellules à copier.
- Cliquez sur l'outil **Copier** du groupe **Presse-papiers** de l'onglet **Accueil**.
- Activez la première cellule de destination de la copie.
- Développez la liste associée au bouton **Coller**.

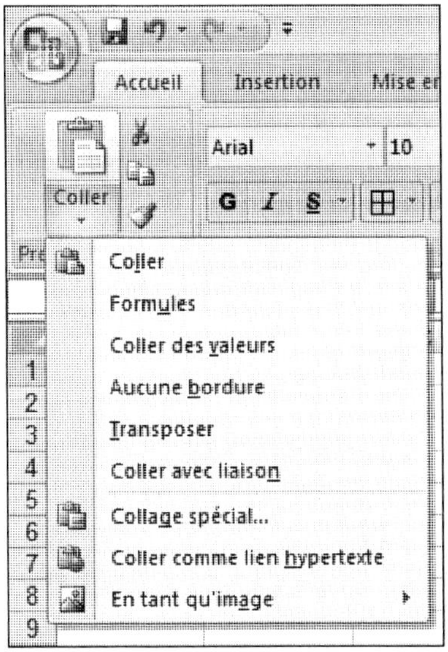

- Choisissez l'option adéquate parmi les suivantes :

Formules	pour copier le contenu (formules ou valeur) sans les formats.
Coller des valeurs	pour copier le résultat des formules sans les formats.
Aucune bordure	pour copier le contenu et les formats, à l'exception des bordures.

Vous pouvez également retrouver ces options en activant l'option **Collage spécial**.

Copier en transposant les données

Cette technique permet de transposer les colonnes et les lignes d'un tableau lors de sa copie.

- Sélectionnez les données à copier, entrez en processus de copie puis activez la première cellule de destination de la copie.
- Développez la liste associée au bouton **Coller** et choisissez l'option **Transposer**.

  De cette façon, les lignes de la sélection deviennent des colonnes et vice versa.

Copier des données Excel en établissant une liaison

Grâce à la liaison, toutes les modifications de données dans le classeur Microsoft Excel seront répercutées dans la feuille ou l'autre classeur.

- Sélectionnez les données à copier.
- Entrez en processus de copie (clic sur ).
- Activez la première cellule de destination de la copie (dans la même feuille, une autre feuille ou un autre classeur).
- Développez la liste associée au bouton **Coller** et choisissez **Coller avec liaison**.

  Les cellules réceptrices contiennent alors une formule qui permet d'afficher le contenu de chaque cellule source. Si vous modifiez une valeur source, le contenu de la cellule cible correspondante sera donc automatiquement modifié.

La création d'un lien lors d'un collage ne permet pas de récupérer immédiatement les formats.

Si vous collez avec liaison une cellule vide, Excel affiche un zéro.

Vous obtenez le même résultat en insérant dans la cellule une formule du type **= cellule**.

Effectuer des calculs simples lors d'une copie

Cette manipulation permet de copier des données tout en effectuant une opération (addition, soustraction...) qui combine les données copiées et les données contenues dans les cellules de destination.

- Sélectionnez les données à copier.
- Entrez en processus de copie (clic sur ).

- Activez la première cellule de destination (les cellules réceptrices doivent contenir des données).
- Ouvrez la liste associée au bouton **Coller** et activez l'option **Collage spécial**.

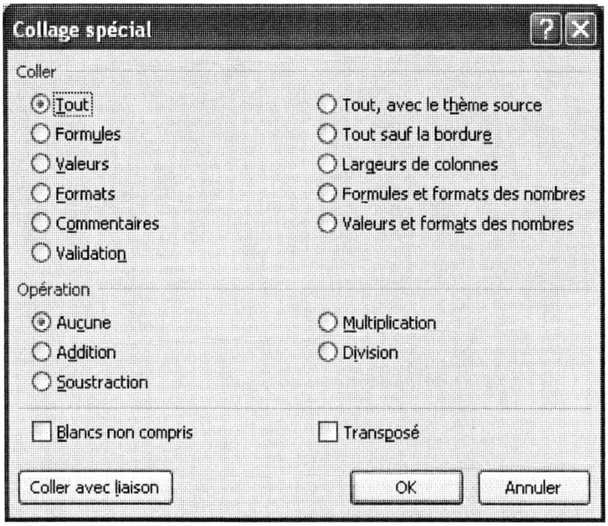

- Dans la partie **Coller**, déterminez ce qui doit être copié.
- Précisez ensuite l'**Opération** à effectuer en activant l'option correspondante.
- Si les cellules vides présentes dans la sélection doivent être omises, cochez l'option **Blancs non compris**.
- Cliquez sur le bouton **OK**.

Copier des données en tant qu'image

- Sélectionnez les données à copier.
- Entrez en processus de copie (clic sur ).
- Activez la cellule destinatrice de la copie (dans la feuille active, une autre feuille ou un autre classeur).
- Ouvrez la liste associée au bouton **Coller**, activez l'option **En tant qu'image** et choisissez l'option **Coller comme image** ou l'option **Coller l'image avec liaison** en fonction de votre souhait.

Les feuilles de calcul

quatrième partie

Activer une feuille

Nous vous rappelons que chaque classeur est composé de feuilles de calcul, elles-mêmes représentées par des onglets.

- Grâce aux boutons de défilement d'onglets, visualisez le nom de la feuille à atteindre :

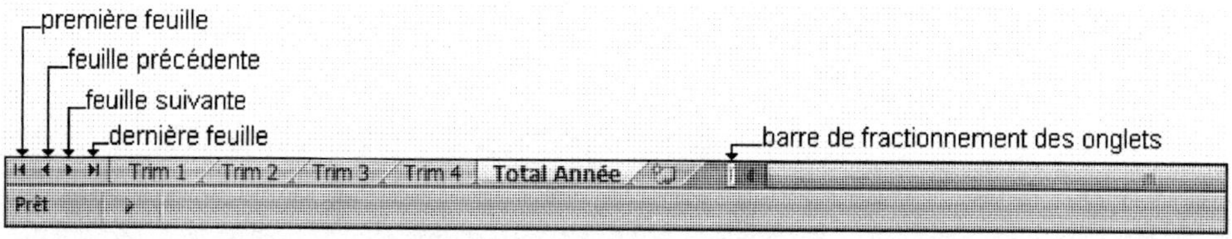

- Pour faire défiler plus rapidement les onglets, maintenez la touche Shift enfoncée lorsque vous cliquez sur ◄ ou sur ►.
- Cliquez ensuite sur l'onglet de la feuille à atteindre.
- Au clavier, utilisez les touches Ctrl Pg Dn pour atteindre la feuille suivante ou les touches Ctrl Pg Up pour la feuille précédente.

Vous pouvez modifier l'espace réservé aux onglets de feuille en faisant glisser la barre de fractionnement d'onglet située à gauche de la barre de défilement horizontale.

Pour modifier le nombre de feuilles d'un tout nouveau classeur, ouvrez la boîte de dialogue **Options Excel** (, bouton **Options Excel**) puis cliquez sur la catégorie **Standard** ; précisez le nombre de feuilles souhaité dans la zone **Lors de la création de classeurs**, grâce à l'option **Inclure ces feuilles**.

Renommer une feuille

- Faites un double clic sur l'onglet de la feuille à renommer.
- Saisissez le nouveau nom sur l'ancien.

Ce nom ne peut pas dépasser 31 caractères (espaces compris) ; certains caractères ne peuvent être utilisés (deux-points (:), barre oblique (/ ou \), point d'interrogation (?), astérisque (*)...

- Validez en appuyant sur la touche Entrée.

Vous pouvez aussi utiliser le menu contextuel de l'onglet de la feuille, option **Renommer**.

Sélectionner des feuilles

- Pour sélectionner une seule feuille, cliquez sur son onglet (cela revient à activer la feuille).
- Pour sélectionner plusieurs feuilles adjacentes, cliquez sur l'onglet correspondant à la première feuille, maintenez la touche ⇧ Shift enfoncée puis cliquez sur l'onglet de la dernière feuille à sélectionner.
- Pour sélectionner plusieurs feuilles non adjacentes, cliquez sur l'onglet correspondant à la première feuille, maintenez la touche Ctrl appuyée puis cliquez sur les onglets des autres feuilles.
- Pour sélectionner toutes les feuilles, cliquez avec le bouton droit de la souris sur un des onglets, et cliquez sur **Sélectionner toutes les feuilles**.

Lorsque plusieurs feuilles sont sélectionnées, le terme ***[Groupe de travail]*** *apparaît après le nom du classeur, sur la barre de titre ; on parle de groupe de travail car chaque modification réalisée sur la feuille active est répercutée sur toutes les feuilles du groupe.*

- Pour désactiver le groupe de travail, et ainsi sélectionner ou activer une seule feuille, cliquez sur l'onglet d'une feuille ne faisant pas partie du groupe de travail ou ouvrez le menu contextuel d'un onglet et activez l'option **Dissocier les feuilles**.

Si toutes les feuilles du classeur sont sélectionnées, le fait de cliquer sur un des onglets désactive le groupe.

Modifier la couleur des onglets

- Si plusieurs onglets sont concernés, sélectionnez les feuilles correspondantes.
- Ouvrez le menu contextuel de l'onglet : cliquez avec le bouton DROIT de la souris sur l'onglet de la ou d'une feuille concernée.
- Faites glisser la souris sur l'option **Couleur d'onglet**.

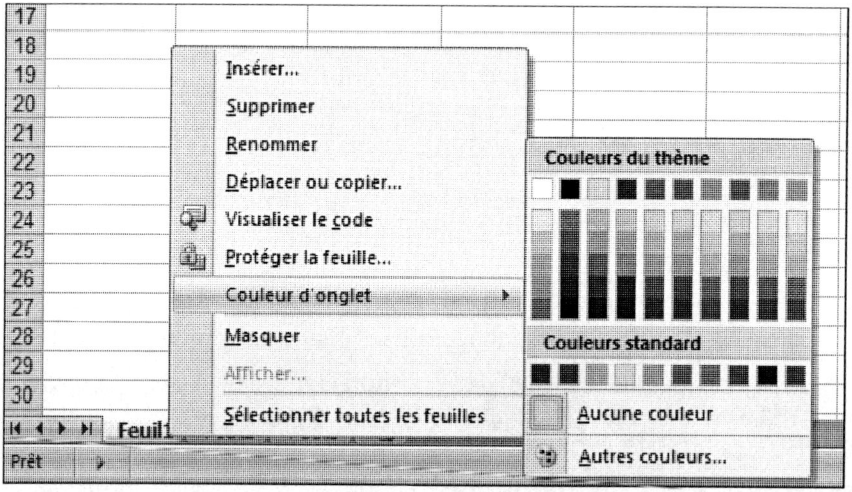

- Cliquez sur la couleur voulue ; l'option **Autres couleurs** permet d'ouvrir une boîte de dialogue afin de créer une couleur personnalisée.

Lorsque la feuille est active, seul son nom apparaît souligné par un trait de couleur ; lorsque la feuille dont l'onglet est colorié est inactive, l'onglet entier est coloré.

Pour enlever la couleur d'un onglet, ouvrez son menu contextuel, faites glisser la souris sur l'option **Couleur d'onglet** et activez l'option **Aucune couleur**.

Afficher/masquer une feuille

Masquer une ou plusieurs feuilles

- Sélectionnez la ou les feuilles concernées.
- Cliquez avec le bouton DROIT de la souris sur un des onglets sélectionnés.
- Activez l'option **Masquer**.

Afficher une feuille masquée

- Cliquez avec le bouton DROIT de la souris sur un des onglets.
- Activez l'option **Afficher**.

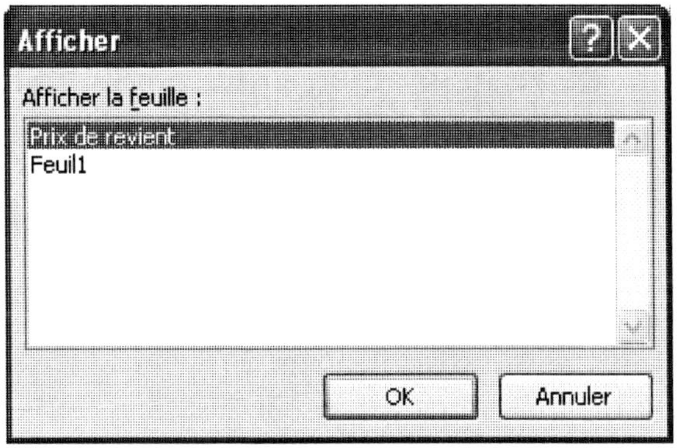

- Dans la boîte de dialogue **Afficher** qui apparaît, faites un double clic sur le nom de la feuille à afficher ou cliquez sur son nom puis sur le bouton **OK**.
- Refaites la même manipulation pour chaque feuille à afficher.

Afficher une image en arrière-plan de la feuille

Microsoft Office Excel 2007 vous offre la possibilité d'afficher une image dans le fond d'une feuille ; cet arrière-plan ne peut pas être imprimé.

- Activez la feuille concernée puis l'onglet **Mise en page**.
- Cliquez sur le bouton **Arrière-plan** du groupe **Mise en page**.

*La boîte de dialogue **Feuille d'arrière-plan** s'ouvre, similaire à la boîte de dialogue **Ouvrir** ; le dossier **Mes images** y est sélectionné.*

- Accédez au dossier contenant l'image à mettre en arrière-plan.
- Faites un double clic sur le nom de l'image.

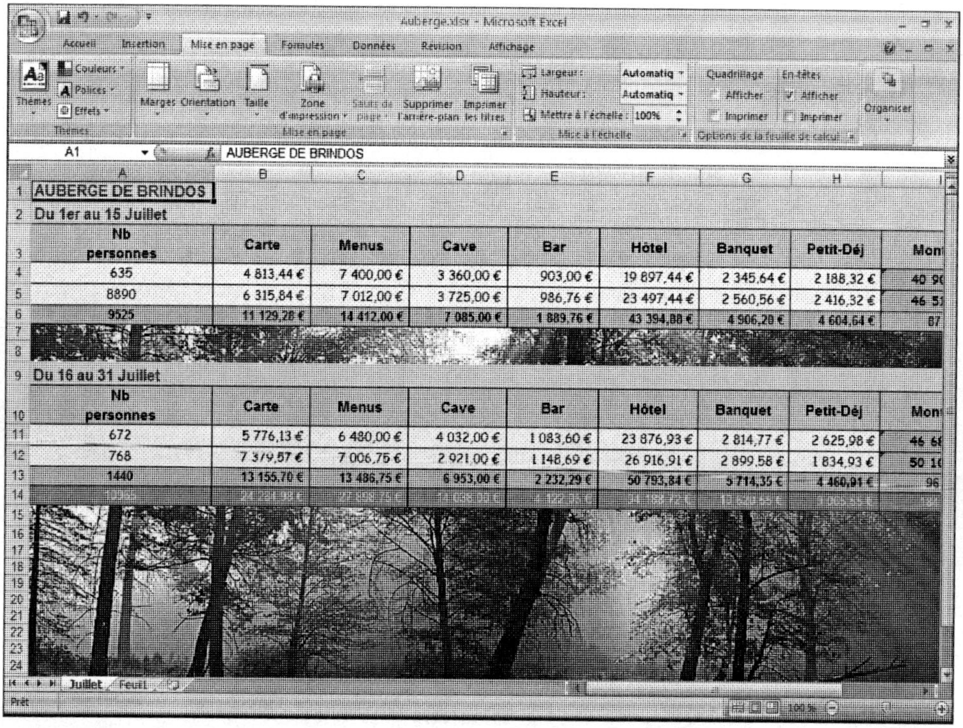

*Remarquez que le bouton **Arrière-plan** du groupe **Mise en page** est devenu le bouton **Supprimer l'arrière-plan**.*

Pour supprimer l'image en arrière-plan de la feuille, activez si besoin, l'onglet **Mise en page** puis cliquez sur le bouton **Supprimer l'arrière-plan** du groupe **Mise en page.**

Déplacer/copier une ou plusieurs feuilles dans le classeur actif

- Sélectionnez la ou les feuilles à transférer.
- Pour déplacer les feuilles, pointez un des onglets de la sélection et réalisez un cliqué-glissé vers la nouvelle position.

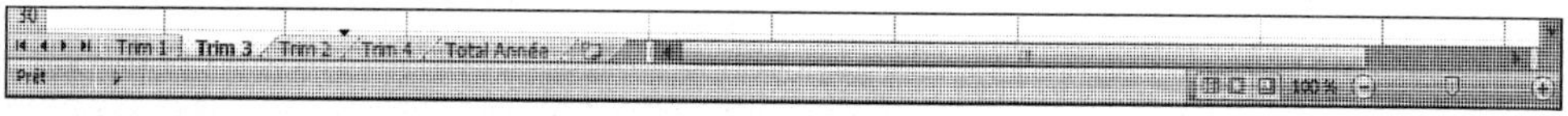

La nouvelle position est symbolisée par un petit triangle noir.

- Pour copier les feuilles, réalisez la même manipulation que pour un déplacement, tout en maintenant la touche Ctrl enfoncée.

Déplacer/copier une ou plusieurs feuilles d'un classeur vers un autre

- Ouvrez le classeur contenant les feuilles à transférer et le classeur de destination.
- Sélectionnez la ou les feuilles à transférer.
- Cliquez avec le bouton DROIT de la souris sur un des onglets sélectionnés et activez l'option **Déplacer ou copier**.
- Ouvrez la liste intitulée **Dans le classeur** et cliquez sur le nom du classeur de destination.
- Sélectionnez dans la liste **Avant la feuille** la feuille du classeur de destination avant laquelle vous souhaitez transférer la feuille.
- Si vous souhaitez faire une copie de la ou des feuilles sélectionnées, cochez l'option **Créer une copie**. Si vous souhaitez les déplacer, laissez cette option décochée.

- Cliquez sur le bouton **OK**.

Le classeur de destination devient le classeur actif.

Insérer/ajouter des feuilles

- Pour insérer une seule feuille, sélectionnez la feuille avant laquelle vous souhaitez faire l'ajout ; pour insérer plusieurs feuilles en même temps, sélectionnez autant d'onglets consécutifs que vous souhaitez insérer de feuilles.

  Dans ce dernier cas, les feuilles seront insérées entre l'avant-dernière et la dernière feuille sélectionnée.

- Cliquez avec le bouton DROIT de la souris sur un des onglets sélectionnés et activez l'option **Insérer**.

- Dans la boîte de dialogue **Insérer** qui apparaît, vérifiez que l'option **Feuille** est active et cliquez sur le bouton **OK**.

Pour ajouter une feuille en dernière position, cliquez sur le bouton **Insérer une feuille de calcul** de la barre des onglets de feuille ou faites [Shift][F11].

Supprimer des feuilles

- Sélectionnez la ou les feuilles à supprimer.

- Cliquez avec le bouton DROIT de la souris sur un des onglets sélectionnés et activez l'option **Supprimer**.

  Si une des feuilles contient des données, la boîte de dialogue suivante apparaît :

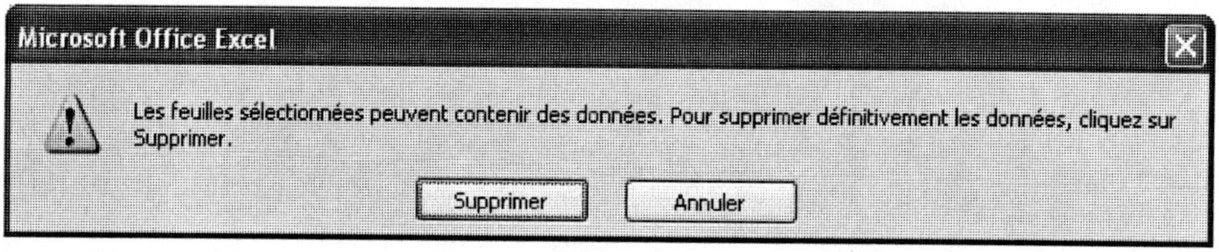

- Dans ce cas, cliquez sur le bouton **Supprimer**.

Insérer des lignes/des colonnes

- Pour insérer une seule ligne/colonne, sélectionnez la ligne ou la colonne entière (en cliquant sur le numéro de la ligne ou sur la lettre de la colonne) après laquelle vous souhaitez insérer la nouvelle.

  Pour insérer plusieurs lignes/colonnes, sélectionnez autant de lignes ou colonnes que vous souhaitez en insérer.

  Vous ne pouvez pas insérer à la fois des lignes et des colonnes.

- Activez l'onglet **Accueil** et cliquez sur le bouton **Insérer** du groupe **Cellules** ou utilisez le raccourci-clavier Ctrl + ou encore activez l'option **Insertion** du menu contextuel de la sélection.

Lorsque vous insérez une ligne (ou colonne), l'élément ajouté a pour mise en forme la mise en forme de l'élément précédent. Vous pouvez modifier cette option en cliquant sur le bouton (qui apparaît à côté de l'élément ajouté) puis en sélectionnant l'option **Format identique à celui du dessous/dessus** (pour une ligne), **Format identique à celui de gauche/de droite** (pour une colonne) ou l'option **Effacer la mise en forme**.

Supprimer des lignes/des colonnes

- Sélectionnez les lignes (ou les colonnes) entières à supprimer, en sélectionnant les numéros de lignes (ou lettres de colonnes).
- Activez l'onglet **Accueil** et cliquez sur le bouton **Supprimer** du groupe **Cellules** ou utilisez le raccourci-clavier Ctrl - ou encore activez l'option **Supprimer** du menu contextuel de la sélection.

Modifier la largeur de colonne/hauteur de ligne

- Sélectionnez chaque colonne concernée par une même largeur (ou chaque ligne concernée par une même hauteur) ; si une seule colonne/ligne est concernée, ne la sélectionnez pas.

- Pointez le trait vertical situé à droite de l'une des colonnes concernées (ou le trait horizontal situé au-dessous du chiffre de l'une des lignes) :

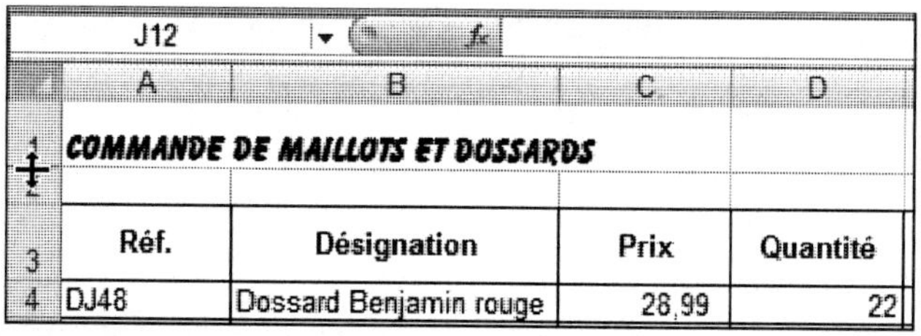

Remarquez le nouvel aspect du pointeur de souris.

- Faites alors un cliqué-glissé sans relâcher le bouton de la souris.

La nouvelle largeur (hauteur) est matérialisée par un trait pointillé et la valeur atteinte est affichée dans une info-bulle.

- Relâchez le bouton de la souris lorsque la largeur (hauteur) vous convient.

La largeur d'une colonne est calculée en nombre de caractères (et en pixels) et la hauteur de ligne en points (et en pixels).

Pour des raisons d'économie de mémoire de votre ordinateur, "aérez" vos feuilles par cette technique plutôt que par des insertions de lignes et de colonnes.

Ajuster une largeur de colonne/hauteur de ligne

Les largeurs de colonne seront alors calculées en fonction de l'entrée de cellule la plus longue de la colonne et les hauteurs de ligne sont basées sur l'entrée de cellule la plus haute de la ligne.

- Sélectionnez, si besoin, les lignes ou les colonnes concernées.
- Pour une largeur de colonne, faites un double clic sur le trait vertical situé à droite de la lettre de la colonne concernée.

  Pour une hauteur de ligne, faites le double clic sur le trait horizontal situé au-dessous du numéro de la ligne.

Insérer des cellules vides

Les cellules seront insérées au dessous ou à gauche de la plage de cellules sélectionnées.

- Sélectionnez autant de cellules qu'il faut en insérer.
- Activez l'onglet **Accueil** et ouvrez la liste associée au bouton **Insérer** du groupe **Cellules** puis cliquez sur l'option **Insérer des cellules** ou utilisez le raccourci-clavier Ctrl Shift = ou encore activez l'option **Insérer** du menu contextuel de la sélection.

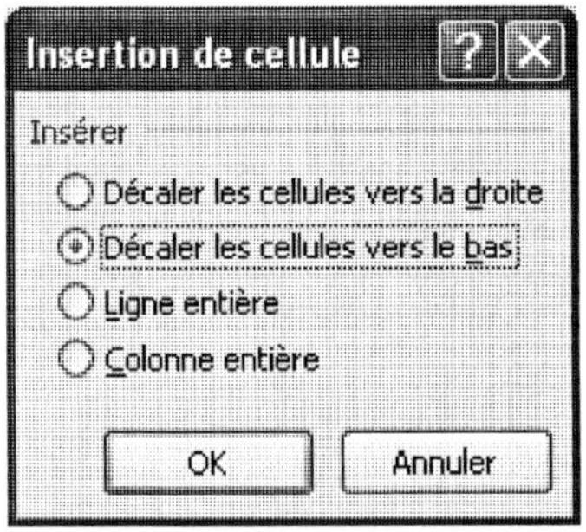

- Activez la première ou la seconde option pour indiquer comment décaler les cellules existantes suite à l'insertion des nouvelles cellules.
- Validez par le bouton **OK**.

Pour insérer une seule cellule au-dessus d'une autre, cliquez sur cette dernière et cliquez sur le bouton **Insérer** du groupe **Cellules**.

Supprimer des cellules

- Sélectionnez les cellules à supprimer.
- Activez l'onglet **Accueil** et ouvrez la liste associée au bouton **Supprimer** du groupe **Cellules** puis cliquez sur l'option **Supprimer les cellules** ou encore activez l'option **Supprimer** du menu contextuel de la sélection.

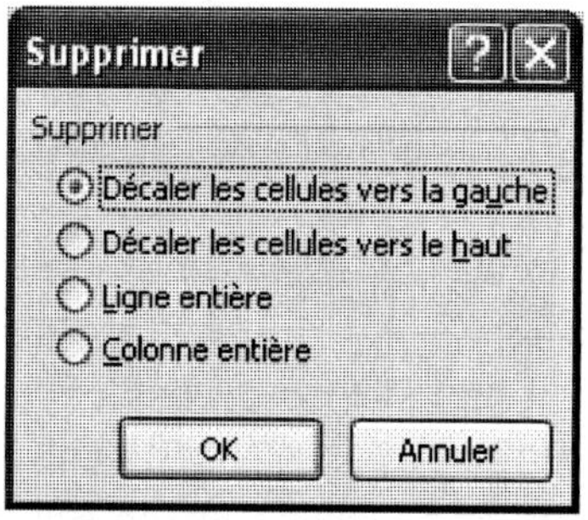

- Activez la première ou la seconde option pour indiquer comment décaler les cellules existantes suite à la suppression des cellules sélectionnées.
- Cliquez sur le bouton **OK**.

Pour supprimer des cellules en décalant les autres vers la gauche, sélectionnez les cellules à supprimer et cliquez sur le bouton **Supprimer** du groupe **Cellules**.

Déplacer et insérer des cellules/lignes/colonnes

Les cellules (lignes ou colonnes) seront alors déplacées et insérées entre les cellules (lignes ou colonnes) existantes.

- Sélectionnez les cellules (lignes ou colonnes) à déplacer.
- Pointez l'un des bords de la sélection jusqu'à ce que le pointeur prenne l'aspect d'une flèche à quatre têtes.
- Faites glisser la sélection en maintenant la touche ⇧ Shift enfoncée.
- Lâchez la souris à l'endroit de l'insertion, symbolisé par un gros trait hachuré.

Le maintien de la touche Ctrl en plus de la touche ⇧ Shift lors du cliqué-glissé de la sélection permet de copier les cellules, lignes ou colonnes au lieu de les déplacer.

Répartir le contenu d'une cellule sur plusieurs cellules

*Cette technique utilise l'**Assistant Conversion** afin de répartir dans différentes cellules le contenu d'une cellule, en fonction d'un séparateur tel qu'un espace, une virgule ou un saut de colonne.*

- Prévoyez une ou plusieurs colonnes vides à droite des cellules dont le contenu va être réparti.

	A	B	C	D
1				
2	LISTE DU PERSONNEL DU RESTAURANT			
3				
4	Prénom	Nom	Date de naissance	Fonction
5	Bill BOQUET 15/11/1962			Cuisinier
6	Sam GRATTE 01/03/1965			Cuisinier
7	Luc RATTIF 23/04/1974			Serveur
8	Harry COVER 08/12/1966			Serveur
9	Alex TERRIEUR 14/05/1970			Serveur
10	Marie GOLADE 16/08/1972			Serveuse
11	Gérard MANSOIFFE 10/07/1971			Cuisinier
12	Annie VERSAIRE 12/04/1976			Serveuse
13	Pat HIBULAIRE 13/02/1961			Réceptionniste
14	Alain FERNAL 15/06/1963			Commis de cuisine
15	Charles MAGNE 22/09/1964			Chef de rang
16	Jean TRANSEN 25/10/1968			Commis de cuisine

Sur cet exemple, nous souhaitons répartir les données des cellules A5 à A16 sur les cellules A5 à C16 : les prénoms dans la colonne A (à la place des données actuelles) les noms dans la colonne B et les dates de naissance dans la colonne C.

- Sélectionnez la plage de cellules concernées.
- Activez l'onglet **Données** et cliquez sur le bouton **Convertir** du groupe **Outils de données.**

  *La première étape de l'**Assistant Conversion** apparaît.*

- Activez si besoin, l'option **Délimité**, puis cliquez sur le bouton **Suivant.**

- À l'étape 2, dans le cadre **Séparateurs**, activez l'option en fonction du séparateur utilisé pour effectuer la répartition.

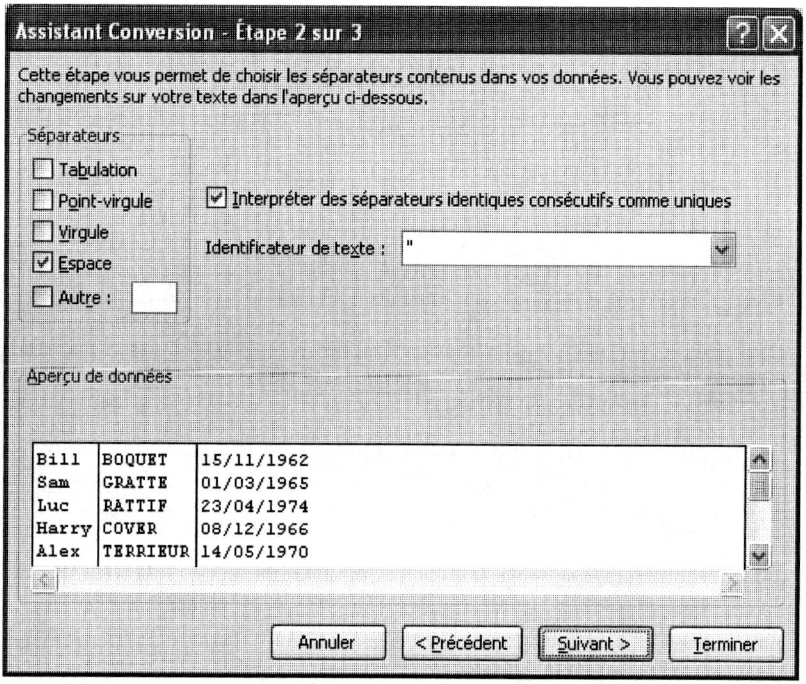

*La zone **Aperçu de données** affiche dans des colonnes distinctes, la façon dont seront séparées les données.*

- Cliquez sur le bouton **Suivant**.
- À l'étape 3, précisez le format de chaque colonne :
  - dans la zone **Aperçu de données**, cliquez sur la colonne concernée pour la sélectionner,
  - choisissez le format à appliquer dans le cadre **Format des données en colonne.**
- Précisez l'endroit où vont apparaître les données réparties : utilisez le bouton de la zone **Destination** pour préciser la référence de la première cellule de destination. Dans ce cas, les cellules d'origine restent intactes et les données fractionnées apparaissent à côté.

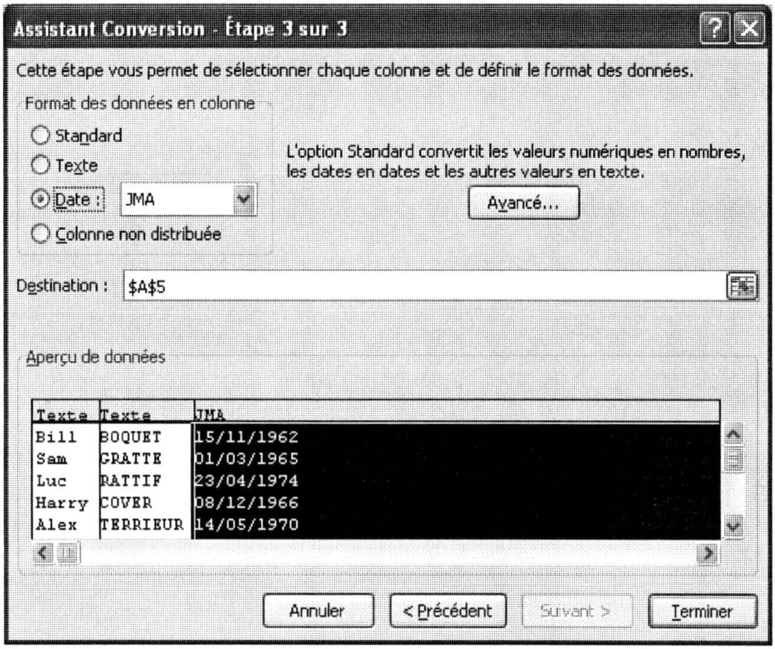

Si vous ne précisez pas cette destination, les données d'origine seront remplacées.

- Cliquez sur le bouton **Terminer**.

- Confirmez, si besoin est, le remplacement des données en cliquant sur le bouton **OK**.

Supprimer les lignes contenant des doublons

Il s'agit de supprimer les lignes qui contiennent des données identiques dans plusieurs colonnes.

- Cliquez n'importe où dans le tableau.
- Activez l'onglet **Données** et cliquez sur le bouton **Supprimer les doublons** du groupe **Outils de données**.
- Dans la boîte de dialogue **Supprimer les doublons** qui apparaît, sélectionnez les colonnes contenant les doublons que vous voulez supprimer ; pour cela, désactivez les cases à cocher correspondant aux colonnes qui ne sont pas concernées ; vous pouvez aussi cliquer sur le bouton **Désélectionner tout** pour désactiver toutes les cases à cocher puis sélectionner les colonnes que vous voulez ou cliquer sur le bouton **Sélectionner tout** pour activer toutes les cases à cocher.

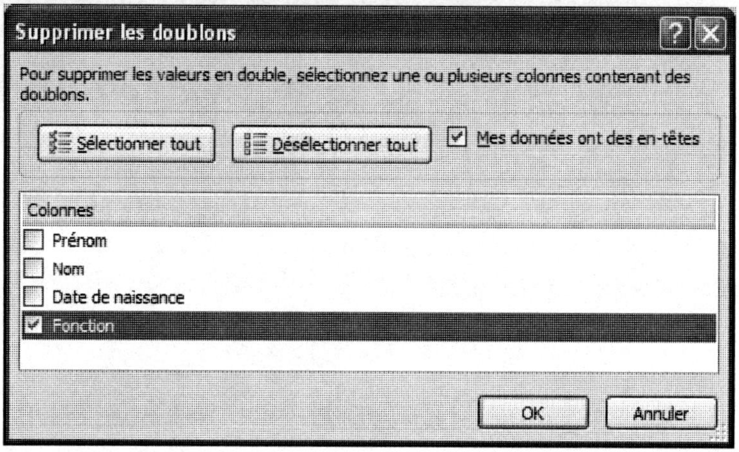

Dans cet exemple, les lignes correspondant aux données des salariés qui ont la même fonction seront supprimées.

- Cliquez sur le bouton **OK**.

Nommer des plages de cellules

Vous pouvez faire référence à une plage de cellules par l'intermédiaire de son nom pour la sélectionner ou l'utiliser dans des formules.

Vous pouvez créer des ***noms définis****, qui représentent une cellule, une plage de cellules, une formule ou une valeur de constante ; Microsoft Office Excel en crée parfois automatiquement (par exemple, lorsque vous définissez une zone d'impression). Vous pouvez aussi créer des* ***noms de table*** *qui correspondent à des listes de données (cf. chapitre Tableau de données).*

Première méthode

- Sélectionnez la cellule ou la plage de cellules adjacentes ou non auxquelles vous souhaitez attribuer un même nom.
- Cliquez dans la **Zone de nom**, située à gauche dans la barre de formule.
- Saisissez le nom à utiliser pour votre sélection.

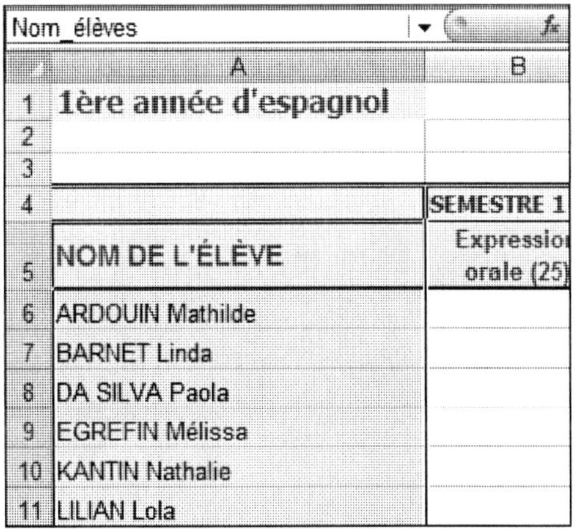

Un nom peut contenir 255 caractères au maximum. Vous ne pouvez pas utiliser les espaces. Le premier caractère doit être une lettre, un caractère de soulignement (_) ou une barre oblique inversée (\). Les autres caractères peuvent être des lettres, des chiffres, des points et des caractères de soulignement ; les noms ne peuvent pas être identiques à une référence de cellules ; les noms peuvent contenir des majuscules et des minuscules (Excel ne les distingue pas).

- Appuyez sur la touche Entrée.

Deuxième méthode

- Sélectionnez la cellule ou la plage de cellules adjacentes ou non auxquelles vous souhaitez attribuer un même nom.
- Activez l'onglet **Formules** et cliquez sur le bouton **Définir un nom** du groupe **Noms définis.**
- Dans la boîte de dialogue **Nouveau nom** qui apparaît, saisissez ou modifiez le nom proposé dans la zone **Nom**.
- Ouvrez si besoin, la liste déroulante **Zone** afin de préciser l'étendue du nom : sélectionnez l'option **Classeur** ou le nom d'une feuille de calcul du classeur.
- Saisissez, éventuellement, un descriptif de la plage nommée dans la zone **Commentaire** (255 caractères maximum).

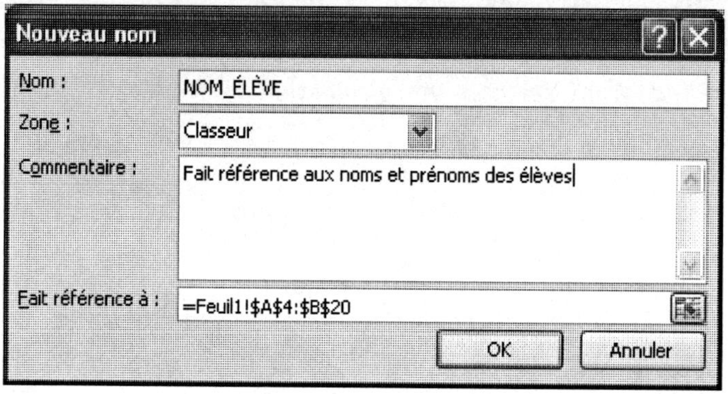

Le bouton permet de réduire la boîte de dialogue afin de modifier la plage de cellules associée au nom.

- Cliquez sur le bouton **OK.**

Troisième méthode

Cette méthode suppose que les noms à attribuer existent dans la feuille de calcul, comme titres des colonnes ou libellés des lignes de la plage de cellules à nommer.

- Sélectionnez les cellules qui contiennent les noms à attribuer <u>et</u> les cellules à nommer.
- Activez l'onglet **Formules** et cliquez sur le bouton **Créer à partir de la sélection** du groupe **Noms définis.**

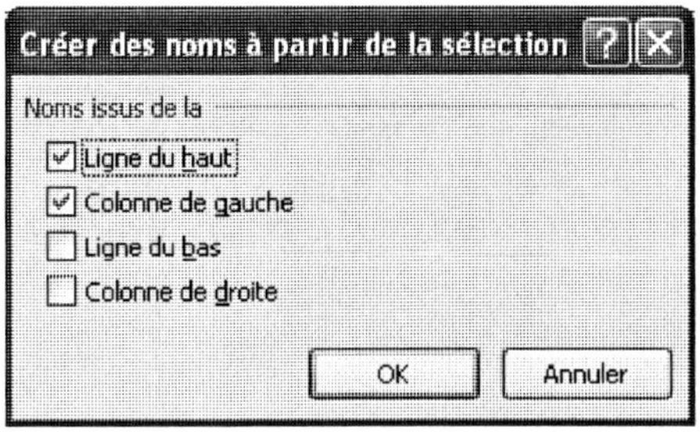

- Indiquez où se trouvent les cellules qui contiennent les noms à attribuer.
- Cliquez sur le bouton **OK**.

Excel convertit les traits d'union et les espaces en traits de soulignement.

Gérer les noms de cellules

Accéder au Gestionnaire de noms

- Activez l'onglet **Formules** et cliquez sur le bouton **Gestionnaire de noms** du groupe **Cellules nommées**.

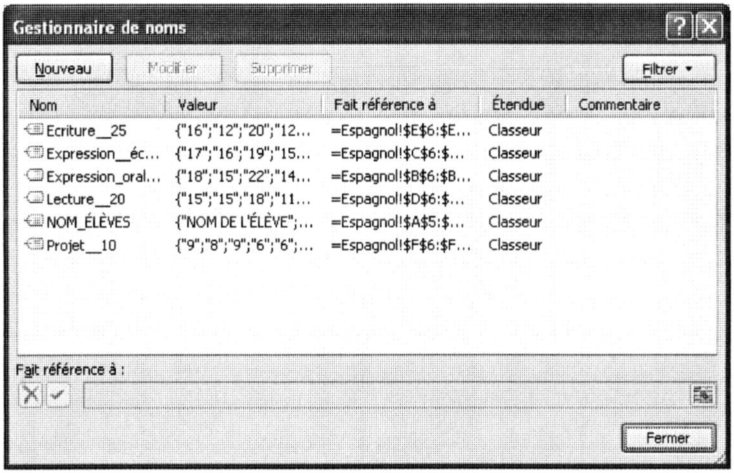

La boîte de dialogue ***Gestionnaire de noms*** *affiche le nom, la valeur, la référence, l'étendue et le commentaire de toutes les plages nommées existant dans le classeur. Dans cet exemple, les zones nommées sont triées par rapport à leur nom.*

- Pour adapter automatiquement la taille de la colonne à sa plus grande valeur, double cliquez sur le côté droit de l'en-tête de colonne.
- Pour trier les noms affichés en ordre croissant, cliquez une première fois sur l'en-tête de la colonne selon laquelle vous souhaitez trier ; pour trier en ordre décroissant, cliquez une seconde fois sur le même en-tête.
- Pour filtrer les noms affichés, cliquez sur le bouton **Filtrer** et choisissez le filtre voulu :

  Noms inclus dans l'étendue de la feuille de données/du classeur : pour afficher uniquement les noms attachés à la feuille active ou au classeur.

  Noms comportant des erreurs/Noms sans erreur : pour afficher seulement les noms comportant des erreurs (comme #REF, #VALUE, #NAME...) ou ceux ne comportant pas d'erreur.

  Noms définis : pour afficher uniquement les noms définis par vous-même ou par Excel.

  Noms de tableaux : pour affiche uniquement les noms de listes de données.
- Pour sélectionner un nom, cliquez dessus.

Supprimer un nom

- Accédez au **Gestionnaire de noms.**
- Sélectionnez le nom à supprimer.
- Cliquez sur le bouton **Supprimer** et confirmez la suppression en cliquant sur le bouton **OK.**

Modifier la plage de cellules associée à un nom

- Accédez au **Gestionnaires de noms.**
- Sélectionnez le nom à modifier.

  *Les références de la plage nommée apparaissent dans la zone **Fait référence à**.*
- Cliquez sur le bouton pour réduire la boîte de dialogue afin de modifier la plage de cellules associée au nom.
- Cliquez ensuite sur le bouton pour retrouver la boîte de dialogue **Gestionnaire de noms.**

Modifier le nom attribué à une plage de cellules

- Accédez au **Gestionnaire de noms.**
- Sélectionnez le nom à modifier.
- Cliquez sur le bouton **Modifier.**

  *La boîte de dialogue **Modifier le nom** s'affiche, semblable à la boîte de dialogue **Nouveau nom**.*
- Apportez vos modifications dans les zones **Nom** et **Commentaire**.
- Cliquez sur le bouton **OK** pour retrouver la boîte de dialogue **Gestionnaire de noms.**

Valider les modifications du Gestionnaire de noms

- Lorsque toutes les modifications sont faites, fermez la boîte de dialogue **Gestionnaire de noms** en cliquant sur le bouton **Fermer** ou sur son bouton ☒.

Sélectionner une plage de cellules en utilisant son nom

- Cliquez sur le bouton ▾ situé dans la **zone de nom** de la barre de formule.

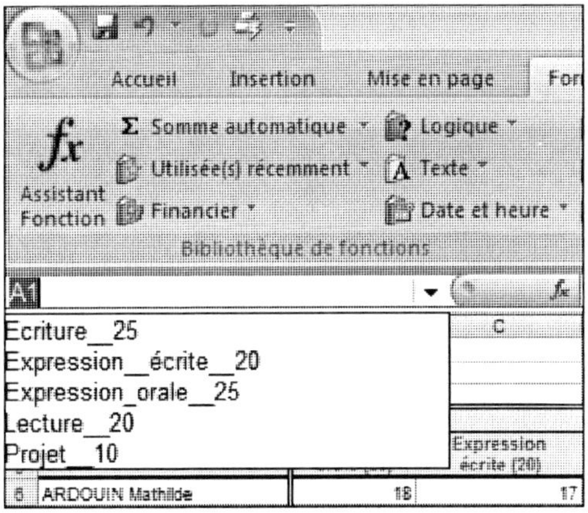

Excel affiche tous les noms des zones nommées du classeur.

- Cliquez sur le nom de votre choix.

Afficher la liste des noms et des références de cellules associées

Cette technique permet d'afficher dans une feuille de calcul, la liste de tous les noms du classeur dans une première colonne et les références de cellules dans la colonne suivante.

- Activez la cellule à partir de laquelle vous désirez faire apparaître la liste des noms.
- Activez l'onglet **Formules** et cliquez sur le bouton **Utiliser dans la formule** du groupe **Noms définis** puis cliquez sur l'option **Coller des noms.**
- Cliquez sur le bouton **Coller une liste** de la boîte de dialogue **Coller un nom.**

Les calculs

cinquième partie

Découvrir le principe des formules de calcul

- Les formules de calcul effectuent des calculs sur les valeurs contenues dans votre feuille de calcul.
- Une formule commence par un signe égal (=).
- Une formule peut contenir les éléments suivants :
  - des références de cellules,
  - des opérateurs de calcul, c'est-à-dire des signes qui indiquent le type de calcul à réaliser. Il existe quatre types d'opérateurs :

    les opérateurs mathématiques :

    + pour l'addition

    - pour la soustraction

    / pour la division

    * pour la multiplication

    % pour le calcul d'un pourcentage (ex : =5% donne le résultat 0,05)

    ^ pour l'élévation à la puissance (ex : =2^3 donne le résultat 8)

    les opérateurs de comparaison ; le résultat est une valeur logique : VRAI ou FAUX :

    = égal à (ex : =30=40 donne le résultat FAUX)

    < inférieur à (ex : =28<35 donne le résultat VRAI)

    <= inférieur ou égal à

    > supérieur à

    >= supérieur ou égal à

    <> différent de

    un opérateur de concaténation de texte : & concatène des chaînes de caractères

    (ex : ="Ouest"&" et "&"Nord" donne le résultat "Ouest et Nord").

    les opérateurs référence permettent de combiner des plages de cellules : : (deux-points) ou ; (point-virgule)
  - des constantes, c'est-à-dire des valeurs qui ne sont pas calculées et donc ne changent pas (par exemple, le nombre 1210 ou le texte "Totaux trimestriels" sont des constantes).
  - des fonctions de calcul sont des formules pré-écrites qui prennent une ou plusieurs valeurs, exécutent une opération, puis renvoient une ou plusieurs valeurs.

Créer une formule de calcul simple

Il s'agit d'élaborer un calcul intégrant des références de cellules, des opérateurs de calcul et/ou des constantes.

- Cliquez dans la cellule où vous voulez entrer la formule et y voir le résultat.
- Saisissez un signe égal =.
- Construisez la formule :
  - pour intégrer le contenu d'une cellule à la formule, c'est-à-dire utiliser une référence de cellule, cliquez sur la cellule en question ou saisissez sa référence,
  - pour intégrer un opérateur de calcul ou une constante, saisissez la donnée correspondante.
  - si vous utilisez plusieurs opérateurs, définissez, si besoin, des priorités afin de regrouper des valeurs en utilisant les parenthèses.

SI =C4*D4+(0,05*C4*D4)

	A	B	C	D	E
1	***COMMANDE DE MAILLOTS ET DOSSARDS***				
2					
3	**Réf.**	**Désignation**	**Prix**	**Quantité**	**TOTAL (dont transport : 5 %)**
4	DJ48	Dossard Benjamin rouge	28,99	22	=C4*D4+(0,05*C4*D4)
5	DB125	Dossard Junior rouge	24,5	15	
6	DJ250	Dossard Junior jaune	29,5	14	
7	DB128	Dossard Benjamin jaune	26,7	18	

Vous suivez l'évolution de la formule dans la barre de formule ; la formule ci-dessus permet de calculer le coût total de la commande de "Dossard Benjamin rouge" : c'est le prix du dossard multiplié par sa quantité, plus 5% de son prix multiplié par sa quantité.

- Validez la formule en appuyant sur la touche [Entrée] ou en cliquant sur le bouton ✓ de la barre de formule.

Les formules de calcul sont, par défaut, automatiquement recalculées lorsque vous modifiez les valeurs intervenant dans les formules. Vous pouvez bloquer ce recalcul automatique : cliquez sur le bouton **Microsoft Office** puis sur le bouton **Options Excel** ; activez la catégorie **Formules**, puis dans la zone **Mode de calcul**, activez l'option **Automatique excepté dans les tableaux de données** ou l'option **Manuel** et cliquez sur le bouton **OK.** Si vous désactivez le mode de calcul automatique, pour relancer le recalcul manuellement, utilisez la touche [F9].

Lorsque vous modifiez une formule de calcul, les références des cellules qui la composent apparaissent de couleurs différentes dans la barre de formule ; dans la feuille de calcul, chaque cellule ou plage de cellules concernée par la formule est encadrée d'une bordure de même couleur.

N'oubliez pas que, pour recopier une formule sur des cellules adjacentes, vous pouvez utiliser la poignée de recopie, située dans le coin inférieur droit de la cellule active (cf. Copies et déplacements - Copier un contenu vers des cellules adjacentes).

Saisir une formule multi-feuille

Cette technique permet d'insérer dans une feuille une formule (appelée formule 3D) faisant référence à des cellules d'une ou plusieurs autres feuilles.

- Activez la cellule où vous souhaitez afficher le résultat.
- Tapez =
- Commencez la formule et au moment désiré, cliquez sur l'onglet de la feuille concernée puis sélectionnez la ou les cellules de votre choix, terminez la formule.
- Validez.

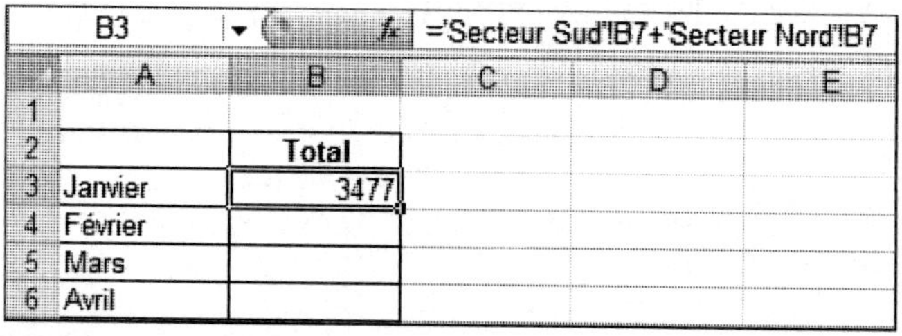

La cellule B3 additionne le contenu des cellules B7 des feuilles "Secteur Sud" et "Secteur Nord".

Vous pouvez également effectuer des formules multi-classeur ; dans ce cas, tous les classeurs intervenant dans le calcul doivent être ouverts. Pour atteindre une cellule d'une feuille d'un autre classeur, passez par l'onglet **Affichage**, et dans le groupe **Fenêtre**, utilisez le bouton **Changement de fenêtre**, afin d'activer le classeur correspondant.

Créer une formule contenant une fonction

- Activez la cellule où vous souhaitez afficher le résultat.
- Cliquez sur le bouton **Insérer une fonction** situé dans la barre de formule ou dans l'onglet **Formules**, ou faites [Shift] [F3].
- Dans la boîte de dialogue **Insérer une fonction**, utilisez la liste déroulante **Ou sélectionnez une catégorie** si vous souhaitez afficher une catégorie particulière de fonctions.

  La catégorie ***Les dernières utilisées*** *affiche la liste des dernières fonctions que vous avez utilisées ainsi que les plus courantes. La catégorie* ***Tous*** *affiche toutes les fonctions disponibles.*
- Pour rechercher une fonction particulière, vous pouvez saisir dans la zone **Recherchez une fonction** soit le nom exact de la fonction, soit une description de l'utilisation que vous souhaitez en faire puis valider la recherche par le bouton **OK** situé dans la partie supérieure ou par la touche [Entrée].
- Cliquez sur la fonction recherchée dans le cadre **Sélectionnez une fonction** pour la sélectionner.

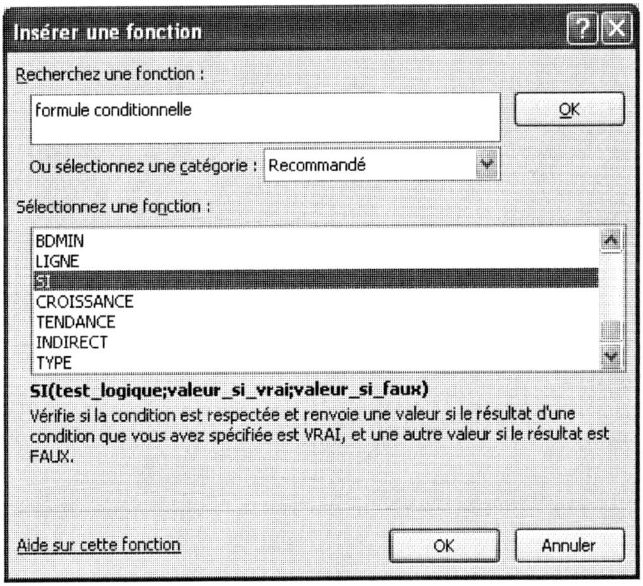

Lorsqu'une fonction est sélectionnée, la syntaxe de la fonction ainsi qu'une description s'affiche en dessous du cadre.

- Si nécessaire, cliquez sur le lien **Aide sur cette fonction** pour afficher l'aide de Office Excel sur la fonction sélectionnée.
- Cliquez sur le bouton **OK** pour activer la boîte de dialogue **Arguments de la fonction.**
- Pour définir chaque argument de la fonction :
  - cliquez dans la zone de saisie correspondante puis cliquez sur le bouton ,
  - sélectionnez dans la feuille de calcul, la ou les cellules correspondant à l'argument,
  - cliquez sur le bouton pour afficher de nouveau la boîte de dialogue.

Vous pouvez également saisir directement un argument.

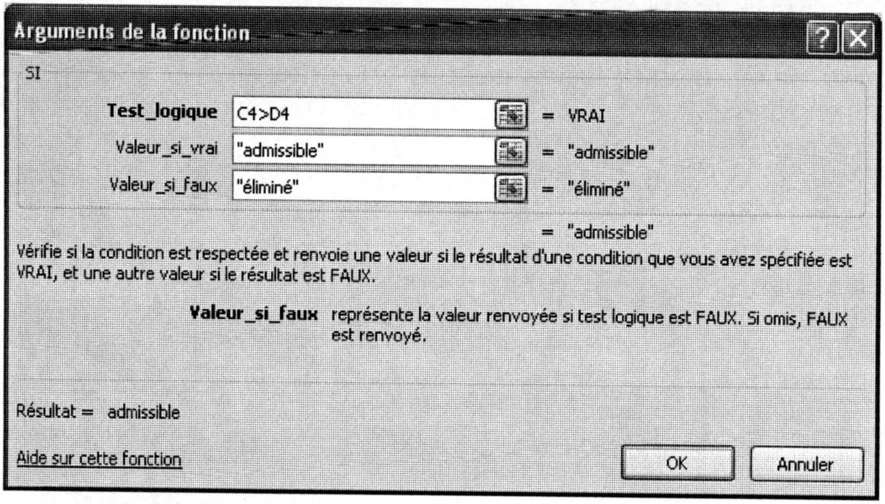

- Cliquez sur le bouton **OK** lorsque tous les arguments ont été définis.

Vous pouvez insérer une fonction à l'intérieur d'une formule ou d'une autre fonction ; dans ce cas, commencez la formule, et au moment désiré, cliquez sur (situé à gauche de la barre de formule) pour afficher une liste contenant les dernières fonctions utilisées ainsi que l'option **Autres fonctions** pour accéder à la liste complète des fonctions ; vous pouvez aussi utiliser le bouton **Utilisée(s) récemment** du groupe **Bibliothèque de fonctions** de l'onget **Formules.**

Pour insérer des fonctions en utilisant l'Assistant, vous pouvez aussi activer l'onglet **Formules** et cliquer sur l'un des boutons du groupe **Bibliothèque de fonctions** (qui regroupent les fonctions par type) puis cliquer sur la fonction concernée.

Pour rechercher la liste des fonctions d'Excel classées par catégorie, dans l'application d'**Aide sur Microsoft Office Excel** (bouton), affichez, si besoin, la **Table des matières** et cliquez sur la rubrique **Référence des fonctions**.

Utiliser la saisie semi-automatique de fonction

*Cette manipulation vous permet de saisir vous-même une fonction, sans passer par l'**Assistant Fonction**, tout en étant aidé par Excel afin de limiter les erreurs de syntaxe et les fautes de frappe.*

- Activez la cellule dans laquelle vous voulez entrer la formule et y voir le résultat.
- Saisissez le signe = (égal) et les premières lettres de la fonction.

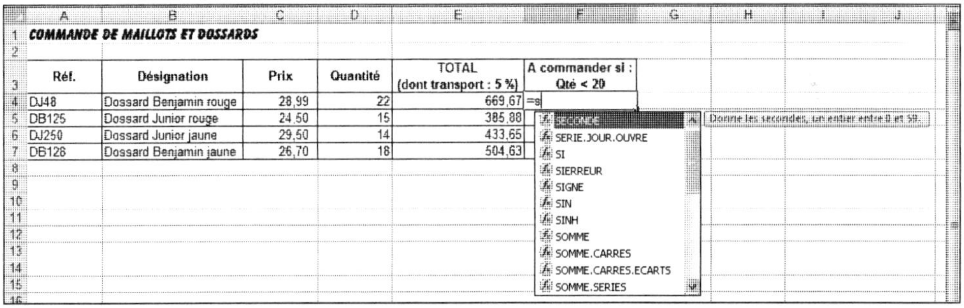

Dès la saisie de la première lettre, Excel affiche la liste des fonctions commençant par cette lettre.

- Continuez de saisir le nom de la fonction ou faites un double clic sur le nom qui apparaît dans la liste puis indiquez les arguments.

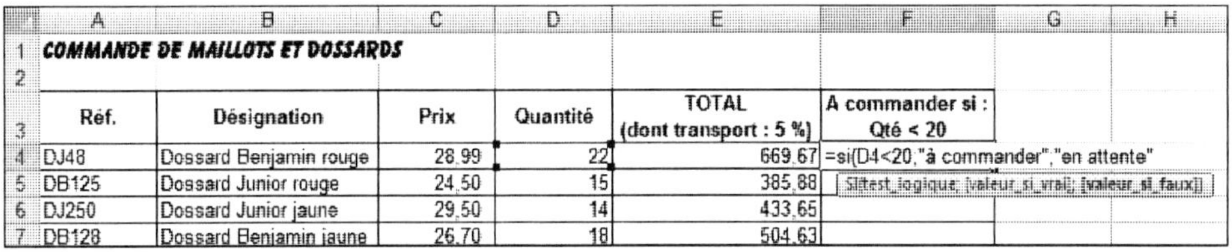

Au fur et à mesure de la saisie, des info-bulles vous guident dans l'élaboration de la formule.

- N'oubliez pas de terminer la formule par la saisie du signe).

Additionner un ensemble de cellules

- Activez la cellule d'affichage du résultat.
- Cliquez sur l'outil **Somme** du groupe **Édition** de l'onglet **Accueil** ou tapez Alt =.

*Vous retrouvez ce bouton également dans l'onglet **Formules**, groupe **Bibliothèque de fonctions**.*

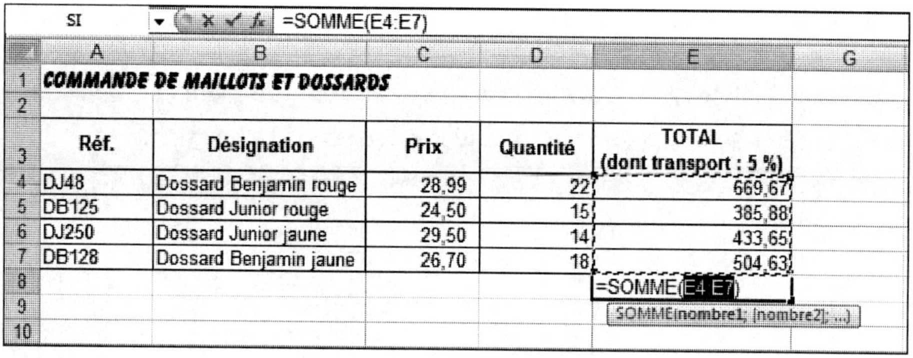

	A	B	C	D	E	G
1	COMMANDE DE MAILLOTS ET DOSSARDS					
2						
3	Réf.	Désignation	Prix	Quantité	TOTAL (dont transport : 5 %)	
4	DJ48	Dossard Benjamin rouge	28,99	22	669,67	
5	DB125	Dossard Junior rouge	24,50	15	385,88	
6	DJ250	Dossard Junior jaune	29,50	14	433,65	
7	DB128	Dossard Benjamin jaune	26,70	18	504,63	
8					=SOMME(E4:E7)	
9						
10						

Excel affiche une fonction intégrée appelée SOMME() et propose d'additionner un groupe de cellules.

- Si la sélection des cellules n'est pas satisfaisante, modifiez-la à l'aide d'un cliqué-glissé sur les cellules concernées.
- Validez par la touche Entrée ou cliquez sur le bouton **Entrer**.

Lorsque vous sélectionnez une plage de cellules contenant des valeurs numériques, Excel affiche, par défaut, la somme de ces valeurs dans la barre d'état.

Utiliser les fonctions statistiques simples

- Activez la cellule d'affichage du résultat.
- Ouvrez la liste associée à l'outil du groupe **Édition** de l'onglet **Accueil** ou du bouton **Somme automatique** du groupe **Bibliothèque de fonctions** de l'onglet **Formules**.
- Cliquez sur la fonction désirée :

Moyenne Calcule la moyenne d'un ensemble de cellules contenant des valeurs numériques.

NB Calcule le nombre de cellules contenant des valeurs numériques d'un ensemble de cellules.

Max. Extrait la valeur maximale d'un ensemble de cellules contenant des valeurs numériques.

Min. Extrait la valeur minimale d'un ensemble de cellules contenant des valeurs numériques.

Excel affiche la fonction correspondant à votre choix et sélectionne un groupe de cellules.

- Si la sélection des cellules n'est pas satisfaisante, modifiez-la en cliquant sur une cellule pour la sélectionner ou en effectuant un cliqué-glissé pour sélectionner une plage de cellules.
- Appuyez sur la touche Entrée ou cliquez sur le bouton pour valider la formule de calcul.

Lorsque vous sélectionnez une plage de cellules contenant des valeurs numériques, vous visualisez sur la barre d'état, outre leur somme, la moyenne de ces valeurs ; vous visualisez aussi, pour n'importe quelle sélection, le nombre de cellules non vides ; pour visualiser d'autres résultats de fonction, cliquez avec le bouton droit de la souris sur la barre d'état et choisissez parmi les fonctions proposées (**Nb (nombres)**, **Minimum** ou **Maximum**).

Créer une formule conditionnelle

- Activez la cellule dans laquelle vous voulez entrer la formule et y voir le résultat.
- Utilisez la fonction **SI** dont la syntaxe est la suivante :

  =SI(condition ; action si la condition est vérifiée ;action si la condition n'est pas vérifiée)

	A	B	C	D	E	F	G	H
1	***COMMANDE DE MAILLOTS ET DOSSARDS***							
2								
3	**Réf.**	**Désignation**	**Prix**	**Quantité**	**TOTAL (dont transport : 5 %)**	**A commander si : Qté < 20**		
4	DJ48	Dossard Benjamin rouge	28,99	22	669,67	=si(D4<20;"à commander";"en attente"		
5	DB125	Dossard Junior rouge	24,50	15	385,88	SI(test_logique; [valeur_si_vrai]; [valeur_si_faux])		
6	DJ250	Dossard Junior jaune	29,50	14	433,65			
7	DB128	Dossard Benjamin jaune	26,70	18	504,63			

Sur cet exemple, si le contenu de la cellule D4 est inférieur à 20, le texte "à commander" est affiché dans la cellule de résultat, sinon le texte "en attente" s'affiche.

Dans une formule conditionnelle, diverses actions peuvent être réalisées :

Affichage d'un nombre	saisir le nombre,
Affichage d'un texte	saisir le texte entre guillemets,
Affichage d'un résultat de calcul	entrer la formule de calcul,
Affichage du contenu d'une cellule	montrer la cellule,
Aucun affichage	taper "".

Au niveau des conditions, plusieurs opérateurs sont disponibles :

>/<	supérieur à/inférieur à,
<>	différent de,
>=/<=	supérieur ou égal à/inférieur ou égal à.

Pour poser plusieurs conditions, utilisez l'une des fonctions suivantes en fonction du résultat attendu ; si plusieurs conditions doivent être vérifiées en même temps :
=SI(ET(cond1;cond2; ... ;condn);action à réaliser si les n conditions sont satisfaites;action à réaliser si au moins une des conditions n'est pas satisfaite)

si au moins une des conditions doit être vraie :
=SI(OU(cond1;cond2; ...;condn);action à réaliser si au moins une condition est satisfaite;action à réaliser si aucune condition n'est satisfaite)

si plusieurs conditions sont imbriquées :
=SI(Cond1;action si VRAI; SI(Cond2; action si VRAI ; SI (Cond 3; action si VRAI; action si FAUX)))

Rendre absolue une référence de cellule dans une formule

Cette technique permet de fixer la référence d'une cellule dans une formule de façon à ce que cette référence ne se modifie pas lors de la recopie de la formule.

- Commencez à saisir la formule et arrêtez-vous lorsque la cellule concernée par la référence absolue est montrée.
- Appuyez sur la touche F4.

La référence de la cellule présente maintenant le caractère $ devant la référence de colonne et devant le numéro de ligne :

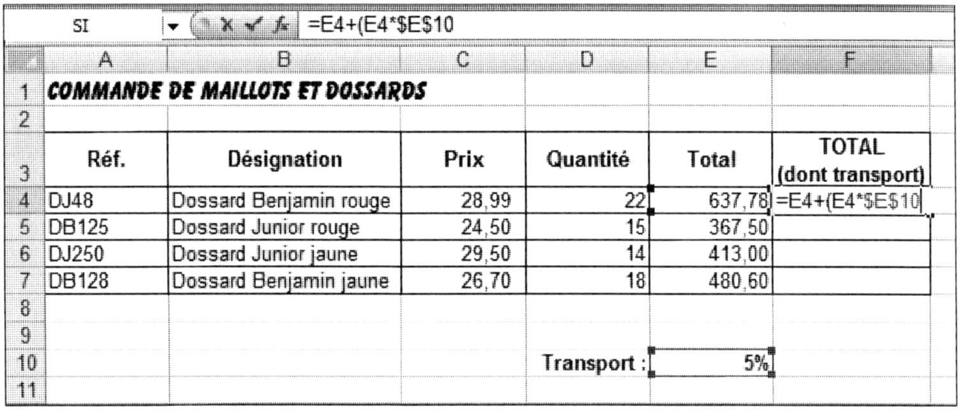
SI | =E4+(E4*E10

	A	B	C	D	E	F
1	COMMANDE DE MAILLOTS ET DOSSARDS					
2						
3	Réf.	Désignation	Prix	Quantité	Total	TOTAL (dont transport)
4	DJ48	Dossard Benjamin rouge	28,99	22	637,78	=E4+(E4*E10
5	DB125	Dossard Junior rouge	24,50	15	367,50	
6	DJ250	Dossard Junior jaune	29,50	14	413,00	
7	DB128	Dossard Benjamin jaune	26,70	18	480,60	
8						
9						
10				Transport :	5%	
11						

Lorsque vous appuyez sur la touche F4*, vous obtenez une référence absolue de cellule ; si vous appuyez sur* F4 *une seconde fois, seule la référence de la ligne devient absolue ; si vous appuyez sur* F4 *une troisième fois, c'est alors la référence de la colonne qui devient absolue.*

- Appuyez sur la touche F4 autant de fois que nécessaire afin de rendre absolu l'élément souhaité.
- Au besoin, terminez la saisie de la formule puis validez.

Utiliser des zones nommées dans les formules

Cette fonctionnalité permet de remplacer dans une formule une référence de plages de cellules par la zone nommée correspondante.

- Commencez la formule et arrêtez-vous lorsque vous avez besoin d'insérer le nom.
- Cliquez sur le bouton **Utiliser dans la formule** du groupe **Noms définis** de l'onglet **Formules.**

La liste des zones préalablement nommées s'affiche (cf. Zones nommées - Nommer des plages de cellules) :

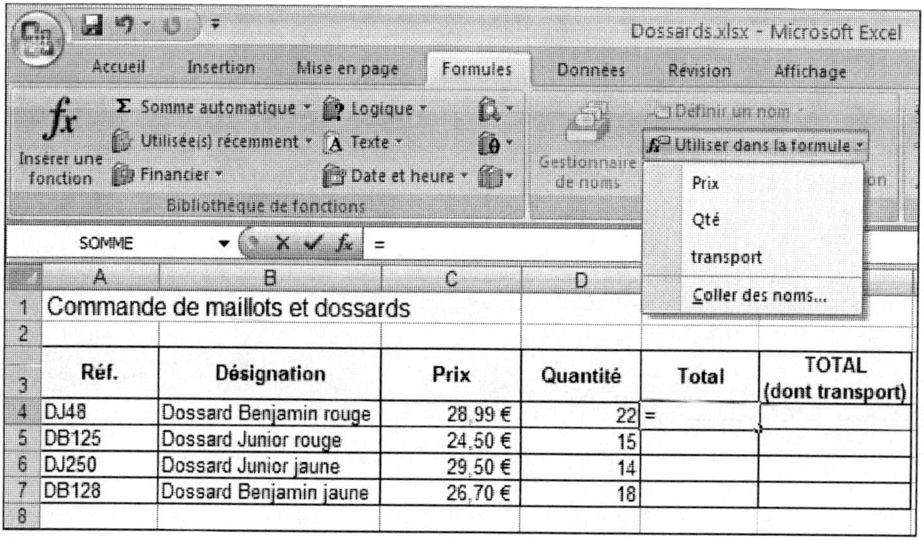

- Cliquez sur le nom correspondant à la plage de cellules à insérer dans la formule.
- Continuez et terminez la formule.

Vous pouvez également saisir le nom directement dans la formule, à la place des références de cellules.

Effectuer des calculs sur des données de type date

Dans ce titre, après avoir abordé le principe de calcul sur des dates utilisé par Excel, nous vous proposons de découvrir quelques fonctions spécifiques au traitement de dates à travers quelques exemples.

Principe de calcul sur des jours

- Si le calcul porte sur des jours, procédez comme pour les autres calculs car Excel enregistre les dates sous la forme de nombres séquentiels appelés numéros de série. De ce fait, elles peuvent être ajoutées, soustraites et incluses dans d'autres calculs.

- Par défaut, Excel pour Windows utilise le calendrier depuis 1900 (Excel pour Macintosh, le calendrier depuis 1904). Le 1er janvier 1900 correspond donc (pour Excel sous Windows) au numéro de série 1 et le 1er janvier 2005 est le 38 353, car 38 353 jours se sont écoulés depuis le 1er janvier 1900.

Combiner du texte avec une date

- Pour combiner dans une cellule le texte et la date contenus dans différentes cellules, vous pouvez utiliser la fonction **TEXTE** dont la syntaxe est **=TEXTE(valeur;format_texte)** :

  L'argument **valeur** représente une valeur numérique ou une formule dont le résultat est une valeur numérique ou bien encore une référence à une cellule contenant une valeur numérique.

  L'argument **format_texte** représente un format de nombre sous forme de texte défini dans la zone **Catégorie** de la boîte de dialogue **Format de cellule**.

  Voici un exemple d'utilisation :

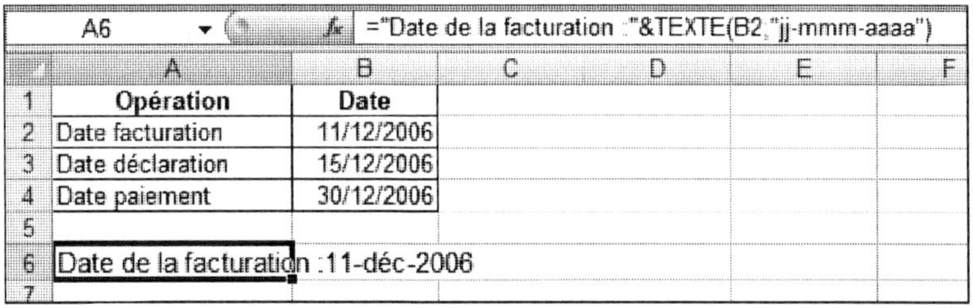

	A	B	C	D	E	F
1	Opération	Date				
2	Date facturation	11/12/2006				
3	Date déclaration	15/12/2006				
4	Date paiement	30/12/2006				
5						
6	Date de la facturation :11-déc-2006					
7						

Calculer la différence entre deux dates à l'aide de la fonction DATEDIF

Cette fonction s'avère très pratique dans le cas, par exemple, où vous souhaitez calculer l'ancienneté d'un employé en année et en mois. La syntaxe de la fonction **DATEDIF** est **DATEDIF(Date_début;Date_fin ;Type)** :

L'argument **Type** représente la durée calculée et peut prendre les valeurs suivantes :

"y" pour calculer la différence absolue en année.

"M" pour calculer la différence absolue en mois.

"d" pour calculer la différence absolue en jour.

"ym" pour calculer la différence en mois si les 2 dates sont dans la même année.

"yd" pour calculer la différence en jour si les 2 dates sont dans la même année.

"md" pour calculer la différence en jour si les 2 dates sont dans le même mois.

Voici un exemple d'utilisation :

	A	B	C
1	Date de début	01/02/1994	
2	Date de fin	30/11/2006	
3			
4		**Résultat en**	
5	**année**	**mois**	**jour**
6			
7	12	153	4685

Les formules saisies sont les suivantes :

- En A7 **=DATEDIF(B1;B2;"y")**
- En B7 **=DATEDIF(B1;B2;"m")**
- En C7 **=DATEDIF(B1;B2;"d")**

DATEDIF est l'une des fonctions "masquées" de l'application Excel, de ce fait, elle n'apparaît pas dans l'assistant fonction ni dans l'aide en ligne. Les fonctions masquées ont été introduites dans Excel pour des raisons de compatibilité (par exemple : feuilles de calcul Lotus 123), elles fonctionnent parfaitement mais ne font pas partie des fonctions "officielles" d'Excel.

Calculer le nombre de jours ouvrés entre deux dates

Excel sait calculer le nombre de jours ouvrés (du lundi au vendredi) qui sépare deux dates à l'aide de la fonction **NB.JOURS.OUVRES** dont la syntaxe est **=NB.JOURS.OUVRES(jour_début;jour_fin).**

Voici un exemple d'utilisation :

B4 =NB.JOURS.OUVRES(B1;B2)

	A	B	C	D
1	Date de début	01/01/2007		
2	Date de fin	31/01/2007		
3				
4	nbre de jours ouvrés :	23		

Pour que cette fonction puisse tenir compte des jours fériés dans ses calculs, vous devez y ajouter un 3ème argument faisant référence à un jour férié ou une plage de dates fériés. La syntaxe de cette fonction est alors **=NB.JOURS.OUVRES(jour_début;jour_fin;jours_fériés).**

Calculer la date située après un nombre de jours ouvrés donné

La fonction **SERIE.JOUR.OUVRE** vous permet de calculer une date correspondant à une date (date de début) plus ou moins le nombre de jours ouvrés spécifié. Les jours ouvrés excluent les samedi et dimanche ainsi que toutes les dates identifiées comme étant des jours chômés.

La syntaxe de cette fonction est la suivante :

=SERIE.JOUR.OUVRE(date_début;nb_jours;jours_fériés) :

date_début Représente la date de début.

nb_jours Représente le nombre de jours ouvrés avant ou après la date de début. Un nombre de jour positif donne une date future, à l'inverse, un nombre de jour négatif donne une date passée.

jours_fériés Représente une liste de dates à exclure du calendrier des jours de travail (jours fériés, congés, absence...). Cet argument est facultatif.

Voici un exemple d'utilisation :

Nous souhaitons trouver la date d'échéance d'un travail devant commencer le 15 octobre 2006 et qui est d'une durée de 40 jours ouvrés.

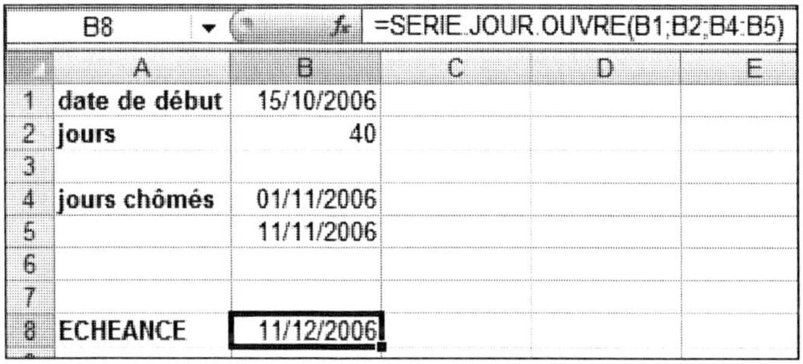

La formule saisie en B8 est la suivante : ***=SERIE.JOUR.OUVRE(B1;B2;B4:B5)****, et le format* ***Date*** *a été appliqué à cette cellule car, par défaut, Excel affiche le résultat sous forme de numéro de série.*

Si cette formule vous renvoie un message d'erreur, en voici sa signification :

#VALEUR! un argument n'est pas une date valide.

#NOMBRE! la date de début plus le nombre de jours ne donne pas une date valide.

Additionner des mois et des années

- Pour additionner des mois, respectez la syntaxe suivante :
  =DATE(ANNEE(date_départ);MOIS(date_départ)+délai_mensuel;JOUR(date_départ))

  Par exemple, pour calculer un délai de 2 mois, utilisez cette formule :

  =DATE(ANNEE(AUJOURDHUI());MOIS(AUJOURDHUI())+2;JOUR(AUJOURDHUI()))
- Pour additionner des années, respectez la syntaxe suivante :
  =DATE(ANNEE(date_départ)+délai_annuel;MOIS(date_départ);JOUR(date_départ))

Effectuer des calculs sur des données de type heure

Dans ce titre, après avoir abordé le principe de calcul sur des heures utilisé par Excel, nous vous proposons de découvrir des méthodes et formules spécifiques au traitement d'heures à travers quelques exemples.

Principe de calcul sur des heures

- Lorsque vous saisissez une heure dans une cellule, Excel l'enregistre sous forme de nombre décimal allant de 0 à 1 (1 non compris) pour chaque période de 24 heures.
- Pour que Excel puisse reconnaître l'information comme une heure et l'enregistrer sous la forme d'un nombre décimal, vous devez séparer les différentes parties de l'heure par le signe deux-points (:). Par exemple, 18h30 et 43 secondes se tape suivant cette syntaxe **18:30:43**. Pour ne pas inclure les secondes, tapez **18:30**

Exemple d'heure saisie	Valeur enregistrée par Excel
00:00 (minuit)	0
11:59	0,499305555555556
12:00 (midi)	0,5
15:00 (15h)	0,625
18:00 (18h)	0,75

Ce concept d'heure propre à Excel lui permet d'appliquer des calculs arithmétiques aux heures.

Exemple : pour calculer la différence entre 18:00 (18 h) et 15:00 (15 h), Excel effectue ce calcul :

= ***0,75 - 0,625*** = ***0,125***

Excel met à votre disposition de nombreux formats d'heure prédéfinis (cf. Mises en valeur - Formater des dates/des heures).

Calculer la différence entre deux heures

- Pour effectuer ce calcul et représenter le résultat au format horaire standard, c'est-à-dire heures:minutes:secondes, vous pouvez utiliser la fonction **TEXTE** dont la syntaxe est =**TEXTE(valeur;format_texte)**
  - L'argument **valeur** représente une valeur numérique ou une formule dont le résultat est une valeur numérique ou bien encore une référence à une cellule contenant une valeur numérique.
  - L'argument **format_texte** représente un format de nombre sous forme de texte défini dans la zone **Catégorie** de la boîte de dialogue **Format de cellule** (onglet **Accueil** - groupe **Cellules** - option **Format** - zone **Protection** - option **Format de cellule** - onglet **Nombre**).

  Voici un exemple d'utilisation :

	A	B	C
1	**heure de début**	08:30:45	
2	**heure de fin**	15:15:00	
3			
4	**Description**	**Résultat**	**Formule**
5	nombre d'heures entre deux heures	6	=TEXTE(B2-B1;"h")
6	nombre d'heures et de minutes entre deux heures	6:44	=TEXTE(B2-B1;"h:mm")
7	nombre d'heures, de minutes et de secondes entre deux heures	6:44:15	=TEXTE(B2-B1;"h:mm:ss")

Convertir des heures

- Pour convertir des unités telles que les heures dans une autre unité de mesure, vous pouvez utiliser la fonction **CONVERTIR** dont la syntaxe est **=CONVERTIR(nombre;"de_unité";"à_unité")** :

  nombre représente le nombre à convertir,

  "de_unité" correspond à l'unité du nombre à convertir (présenté entre guillemets) ;

  "à_unité" correspond à l'unité du résultat (présenté entre guillemets).

  Cette fonction permet la conversion de multiples unités de mesures (poids, masse, distance, pression, force, énergie...).

  Découvrons son utilisation dans le cadre d'une conversion d'unités de mesure du temps selon l'unité à convertir et celle souhaitée, utilisez ces arguments :

Année	**"yr"**
Jour	**"day"**
Heure	**"hr"**
Minute	**"mn"**
Seconde	**"sec"**

*Exemple, pour convertir **10 ans** en heures, utilisez cette formule :*
=CONVERTIR(10;"yr";"hr")
Résultat = 87 660 (heures)

Utiliser une fonction Recherche

La fonction RECHERCHEV permet de chercher une valeur dans la première colonne d'un tableau (V = Verticale) et renvoie la valeur contenue dans la cellule située sur la même ligne et dans la colonne spécifiée.

- Créez un tableau permettant de regrouper les données que vous allez devoir récupérer par la suite lors de la recherche puis triez le tableau par ordre croissant, sur les données de la première colonne du tableau.
  Nommez cette plage de cellules si vous ne souhaitez pas la sélectionner lors de la création de la formule de calcul.
- Cliquez dans la cellule où doit être affichée la donnée recherchée du tableau.
- Créez votre formule de calcul en respectant la syntaxe suivante :
  =RECHERCHEV(valeur_cherchée;table_matrice;no_index_col;valeur_proche)

valeur_cherchée	est la valeur que la fonction cherche dans la première colonne du tableau.
table_matrice	est le tableau à partir duquel les données vont être récupérées. Cet argument peut être les références d'une plage de cellules ou le nom d'une plage de cellules.
no_index_col	est le numéro de la colonne du tableau (Table_matrice) qui contient la valeur recherchée. La première colonne du tableau est la colonne 1.
valeur_proche	est une valeur logique qui permet d'effectuer une recherche exacte ou voisine de celle recherchée. Si la valeur_proche est VRAI ou omise, une donnée égale ou immédiatement inférieure à la valeur cherchée est affichée. Si la valeur_proche est FAUX, seule la valeur recherchée s'affiche.

D8	=RECHERCHEV(A8;LIVRES;2)			
Code livre	**Titre**	**Quantité**	**Prix de vente**	**Total**
HI03	La dernière colline	1	15	15
BD03	Lucky Luke : les Daltons courent toujours	2	9,5	19
CU02	Les fêtes autour d'un plat	1	16	16
EV04	Destination de rêve	1	17	17
AD06	Prophéties du millénaire	1	14,99	14,99

Sur cet exemple, la fonction RechercheV cherche la référence exacte du livre (contenue en cellule A8) dans un tableau intitulé LIVRES (non visible sur cet écran) et y trouve le prix de l'article situé dans la deuxième colonne.

Validez la formule par la touche Entrée.

D'une manière similaire, la fonction RECHERCHEH effectue une recherche horizontale (dans la première ligne d'un tableau) et renvoie la valeur contenue dans la cellule située dans la même colonne et dans la ligne spécifiée.

Insérer des lignes de statistiques

Il s'agit d'ajouter des lignes de sous-totaux.

- Triez le tableau en fonction de la colonne qui contiendra les groupes devant faire l'objet d'un sous-total.
- Sélectionnez le tableau concerné par les lignes de statistiques en y incluant les titres des colonnes.
- Activez l'onglet **Données** et cliquez sur le bouton **Sous-total** du groupe **Plan**.
- Sur la liste **À chaque changement de**, sélectionnez la colonne qui contient les groupes devant faire l'objet d'un calcul statistique.
- Choisissez ensuite dans la liste **Utiliser la fonction** le calcul à effectuer.
- Enfin, cochez les colonnes qui contiennent les valeurs sur lesquelles effectuer les calculs.

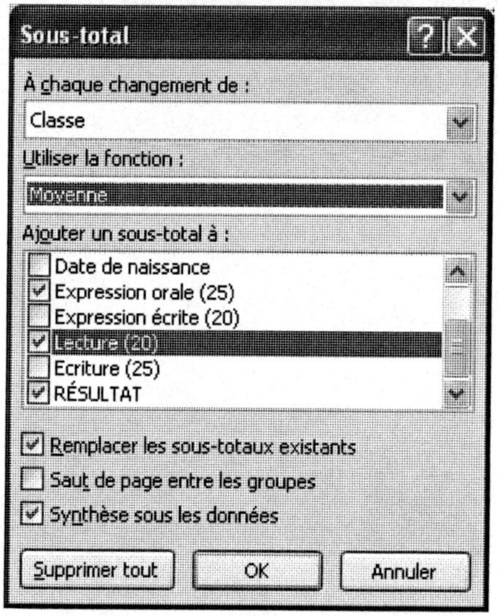

Dans cet exemple, nous souhaitons calculer la moyenne des notes d'Expression orale, de Lecture et de Résultat.

- Laissez l'option **Remplacer les sous-totaux existants** cochée, si vous souhaitez substituer les éventuels sous-totaux déjà créés par ceux que vous êtes en train de créer.
- Cochez l'option **Saut de page entre les groupes** pour insérer automatiquement un saut de page après chaque groupe de sous-totaux.
- Laissez l'option **Synthèse sous les données** cochée pour réaliser des sous-totaux et des totaux sous les données détaillées. Si cette option est décochée, seuls les sous-totaux apparaîtront au-dessus des données détaillées.
- Cliquez sur le bouton **OK**.

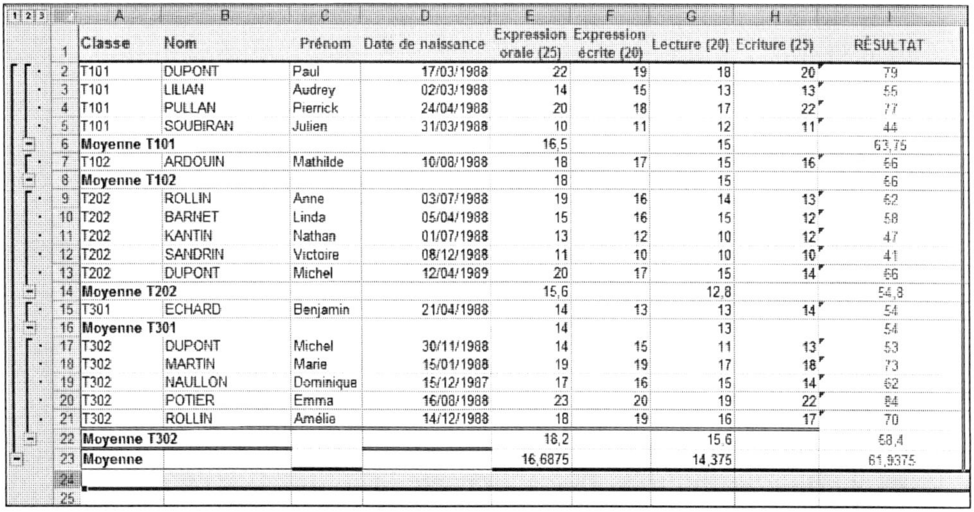

	A	B	C	D	E	F	G	H	I
1	Classe	Nom	Prénom	Date de naissance	Expression orale (25)	Expression écrite (20)	Lecture (20)	Ecriture (25)	RÉSULTAT
2	T101	DUPONT	Paul	17/03/1988	22	19	18	20	79
3	T101	LILIAN	Audrey	02/03/1988	14	15	13	13	55
4	T101	PULLAN	Pierrick	24/04/1988	20	18	17	22	77
5	T101	SOUBIRAN	Julien	31/03/1988	10	11	12	11	44
6	**Moyenne T101**				16,5		15		63,75
7	T102	ARDOUIN	Mathilde	10/08/1988	18	17	15	16	66
8	**Moyenne T102**				18		15		66
9	T202	ROLLIN	Anne	03/07/1988	19	16	14	13	62
10	T202	BARNET	Linda	05/04/1988	15	16	15	12	58
11	T202	KANTIN	Nathan	01/07/1988	13	12	10	12	47
12	T202	SANDRIN	Victoire	08/12/1988	11	10	10	10	41
13	T202	DUPONT	Michel	12/04/1989	20	17	15	14	66
14	**Moyenne T202**				15,6		12,8		54,8
15	T301	ECHARD	Benjamin	21/04/1988	14	13	13	14	54
16	**Moyenne T301**				14		13		54
17	T302	DUPONT	Michel	30/11/1988	14	15	11	13	53
18	T302	MARTIN	Marie	15/01/1988	19	19	17	18	73
19	T302	NAULLON	Dominique	15/12/1987	17	16	15	14	62
20	T302	POTIER	Emma	16/08/1988	23	20	19	22	84
21	T302	ROLLIN	Amélie	14/12/1988	18	19	16	17	70
22	**Moyenne T302**				16,2		15,6		68,4
23	**Moyenne**				16,6875		14,375		61,9375
24									
25									

Excel calcule les statistiques demandées et construit un plan à partir de celles-ci : vous visualisez ici la moyenne des notes de chaque classe dans les matières Expression orale, Lecture et Résultat.

Le bouton **Supprimer tout** de la boîte de dialogue **Sous-total** permet de supprimer tous les sous-totaux (ainsi que le plan) du tableau sélectionné.

Consolider des données

Cette fonctionnalité permet de combiner des valeurs de plusieurs plages de données placées sur différentes feuilles de calcul.

- Avant de lancer la consolidation, vérifiez les points suivants :
  - Chaque plage de données doit constituer une liste, c'est-à-dire contenir une étiquette en première ligne, des faits similaires par colonne et la liste ne doit contenir aucune ligne ou colonne vide.
  - Chaque plage de données source doit être placée dans une feuille de calcul distincte ; aucune des plages sources ne doit être placée dans la feuille de calcul sur laquelle vous allez placer la consolidation.
  - Assurez-vous que toutes les plages ont la même position.
  - Nommez, si vous le souhaitez, chaque plage de données source (cf. Zones nommées - Nommer des plages de cellules).
- Activez la feuille de consolidation.
- Activez la première cellule de destination de la consolidation.
- Activez l'onglet **Données** et cliquez sur l'outil **Consolider** du groupe **Outils de données.**
- Choisissez la **Fonction** de synthèse à utiliser pour consolider les données.
- Pour chaque plage de données à consolider :
  - cliquez sur le bouton pour réduire la boîte de dialogue,
  - accédez à la feuille de calcul puis sélectionnez les cellules concernées ou saisissez le nom de la zone des données source,
  - cliquez sur le bouton pour afficher à nouveau la boîte de dialogue,
  - cliquez sur le bouton **Ajouter**.

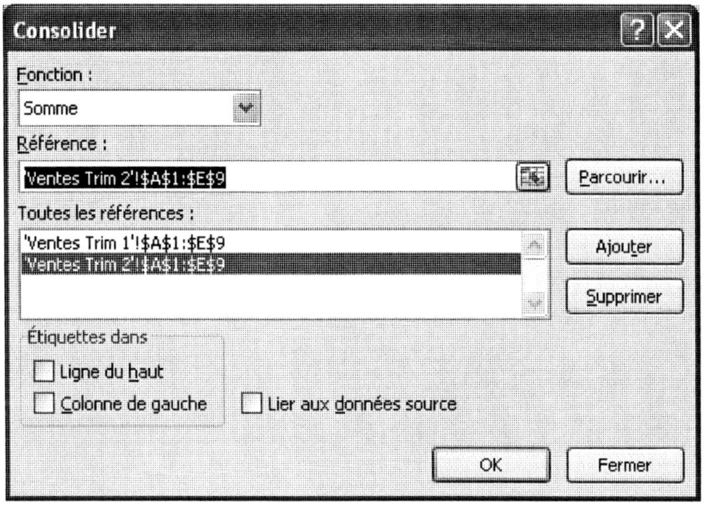

Cette consolidation va calculer la somme des cellules A1 à E9 des feuilles Ventes Trim 1 et Ventes Trim 2.

- Cochez l'option **Lier aux données source** si vous souhaitez créer un lien permanent entre les feuilles source et la feuille de consolidation. Dans ce cas, la table de consolidation sera mise à jour automatiquement à chaque modification d'une des données source.
- Cochez ou non les options du cadre **Étiquettes dans** si les données copiées contiennent ou pas des libellés de lignes et/ou de colonnes.
- Cliquez sur le bouton **OK** pour valider.

Quand un lien a été demandé, Excel génère en plus le plan du tableau de consolidation.

Calculer la valeur d'un remboursement

*La fonction **VPM** permet de calculer le remboursement d'un emprunt sur la base de remboursements et d'un taux d'intérêt constants.*

- Activez la cellule où vous souhaitez afficher le résultat.
- Saisissez la formule en respectant la syntaxe suivante: **=VPM(taux;npm;va**;vc;type)

taux correspond au taux d'intérêt de l'emprunt ; s'il s'agit d'un taux annuel et que le résultat doit être une mensualité, il faut le diviser par 12.

npm correspond au nombre total de remboursements ; s'il représente des années et que le résultat doit être mensuel, il faut le multiplier par 12.

va représente la valeur actuelle du total des paiements futurs, ce qui correspond au principal de l'emprunt.

vc correspond au montant à obtenir après le dernier paiement (valeur capitalisée) ; s'il est omis, il est égal à 0.

type nombre compris entre 0 et 1 qui précise quand les paiements sont échus ; si le type est 1, les remboursements sont échus en début de période, s'il est omis ou égal à 0, ceux-ci sont échus en fin de période.

*Les arguments **vc** et **type** sont facultatifs. S'ils sont omis, la valeur prise en compte par défaut est 0 (zéro).*

- Validez la saisie par la touche [Entrée].

Le résultat obtenu ne comprend que le principal et les intérêts de l'emprunt mais pas les charges, versements de garantie...

	A	B	C	D	E
1		Emprunt pour la construction d'une piscine extérieure			
2					
3		Modèle	**5m x 10m**	**6m x 15m**	
4		Prix	20 000,00 €	29 000,00 €	
5		Apport	5 000,00 €	5 000,00 €	
6		Montant à emprunter	15 000,00 €	24 000,00 €	
7		Taux d'intérêt	5,5%	5,5%	
8		Nombre de périodes	20	20	
9					
10		Mensualité	-786,62 €		

Les montants des remboursements sont toujours affichés sous forme négative.

- Pour obtenir une valeur positive, faites précéder la fonction VPM du signe moins (=-VPM) ou de la fonction **=ABS (nombre)** qui permet de calculer la valeur absolue d'un nombre ou d'une expression (exemple : =ABS(VPM(C7/12 ;C8 ;C6))).

Pour calculer le montant total payé sur toute la durée de l'emprunt, il suffit de multiplier le résultat de la formule **VPM** par la valeur **npm**.

Calculer la valeur du capital emprunté

- Activez la cellule de résultat.
- Saisissez la formule en respectant la syntaxe suivante :
  =VA(Taux; Nom; Vpm; Vc; Type) :

Taux	Correspond au taux d'intérêt de l'emprunt ; s'il s'agit d'un taux annuel et que le résultat doit être une mensualité, il faut le diviser par 12.
Npm	Correspond au nombre total de remboursements ; s'il représente des années et que le résultat doit être mensuel, il faut le multiplier par 12.
Vpm	Correspond au montant du remboursement de chaque période.
Vc	Correspond au montant à obtenir après le dernier paiement (valeur capitalisée) ; s'il est omis, il est égal à 0.
Type	Nombre compris entre 0 et 1 qui précise quand les paiements sont échus ; si le type est 1, les remboursements sont échus en début de période, s'il est omis ou égal à 0, ceux-ci sont échus en fin de période.

*Les arguments **Vc** et **Type** sont facultatifs.*

- Validez par la touche [Entrée].

Comme avec la fonction **VPM**, le résultat est négatif. Pour le rendre positif, vous pouvez utiliser la fonction **ABS()**.

Réaliser des scénarios

Un scénario vous permet de résoudre un problème en considérant plusieurs hypothèses, il s'agit donc d'un outil d'analyses de simulation.

Créer des scénarios

- Activez l'onglet **Données** et cliquez sur l'outil **Analyse de scénarios** du groupe **Outils de données**.
- Activez l'option **Gestionnaire de scénarios**.
- Dans la boîte de dialogue **Gestionnaire de scénarios**, cliquez sur le bouton **Ajouter** puis saisissez le **Nom du scénario** à créer.

- Dans la zone **Cellules variables**, précisez les cellules contenant les données à faire varier.

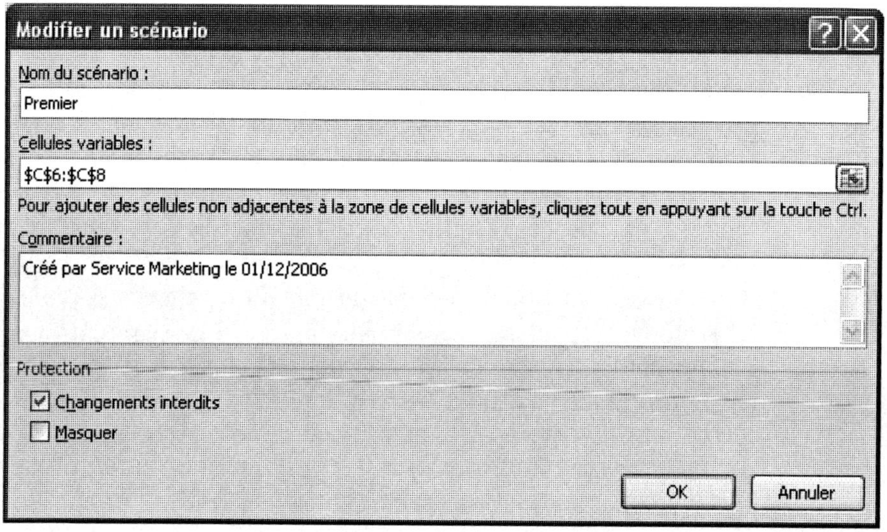

- Cliquez sur le bouton **OK** puis saisissez la valeur de chaque cellule variable et validez.

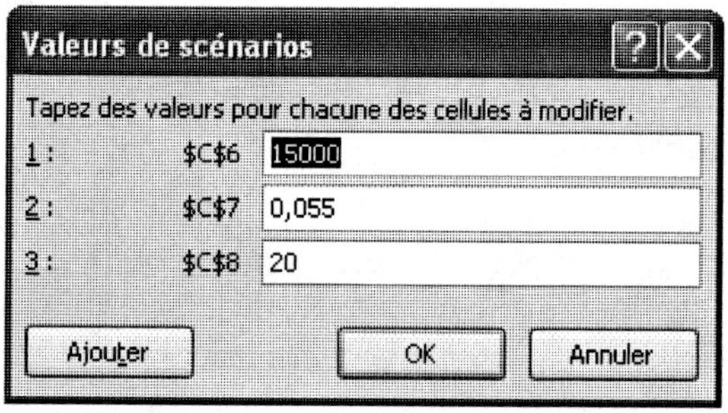

- Créez de la même façon les autres scénarios.

- Cliquez sur le bouton **Fermer**.

Lancer l'exécution des scénarios

- Activez l'onglet **Données** et cliquez sur l'outil **Analyse de scénarios** du groupe **Outils de données**.
- Activez l'option **Gestionnaire de scénarios**.
- Si seul un scénario doit être lancé, sélectionnez-le puis cliquez sur le bouton **Afficher**. Dans ce cas, le résultat est affiché dans la feuille de calcul (d'où l'intérêt de bâtir un scénario pour le cas actuel).

  Si tous les scénarios doivent être exécutés, cliquez sur le bouton **Synthèse**. Au besoin, sélectionnez les cellules dont vous souhaitez afficher la valeur pour chaque scénario dans la feuille de synthèse.
- Si vous avez cliqué sur le bouton **Synthèse**, Excel vous propose deux types de rapport. Dans ce cas, complétez la boîte de dialogue **Synthèse de scénarios** puis validez par le bouton **OK**.

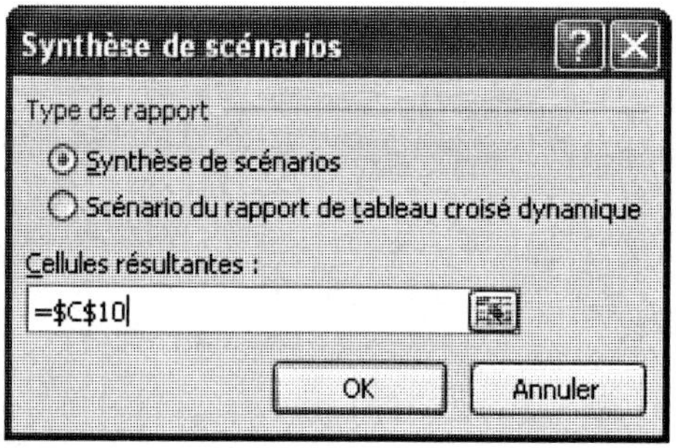

⊡ Cliquez sur le bouton **OK**.

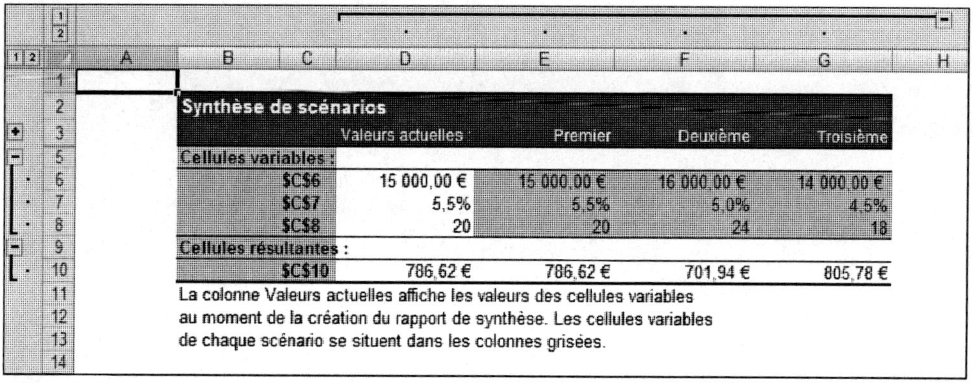

La synthèse est proposée sous forme de plan dans une nouvelle feuille de calcul.

Les scénarios peuvent être associés à des vues grâce à la technique du rapport.

Générer une table à double entrée

Pour illustrer l'utilisation d'une table à double entrée, nous souhaitons connaître les différentes valeurs de remboursement pour un capital emprunté fixe de 15 000 €, un nombre variable de mensualités et des taux d'intérêt variables.

⊡ Saisissez les éléments initiaux du calcul à réaliser (taux d'intérêt, la durée de l'emprunt, le montant de l'emprunt, pour notre exemple).

⊡ Saisissez les en-têtes et les lignes de la table, lesquels correspondent aux paramètres variables.

Attention, la table ainsi préparée ne doit pas être accolée aux éléments initiaux et la première donnée variable en ligne doit être située une ligne plus haut et une colonne plus à droite que la première donnée variable en colonne.

- À l'intersection de cette ligne et de cette colonne, saisissez la formule de calcul puis validez.

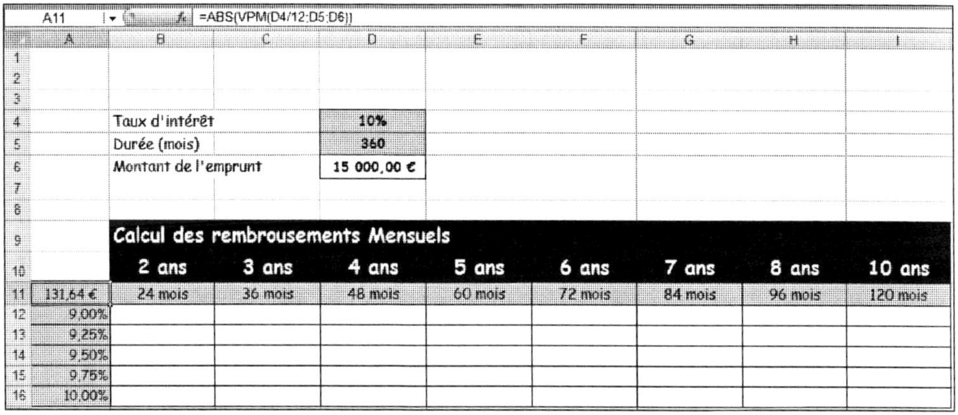
A11 =ABS(VPM(D4/12;D5;D6))

	A	B	C	D	E	F	G	H	I
1									
2									
3									
4		Taux d'intérêt		10%					
5		Durée (mois)		360					
6		Montant de l'emprunt		15 000,00 €					
7									
8									
9		Calcul des rembrousements Mensuels							
10		2 ans	3 ans	4 ans	5 ans	6 ans	7 ans	8 ans	10 ans
11	131,64 €	24 mois	36 mois	48 mois	60 mois	72 mois	84 mois	96 mois	120 mois
12	9,00%								
13	9,25%								
14	9,50%								
15	9,75%								
16	10,00%								

- Sélectionnez la plage de cellules comprenant la formule de calcul jusqu'à la dernière cellule de la table.
- Activez l'onglet **Données**, cliquez sur l'outil **Analyse de scénarios** du groupe **Outils de données.**
- Activez l'option **Table de données.**
- Dans la zone **Cellule d'entrée en ligne**, indiquez la référence de la cellule utilisée dans la formule qui correspond aux données variables situées sur la première ligne de la table.

  Dans notre exemple, la ligne correspond à des durées, nous allons donc utiliser la cellule D5.
- Indiquez selon le même principe la **Cellule d'entrée en colonne.**

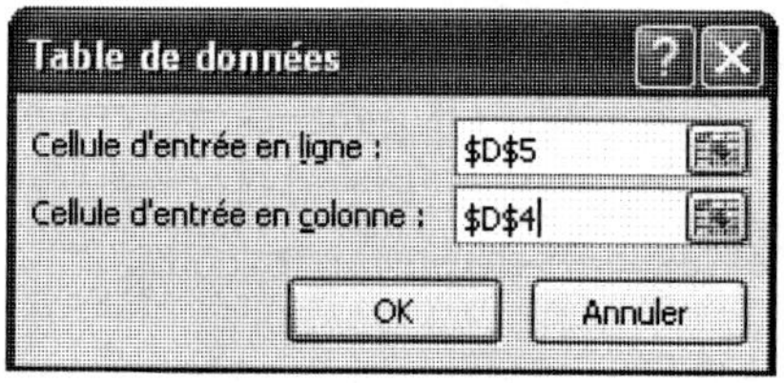

- Cliquez sur le bouton **OK**.

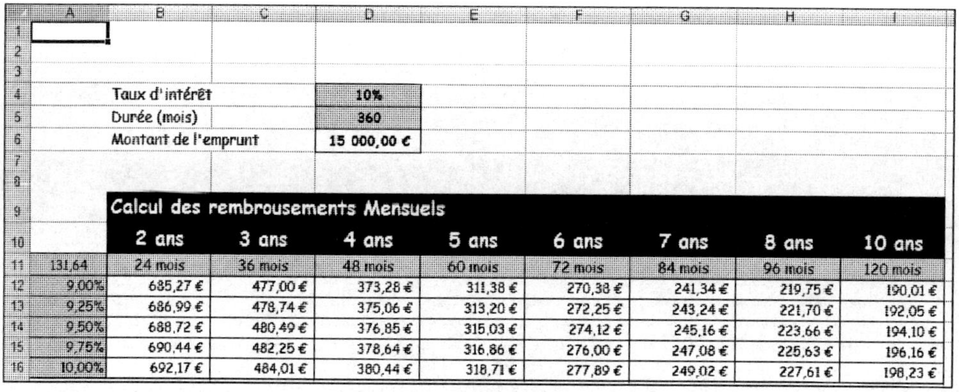

	A	B	C	D	E	F	G	H	I
1									
2									
3									
4		Taux d'intérêt		10%					
5		Durée (mois)		360					
6		Montant de l'emprunt		15 000,00 €					
7									
8									
9		Calcul des rembrousements Mensuels							
10		2 ans	3 ans	4 ans	5 ans	6 ans	7 ans	8 ans	10 ans
11	131,64	24 mois	36 mois	48 mois	60 mois	72 mois	84 mois	96 mois	120 mois
12	9,00%	685,27 €	477,00 €	373,28 €	311,38 €	270,38 €	241,34 €	219,75 €	190,01 €
13	9,25%	686,99 €	478,74 €	375,06 €	313,20 €	272,25 €	243,24 €	221,70 €	192,05 €
14	9,50%	688,72 €	480,49 €	376,85 €	315,03 €	274,12 €	245,16 €	223,66 €	194,10 €
15	9,75%	690,44 €	482,25 €	378,64 €	316,86 €	276,00 €	247,08 €	225,63 €	196,16 €
16	10,00%	692,17 €	484,01 €	380,44 €	318,71 €	277,89 €	249,02 €	227,61 €	198,23 €

Le tableau des remboursements est intégralement calculé par Excel.

Utiliser une formule matricielle

Cette formule a la particularité de pouvoir effectuer plusieurs calculs et de renvoyer des résultats simples ou multiples. Une formule matricielle ne peut intervenir que sur deux (ou plus) ensembles de valeurs appelés communément arguments matriciels. Ces derniers doivent avoir le même nombre de lignes et de colonnes.

- Procédez comme pour un calcul ordinaire mais, au lieu de travailler par cellule, travaillez par plage de cellules et, au lieu de valider par [Entrée] ou [Ctrl][Entrée], validez par la combinaison des touches [Ctrl][⇧ Shift][Entrée].

Voyons à travers trois exemples différents, l'utilisation d'une formule matricielle :

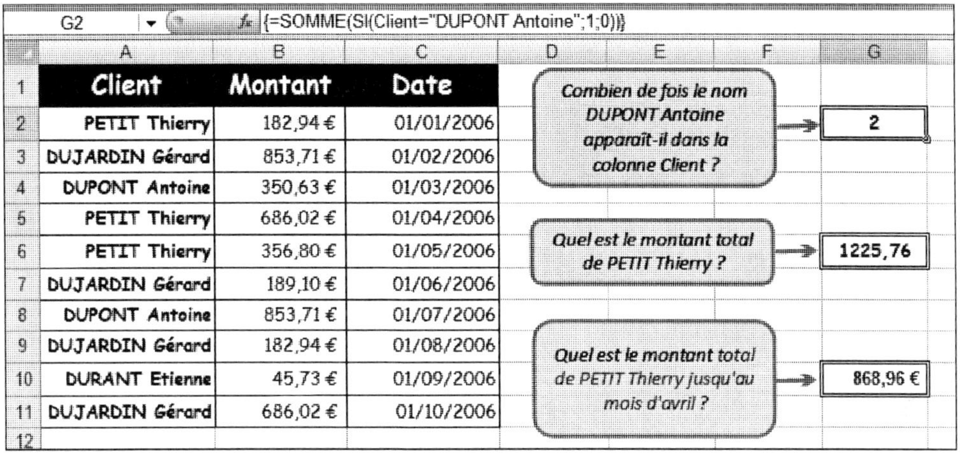

G2 {=SOMME(SI(Client="DUPONT Antoine";1;0))}

	Client	Montant	Date
2	PETIT Thierry	182,94 €	01/01/2006
3	DUJARDIN Gérard	853,71 €	01/02/2006
4	DUPONT Antoine	350,63 €	01/03/2006
5	PETIT Thierry	686,02 €	01/04/2006
6	PETIT Thierry	356,80 €	01/05/2006
7	DUJARDIN Gérard	189,10 €	01/06/2006
8	DUPONT Antoine	853,71 €	01/07/2006
9	DUJARDIN Gérard	182,94 €	01/08/2006
10	DURANT Etienne	45,73 €	01/09/2006
11	DUJARDIN Gérard	686,02 €	01/10/2006

Pour simplifier la lecture des formules, nous avons nommé les zones : ***Client*** *(A2:A11),* ***Montant*** *(B2:B11) ;* ***Date*** *(C2:C11).*

Les formules matricielles ont été saisies en G2, G6 et G10 :

G2 {=SOMME(SI(Client="DUPONT Antoine";1;0))}

Par cette formule, nous recherchons dans la plage de cellules **Client**, l'occurrence "**DUPONT Antoine**" ; dans le cas où la condition est vérifiée, Excel ajoute **1**, sinon Excel ajoute **0**.

G6 {=SOMME(Montant*(Client="PETIT Thierry"))}

Par cette formule, nous demandons de calculer la somme des montants correspondant au client PETIT Thierry : **SOMME(Montant** tel que : ***(**le client s'appelle PETIT Thierry : **Client="PETIT Thierry"**.

G10 {=SOMME(Montant*(Client="PETIT Thierry")*(DateClient<=DATE(2006;4;1)))}

Par cette formule, nous demandons à calculer la somme des montants correspondant au client PETIT Thierry et datés avant le 1/4/2006 inclus : **SOMME(Montant** tel que :***(** le client s'appelle PETIT Thierry : **Client= "PETIT Thierry** et tel que ***(** la date est inférieure ou égale au 1/4/2006 : **Date<=DATE(2006;4;1)**.

Une formule matricielle se reconnaît aux accolades qui entourent la formule.

Atteindre une valeur cible

Cette technique vous permet de résoudre le problème suivant : quelle valeur doit contenir une cellule pour que tel résultat atteigne telle valeur cible.

- Activez la cellule qui doit atteindre une valeur précise et vérifiez qu'elle contient bien une formule de calcul.
- Si possible, visualisez en même temps la cellule à modifier.
- Activez l'onglet **Données** et cliquez sur l'outil **Analyse de scénarios** du groupe **Outils de données.**
- Cliquez sur l'option **Valeur cible.**
- Vérifiez que le champ **Cellule à définir** fait bien référence à la cellule (ou au nom de la cellule) qui contient la formule pour laquelle vous souhaitez trouver une solution.
- Précisez quelle doit être la **Valeur à atteindre.**
- Choisissez dans la zone **Cellule à modifier**, la référence de cellule (ou le nom de la cellule) que vous souhaitez ajuster durant la recherche de la valeur cible.

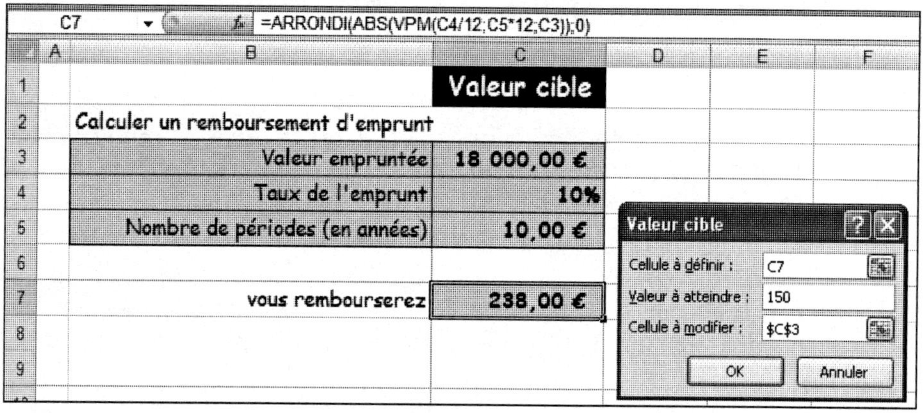

En remboursant 150 € par mois, quel sera le montant du capital emprunté ?

- Cliquez sur le bouton **OK** pour lancer la recherche.

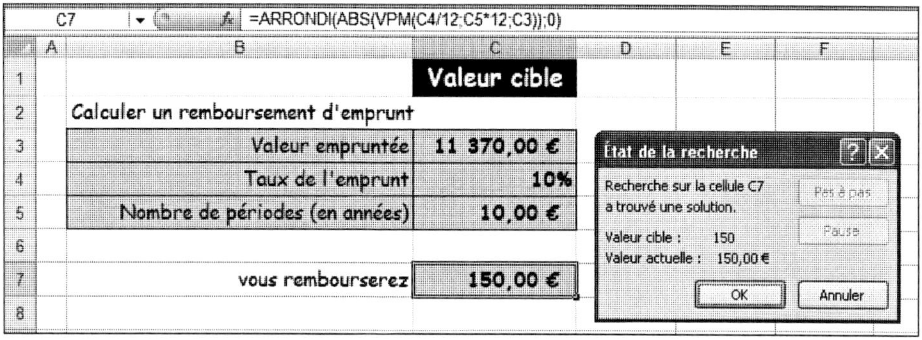

Dès qu'Excel a trouvé une solution, il s'arrête et affiche ses conclusions dans la feuille de calcul.

- Si le résultat proposé vous convient, cliquez sur le bouton **OK** pour le conserver dans la feuille. Si vous souhaitez retrouver les valeurs d'origine, cliquez sur **Annuler**.

Afficher les formules à la place des résultats

- Activez l'onglet **Formules** et cliquez sur l'outil **Afficher les formules** du groupe **Audit de formules** ou utilisez le raccourci-clavier Ctrl ".
- Pour masquer les formules et afficher à nouveau les résultats, cliquez sur l'outil ou utilisez le même raccourci-clavier.

Localiser et résoudre les erreurs dans une formule

Excel peut vérifier un certain nombre d'erreurs commises dans des formules comme l'apparition d'une valeur d'erreur (ex. "#NOM?", "#VALEUR!"...), d'un nombre stocké sous forme de texte, etc. Lorsqu'un problème est trouvé, un triangle s'affiche dans le coin supérieur gauche de la cellule contenant la formule.

Afficher les erreurs

Lorsque, dans une cellule, le résultat d'une formule affiche une valeur d'erreur comme #NOM?, #N/A, #DIV0! ..., il est possible de retrouver toutes les cellules qui interviennent dans cette formule.

- Activez la cellule contenant l'erreur.
- Activez l'onglet **Formules** et ouvrez la liste associée à l'outil **Vérification des erreurs** du groupe **Audit de formules.**
- Cliquez sur l'option **Repérer une erreur**.

F5 =E5/E9

	A	B	C	D	E	F
1	COMMANDE DE MAILLOTS ET DOSSARDS					
2						
3	Réf.	Désignation	Prix	Quantité	TOTAL	Pourcentage
4	DJ48	Dossard Benjamin rouge	28,99 €	22	637,78 €	33,59%
5	DB125	Dossard Junior rouge	24,50 €	15	367,5	#DIV/0!
6	DJ250	Dossard Junior jaune	29,50 €	14	413,00 €	#DIV/0!
7	DB128	Dossard Benjamin jaune	26,70 €	18	480,60 €	#DIV/0!
8				69	1 898,88 €	#DIV/0!

Des flèches d'audit apparaissent à l'écran. Les flèches rouges relient la cellule qui a produit l'erreur à celles qui y font référence, tandis que les flèches bleues désignent les antécédents de la cellule qui a entraîné l'erreur.

Pour effacer les flèches d'audit, cliquez sur l'outil **Supprimer les flèches** du groupe **Audit de formules** de l'onglet **Formules.**

Analyser l'erreur d'une formule

- Activez la cellule contenant l'erreur, repérable par le triangle de couleur (vert par défaut) dans le coin supérieur gauche de la cellule.
- Cliquez sur le bouton située à gauche de la cellule active. Si aucun indicateur d'erreur (triangle de couleur et bouton) n'apparaît dans la cellule, cliquez sur le bouton **Microsoft Office** puis sur le bouton **Options Excel** ; activez la catégorie **Formules** et activez l'option **Activer la vérification des erreurs en arrière-plan** dans la partie **Vérification des erreurs.**

  Une liste d'options apparaît, la première indiquant le type d'erreur repéré par Excel.

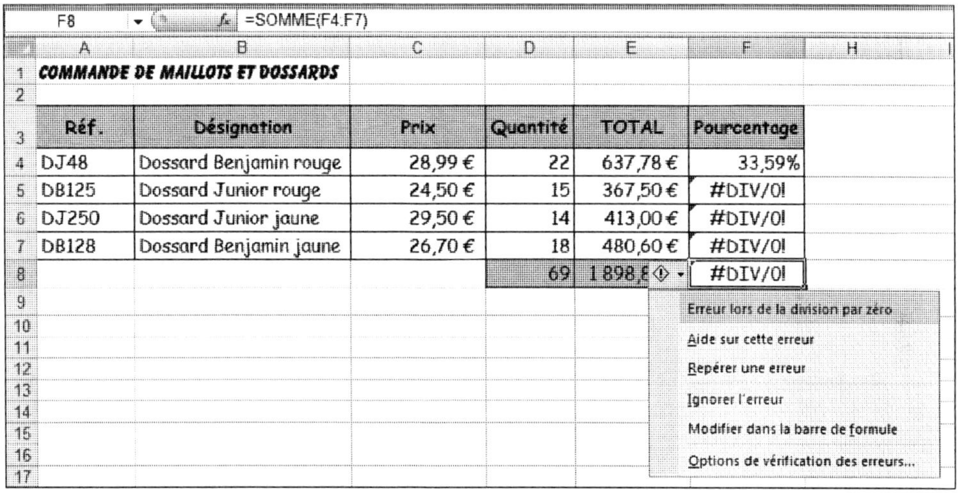

- Cliquez sur l'option de votre choix :

Ignorer l'erreur	Désactive le repère d'erreur : le triangle de couleur ainsi que le bouton disparaissent.
Modifier dans la barre de formule	Positionne le curseur dans la barre de formule afin que vous puissiez modifier cette formule.
Options de vérification des erreurs	Affiche la boîte de dialogue **Options Excel** permettant ainsi l'activation ou la désactivation des **Règles de vérification des erreurs** gérées par Excel.

Selon le type d'erreur, d'autres options peuvent être disponibles.

Si aucune des options ne vous intéresse, activez une autre cellule pour masquer ces options ou faites Echap.

Analyser les erreurs de toutes les formules

- Accédez à la boîte de dialogue **Options Excel** (bouton **Microsoft Office**, bouton **Options Excel**) ; activez la catégorie **Formules** et modifiez, si besoin, la liste des erreurs qu'Excel doit repérer en activant ou désactivant les options dans la partie **Règles de vérification des erreurs.**
- Activez la feuille pour laquelle vous souhaitez vérifier les erreurs.
- Activez l'onglet **Formules** et cliquez sur l'outil **Vérification des erreurs** du groupe **Audit de formules.**

  Excel sélectionne la première cellule contenant une erreur et affiche dans la boîte de dialogue ***Vérification des erreurs****, le détail de la formule ainsi que le détail de l'erreur.*

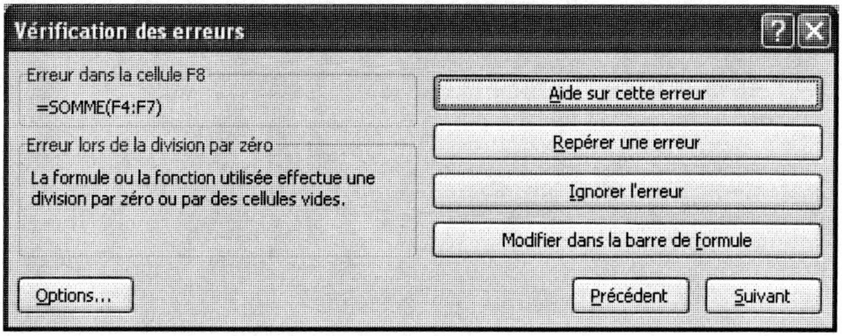

- Vous pouvez choisir d'obtenir de l'**Aide sur cette erreur**, de **Repérer une erreur** (afficher les flèches d'audit), d'**Ignorer l'erreur** ou de **Modifier dans la barre de formule** en cliquant sur le bouton correspondant.

  Les boutons de la boîte de dialogue ***Vérification des erreurs*** *peuvent être différents en fonction du type d'erreur.*

- Selon votre choix, le bouton **Reprendre** peut apparaître dans la boîte de dialogue **Vérification des erreurs** afin que vous puissiez continuer la vérification des cellules suivantes.
- Si vous désirez passer directement à l'erreur suivante ou précédente sans traiter l'erreur sélectionnée, cliquez sur les boutons **Précédent** ou **Suivant.**

Pour réactiver les repères d'erreur des cellules où vous avez choisi d'**Ignorer l'erreur**, cliquez sur le bouton **Rétablir les erreurs ignorées** (**Options Excel**, catégorie **Formules - Vérification des erreurs**).

Évaluer des formules

Cette technique permet d'afficher le résultat des différentes parties d'une formule imbriquée.

- Sélectionnez la cellule à évaluer.
- Activez l'onglet **Formules** et cliquez sur l'outil **Évaluation de formule** du groupe **Audit de formules**.

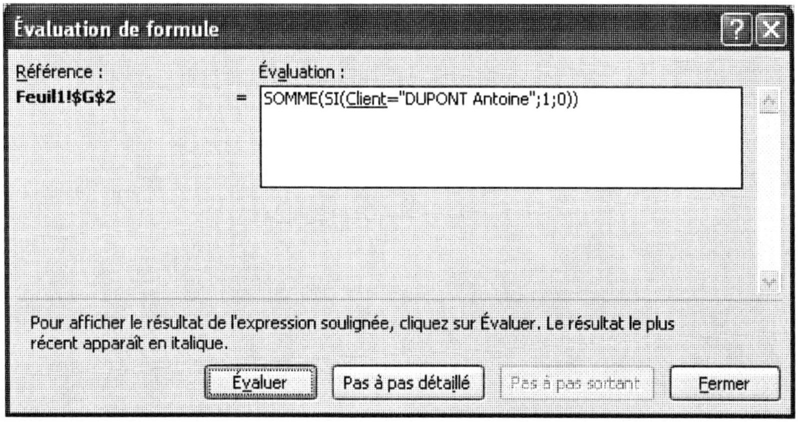

- Cliquez sur le bouton **Évaluer** pour afficher le résultat de l'expression soulignée de la zone **Évaluation**. Le résultat s'affiche alors en italique.
- Cliquez à nouveau sur le bouton **Évaluer** pour afficher le résultat de la partie suivante et ainsi de suite.
- Lorsque toute la formule a été évaluée, cliquez sur le bouton **Fermer** pour mettre fin à l'évaluation ou sur le bouton **Redémarrer** (qui a remplacé le bouton **Évaluer**) pour revoir l'évaluation.

Si la formule à évaluer contient une référence à une autre formule, le bouton **Pas à pas détaillé** permet d'afficher le détail de cette formule (lorsque celle-ci est soulignée) dans un nouveau cadre de la zone évaluation. Le bouton **Pas à pas sortant** permet alors de revenir à la formule initiale.

Utiliser la fenêtre Espion

*La **Fenêtre Espion** permet d'observer le contenu des cellules ainsi que le détail des formules simultanément.*

- Sélectionnez les cellules que vous désirez observer.
- Activez l'onglet **Formules** et cliquez sur le bouton **Fenêtre Espion** du groupe **Audit de formules.**

*Si la **Fenêtre Espion** s'affiche sur la feuille de calcul, vous pouvez ancrer cette fenêtre en effectuant un double clic sur sa barre de titre.*

- Pour observer des cellules, ajoutez-les à la **Fenêtre Espion** :
  - Sélectionnez la ou les cellules ; pour sélectionner toutes les cellules d'une feuille contenant des formules, activez l'onglet **Accueil** puis cliquez sur le bouton **Rechercher et sélectionner** du groupe **Édition**, cliquez sur l'option **Sélectionner les cellules** et activez l'option **Formules.**
  - Cliquez sur le bouton **Ajouter un espion** ; vérifiez la sélection dans la boîte de dialogue du même nom et cliquez sur le bouton **Ajouter.**

*Tant que la **Fenêtre Espion** reste affichée, vous pouvez à tout moment sélectionner une nouvelle cellule (ou plage de cellules) et l'ajouter à la liste des espions.*

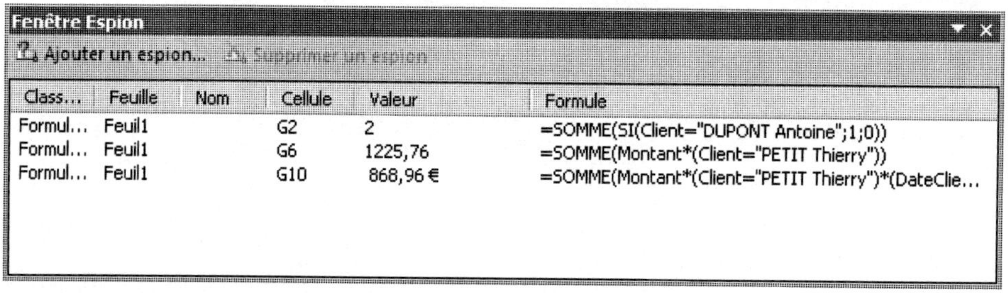

- Pour modifier la largeur des colonnes, effectuez un cliqué-glissé au niveau de l'intersection des intitulés de colonne.
- Pour atteindre rapidement une cellule correspondant à une ligne de la **Fenêtre Espion**, effectuez un double clic sur cette ligne.
- Lorsque vous n'avez plus besoin de la **Fenêtre Espion**, cliquez à nouveau sur le bouton **Fenêtre Espion** de l'onglet **Formules.**

Effectuer le suivi des relations entre les formules et les cellules

Afficher les antécédents

Il s'agit de repérer, à l'aide des flèches d'audit, les cellules intervenant dans une formule.

- Sélectionnez la cellule contenant la formule.
- Activez l'onglet **Formules** et cliquez sur l'outil **Repérer les antécédents** du groupe **Audit de formules**.

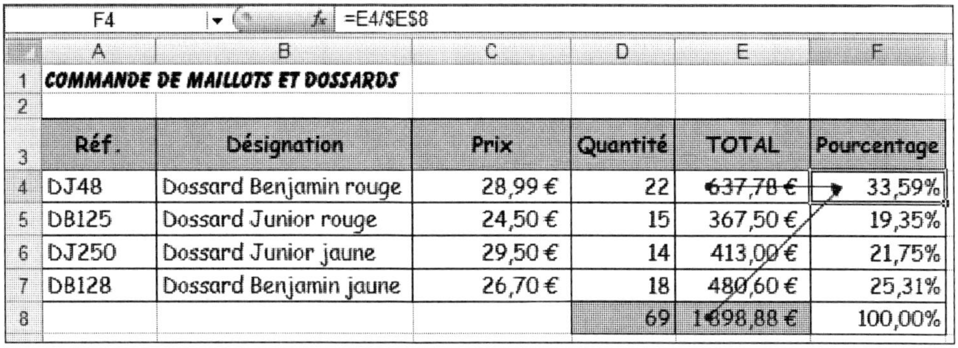

F4 =E4/E8

	A	B	C	D	E	F
1	COMMANDE DE MAILLOTS ET DOSSARDS					
2						
3	Réf.	Désignation	Prix	Quantité	TOTAL	Pourcentage
4	DJ48	Dossard Benjamin rouge	28,99 €	22	637,78 €	33,59%
5	DB125	Dossard Junior rouge	24,50 €	15	367,50 €	19,35%
6	DJ250	Dossard Junior jaune	29,50 €	14	413,00 €	21,75%
7	DB128	Dossard Benjamin jaune	26,70 €	18	480,60 €	25,31%
8				69	1898,88 €	100,00%

Dans l'exemple ci-dessus, les flèches bleues repèrent les antécédents de la cellule F4.

- Pour masquer les flèches des antécédents, ouvrez la liste associée à l'outil **Supprimer les flèches** et cliquez sur l'option **Supprimer les flèches des antécédents.**

Afficher les dépendants

Il s'agit de repérer, à l'aide des flèches d'audit, les cellules contenant une formule qui font référence à la cellule sélectionnée.

- Activez la cellule concernée.
- Activez l'onglet **Formules** et cliquez sur l'outil **Repérer les dépendants** du groupe **Audit de formules.**

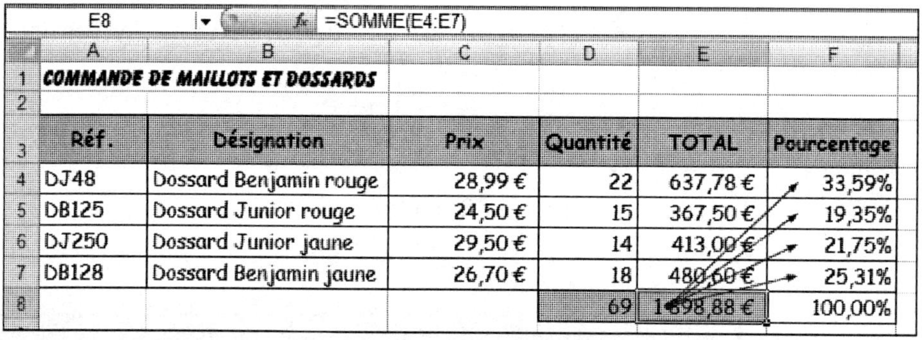

E8 =SOMME(E4:E7)

	A	B	C	D	E	F
1	***COMMANDE DE MAILLOTS ET DOSSARDS***					
2						
3	Réf.	Désignation	Prix	Quantité	TOTAL	Pourcentage
4	DJ48	Dossard Benjamin rouge	28,99 €	22	637,78 €	33,59%
5	DB125	Dossard Junior rouge	24,50 €	15	367,50 €	19,35%
6	DJ250	Dossard Junior jaune	29,50 €	14	413,00 €	21,75%
7	DB128	Dossard Benjamin jaune	26,70 €	18	480,60 €	25,31%
8				69	1898,88 €	100,00%

La cellule E8 intervient dans la formule des cellules F4 à F7.

Pour masquer les flèches des dépendants, ouvrez la liste associée à l'outil **Supprimer les flèches** puis cliquez sur l'option **Supprimer les flèches des dépendants.**

Pour effacer toutes les flèches d'audit, cliquez sur l'outil **Supprimer les flèches** de l'onglet **Formules** du groupe **Audit de formules.**

La présentation des données

sixième partie

Modifier la police et/ou/la taille des caractères

- Sélectionnez les cellules ou les caractères concernés.
- Activez l'onglet **Accueil**.
- Pour modifier la police, ouvrez la liste **Polices** du groupe **Police** ; pour modifier la taille, ouvrez la liste **Taille de police** de ce même groupe.
- Faites glisser la souris, sans cliquer, sur la police ou la taille souhaitée.

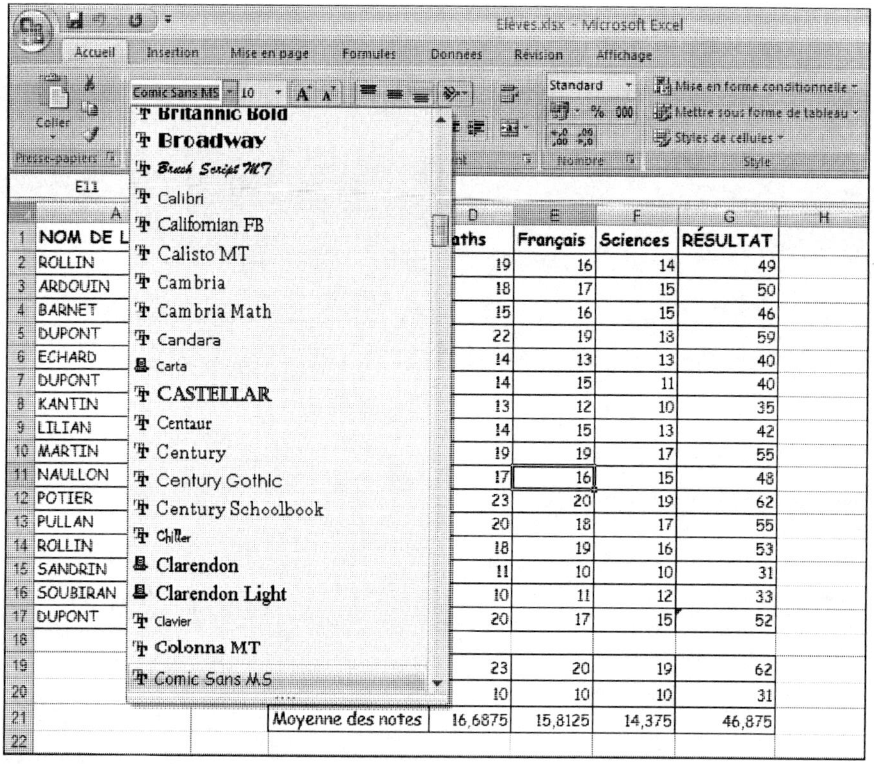

Vous visualisez l'effet produit immédiatement sur les cellules sélectionnées dans la feuille de calcul.

- Cliquez sur la police ou la taille souhaitée.

Vous pouvez aussi cliquer sur le lanceur de boîte de dialogue du groupe **Police** pour ouvrir la boîte de dialogue **Format de cellule** (ou Ctrl ⇧Shift **1**) et faire vos choix dans l'onglet **Police**.

Pour augmenter ou diminuer la taille des caractères d'un point, cliquez sur l'outil **Augmenter la taille de police** ou l'outil **Diminuer la taille de police**.

Pour définir la police et/ou la taille utilisée(s) par défaut dans tout nouveau classeur, cliquez sur le bouton **Microsoft Office** puis sur le bouton **Options Excel**, activez la catégorie **Standard** ; choisissez la police désirée dans la liste **Utiliser cette police** et la taille des caractères voulue dans la liste **Taille de la police** de la partie **Lors de la création de classeurs**.

Ajuster la taille des caractères

Cette fonction indique à Excel de réduire automatiquement la taille des caractères si le contenu de la cellule ne peut pas être entièrement affiché dans le sens de la largeur.

- Sélectionnez les cellules concernées.
- Activez l'onglet **Accueil** et cliquez sur le lanceur de boîte de dialogue du groupe **Alignement** ou faites Ctrl Shift **1**
- Activez, si besoin, l'onglet **Alignement** et cochez l'option **Ajuster** de la zone **Contrôle du texte.**
- Cliquez sur le bouton **OK.**

Après réduction de la taille, les caractères retrouvent leur taille d'origine si vous augmentez la largeur de la colonne.

Mettre en valeur des caractères

Appliquer l'attribut Gras, Souligné, Italique

- Sélectionnez les cellules ou les caractères concernés.
- Activez l'onglet **Accueil** et appliquez les mises en valeur souhaitées :
  - pour appliquer l'attribut gras, cliquez sur l'outil **Gras** ou faites Ctrl **G** ou Ctrl Shift **2,**
  - pour appliquer l'attribut italique, cliquez sur l'outil **Italique** ou Ctrl **I** ou Ctrl Shift **3,**
  - pour appliquer l'attribut souligné simple, cliquez sur l'outil **Souligner** ou faites Ctrl **U** ou Ctrl Shift **4,**

- pour appliquer l'attribut double souligné, ouvrez la liste associée à l'outil **Souligner** et activez l'option **Double souligné**.

- Pour annuler une mise en valeur, exécutez une seconde fois l'une des manipulations précédentes sur la sélection voulue.

Plusieurs mises en valeur peuvent être appliquées à une même sélection.

Appliquer d'autres attributs de caractères

*Il s'agit d'appliquer la mise en valeur **Barré**, **Exposant** ou **Indice** ou encore de choisir d'autres styles de soulignement.*

- Sélectionnez les cellules ou les caractères concernés.
- Activez l'onglet **Accueil** et cliquez sur le lanceur de boîte de dialogue du groupe **Police** ou faites Ctrl Shift **1** puis activez, si besoin l'onglet **Police**.

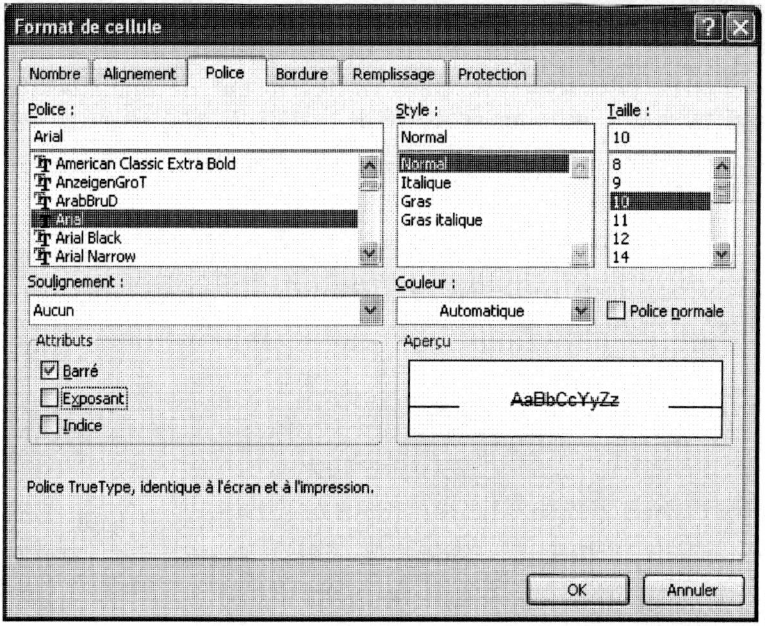

- Appliquez les mises en valeur souhaitées dans le cadre **Attributs** : **Barré**, **Exposant** et/ou **Indice**.

*La liste **Soulignement** permet de choisir un autre type d'attribut souligné.*

- Cliquez sur le bouton **OK**.

Changer la couleur des caractères

- Sélectionnez les cellules ou les caractères concernés.
- Ouvrez la liste associée à l'outil **Couleur de police** du groupe **Police** de l'onglet **Accueil**.
- Cliquez sur la couleur attendue.

Vous pouvez aussi sélectionner la couleur dans la boîte de dialogue **Format de cellule**, onglet **Police**.

La couleur sélectionnée s'affiche sur l'outil **Couleur de police** : pour appliquer cette couleur à un autre texte, il suffit de cliquer directement sur l'outil, sans ouvrir la liste.

Modifier les mises en valeur des caractères avec la mini barre d'outils

- Activez la cellule contenant les caractères à modifier.
- Sélectionnez les caractères concernés dans la cellule (pas dans la barre de formule).

*Une barre d'outils miniature semi-transparente appelée **mini barre d'outils** apparaît lorsque vous faites bouger légèrement la souris.*

*La mini barre d'outils vous aide à définir la police, la taille de la police, la mise en valeur **Gras** et **Italique** ainsi que la couleur du texte.*

- Pointez la mini barre d'outils puis cliquez sur l'outil que vous souhaitez utiliser.

La mini barre d'outils s'affiche si l'option **Afficher la mini barre d'outils lors de la sélection** de la boîte de dialogue **Options Excel** (bouton **Microsoft Office** - **Options Excel** - catégorie **Standard**) est active.

Formater des valeurs numériques

Appliquer un format prédéfini

- Sélectionnez les cellules concernées.
- Activez l'onglet **Accueil** et cliquez sur la liste **Format de nombre** du groupe **Nombre**.

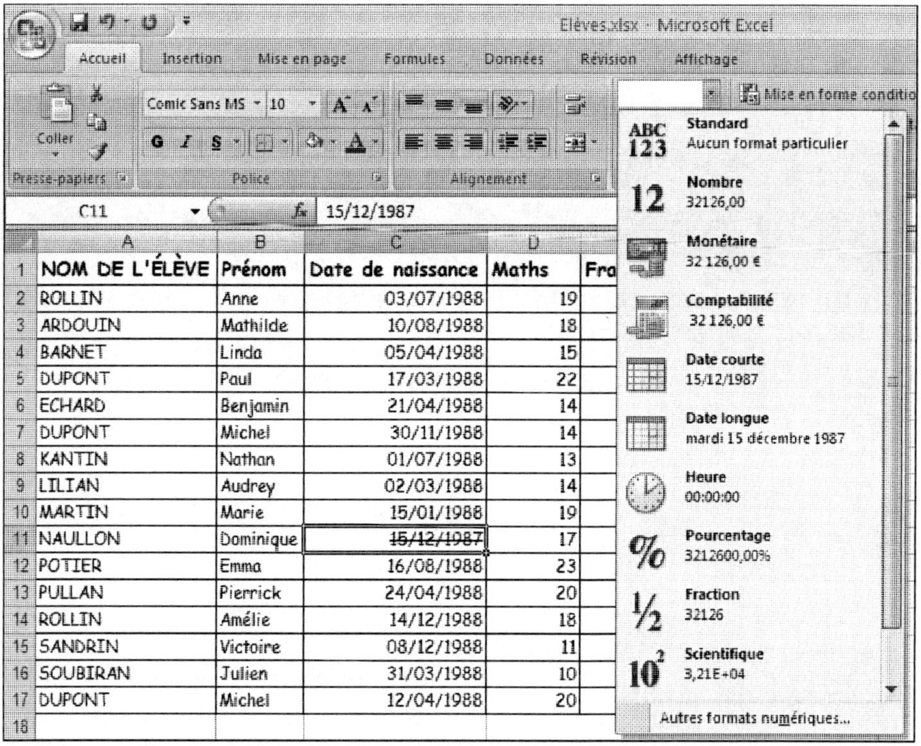

	A	B	C	D	
1	NOM DE L'ÉLÈVE	Prénom	Date de naissance	Maths	Fra
2	ROLLIN	Anne	03/07/1988	19	
3	ARDOUIN	Mathilde	10/08/1988	18	
4	BARNET	Linda	05/04/1988	15	
5	DUPONT	Paul	17/03/1988	22	
6	ECHARD	Benjamin	21/04/1988	14	
7	DUPONT	Michel	30/11/1988	14	
8	KANTIN	Nathan	01/07/1988	13	
9	LILIAN	Audrey	02/03/1988	14	
10	MARTIN	Marie	15/01/1988	19	
11	NAULLON	Dominique	15/12/1987	17	
12	POTIER	Emma	16/08/1988	23	
13	PULLAN	Pierrick	24/04/1988	20	
14	ROLLIN	Amélie	14/12/1988	18	
15	SANDRIN	Victoire	08/12/1988	11	
16	SOUBIRAN	Julien	31/03/1988	10	
17	DUPONT	Michel	12/04/1988	20	
18					

La liste des principaux formats proposés par Excel apparaît.

- Cliquez sur le format souhaité : **Nombre, Monétaire, Comptabilité, Pourcentage, Fraction** ou **Texte.**

*Lorsque vous appliquez le format **Pourcentage**, les nombres concernés sont multipliés par 100 afin d'être convertis en pourcentages.*

*Le format **Texte** permet d'afficher des valeurs numériques comme du texte (par défaut, aligné à gauche dans la cellule).*

- Si besoin est, augmentez ou diminuez le nombre de décimales en cliquant sur l'outil **Ajouter une décimale** ou sur l'outil **Réduire les décimales** .

Des dièses peuvent apparaître dans certaines cellules lorsque la largeur de la colonne est insuffisante pour afficher le format demandé ; dans ce cas, élargissez la colonne concernée.

Pour réinitialiser le format de nombre des cellules sélectionnées, ouvrez la liste **Format des nombres** et cliquez sur l'option **Standard**. Les cellules ayant le format **Standard** n'ont pas de format de nombre spécifique.

Pour appliquer rapidement le format monétaire, pourcentage ou milliers, cliquez respectivement sur l'outil , l'outil ou sur l'outil .

Appliquer un autre format

- Sélectionnez les cellules concernées.
- Activez l'onglet **Accueil** et cliquez sur la liste **Format de nombre** du groupe **Nombre** puis sur l'option **Autres formats numériques** ou cliquez sur le lanceur de boîte de dialogue du groupe **Nombre** ou faites Ctrl Shift **1** puis activez, si besoin l'onglet **Nombre** de la boîte de dialogue **Format de cellule**.
- Dans la liste **Catégorie**, sélectionnez celle qui contient le format à utiliser.
- Modifiez, si besoin, les paramètres du format (**Nombre de décimales...**).

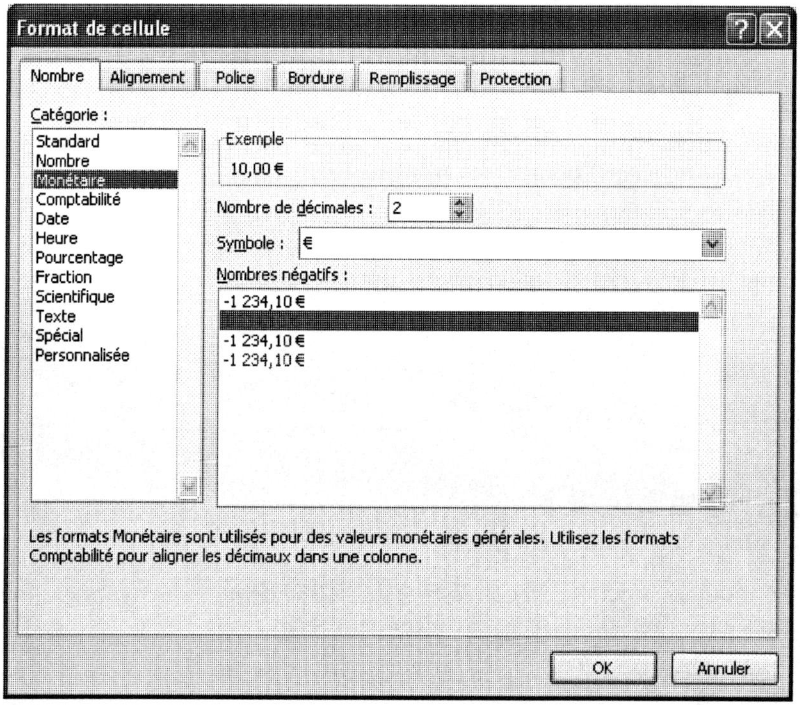

- Cliquez sur le bouton **OK**.

Formater des dates/des heures

- Sélectionnez les cellules contenant les dates et/ou les heures à formater.
- Activez l'onglet **Accueil** et cliquez sur la liste **Format de nombre** du groupe **Nombre** et choisissez le format **Date courte**, **Date longue** ou **Heure**.

  ou

  Cliquez sur le lanceur de boîte de dialogue du groupe **Nombre** de l'onglet **Accueil** ou faites Ctrl Shift **1** puis activez, si besoin l'onglet **Nombre** ; dans la liste **Catégorie**, choisissez **Date** ou **Heure**, sélectionnez le format voulu dans la liste ; cliquez sur le bouton **OK**.

Pour combiner du texte avec une date, vous pouvez utiliser la fonction TEXTE (cf. Calculs - Effectuer des calculs sur les données de type date) ou bien personnaliser le format (cf. Mises en valeur - Créer un format personnalisé).

Créer un format personnalisé

- Sélectionnez les cellules concernées par ce format.
- Activez l'onglet **Accueil** et cliquez sur la liste **Format de nombre** du groupe **Nombre** puis sur l'option **Autres formats numériques** ou cliquez sur le lanceur de boîte de dialogue du groupe **Nombre** ou faites Ctrl Shift **1** puis activez, si besoin l'onglet **Nombre**.
- Dans la liste **Catégorie**, sélectionnez **Personnalisée** puis saisissez ou complétez le format personnalisé dans la zone de saisie **Type** en respectant les principes suivants :
  - Un format personnalisé peut être composé de quatre sections, séparés par des points-virgules, définissant dans l'ordre le format des nombres positifs, le format des nombres négatifs, le format des valeurs nulles et le format du texte.

  Exemple : 0,00" kg";[rouge]-0,00" kg";0. Cet exemple affiche les valeurs positives avec deux décimales suivi du texte kg, les valeurs négatives apparaissent en rouge précédés du signe - et suivi du texte kg, les valeurs nulles seront affichées sans décimale et sans le texte kg, aucun format particulier n'est défini pour les valeurs de type texte.

  - Il est possible de définir une seule section, dans ce cas elle est utilisée pour tous les nombres.

  Exemple : # ##0" HT". Dans cet exemple, quelle que soit la valeur saisie (positive, négative ou nulle) un espace sera affiché entre les milliers et les centaines et la valeur sera suivie du texte HT.

  - Rappelons que pour créer votre format personnalisé, vous pouvez utiliser les syntaxes suivantes :

    <u>Pour ajouter du texte dans un format personnalisé</u> : du texte ajouté à un format doit obligatoirement être saisi entre guillemets. Faites attention à ne pas laisser d'espace avant les guillemets. Dans ce cas, Excel interpréterait cet espace comme une demande de division par 1000.

    <u>Pour un format numérique personnalisé</u> : # ## : affiche un espace entre les milliers et les centaines
    0 : affiche les valeurs sans les décimales
    0,00 : affiche deux décimales
    Ex. *# ##0,00" HT"* : la saisie *2415* affiche *2 415,00 HT*

Pour personnaliser un format de date : pour les jours, utilisez les codes : j (1) - jj (01) - jjj (sam) - jjjj (samedi)
Pour les mois, utilisez les codes : m (1) - mm (01) - mmm (jan) - mmmm (janvier)
Pour les années, utilisez les codes : aa (04) - aaaa (2004)
Utilisez le caractère de votre choix comme séparateur
Ex. *"Le "jjj jj mmm aaaa* : la saisie *25/4/04* affiche *Le dim 25 avr 2004.*

Si la saisie contient du texte : utilisez le caractère @ pour indiquer le texte saisi.
Ex. *"Région : "@* : la saisie *Sud* affiche *Région : Sud*

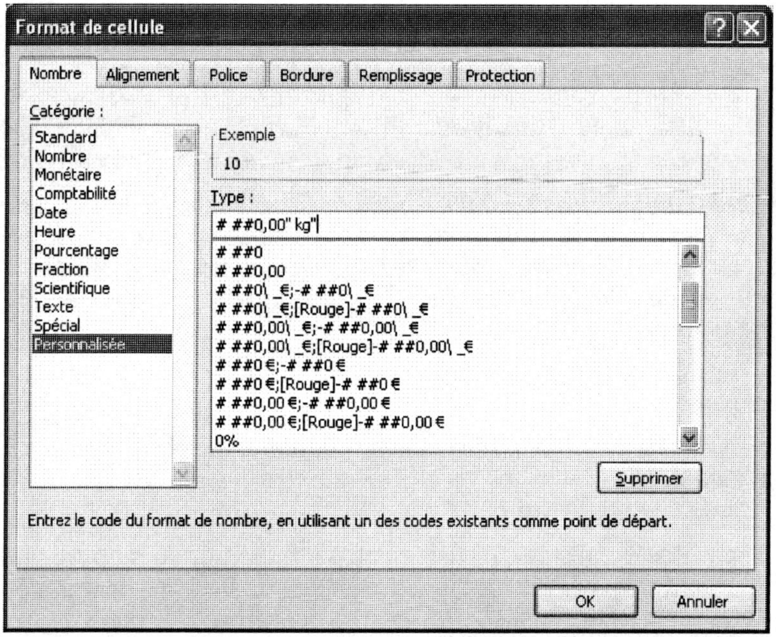

Validez par le bouton **OK.**

Pour personnaliser l'affichage des données, vous pouvez aussi utiliser la fonction TEXTE (cf. Calculs - Effectuer des calculs sur des données de type date).

Pour masquer le contenu de cellules, créez le format personnalisé ;;; (trois points-virgules) dans la zone de saisie **Type**.

Modifier l'orientation du contenu des cellules

- Sélectionnez les cellules concernées.
- Activez l'onglet **Accueil** et ouvrez la liste associée à l'outil **Orientation** du groupe **Alignement**.

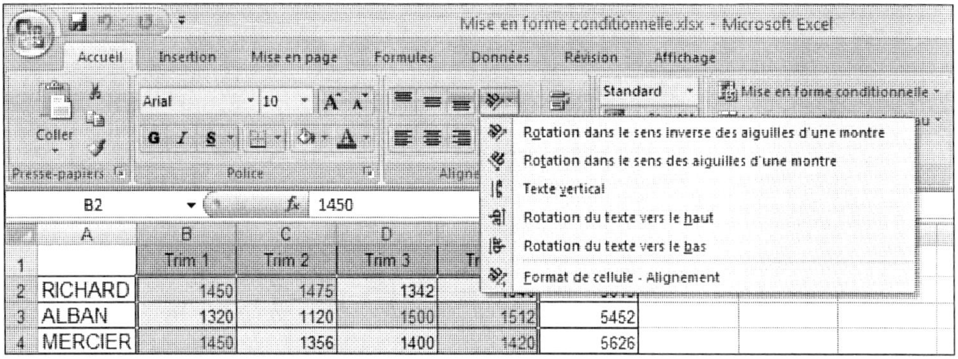

- Cliquez sur l'orientation souhaitée.

L'option **Format de cellule - Alignement** de la liste associée à l'outil permet d'ouvrir la boîte de dialogue **Format de cellule**, onglet **Alignement** afin d'y sélectionner un angle de rotation personnalisé dans la zone **degrés**.

Aligner le contenu des cellules

- Sélectionnez les cellules concernées et activez l'onglet **Accueil**.
- Pour modifier l'alignement vertical du contenu des cellules par rapport à la hauteur de la ligne, cliquez sur l'un des outils suivants, présent dans le groupe **Alignement** :

 Aligner en haut

 Aligner au centre

 Aligner en bas

- Pour modifier l'alignement horizontal du contenu des cellules par rapport à la largeur de la colonne, cliquez sur l'un des outils suivants :

  Aligner le texte à gauche

  Centrer

  Aligner le texte à droite

Vous retrouvez ces options dans la boîte de dialogue **Format de cellule**, onglet **Alignement** (que vous ouvrez en cliquant sur le lanceur de boîte de dialogue du groupe **Alignement** de l'onglet **Accueil**), dans les listes **Horizontal** et **Vertical** ; l'option **Standard** de la liste **Horizontal** permet le retour à l'alignement d'origine.

Pour justifier le contenu d'une cellule, accédez à la boîte de dialogue **Format de cellule**, onglet **Alignement** puis ouvrez la liste **Horizontal** et sélectionnez l'option **Distribué (Retrait)** pour justifier le texte en largeur et/ou ouvrez la liste **Vertical** et sélectionnez l'option **Justifié** pour justifier le texte en hauteur.

Appliquer un retrait au contenu des cellules

- Sélectionnez les cellules concernées.
- Activez l'onglet **Accueil** et cliquez sur le lanceur de boîte de dialogue du groupe **Alignement** ou faites Ctrl Shift **1** puis activez, si besoin, l'onglet **Alignement**.
- Ouvrez la liste **Horizontal** et sélectionnez le type de retrait à effectuer :

Gauche (Retrait)	Pour appliquer un alignement à gauche dans les cellules et appliquer un retrait par rapport au bord gauche des cellules,
Droite (Retrait)	Pour appliquer un alignement à droite dans les cellules et appliquer un retrait par rapport au bord droit des cellules,
Distribué (Retrait)	Pour appliquer un alignement justifié dans les cellules et appliquer un retrait par rapport au bord gauche et gauche des cellules.

- Précisez dans la zone **Retrait** la valeur souhaitée.

*Chaque incrément de la zone **Retrait** équivaut à la largeur d'un caractère.*

Cliquez sur le bouton **OK**.

Les outils et du groupe **Alignement** de l'onglet **Accueil** permettent respectivement d'augmenter ou de diminuer le retrait gauche.

Fusionner des cellules

Cette manipulation permet de regrouper plusieurs cellules afin de faire "déborder" le contenu de la première sur les autres. Les cellules fusionnées n'en forment plus qu'une seule.

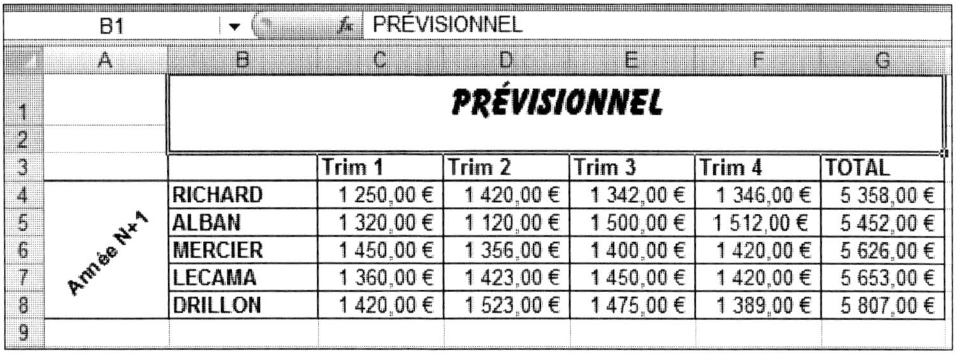

B1 | PRÉVISIONNEL

	A	B	C	D	E	F	G
1		PRÉVISIONNEL					
2							
3			Trim 1	Trim 2	Trim 3	Trim 4	TOTAL
4	Année N+1	RICHARD	1 250,00 €	1 420,00 €	1 342,00 €	1 346,00 €	5 358,00 €
5		ALBAN	1 320,00 €	1 120,00 €	1 500,00 €	1 512,00 €	5 452,00 €
6		MERCIER	1 450,00 €	1 356,00 €	1 400,00 €	1 420,00 €	5 626,00 €
7		LECAMA	1 360,00 €	1 423,00 €	1 450,00 €	1 420,00 €	5 653,00 €
8		DRILLON	1 420,00 €	1 523,00 €	1 475,00 €	1 389,00 €	5 807,00 €
9							

Sur cet exemple, la cellule B1 est fusionnée et centrée horizontalement sur les cellules B1 à G2 ; la cellule A4 est aussi fusionnée et centrée (horizontalement et verticalement) sur les cellules A4 à A8 (l'orientation a aussi été modifiée).

Sélectionnez la cellule contenant les données et les cellules adjacentes sur lesquelles les données doivent apparaître.

Seules les données situées dans la première cellule de la sélection apparaîtront dans les cellules fusionnées.

Activez l'onglet **Accueil**, ouvrez la liste associée à l'outil **Fusionner et centrer** du groupe **Alignement** et choisissez l'option adéquate :

Fusionner et centrer	Pour fusionner la sélection tout en centrant horizontalement le contenu de la première cellule sur la sélection.
Fusionner	Pour fusionner la sélection dans le sens horizontal, sans changer l'alignement horizontal de la sélection.
Fusionner les cellules	Pour fusionner la sélection dans le sens horizontal ou vertical, sans changer l'alignement horizontal de la sélection.
Annuler Fusionner cellules	Pour annuler la fusion de la cellule sélectionnée.

Pour fusionner des cellules, vous pouvez aussi accéder à la boîte de dialogue **Format de cellule**, onglet **Alignement** puis cocher l'option **Fusionner les cellules.**

Appliquer des bordures aux cellules

Par défaut, aucune cellule n'est encadrée par des traits. La grille que vous visualisez ne s'imprime pas si vous ne le précisez pas.

Appliquer des bordures prédéfinies

- Sélectionnez les cellules concernées par une même bordure.
- Activez l'onglet **Accueil** et ouvrez la liste associée à l'outil 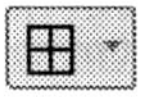 du groupe **Police**.

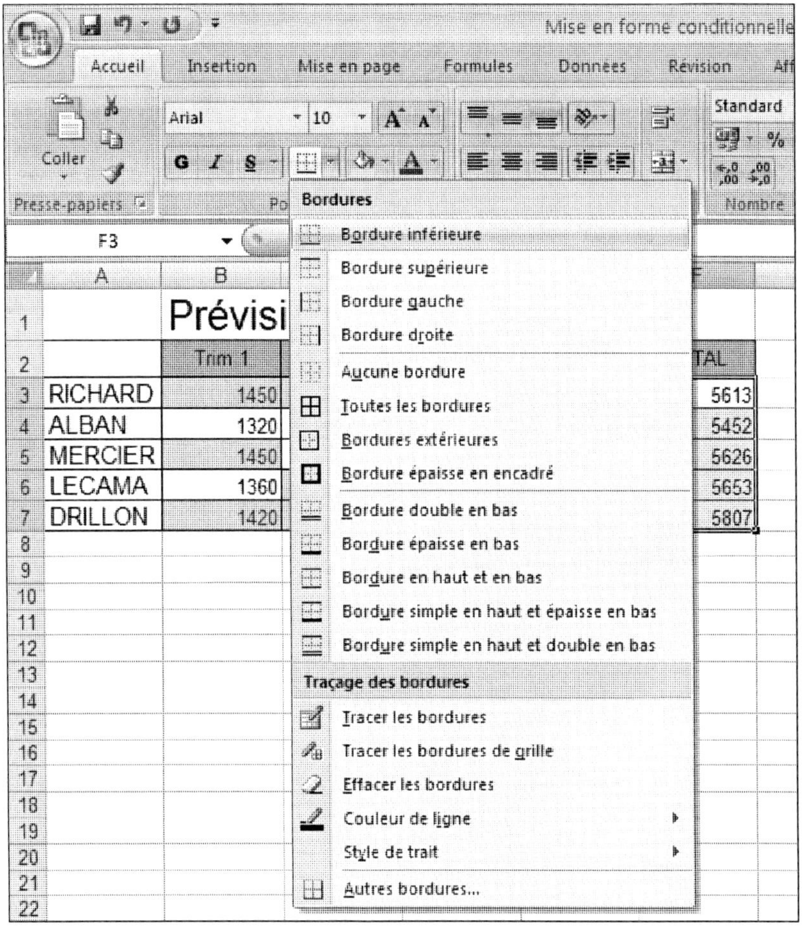

- Cliquez sur le type de bordure souhaité.

  L'outil présente maintenant le dessin de la dernière bordure choisie.

La dernière bordure appliquée s'affiche sur l'outil ; pour l'appliquer sur une nouvelle sélection, il suffit de cliquer sur l'outil, sans ouvrir sa liste.

Pour supprimer toutes les bordures sur la sélection, choisissez l'option **Aucune bordure** de la liste associée à l'outil .

Appliquer d'autres bordures

- Sélectionnez les cellules concernées par une même bordure.
- Activez l'onglet **Accueil** et ouvrez la liste associée à l'outil du groupe **Police** puis cliquez sur l'option **Autres bordures** ou cliquez sur le lanceur de boîte de dialogue du groupe **Police** ou faites Ctrl Shift **1** puis activez, si besoin, l'onglet **Bordure**.
- Pour placer une bordure précise autour des bords externes de la sélection, choisissez le **Style** et la **Couleur** de la bordure puis cliquez sur le bouton **Contour**. Pour quadriller les cellules, cliquez sur le bouton **Intérieur**.

  Pour placer une bordure le long des bords spécifiés de chaque cellule de la sélection, choisissez tout d'abord le **Style** et la **Couleur**, puis cliquez sur le bouton correspondant du cadre **Bordure** pour afficher ou masquer la bordure ou cliquez sur la bordure visible dans la zone d'aperçu. Cliquez sur le bouton **Intérieur** pour insérer des traits autour de chaque cellule sélectionnée à l'exception des bords externes de la sélection.

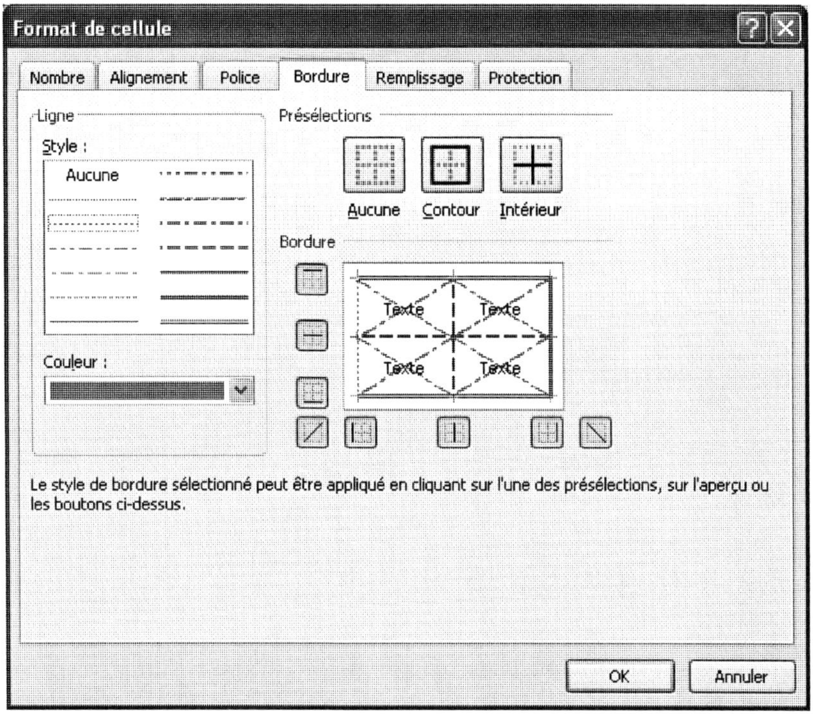

Les boutons  *et*  *permettent de tracer des diagonales dans les cellules.*

- Validez en cliquant sur le bouton **OK**.
- Visualisez le résultat en cliquant en dehors de la sélection.

Appliquer une couleur de fond aux cellules

- Sélectionnez les cellules concernées.
- Activez l'onglet **Accueil** et ouvrez la liste associée à l'outil **Couleur de remplissage**  du groupe **Police**.

Bordures et remplissage

- Cliquez sur la couleur attendue parmi les **Couleurs du thème** ou les **Couleurs standard.**
- Pour sélectionner une couleur supplémentaire, activez l'option **Autres couleurs** ; dans la boîte de dialogue **Couleurs** qui apparaît, choisissez parmi les deux manipulations suivantes :
  - Dans l'onglet **Standard**, cliquez sur la pastille de couleur à appliquer,
  - Dans l'onglet **Personnalisées**, utilisez le curseur de couleur ou les zones **Rouge**, **Vert**, **Bleu** pour créer votre propre couleur,

  Cliquez sur le bouton **OK** de la boîte de dialogue **Couleurs.**

La dernière couleur appliquée s'affiche sur l'outil **Couleur de remplissage** ; pour l'appliquer sur une nouvelle sélection, il suffit de cliquer sur l'outil, sans ouvrir sa liste.

Les couleurs sélectionnées dans la boîte de dialogue **Couleurs** apparaissent par la suite dans la zone **Couleurs utilisées récemment** de la liste associée à l'outil **Couleur de remplissage** .

La boîte de dialogue **Format des cellules**, onglet **Remplissage** vous permet aussi d'appliquer une couleur dans le fond des cellules.

Pour annuler une couleur de fond sur une sélection de cellules, choisissez l'option **Aucun remplissage** de la liste associée à l'outil **Couleur de remplissage** .

Appliquer un motif dans le fond des cellules

- Sélectionnez les cellules concernées.
- Activez l'onglet **Accueil** et cliquez sur le lanceur de boîte de dialogue du groupe **Police** ou faites Ctrl Shift **1**.
- Activez l'onglet **Remplissage**.
- Ouvrez la liste **Couleur de motif** et sélectionnez la couleur de premier plan si vous souhaitez créer un motif coloré.
- Dans la zone **Couleur d'arrière-plan**, sélectionnez, si besoin, une couleur pour l'arrière-plan du motif.
- Ouvrez la liste **Style de motif** et sélectionnez celui que vous souhaitez appliquer aux cellules.

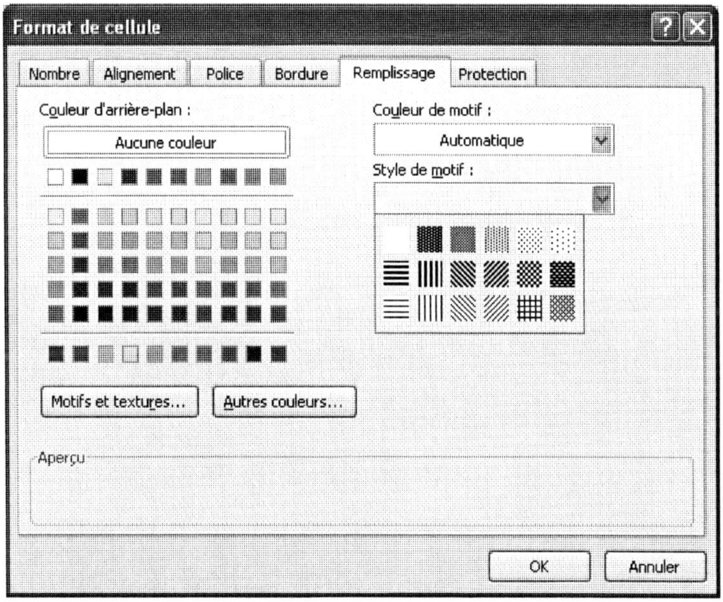

Cette boîte de dialogue permet aussi d'appliquer une couleur dans le fond des cellules.

- Cliquez sur le bouton **OK**.

Appliquer un dégradé dans le fond des cellules

- Sélectionnez les cellules concernées.
- Activez l'onglet **Accueil** et cliquez sur le lanceur de boîte de dialogue du groupe **Police** ou faites Ctrl Shift **1**.
- Activez l'onglet **Remplissage** et cliquez sur le bouton **Motifs et textures**.
- Ouvrez les listes **Couleur 1** et **Couleur 2** pour sélectionner les couleurs du dégradé.
- Dans la zone **Type de dégradé**, choisissez celui qui vous convient puis cliquez sur un des modèles proposés de la zone **Variantes**.

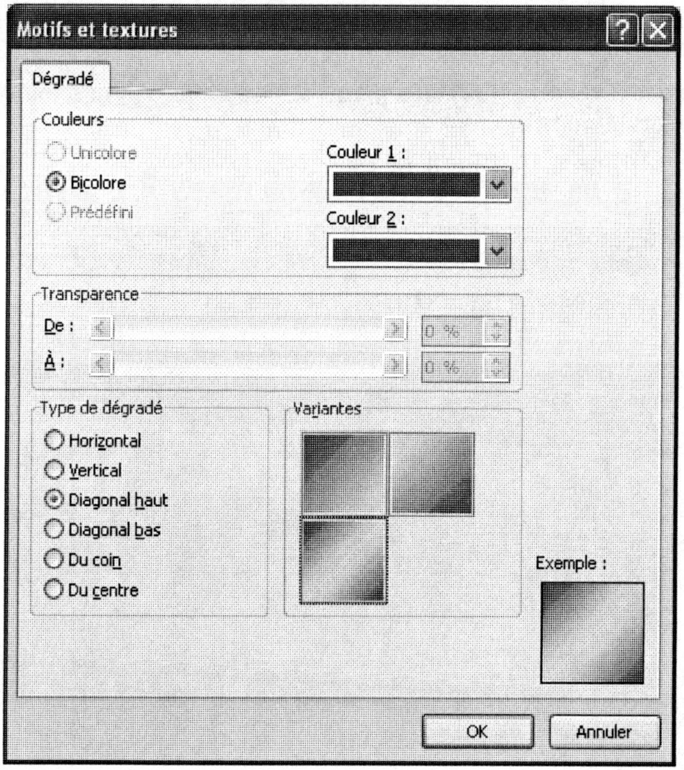

- Cliquez sur le bouton **OK** une première fois pour quitter la boîte de dialogue **Motifs et textures** puis une seconde fois pour quitter la boîte de dialogue **Format de cellule**.

Appliquer une mise en forme conditionnelle prédéfinie

Une mise en forme conditionnelle permet de mettre en évidence des cellules contenant des valeurs numériques, des dates ou des heures en visualisant les données à l'aide de barres de données, de nuances de couleurs et/ou de jeux d'icônes. L'aspect des cellules est modifié en fonction d'une condition gérée par Excel.

- Sélectionnez les cellules concernées par la mise en forme conditionnelle.
- Activez l'onglet **Accueil** et ouvrez la liste associée à l'outil **Mise en forme conditionnelle** du groupe **Style**.
- Faites glisser la souris sur l'une des trois options proposées :

  Barres de données : elles permettent de voir la valeur d'une cellule par rapport à d'autres cellules et de repérer les nombres les plus élevés et les moins élevés. La longueur de la barre de données représente la valeur dans une cellule. Plus la barre est longue, plus la valeur est élevée.

  Nuances de couleurs : elles permettent de comprendre la distribution et les variations des données. Vous pouvez appliquer une échelle à deux couleurs (l'ombrage de la couleur représente les valeurs les plus élevées et les plus basses) ou à trois couleurs (l'ombrage de la couleur représente les valeurs élevées, les valeurs intermédiaires et les valeurs basses).

  Jeux d'icônes : ils permettent d'annoter et de classer des données en trois à cinq catégories, séparées par une valeur seuil. Chaque icône représente une plage de valeurs. Par exemple, dans le jeu nommé **3 Flèches (en couleur)**, la flèche verte orientée vers le haut représente les valeurs les plus élevées, la flèche jaune horizontale les valeurs du milieu et la flèche rouge orientée vers le bas les valeurs les plus basses.

- Cliquez sur le modèle de barres de données, de nuances de couleurs ou de jeu d'icônes à appliquer.

*Lorsque vous pointez (sans cliquer) un modèle, une info-bulle vous indique son nom, notamment s'il s'agit d'une échelle à deux ou à trois couleurs (dans la liste **Nuances de couleurs**).*

	A	B	C	D	E	F
1		Trim 1	Trim 2	Trim 3	Trim 4	TOTAL
2	RICHARD	1250	1475	1342	1346	5413
3	ALBAN	1320	1120	1500	1512	5452
4	MERCIER	1450	1356	1400	1420	5626
5	LECAMA	1360	1423	1450	1420	5653
6	DRILLON	1420	1523	1475	1389	5807
7						

Sur l'exemple précédent, la mise en forme conditionnelle ***Barres de données rouge*** *a été appliquée sur les cellules B2 à E6, ce qui permet de bien mettre en évidence les écarts d'un trimestre à l'autre, notamment pour la ligne ALBAN.*

	A	B	C	D	E	F
1		Trim 1	Trim 2	Trim 3	Trim 4	TOTAL
2	RICHARD	1250	1475	1342	1346	5413
3	ALBAN	1320	1120	1500	1512	5452
4	MERCIER	1450	1356	1400	1420	5626
5	LECAMA	1360	1423	1450	1420	5653
6	DRILLON	1420	1523	1475	1389	5807
7						

Sur l'exemple précédent, une mise en forme conditionnelle ***Nuances de couleurs*** *à trois couleurs a été appliquée sur les cellules B2 à E6. Les valeurs inférieures à une certaine valeur sont représentées par plusieurs nuances d'une couleur, les valeurs comprises entre deux valeurs sont représentées par plusieurs nuances d'une autre couleur et les valeurs supérieures sont représentées par plusieurs nuances d'une troisième couleur.*

	A	B	C	D	E	F
1		Trim 1	Trim 2	Trim 3	Trim 4	TOTAL
2	RICHARD	↓ 1250	↑ 1475	↓ 1342	↓ 1346	5413
3	ALBAN	↓ 1320	↓ 1120	↑ 1500	↑ 1512	5452
4	MERCIER	↑ 1450	↓ 1356	→ 1400	→ 1420	5626
5	LECAMA	↓ 1360	→ 1423	↑ 1450	→ 1420	5653
6	DRILLON	→ 1420	↑ 1523	↑ 1475	→ 1389	5807

Ici, la mise en forme conditionnelle ***Jeux d'icônes - 3 Flèches (grises)*** *a été appliquée sur les cellules B2 à E6. Remarquez que les valeurs inférieures à une certaine valeur sont représentées par une flèche tête en bas, les valeurs comprises entre deux valeurs sont représentées par une flèche horizontale et les valeurs supérieures le sont par une flèche tête vers le haut.*

Vous pouvez cumuler les trois mises en valeur conditionnelles sur la même plage de cellules.

Lorsque vous modifiez une donnée, la mise en forme conditionnelle appliquée à la cellule est immédiatement mise à jour.

Créer une règle de mise en forme conditionnelle

Il s'agit de créer vos propres conditions pour appliquer une des mises en forme conditionnelle prédéfinies ou pour appliquer un format que vous personnalisez.

- Sélectionnez les cellules concernées par la mise en forme conditionnelle.
- Activez l'onglet **Accueil** et ouvrez la liste associée à l'outil **Mise en forme conditionnelle** du groupe **Style**.
- Cliquez sur l'option **Nouvelle règle**.

*La boîte de dialogue **Nouvelle règle de mise en forme** apparaît ; vous accédez aussi à cette boîte de dialogue en activant l'option **Autres règles** située dans les menus des options **Barres de données**, **Nuances de couleurs** et **Jeux d'icônes**.*

Créer une mise en forme conditionnelle de type Barres de données

- Vérifiez que l'option **Mettre en forme toutes les cellules d'après leur valeur** de la zone **Sélectionnez un type de règle** est active.
- Ouvrez la liste **Style de mise en forme** et sélectionnez si besoin l'option **Barre de données**.
- Réalisez l'une des manipulations suivantes :
  - Pour mettre en forme les valeurs inférieures et supérieures, sélectionnez les options **Valeur inférieure** et **Valeur supérieure** dans les listes **Type** des zones **Barre la plus courte** et **Barre la plus longue**.

  Dans ce cas, vous ne pouvez pas préciser de valeur.

  - Pour mettre en forme des valeurs numériques, des dates ou des heures, sélectionnez l'option **Nombre** dans les listes **Type** des zones **Barre la plus courte** et **Barre la plus longue** puis entrez une **Valeur** dans chacune des zones.
  - Pour mettre en forme des pourcentages, sélectionnez l'option **Pourcentage** dans les listes **Type** des zones **Barre la plus courte** et **Barre la plus longue**, puis entrez une **Valeur** dans chacune des zones.

Les valeurs valides sont comprises entre 0 et 100. N'entrez pas de signe de pourcentage.

- Pour mettre en forme des centiles, sélectionnez l'option **Centile** dans les listes **Type** des zones **Barre la plus courte** et **Barre la plus longue**, puis entrez une **Valeur** dans chacune des zones.

Un centile permet de visualiser un groupe de valeurs élevées (telles que le 20ème centile) dans une proportion de barre de données et les valeurs basses (telles que le 20ème centile) dans une autre proportion de barre de données, car ils représentent les valeurs extrêmes qui peuvent biaiser la visualisation de vos données. Les centiles valides sont compris entre 0 et 100. Vous ne pouvez pas utiliser un centile si la plage de cellules contient plus de 8 191 points de données.

- Pour mettre en forme le résultat d'une formule, sélectionnez l'option **Formule** dans les listes **Type** des zones **Barre la plus courte** et **Barre la plus longue**, puis entrez une **Valeur** dans chacune des zones.

La formule doit renvoyer une valeur numérique, de date ou d'heure. Précédez la formule du signe égal (=). Lorsque les formules ne sont pas valides, aucune mise en forme n'est appliquée au résultat.

*Vous pouvez choisir un **Type** différent pour la zone **Barre la plus courte** et pour la zone **Barre la plus longue** (par exemple, un type **Nombre** dans la zone **Barre la plus courte** et un type **Pourcentage** dans la zone **Barre la plus longue**).*

*Vérifiez que la valeur de la zone **Barre la plus courte** est inférieure à celle de la zone **Barre la plus longue**.*

Ouvrez la liste **Couleur de la barre** afin de choisir une échelle de couleurs.

*La couleur de la barre que vous sélectionnez s'affiche dans la zone **Aperçu**.*

- Pour afficher uniquement la barre de données et non la valeur de la cellule, sélectionnez **Afficher la barre uniquement**.

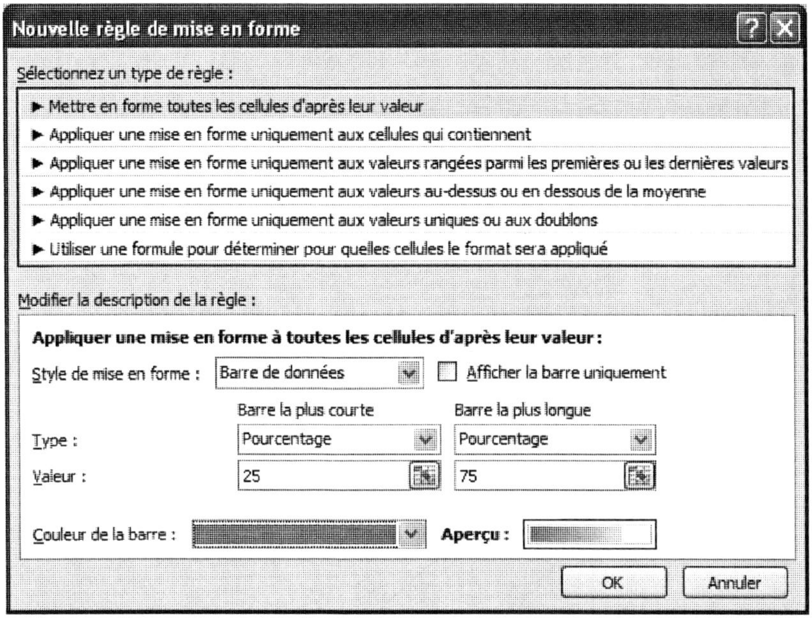

- Cliquez sur le bouton **OK**.

Créer une mise en forme conditionnelle de type Nuances de couleurs

- Dans la boîte de dialogue **Nouvelle règle de mise en forme**, vérifiez que l'option **Mettre en forme toutes les cellules d'après leur valeur** de la zone **Sélectionnez un type de règle** est active.
- Ouvrez la liste **Style de mise en forme** et sélectionnez si besoin l'option **Échelle à deux couleurs** ou l'option **Échelle à trois couleurs**.
- Réalisez les mêmes types de manipulations que dans le sous-titre précédent :
  - Ouvrez la liste **Type** de la zone **Minimum** et choisissez l'option **Valeur inférieure**, **Nombre**, **Pourcentage**, **Formule** ou **Centile**.
  - Dans la zone **Valeur**, saisissez le nombre, le pourcentage (sans le symbole), le centile ou créez la formule de calcul indiquant la condition pour afficher les valeurs minimales.
  - Ouvrez la liste **Couleur** et choisissez celle qui vous convient.

- Faites la même chose dans la zone **Maximum** et, pour une échelle à trois couleurs, dans la zone **Milieu**.

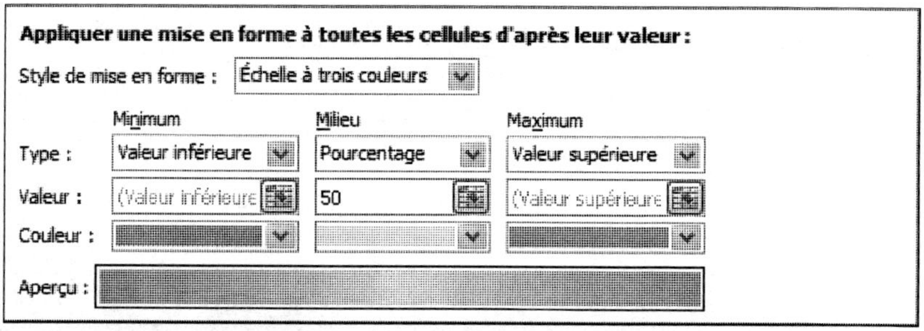

- Cliquez sur le bouton **OK.**

Créer une mise en forme conditionnelle de type Jeux d'icônes

- Dans la boîte de dialogue **Nouvelle règle de mise en forme**, vérifiez que l'option **Mettre en forme toutes les cellules d'après leur valeur** de la zone **Sélectionnez un type de règle** est active.
- Ouvrez la liste **Style de mise en forme** et sélectionnez si besoin l'option **Jeux d'icônes.**
- Ouvrez la liste **Style d'icônes** et choisissez celui qui vous convient.
- Réalisez les mêmes types de manipulations que dans les sous-titres précédents :
  - Ouvrez les listes **Type** de chaque zone et choisissez l'option **Nombre**, **Pourcentage**, **Formule** ou **Centile.**
  - Dans les zones **Valeur**, saisissez le nombre, le pourcentage, le centile ou créez la formule de calcul.

- Cochez l'option **Ordre inverse des icônes** si vous souhaitez placer les icônes à droite des cellules.
- Cochez l'option **Afficher l'icône uniquement** si vous souhaitez afficher uniquement les icônes et non la valeur des cellules.

  Il existe trois tailles d'icônes. La taille affichée dépend de la taille de police utilisée dans les cellules.
- Cliquez sur le bouton **OK**.

Formater des cellules en fonction de leur contenu

Les techniques abordées dans ce titre permettent de sélectionner ou de créer un format en fonction du contenu des cellules.

Appliquer un format prédéfini

- Sélectionnez les cellules concernées par le format conditionnel.
- Activez l'onglet **Accueil** et ouvrez la liste associée à l'outil **Mise en forme conditionnelle** du groupe **Style**.
- Sélectionnez une des options proposées dans le sous-menu **Règles de mises en surbrillance des cellules** ou dans le sous-menu **Règles des valeurs plus/moins élevées**.

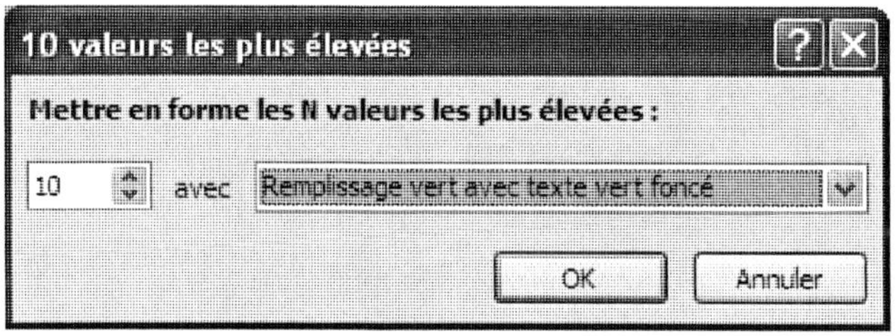

En fonction de l'option choisie, la boîte de dialogue qui apparaît permet de saisir ou de modifier la donnée représentative de la règle à appliquer. Ici, vous pouvez modifier la première zone pour appliquer un format aux N premières valeurs.

- Modifiez ou saisissez les données correspondant à la règle à appliquer.
- Ouvrez la liste déroulante qui suit afin de choisir le format à appliquer.
- Cliquez sur le bouton **OK**.

Personnaliser le format

- Sélectionnez les cellules concernées par le format conditionnel.
- Activez l'onglet **Accueil** et ouvrez la liste associée à l'outil **Mise en forme conditionnelle** du groupe **Style**.
- Cliquez sur l'option **Nouvelle règle**.
- Dans la zone **Sélectionnez un type de règle**, sélectionnez le type de règle que vous souhaitez créer, à savoir l'une des règles commençant par l'intitulé **Appliquer une mise en forme...** ou la règle **Utiliser une formule pour déterminer pour quelles cellules le format sera appliqué**.
- Dans le cadre **Modifier la description de la règle**, précisez vos conditions d'application de la règle dans les zones de liste ou les zones de saisie.

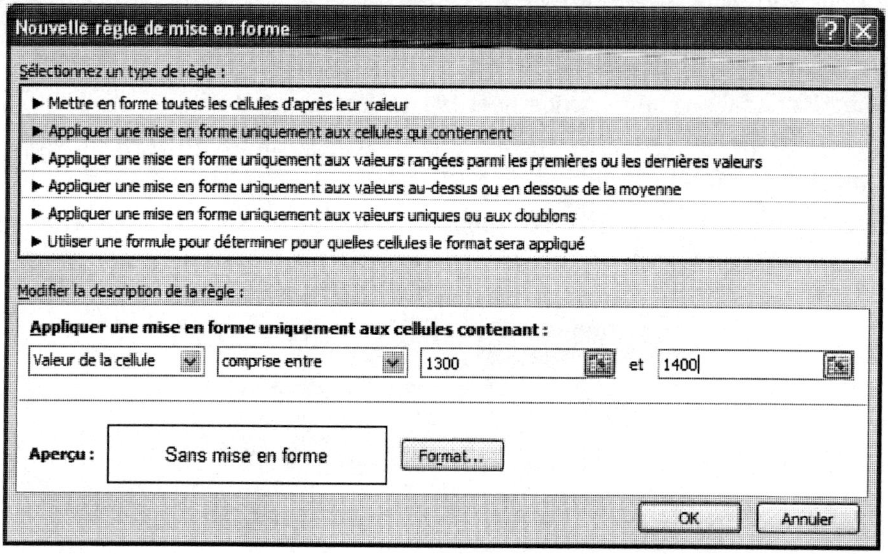

- Cliquez sur le bouton **Format** : la boîte de dialogue **Format de cellule** apparaît. Activez les différents onglets afin de personnaliser le format des cellules correspondant à la condition puis cliquez sur le bouton **OK** deux fois.

Supprimer toutes les règles de mise en forme conditionnelle

Cette technique vous montre comment supprimer les formats conditionnels (liés à des règles) appliqués dans une feuille ou sur une plage de cellules.

- Activez la feuille de calcul contenant les mises en forme conditionnelles à effacer ou sélectionnez les cellules sur lesquelles sont appliquées les mises en forme conditionnelles à effacer.
- Activez l'onglet **Accueil** et ouvrez la liste associée à l'outil **Mise en forme conditionnelle** du groupe **Style**.
- Faites glisser la souris sur l'option **Effacer les règles** puis cliquez sur l'option **Effacer les règles des cellules sélectionnées** ou **Effacer les règles de la feuille entière** selon votre souhait.

Gérer les règles de mise en forme conditionnelle

- Sélectionnez les cellules concernées par les mises en forme conditionnelles à modifier.
- Activez l'onglet **Accueil** et ouvrez la liste associée à l'outil **Mise en forme conditionnelle** du groupe **Style**.
- Cliquez sur l'option **Gérer les règles**.

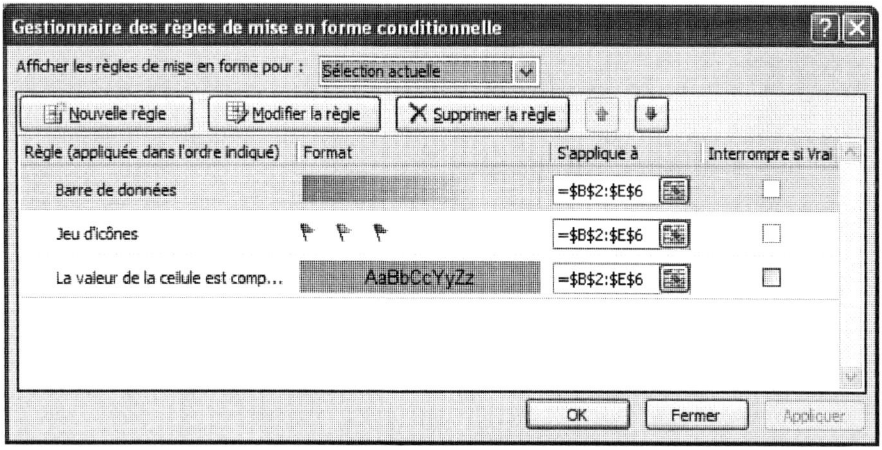

*La boîte de dialogue **Gestionnaire des règles de mise en forme conditionnelle** affiche les différentes règles appliquées à la sélection (ici, trois règles).*

- Pour sélectionner une règle, cliquez sur sa ligne.

- Pour modifier une règle, sélectionnez-la et cliquez sur le bouton **Modifier la règle** et apportez vos modifications dans la boîte de dialogue **Modifier la règle de mise en forme**, similaire à la boîte de dialogue **Nouvelle règle**.
- Pour supprimer une règle, sélectionnez-la et cliquez sur le bouton **Supprimer la règle**.
- Pour modifier les cellules concernées par la règle, sélectionnez-la et utilisez le bouton de la zone **S'applique à** pour modifier la sélection.
- Pour modifier la priorité des règles, sélectionnez une des règles concernées puis cliquez sur le bouton ou .

  Une règle placée plus haut dans la liste est prioritaire sur une autre placée plus bas. Par défaut, les nouvelles règles sont toujours ajoutées en haut de la liste et ont par conséquent un niveau de priorité plus élevé.
- Pour arrêter l'évaluation à une règle précise, activez sa case à cocher **Interrompre si Vrai**.

  *La case à cocher **Interrompre si Vrai** permet aussi d'assurer la compatibilité avec les versions précédentes de Microsoft Office Excel 2007 qui ne prennent pas en charge plusieurs règles de mise en forme conditionnelle. Par exemple, si vous disposez de trois règles pour une plage de cellules, les versions d'Excel antérieures à Office Excel 2007 appliquent la dernière règle dans l'ordre de priorité. Si vous souhaitez que la première ou la seconde règle soit appliquée, activez la case à cocher **Interrompre si Vrai** pour cette règle.*
- Cliquez sur le bouton **OK** pour valider les modifications en fermant la boîte de dialogue **Gestionnaire des règles de mise en forme conditionnelle** ou sur le bouton **Fermer** pour ne pas les valider.

Appliquer un style de cellule

Un style est une mise en valeur prédéfinie qui peut être appliquée sur n'importe quelle cellule. Vous pouvez créer vos propres styles de cellule.

- Sélectionnez les cellules concernées par l'application du style.
- Activez l'onglet **Accueil** et cliquez sur le bouton **Styles de cellules** du groupe **Style**.

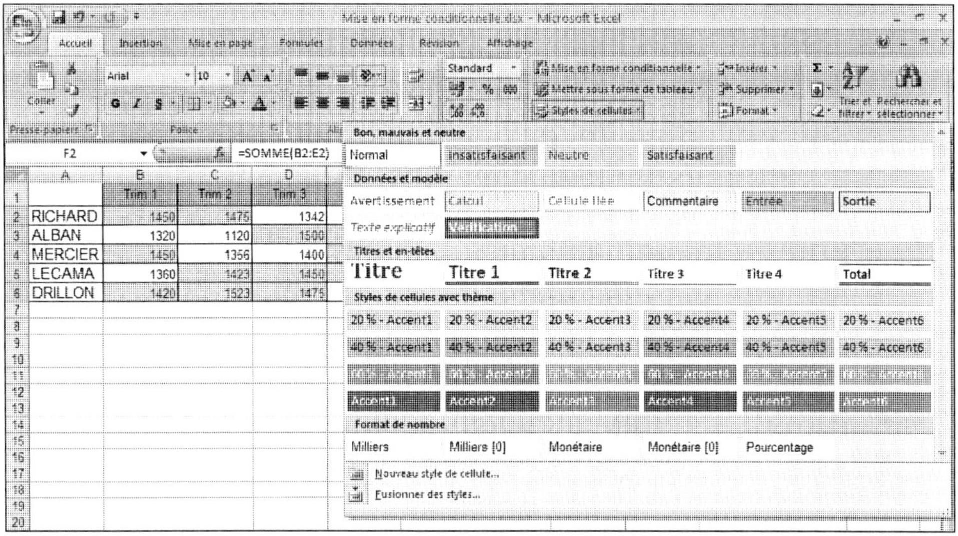

*La liste de tous les styles apparaît dans différentes catégories (**Bon, mauvais et neutre**, **Données et modèle**...).*

- Cliquez sur le style à appliquer.

Pour retrouver la mise en forme appliquée avant l'application d'un style, cliquez sur le bouton **Styles de cellules** du groupe **Style** et sélectionnez le style **Normal** de la catégorie **Bon, mauvais et neutre**.

Créer un style

Créer un style permet d'enregistrer une présentation répétitive afin de l'appliquer rapidement à d'autres cellules.

- Activez la cellule dont la présentation doit être automatisée.
- Activez l'onglet **Accueil** et cliquez sur le bouton **Styles de cellules** du groupe **Style** puis activez l'option **Nouveau style de cellule.**
- Saisissez **Nom du style** à créer, dans la boîte de dialogue **Style** qui s'ouvre.

  La description du style est affichée dans le cadre ***Le style inclut (par exemple).***
- Décochez les éventuelles mises en valeur à ne pas inclure dans le style.

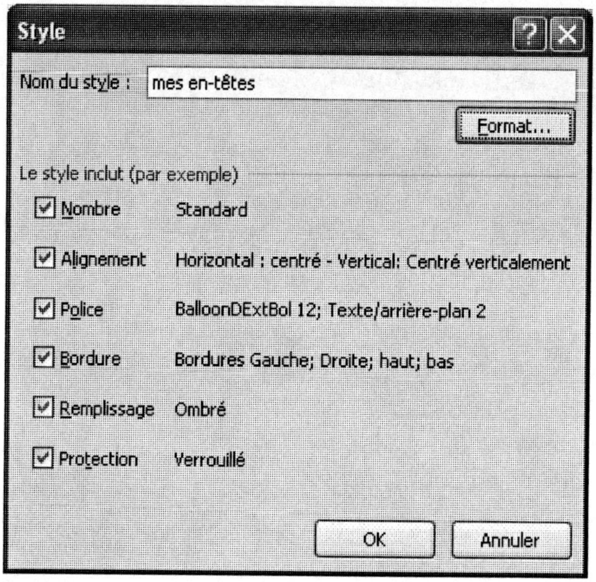

- Au besoin, modifiez certaines mises en valeur grâce au bouton **Format.**
- Validez par le bouton **OK.**

  Notez que le style ainsi créé n'est pas appliqué à la cellule active, mais vous pouvez le faire (cf. titre précédent). Les styles sont définis uniquement pour le classeur actif.

Les styles que vous avez créés apparaissent dans la liste **Styles de cellules**, catégorie **Personnalisé.**

Gérer les styles de cellule existants

Modifier un style de cellule

- Activez l'onglet **Accueil** et cliquez sur le bouton **Styles de cellules** du groupe **Style**.
- Cliquez avec le bouton droit de la souris sur le style à modifier.
- Cliquez sur l'option **Modifier**.
- Dans la boîte de dialogue **Style** qui s'ouvre, cliquez sur le bouton **Format**.
- Réalisez vos modifications dans la boîte de dialogue **Format de cellule** puis cliquez sur le bouton **OK**.
- Cliquez de nouveau sur le bouton **OK**.

Toutes les cellules mises en forme avec le style sont immédiatement modifiées.

Supprimer un style de cellule

- Activez l'onglet **Accueil** et cliquez sur le bouton **Styles de cellules** du groupe **Style**.
- Cliquez avec le bouton droit de la souris sur le style à supprimer.
- Cliquez sur l'option **Supprimer**.

La suppression est immédiate : les cellules sur lesquelles le style avait été appliqué perdent leur mise en forme et retrouvent une mise en forme standard.

Attention, vous ne pouvez pas annuler la suppression du style.

Insérer la liste des styles de cellule à la barre d'outils Accès rapide

- Activez l'onglet **Accueil** et cliquez sur le bouton **Styles de cellules** du groupe **Style**.
- Cliquez avec le bouton droit de la souris sur un des styles.
- Cliquez sur l'option **Ajouter la galerie à la barre d'outils Accès rapide**.

*L'outil **Styles de cellules***  *apparaît à présent sur la **barre d'outils Accès rapide** ; il suffit de cliquer dessus pour ouvrir la liste des styles existants.*

Intégrer les styles de cellule d'un autre classeur

- Ouvrez le classeur qui contient les styles à intégrer au classeur actif.
- Activez l'onglet **Accueil** et cliquez sur le bouton **Styles de cellules** du groupe **Style**.
- Cliquez sur l'option **Fusionner des styles.**
- Parmi la liste de tous les classeurs ouverts, faites un double clic sur celui qui contient les styles à utiliser.

- Cliquez sur le bouton **Oui** pour fusionner les styles et écraser ceux du classeur actif ; cliquez sur le bouton **Non** dans le cas contraire.

Appliquer un thème au classeur

Un thème est un ensemble d'éléments de mises en forme qui inclut des couleurs, des polices (y compris des polices d'en-tête et de corps de texte) et des effets graphiques (y compris des lignes et des effets de remplissage) qui donnent un aspect cohérent à votre classeur. Lorsque vous changez le thème, cela affecte immédiatement la présentation des cellules sur lesquelles des styles ont été appliqués.

- Activez la feuille de calcul concernée par l'application du thème.
- Activez l'onglet **Mise en page** et cliquez sur le bouton **Thèmes** du groupe **Thèmes**.

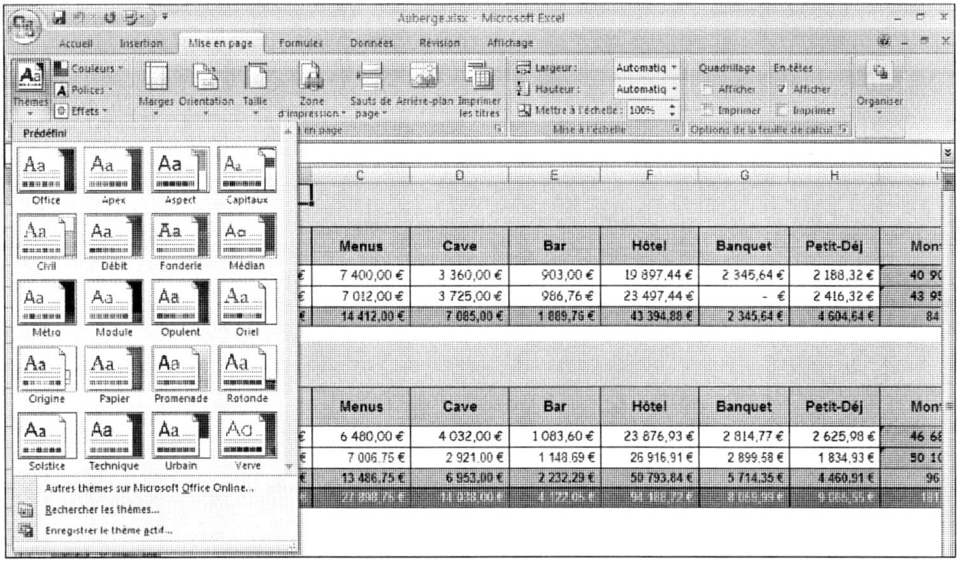

La liste des thèmes prédéfinis apparaît.

- Faites glisser la souris (sans cliquer !) sur les thèmes pour visualiser directement la mise en forme dans votre feuille de calcul.
- Lorsque vous avez choisi le thème, cliquez sur son nom.

Le thème appliqué modifie la présentation des cellules mises en forme avec des styles.

Le thème utilisé par défaut est le thème nommé **Office**.

Si le thème que vous voulez utiliser n'est pas répertorié, cliquez sur l'option **Rechercher les thèmes** pour le trouver sur votre ordinateur ou sur un emplacement du réseau ou sur l'option **Autres thèmes** sur **Microsoft Office Online** pour rechercher d'autres thèmes sur Office Online.

Personnaliser les couleurs du thème

Les couleurs de thème contiennent deux couleurs de texte, deux couleurs de fond de cellules, six couleurs d'accentuation et deux couleurs de lien hypertexte.

Modifier l'ensemble des couleurs associé au thème

- Activez l'onglet **Mise en page** et cliquez sur le bouton **Couleurs** du groupe **Thèmes**.
- Faites glisser la souris (sans cliquer !) sur les différents ensembles de couleurs pour visualiser directement l'effet produit dans la feuille de calcul.

  *Les quatre couleurs de texte et de fond sont représentées par les couleurs du bouton **Couleurs** ; les huit autres couleurs apparaissent à gauche du nom de l'ensemble de couleurs, lorsque vous ouvrez la liste.*
- Lorsque vous avez choisi l'ensemble de couleurs du thème, cliquez sur son nom.

Créer un ensemble de couleurs

- Cliquez sur le bouton **Couleurs** du groupe **Thèmes** de l'onglet **Mise en page** puis sur l'option **Nouvelles couleurs de thème** qui apparaît à la fin de la liste.

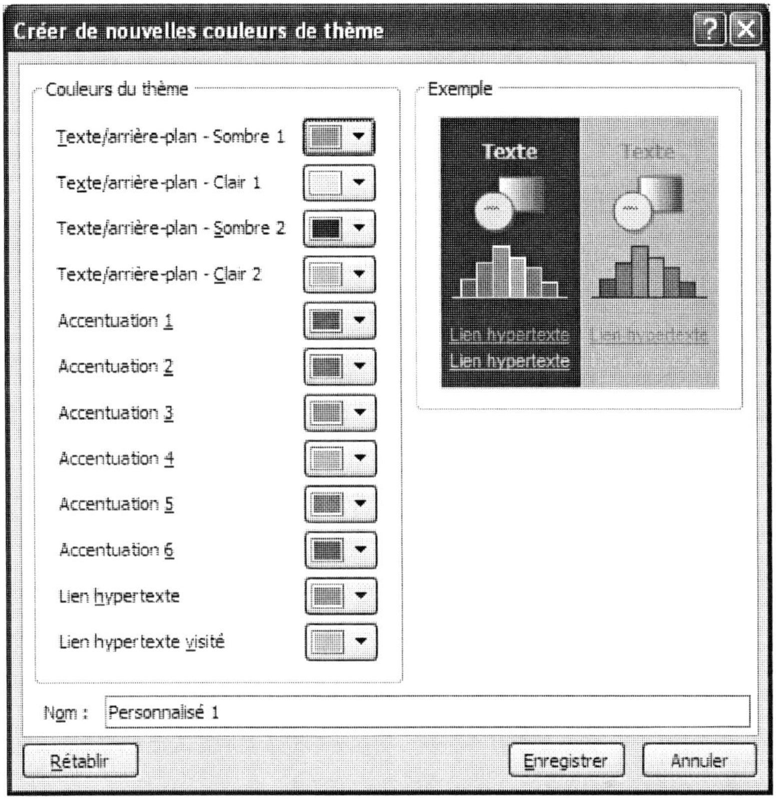

- Dans la liste **Couleurs du thème**, cliquez sur le bouton correspondant à l'élément de couleur du thème que vous voulez changer puis sélectionnez la couleur voulue.

  *La zone **Exemple** se modifie en fonction des choix effectués.*

- Lorsque tous les éléments de couleur voulus sont modifiés, accédez à la zone **Nom** puis saisissez un nom approprié pour les nouvelles couleurs de thème.

  *Si vous souhaitez retrouver les couleurs d'origine de chaque élément, cliquez sur le bouton **Rétablir**.*

- Cliquez sur le bouton **Enregistrer**.

Les jeux de couleurs créés apparaissent dans la liste associée au bouton **Couleurs**, sous la catégorie **Personnalisé**.

Personnaliser les polices du thème

Les polices de thème contiennent une police de titre et une police de corps de texte.

Modifier le jeu de polices associé au thème

- Activez l'onglet **Mise en page** et cliquez sur le bouton **Polices** du groupe **Thèmes.**
- Faites glisser la souris (sans cliquer !) sur les différentes polices pour visualiser l'effet produit dans la feuille de calcul.

  Vous visualisez le nom du jeu de polices dans une info-bulle ainsi que le nom de la police de titre qui est utilisée pour chaque police de thème.
- Lorsque vous l'avez choisi, cliquez sur le nom de la police souhaitée.

Créer un jeu de polices

Vous pouvez modifier deux polices pour créer votre propre jeu de polices de thème.

- Cliquez sur le bouton **Polices** du groupe **Thèmes** de l'onglet **Mise en page** puis sur l'option **Nouvelles polices de thème** qui apparaît à la fin de la liste.
- Sélectionnez les polices que vous voulez utiliser dans les zones **Police du titre** et **Police du corps du texte**.

*La zone **Exemple** affiche un aperçu des polices sélectionnées.*

- Dans la zone **Nom**, saisissez un nom approprié pour le nouveau jeu de polices.
- Cliquez sur le bouton **Enregistrer**.

Les jeux de polices créés apparaissent dans la liste associée au bouton **Polices**, sous la catégorie **Personnalisé.**

Personnaliser les effets du thème

Les effets du thème sont des jeux de lignes et d'effets de remplissage. Bien que vous ne puissiez pas créer votre propre jeu d'effets de thème, vous pouvez modifier celui associé au thème actif.

- Activez l'onglet **Mise en page** et cliquez sur le bouton **Effets** du groupe **Thèmes**.

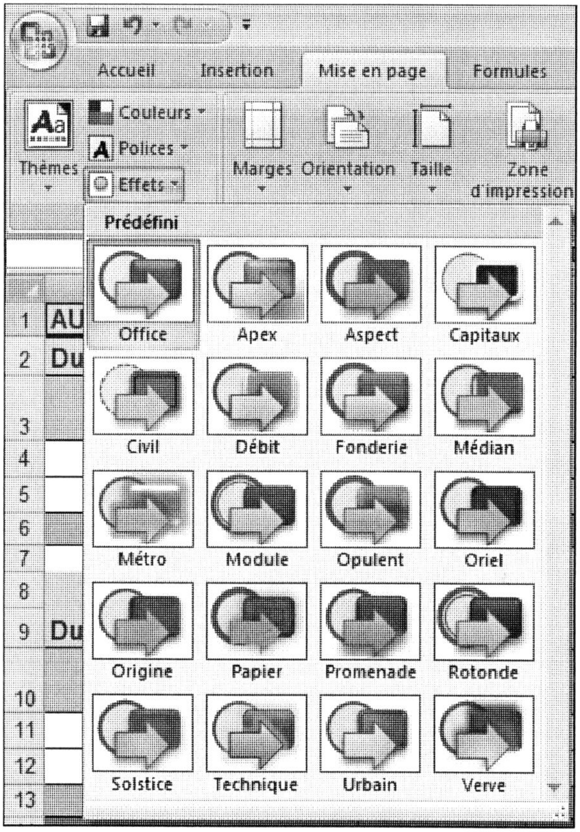

Vous visualisez les lignes et les effets de remplissage utilisés dans chaque jeu d'effets de thème dans un graphisme.

- Faites glisser la souris sur les différents effets proposés puis, lorsque vous l'avez choisi, cliquez dessus.

Enregistrer un thème

Tous les changements apportés aux couleurs, aux polices ou aux effets de ligne et de remplissage d'un thème peuvent être enregistrés en tant que thème personnalisé, que vous pouvez ensuite appliquer à d'autres classeurs.

- Réalisez vos modifications sur le thème actif (personnalisez les couleurs, les polices, les effets).
- Activez l'onglet **Mise en page** et cliquez sur le bouton **Thèmes** du groupe **Thèmes.**
- Cliquez sur l'option **Enregistrer le thème actif.**
- Saisissez le nom souhaité dans la zone **Nom de fichier.**

  Le dossier d'enregistrement des thèmes de document personnalisés est activé ; il s'agit du dossier : C:\Documents and Setting\Nom de l'utilisateur\Application Data\Microsoft\Modèles\Thèmes de document
- Cliquez sur le bouton **Enregistrer.**

Les thèmes personnalisés créés apparaissent dans la liste associée au bouton **Thèmes**, sous la catégorie **Personnalisé.**

La réorganisation des données

septième partie

Trier les données d'un tableau selon un seul critère de contenu

Excel 2007 vous permet de trier rapidement un tableau d'après les valeurs contenues dans l'une de ses colonnes.

- Sélectionnez, si besoin, les cellules à trier.

  Si tout le tableau doit être trié et si celui-ci ne contient pas de ligne ou de colonne vierge ou de cellules fusionnées, il n'est pas nécessaire d'effectuer une sélection.

- Cliquez dans une des cellules de la colonne en fonction de laquelle vous souhaitez trier ; si vous avez effectué une sélection, utilisez les touches [Tab] ou [Shift][Tab] pour accéder à cette cellule.

- Cliquez sur le bouton **Trier et filtrer** de l'onglet **Accueil**, groupe **Édition** puis sur l'option introduite par [A↓Z] pour trier dans un ordre croissant (de A à Z ou de 0 à 9) ou sur l'option introduite par [Z↓A] pour trier dans un ordre décroissant (de Z à A ou de 9 à 0).

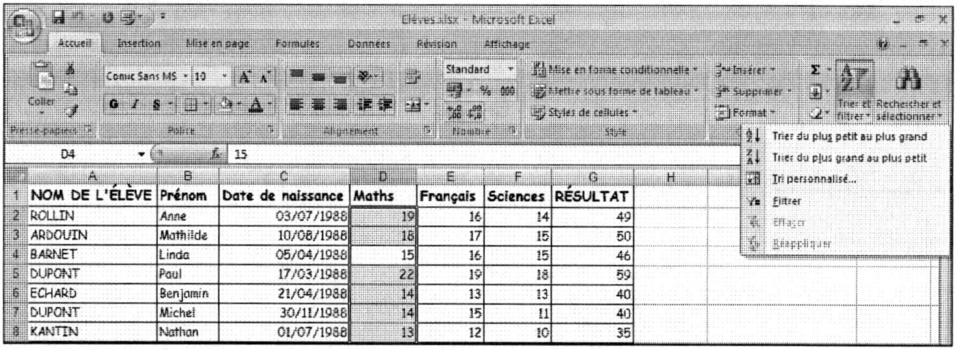

	A	B	C	D	E	F	G
1	NOM DE L'ÉLÈVE	Prénom	Date de naissance	Maths	Français	Sciences	RÉSULTAT
2	ROLLIN	Anne	03/07/1988	19	16	14	49
3	ARDOUIN	Mathilde	10/08/1988	18	17	15	50
4	BARNET	Linda	05/04/1988	15	16	15	46
5	DUPONT	Paul	17/03/1988	22	19	18	59
6	ECHARD	Benjamin	21/04/1988	14	13	13	40
7	DUPONT	Michel	30/11/1988	14	15	11	40
8	KANTIN	Nathan	01/07/1988	13	12	10	35

Ces options portent des noms différents en fonction du contenu des cellules sélectionnées : ***Trier de A à Z*** *ou* ***Trier de Z à A*** *pour du texte,* ***Trier du plus petit au plus grand*** *ou* ***Trier du plus grand au plus petit*** *pour des nombres ou* ***Trier du plus ancien au plus récent*** *ou* ***Trier du plus récent au plus ancien*** *pour des dates. Sur cet exemple, la cellule active étant H2, le tableau sera trié dans l'ordre des valeurs numériques de la colonne* ***Résultat****.*

Vous retrouver les outils [A↓Z] et [Z↓A] dans le groupe **Trier et filtrer** de l'onglet **Données.**

Pour trier les données d'un tableau selon plusieurs critères de valeur, reportez-vous au titre Trier les données d'un tableau selon plusieurs critères.

Pour annuler un tri, vous pouvez cliquer sur le bouton **Annuler** de la barre d'outils **Accès rapide** ou utiliser le raccourci-clavier [Ctrl] **Z**.

Trier les données selon une seule couleur de cellule, de police ou un seul jeu d'icônes

Si vous avez appliqué une couleur de cellule ou de police à une plage de cellules ou une colonne de tableau, vous pouvez effectuer un tri en fonction de ces couleurs. Vous pouvez aussi trier en fonction d'un jeu d'icônes créé par une mise en forme conditionnelle (voir chapitre correspondant).

- Sélectionnez si besoin, les cellules à trier.
- Cliquez sur le bouton **Trier et filtrer** de l'onglet **Accueil**, groupe **Édition** puis sur l'option **Tri personnalisé.**

  *La boîte de dialogue **Tri** s'affiche.*
- Activez l'option **Mes données ont des en-têtes** si la première ligne de la sélection contient les intitulés des colonnes et ne doit pas être triée.
- Ouvrez la liste **Trier par** et choisissez la colonne qui contient la couleur ou les icônes qui doivent servir de critère de tri.
- Dans la liste **Trier sur**, activez l'une des options suivantes :

  - **Couleur de cellule** pour effectuer un tri par couleur de cellule,
  - **Couleur de police** pour effectuer un tri par couleur de police,
  - **Icône de cellule** pour trier par jeu d'icônes.
- Ouvrez la première liste déroulante de la zone **Ordre** et choisissez, selon le type de tri, la couleur de cellule, la couleur de police ou l'icône de cellule selon laquelle les données doivent être triées.
- Ouvrez la seconde liste déroulante de la zone **Ordre** et choisissez l'option **En haut** pour afficher les lignes correspondantes à la couleur ou à l'icône choisie vers le haut ou l'option **En bas** dans le cas contraire.

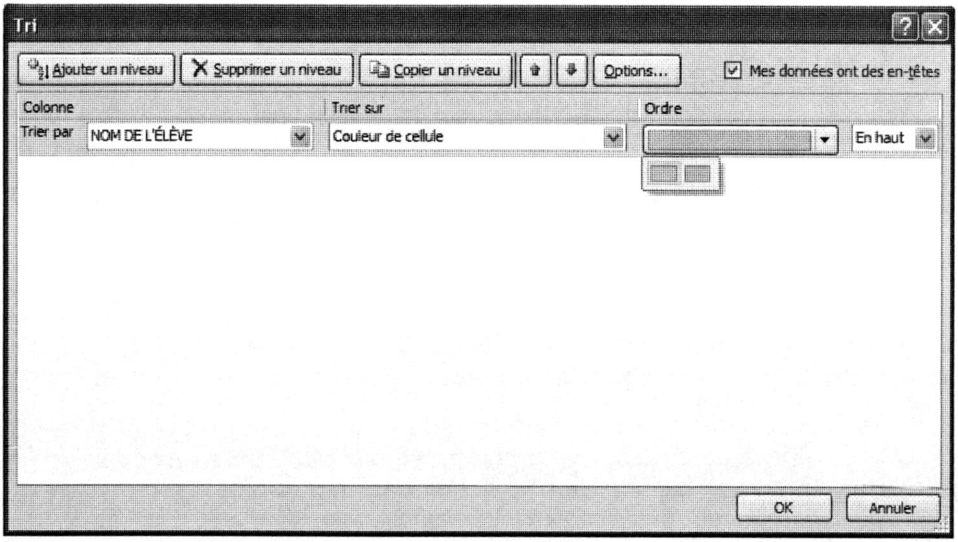

*Sur cet exemple (un tableau présentant les notes d'élèves), les lignes dont les cellules de la colonne **NOM DE L'ÉLÈVE** sont bleues (première couleur de la liste **Ordre**) seront affichées en premier.*

- Cliquez sur le bouton **OK** pour lancer le tri.

Trier les données d'un tableau selon plusieurs critères

Avec Office Excel 2007, vous pouvez combiner jusqu'à 64 critères de tri.

- Sélectionnez, si besoin, les cellules à trier.
- Cliquez sur le bouton **Trier et filtrer** de l'onglet **Accueil**, groupe **Édition** puis sur l'option **Tri personnalisé**.
- Activez l'option **Mes données ont des en-têtes** si la première ligne de la sélection contient les intitulés des colonnes et ne doit pas être triée.

Trier selon plusieurs critères de contenu

Vous pouvez trier un tableau par rapport aux valeurs de plusieurs colonnes (par exemple, un tableau présentant des notes peut être trié par rapport au nom de l'élève, à son prénom, date de naissance, notes...).

- Accédez à la boîte de dialogue **Tri**.

- Précisez le premier critère de tri :
  - ouvrez la liste **Trier par** et choisissez la première colonne qui doit servir de critère de tri,
  - ouvrez, si besoin, la liste **Trier sur** et activez l'option **Valeurs**,
  - ouvrez la liste **Ordre** et choisissez l'ordre de tri :

    croissant, avec l'option **De A à Z** si la colonne contient du texte, l'option **Du plus petit au plus grand** si la colonne contient des valeurs numériques ou l'option **Du plus ancien au plus récent** si la colonne contient des dates ;

    décroissant, avec l'option **De Z à A** si la colonne contient du texte, l'option **Du plus grand au plus petit** si la colonne contient des valeurs numériques ou l'option **Du plus récent au plus ancien** si la colonne contient des dates.
- Cliquez sur le bouton **Ajouter un niveau** pour afficher une seconde ligne de critères.
- Précisez le second critère de tri :
  - ouvrez la liste **Puis par** et choisissez la seconde colonne qui doit servir de critère de tri,
  - vérifiez que la liste **Trier sur** affiche l'option **Valeurs**,
  - précisez l'**Ordre** de tri.
- Réalisez les deux dernières manipulations si vous souhaitez créer d'autres critères.

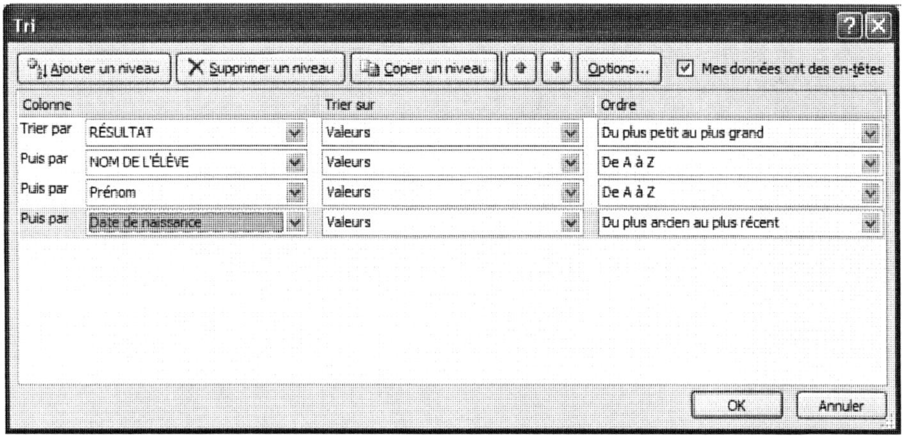

Ici, le tableau sera trié en fonction des notes générales (colonne RÉSULTAT) puis si deux élèves ont la même note, par nom puis par prénom et enfin par date de naissance.

- Cliquez sur le bouton **OK** pour lancer le tri.

Trier selon plusieurs critères de couleurs/d'icônes

Vous pouvez trier le tableau en fonction de plusieurs couleurs de cellules et/ou de police et de jeux d'icônes d'une même colonne.

- Dans la boîte de dialogue **Tri**, précisez le premier critère de tri :
  - ouvrez la liste **Trier par** et choisissez la première colonne qui doit servir de critère de tri.
  - ouvrez la liste **Trier sur** et activez l'option **Couleur de cellule**, **Couleur de police** ou **Icône de cellule**,
  - ouvrez la première liste déroulante de la zone **Ordre** et choisissez, selon le type de tri, la couleur de cellule, la couleur de police ou l'icône de cellule selon laquelle les données doivent être triées,
  - ouvrez la seconde liste déroulante de la zone **Ordre** et choisissez l'option **En haut** pour afficher les lignes correspondantes à la couleur ou à l'icône choisie vers le haut ou l'option **En bas** dans le cas contraire.
- Cliquez sur le bouton **Ajouter un niveau** pour afficher une seconde ligne de critères.
- Précisez le second critère de tri :
  - ouvrez la liste **Puis par** et veillez à sélectionner la même colonne que pour le premier critère,
  - ouvrez la liste **Trier sur** et choisissez l'élément sur lequel le tri doit se faire,
  - précisez l'**Ordre** de tri.
- Réalisez les deux dernières manipulations si vous souhaitez ajouter d'autres critères.

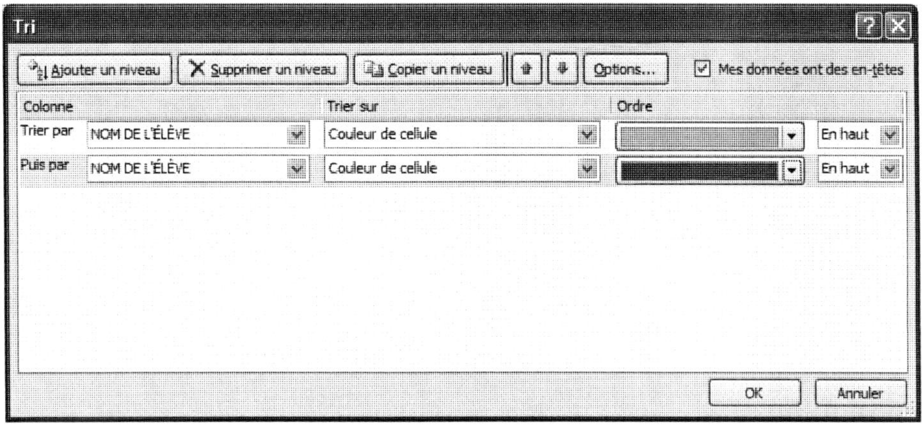

*Sur cet exemple, le tableau sera trié en fonction de deux des couleurs de fond des cellules de la colonne **NOM DE L'ÉLÈVE**.*

- Cliquez sur le bouton **OK** pour lancer le tri.

Combiner des critères de contenu et de mises en forme

Vous pouvez combiner plusieurs critères basés sur le contenu des cellules et/ou sur leurs mises en forme.

- Dans la boîte de dialogue **Tri**, précisez le premier critère de tri : ce peut être un critère de contenu ou de couleurs/d'icônes (reportez-vous aux sous-titres précédents).
- Cliquez sur le bouton **Ajouter un niveau** pour afficher une seconde ligne de critères et précisez le second critère de tri.
- Réalisez cette manipulation autant de fois que nécessaire.

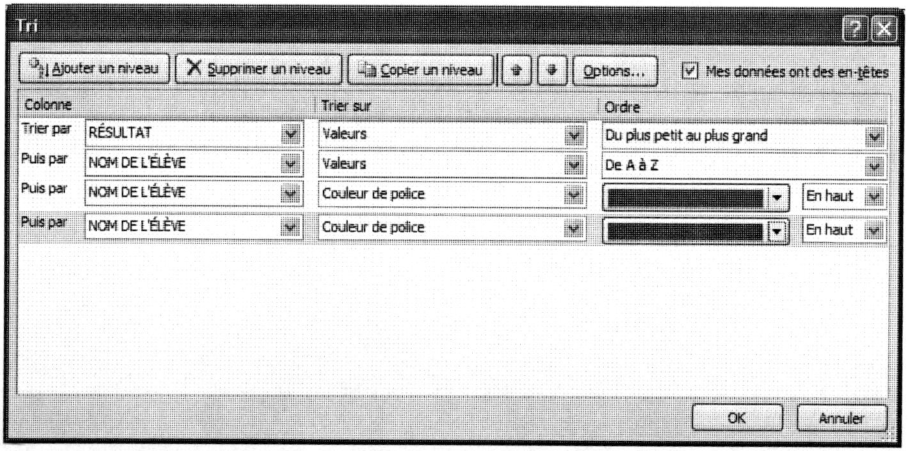

*Sur cet exemple, le tableau sera trié en fonction des notes générales (colonne RÉSULTAT) puis si deux élèves ont la même note, par nom puis par rapport aux deux couleurs de police de la colonne **NOM DE L'ÉLÈVE**.*

- Cliquez sur le bouton **OK** pour lancer le tri.

Gérer les critères de tri

- Accédez à la boîte de dialogue **Tri**.
- Pour sélectionner un critère, cliquez au début de sa ligne (sur l'intitulé **Trier par** ou **Puis par**) ou entrez les options de sa ligne.
- Pour modifier l'ordre des critères, sélectionnez la ligne correspondant au critère à déplacer et cliquez sur le bouton  pour le faire "monter" dans la liste ou sur le bouton  pour le faire "descendre".
- Pour supprimer un critère, sélectionnez la ligne correspondant puis cliquez sur le bouton **Supprimer un niveau**.
- Pour copier un critère, sélectionnez-le puis cliquez sur le bouton **Copier un niveau**.

Le bouton **Options** de la boîte de dialogue **Tri** permet :

- d'activer l'option **Respecter la casse** pour différencier les majuscules des minuscules.
- de modifier **l'Orientation** afin de trier des colonnes plutôt que des lignes.

Activer le filtrage automatique

*Microsoft Office Excel 2007 vous permet de filtrer les données d'un tableau afin d'afficher uniquement les lignes qui correspondent aux critères que vous spécifiez et de masquer celles que vous ne voulez pas afficher. Pour cela, vous devez activer la fonction de **filtrage automatique**.*

- Activez l'une des cellules de la plage de cellules concernée.
- Cliquez sur le bouton **Trier et filtrer** de l'onglet **Accueil**, groupe **Édition** puis sur l'option **Filtrer.**

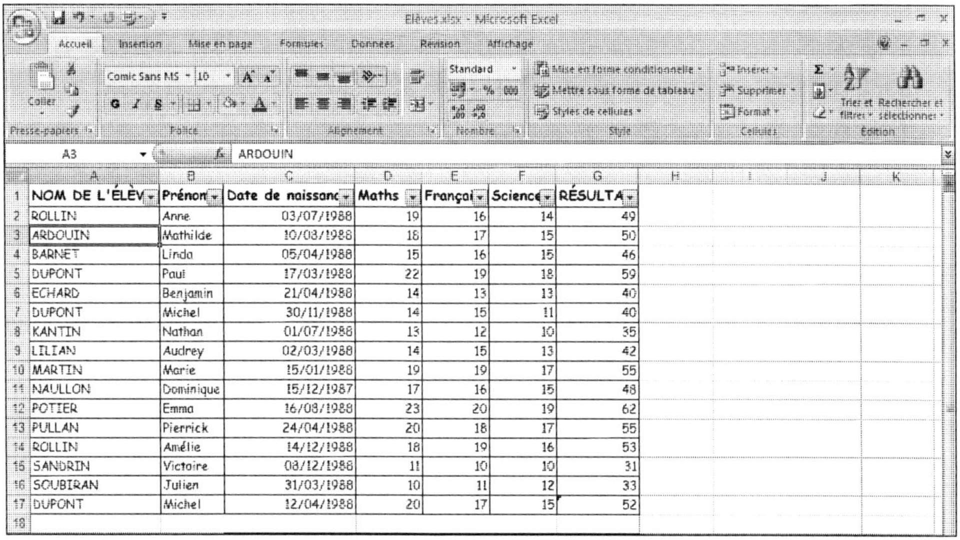

NOM DE L'ÉLÈV	Prénom	Date de naissanc	Maths	Françai	Scienc	RÉSULTA
ROLLIN	Anne	03/07/1988	19	16	14	49
ARDOUIN	Mathilde	10/08/1988	18	17	15	50
BARNET	Linda	05/04/1988	15	16	15	46
DUPONT	Paul	17/03/1988	22	19	18	59
ECHARD	Benjamin	21/04/1988	14	13	13	40
DUPONT	Michel	30/11/1988	14	15	11	40
KANTIN	Nathan	01/07/1988	13	12	10	35
LILIAN	Audrey	02/03/1988	14	15	13	42
MARTIN	Marie	15/01/1988	19	19	17	55
NAULLON	Dominique	15/12/1987	17	16	15	48
POTIER	Emma	16/08/1988	23	20	19	62
PULLAN	Pierrick	24/04/1988	20	18	17	55
ROLLIN	Amélie	14/12/1988	18	19	16	53
SANDRIN	Victoire	08/12/1988	11	10	10	31
SOUBIRAN	Julien	31/03/1988	10	11	12	33
DUPONT	Michel	12/04/1988	20	17	15	52

Des flèches de listes déroulantes apparaissent dans chaque cellule d'en-tête de colonne : cela indique que le filtrage est activé mais non appliqué.

- Créez les filtres souhaités.

Vous pouvez créer trois types de filtres : par valeurs de liste, par format ou par critères (cf. les titres suivants). Une fois les données filtrées, vous pouvez les copier, les modifier, les mettre en forme, les représenter sous forme de graphique et les imprimer sans les réorganiser ni les déplacer.

- Pour désactiver le filtrage automatique, cliquez à nouveau sur le bouton **Trier et filtrer** de l'onglet **Accueil**, groupe **Édition** puis sur l'option **Filtrer**.

Le fait de désactiver le filtrage automatique engendre l'annulation d'éventuels filtres donc l'affichage de toutes les données.

Filtrer des données selon un contenu ou une mise en forme

Grâce au filtre automatique, vous pouvez filtrer vos données en fonction du contenu des cellules, de leur couleur de fond, de leur couleur de police ou de leur mise en forme conditionnelle par jeux d'icônes.

Filtrer sur certaines valeurs de la colonne

- Activez le filtrage automatique.
- Ouvrez la liste déroulante associée à la colonne.

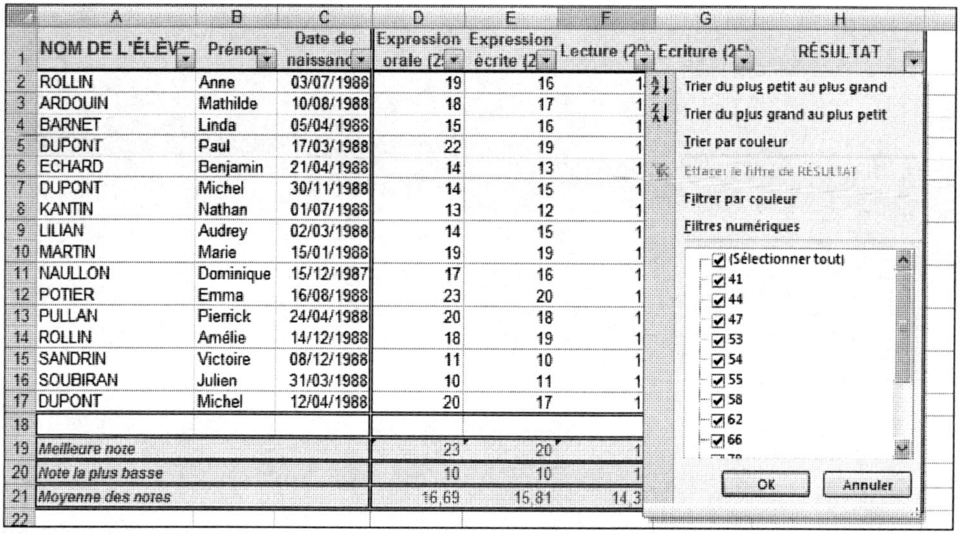

*Le menu **Filtre automatique** s'ouvre et affiche une liste de valeurs comprises dans la colonne active (jusqu'à 10 000 valeurs). Chaque liste recense toutes les valeurs de la colonne. Par défaut, les cases à cocher correspondantes sont activées : vous visualisez toutes les valeurs de la colonne. Vous retrouvez également dans ce menu, les options de tri.*

- Pour masquer certaines valeurs, désactivez les cases à cocher correspondantes aux valeurs à masquer.
- Pour afficher quelques valeurs, il est plus rapide de désactiver l'option (**Sélectionner tout**) puis d'activer les valeurs concernées.

- Pour filtrer les cellules non vides, activez l'option (**Sélectionner tout**) puis désactivez l'option (**Vides**) située en bas de la liste des valeurs ; au contraire, pour filtrer les cellules vides, désactivez l'option (**Sélectionner tout**) et activez l'option (**Vides**).

  *L'option (**Vides**) n'apparaît pas si la colonne ne contient pas de cellules vides.*

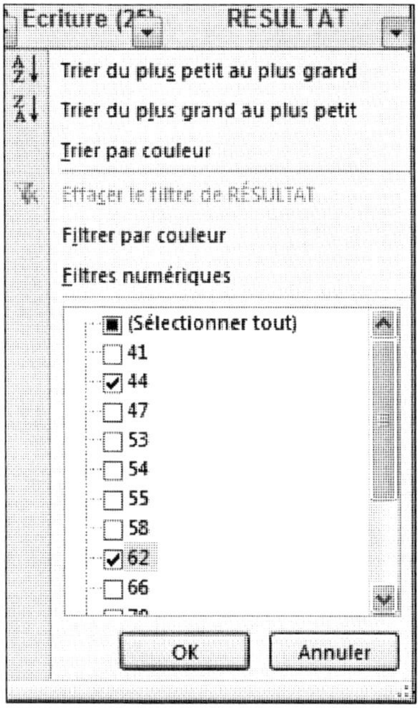

*Vous pouvez modifier les dimensions du menu **Filtre automatique** : cliquez et faites glisser la poignée du bas en longueur et/ou en largeur.*

- Cliquez sur le bouton **OK.**

  Seules les lignes correspondantes aux valeurs sélectionnées sont visibles.

Lorsqu'une colonne est filtrée, la flèche de sa liste déroulante apparaît sous la forme suivante : . Si vous pointez ce bouton, une info-bulle affiche le filtre qui lui est appliqué.

Vous pouvez personnaliser vos critères de filtre ou utiliser des filtres spécifiques aux données de type numérique, date... (cf. les titres correspondants).

Filtrer selon une couleur de cellule, de police ou un jeu d'icônes

Si vous avez appliqué dans votre tableau une couleur de cellule ou de police, ou encore une mise en forme conditionnelle sous forme de jeu d'icônes, vous pouvez filtrer les données en fonction d'une de ces couleurs ou du jeu d'icônes.

- Activez le filtrage automatique et ouvrez la liste déroulante associée à la colonne.
- Activez l'option **Filtrer par couleur.**

Cette option n'est pas disponible si la colonne ne contient pas de couleur ou de jeu d'icônes.

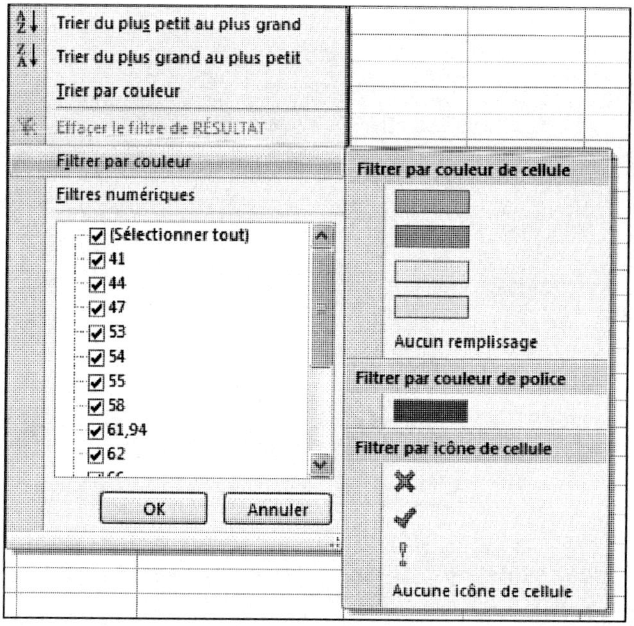

*Les options **Filtrer par couleur de cellule**, **Filtrer par couleur de police** et **Filtrer par icône de cellule** s'affichent ou non en fonction du type de format appliqué dans la colonne.*

- Selon le type de format, cliquez sur une couleur de cellule, une couleur de police ou une icône de cellule.

Vous ne pouvez pas combiner un filtre sur la couleur de cellule, la couleur de police et sur l'icône de cellule.

Filtrer selon le contenu/la mise en forme d'une cellule

Vous pouvez filtrer rapidement les données en utilisant des critères égaux au contenu de la cellule active.

- Activez le filtrage automatique.
- Cliquez avec le bouton droit de la souris sur une cellule contenant la valeur, la couleur, la couleur de police ou l'icône en fonction de laquelle les cellules doivent être filtrées.
- Activez l'option **Filtrer** et cliquez sur l'une des options suivantes :

  Filtrer par la valeur de la cellule sélectionnée pour filtrer selon le contenu texte, nombre, date ou heure de la cellule,

  Filtrer par la couleur de la cellule sélectionnée pour filtrer selon la couleur de la cellule sélectionnée,

  Filtrer par la couleur de police de la cellule sélectionnée pour filtrer selon la couleur de police de la cellule sélectionnée,

  Filtrer par l'icône de la cellule sélectionnée pour filtrer selon l'icône de la cellule sélectionnée.

Filtrer selon un critère personnalisé

Il s'agit de filtrer les données selon certaines valeurs contenues dans la colonne ; en fonction du type de données de la colonne, Excel propose trois sortes de filtre : des filtres numériques (pour des données de type numérique), des filtres chronologiques (pour les données de type date) ou des filtres de texte (pour des données alphanumériques).

- Activez le filtrage automatique et ouvrez la liste déroulante associée à la colonne.
- Cliquez, selon le type de données de la colonne, sur l'option **Filtres numériques**, **Filtres chronologiques** ou **Filtres textuels.**
- Cliquez sur l'option **Filtre personnalisé** ou sur toute autre option ouvrant une boîte de dialogue (exemple : **Est égal à**, **Est différent de**, **Supérieur à**, **Avant**...).

  *Quel que soit l'option choisie, la boîte de dialogue **Filtre automatique personnalisé** s'affiche ; si vous avez sélectionné une autre option que **Filtre personnalisé**, la première liste de la boîte de dialogue affiche alors le terme correspondant à l'option choisie (ex : **différent de** ou **antérieur au**).*

- Par la première liste, sélectionnez l'opérateur de comparaison.

- Activez la zone suivante et saisissez ou sélectionnez la valeur de comparaison ; vous pouvez utiliser des caractères génériques tels que **?** pour remplacer un seul caractère ou ***** pour remplacer une suite de caractères.

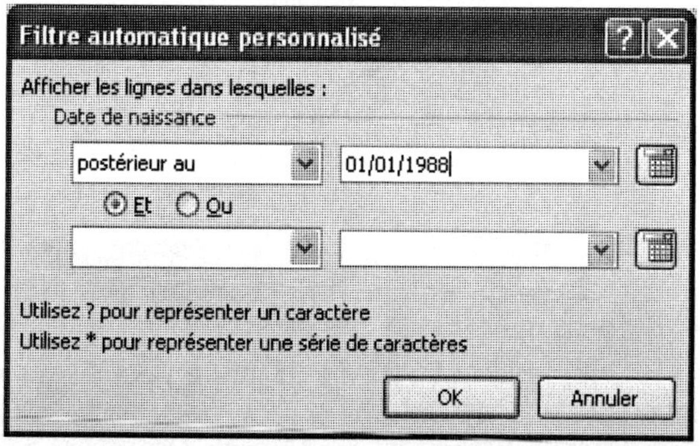

*Pour un filtre chronologique, vous pouvez cliquer sur le bouton **Sélecteur de dates***  *pour sélectionner une date à travers un calendrier déroulant.*

- Cliquez sur le bouton **OK.**

Utiliser des filtres spécifiques aux types de données

Filtrer selon un intervalle de données (filtre numérique ou chronologique)

- Activez le filtrage automatique et ouvrez la liste déroulante associée à la colonne.
- Activez l'option **Filtres chronologiques** ou **Filtres numériques** puis cliquez sur l'option **Entre.**
- Dans la boîte de dialogue **Filtre automatique personnalisé** qui s'affiche, précisez la valeur inférieure de l'intervalle en regard du premier opérateur de comparaison (**postérieur ou égal au** ou **est supérieur ou égal à**).
- Vérifiez que l'option **Et** est active.
- Précisez la valeur supérieure de l'intervalle en regard du second opérateur de comparaison (**antérieur ou égal au** ou **est inférieur ou égal à**).

Filtrer selon les valeurs maximales ou minimales (filtre numérique)

- Activez le filtrage automatique et ouvrez la liste déroulante associée à la colonne.
- Activez l'option **Filtres numériques** puis l'option **10 premiers.**

- Indiquez si vous souhaitez avoir les valeurs maximales (**Haut**) ou minimales (**Bas**).
- Précisez le nombre de lignes correspondantes à votre critère à afficher.
- Dans la dernière liste de la boîte de dialogue, choisissez l'option **Éléments** pour filtrer les lignes correspondantes au critère ou l'option **Pourcentage** pour filtrer un nombre de lignes correspondant au pourcentage du nombre total de valeurs de la liste.

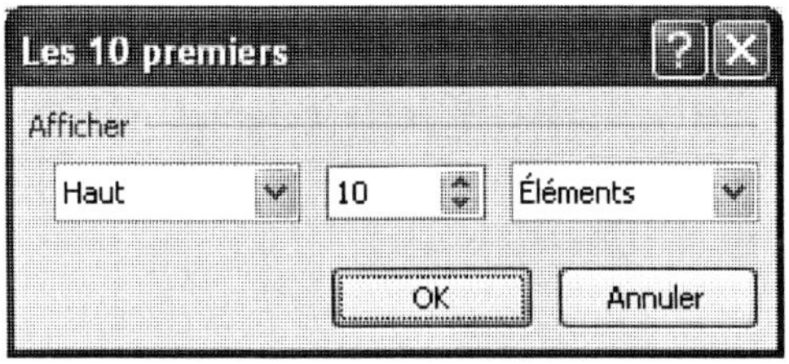

- Cliquez sur le bouton **OK.**

Filtrer selon la moyenne des valeurs (filtre numérique)

- Activez le filtrage automatique et ouvrez la liste déroulante associée à la colonne.
- Activez l'option **Filtres numériques** puis l'une des options suivantes :

Au-dessus de la moyenne	Pour filtrer les données par nombres au-dessus de la moyenne,
En dessous de la moyenne	Pour filtrer les données par nombres en dessous de la moyenne.

Les nombres au-dessus et en dessous de la moyenne sont fonction de la plage de cellules ou de la colonne du tableau d'origine et non de l'éventuel sous-ensemble de données filtrées.

Utiliser un filtre dynamique (filtre chronologique)

Avec un filtre dynamique, vous pouvez changer les critères lorsque vous réappliquez le filtre.

- Activez le filtrage automatique et ouvrez la liste déroulante associée à la colonne.
- Activez l'option **Filtres chronologiques** puis cliquez sur l'une des options correspondant à une date prédéfinie (**Demain**, **Aujourd'hui**, **Hier**, **La semaine prochaine**...).

*L'option **Toutes les dates de cette période** permet de filtrer par période (par exemple, **Janvier** ou **Trimestre 3**).*

*L'option **Cette année** renvoie des dates dans le futur pour l'année actuelle, alors que l'option **Année à ce jour** ne renvoie que les dates jusqu'à la date du jour incluse.*

Filtrer selon plusieurs critères

Deux critères pour une même colonne

- Activez le filtrage automatique et ouvrez la liste déroulante associée à la colonne.
- Cliquez, selon le type de données de la colonne, sur l'option **Filtres numériques**, **Filtres chronologiques** ou **Filtres textuels**.
- Cliquez sur l'option **Filtre personnalisé**.
- Précisez le premier critère de filtre sur la première liste : précisez l'opérateur et la valeur de comparaison.
- Précisez comment doivent être reliés les deux critères :
  - par le ET logique : dans ce cas, activez l'option **Et**.
  - Par le OU logique : dans ce cas, activez l'option **Ou**.
- Précisez le deuxième critère de filtre sur la seconde liste : précisez l'opérateur et la valeur de comparaison.

  Exemples :

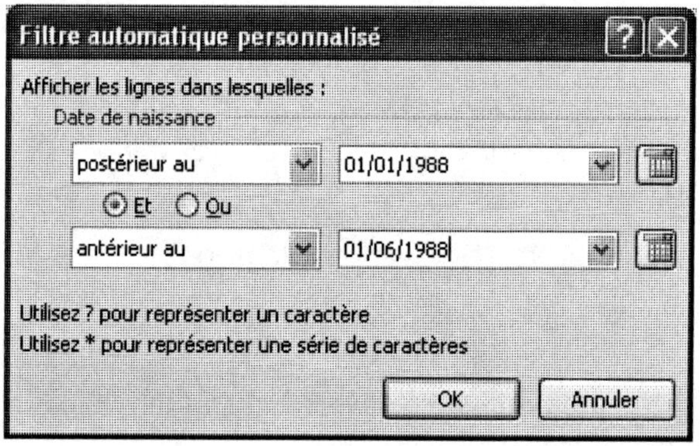

Ici, seules les lignes dont la date de naissance est comprise entre le 01/01/1998 et le 01/06/1998 s'afficheront.

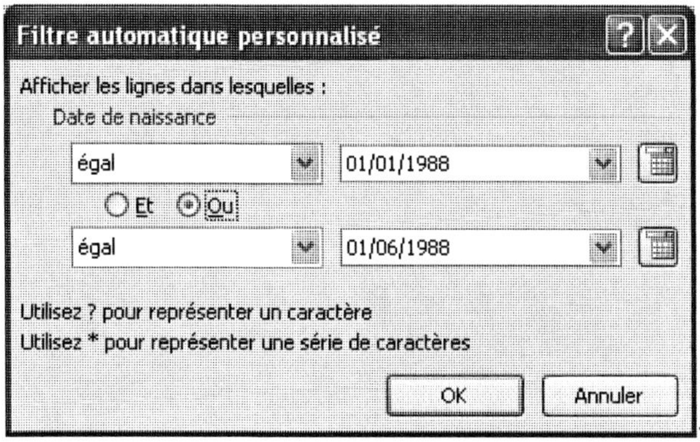

Ici, seules les lignes dont la date de naissance est égale au 01/01/1998 OU au 01/06/1998 s'afficheront (une personne ne peut pas être née à deux dates différentes).

- Cliquez sur le bouton **OK**.

Vous ne pouvez pas poser un critère de contenu et un critère de mise en forme sur une même colonne.

Plusieurs critères sur des colonnes différentes

- Activez le filtrage automatique.
- Définissez chaque critère dans chaque colonne concernée.

Les filtres sont additifs, c'est-à-dire que chaque filtre supplémentaire est basé sur le filtre actif, ce qui réduit encore davantage le sous-ensemble de données.

Vous pouvez poser un critère de contenu et un critère de mise en forme sur des colonnes différentes.

Effacer un filtre

Il s'agit tout simplement d'afficher de nouveau toutes les données.

- Pour désactiver un filtre sur une colonne, ouvrez la liste déroulante associée à la colonne et activez l'option **Effacer le filtre de** suivie du nom de la colonne.
- Pour désactiver tous les filtres, désactivez le filtrage automatique ou cliquez sur le bouton **Trier et filtrer** du groupe **Édition** de l'onglet **Accueil** puis cliquez sur l'option **Effacer**.

Filtrer des données à l'aide d'un filtre complexe

Un filtre complexe nécessite la création d'une zone de critères dans laquelle vous allez vous-même saisir les critères de filtre. Vous pourrez ensuite filtrer les données directement dans la liste mais aussi les copier à un autre endroit.

Créer une zone de critères

- Prévoyez quelques lignes et colonnes vierges au-dessus ou à côté de la liste des données à filtrer.
- Dans la première de ces lignes vides, saisissez ou copiez le nom des colonnes qui serviront à définir les critères.
- Sur les lignes situées en dessous, saisissez les critères à respecter en prêtant attention aux consignes suivantes :
  - pour relier des critères par le OU logique, saisissez-les sur plusieurs lignes,
  - pour relier des critères par le ET logique, saisissez-les sur plusieurs colonnes,
  - pour relier des critères par le ET et le OU logiques, saisissez-les sur plusieurs colonnes et lignes.

Exemples :

	A
1	Classe
2	T302
3	T101

Cette zone de critères permet de filtrer les élèves qui sont dans les classes T302 ou T101.

	A	B	C	D	E	F	G	H	I
1	Classe	Nom	Prénom	Date de naissance	Expression orale (25)	Expression écrite (20)	Lecture (20)	Ecriture (25)	RÉSULTAT
2	T302			>=01/01/1988					>=50

Cette zone de critères permet de filtrer les élèves de la classe T302 nés après le 1er janvier 1988 et qui ont un résultat supérieur ou égal à 50.

	A	B	C	D	E	F	G	H	I
1	Classe	Nom	Prénom	Date de naissance	Expression orale (25)	Expression écrite (20)	Lecture (20)	Ecriture (25)	RÉSULTAT
2	T302			>=01/01/1988					>=50
3	T101			>=01/01/1988					>=50

Cette zone de critères permet de filtrer les élèves de la classe T302 et de la classe T101, nés après le 1er janvier 1988 et qui ont un résultat supérieur ou égal à 50.

Filtrer des données selon une zone de critères

- Cliquez dans l'une des cellules du tableau contenant les données à filtrer.
- Activez l'onglet **Données** et cliquez sur le bouton **Avancé** du groupe **Trier et filtrer**.

  La boîte de dialogue ***Filtre avancé*** *s'affiche ; l'option* ***Filtrer la liste sur place*** *y est présélectionnée.*
- Précisez, si besoin, les références des cellules contenant les données à extraire dans la zone **Plages**.
- Cliquez dans la zone **Zone de critères** puis cliquez sur le bouton pour sélectionner la zone de critères préalablement créée ; cliquez ensuite sur le bouton pour agrandir à nouveau la boîte de dialogue.

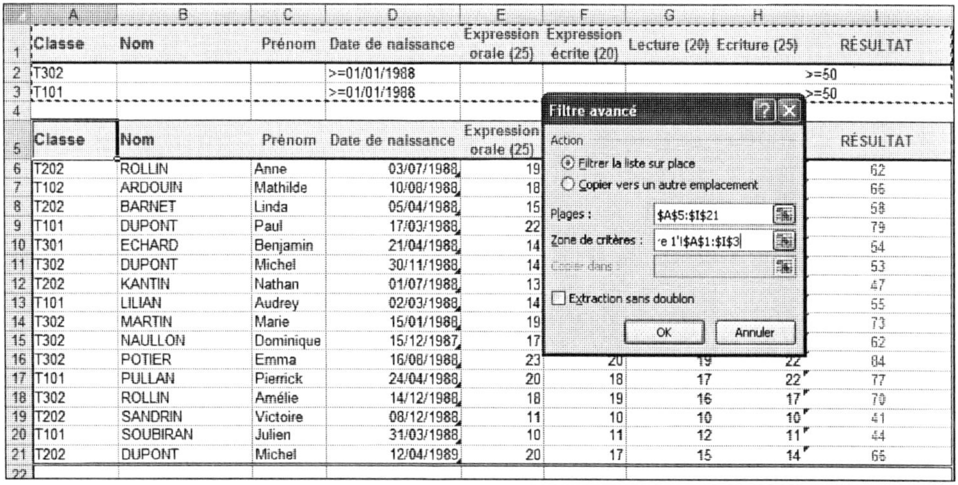

- Activez l'option **Extraction sans doublon** pour filtrer les fiches en retirant les doublons.
- Cliquez sur le bouton **OK**.

  Seules les lignes répondant aux critères sont affichées.
- Pour afficher à nouveau toutes les lignes, effacez le filtre : cliquez sur le bouton **Effacer** du groupe **Trier et filtrer** de l'onglet **Données**.

Copier des données répondant à un filtre élaboré

- Prévoyez un emplacement vierge, proche du tableau d'origine.
- Créez, si besoin, une zone de critères.
- Cliquez dans l'une des cellules du tableau contenant les données à copier.
- Cliquez sur le bouton **Avancé** du groupe **Trier et filtrer** de l'onglet **Données.**
- Activez l'option **Copier vers un autre emplacement.**
- Précisez, si besoin, les références du tableau (**Plages**) et de la zone de critères (**Zone de critères**).
- Accédez à la zone **Copier dans** puis cliquez sur le bouton  pour sélectionner la cellule supérieure gauche de la zone dans laquelle vous souhaitez copier les lignes ; cliquez ensuite sur le bouton  pour agrandir à nouveau la boîte de dialogue.
- Cliquez sur le bouton **OK.**

Créer un plan

Un plan vous permet de visualiser ou d'imprimer uniquement les résultats principaux d'un tableau sans le détail des données.

Automatiquement

Si vous avez synthétisé votre tableau à l'aide de formules (somme, moyenne...), vous pouvez créer un plan automatique.

- Sélectionnez le tableau concerné.
- Activez l'onglet **Données** et ouvrez la liste associée au bouton **Grouper** du groupe **Plan** puis activez l'option **Plan automatique**.

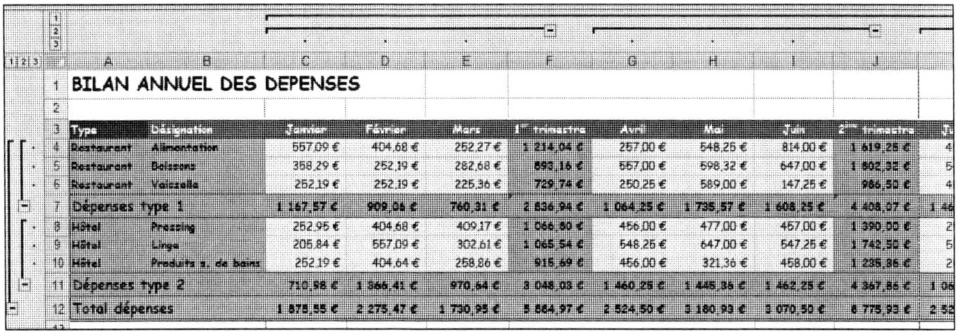

	A	B	C	D	E	F	G	H	I	J
1	BILAN ANNUEL DES DEPENSES									
2										
3	Type	Désignation	Janvier	Février	Mars	1er trimestre	Avril	Mai	Juin	2ème trimestre
4	Restaurant	Alimentation	557,09 €	404,68 €	252,27 €	1 214,04 €	257,00 €	548,25 €	814,00 €	1 619,25 €
5	Restaurant	Boissons	358,29 €	252,19 €	282,68 €	893,16 €	557,00 €	598,32 €	647,00 €	1 802,32 €
6	Restaurant	Vaisselle	252,19 €	252,19 €	225,36 €	729,74 €	250,25 €	589,00 €	147,25 €	986,50 €
7	Dépenses type 1		1 167,57 €	909,06 €	760,31 €	2 836,94 €	1 064,25 €	1 735,57 €	1 608,25 €	4 408,07 €
8	Hôtel	Pressing	252,95 €	404,68 €	409,17 €	1 066,80 €	456,00 €	477,00 €	457,00 €	1 390,00 €
9	Hôtel	Linge	205,84 €	557,09 €	302,61 €	1 065,54 €	548,25 €	647,00 €	547,25 €	1 742,50 €
10	Hôtel	Produits s. de bains	252,19 €	404,64 €	258,86 €	915,69 €	456,00 €	321,36 €	458,00 €	1 235,36 €
11	Dépenses type 2		710,98 €	1 366,41 €	970,64 €	3 048,03 €	1 460,25 €	1 445,36 €	1 462,25 €	4 367,86 €
12	Total dépenses		1 878,55 €	2 275,47 €	1 730,95 €	5 884,97 €	2 524,50 €	3 180,93 €	3 070,50 €	8 775,93 €

Des boutons, permettant de gérer les différents niveaux du plan, apparaissent à gauche et/ou au-dessus de la feuille de calcul. Ce plan est composé de trois niveaux : le niveau 3 correspond aux lignes de détail (ligne 4 à 6 et 8 à 10), le niveau 2 correspond aux totaux par type de dépenses (lignes 7 et 11). Le niveau 1 correspond au total des dépenses (ligne 12). Tous les niveaux sont ici développés.

Si vous ne visualisez pas les symboles du plan et , cliquez sur le bouton **Microsoft Office** puis sur le bouton **Options Excel** ; dans la catégorie **Options avancées**, faites défiler les options jusqu'au groupe **Afficher les options pour cette feuille de calcul** et activez l'option **Afficher les symboles du plan si un plan est appliqué**.

Manuellement

- Sélectionnez les lignes (colonnes) adjacentes devant faire partie d'un même niveau de plan.

  Dans la sélection, n'incluez pas l'éventuelle ligne de synthèse associée à la sélection.

- Activez l'onglet **Données** et cliquez sur l'outil **Grouper** du groupe **Plan**.
- Pour insérer une colonne (ligne) dans le groupe de niveau précédent, sélectionnez la colonne (ou la ligne) puis cliquez à nouveau sur le bouton **Grouper** du groupe **Plan**.
- Pour retirer une colonne (ligne) d'un groupe, sélectionnez la colonne (ou la ligne) puis cliquez sur le bouton **Dissocier** du groupe **Plan**.
- Utilisez les boutons et pour réduire ou développer le plan.

Utiliser le plan

- Pour masquer les colonnes ou les lignes subordonnées, cliquez sur le bouton correspondant.
- Pour masquer tous les groupes de même niveau, cliquez sur le bouton numéroté correspondant au niveau.

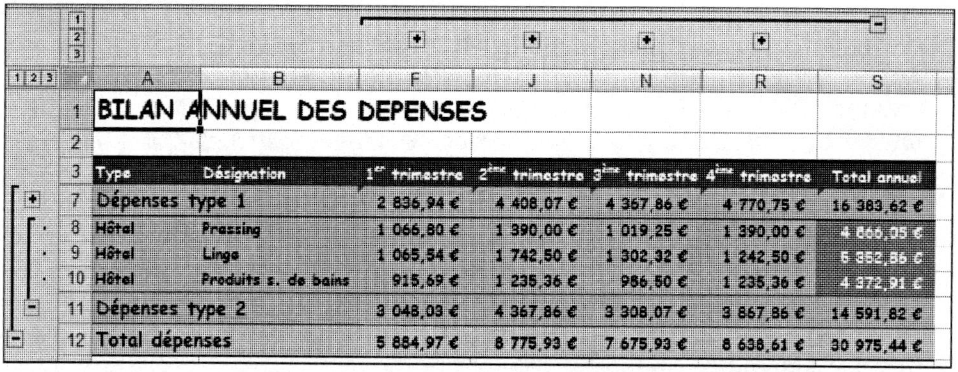

	A	B	F	J	N	R	S
1	BILAN ANNUEL DES DEPENSES						
2							
3	Type	Désignation	1er trimestre	2ème trimestre	3ème trimestre	4ème trimestre	Total annuel
7	Dépenses type 1		2 836,94 €	4 408,07 €	4 367,86 €	4 770,75 €	16 383,62 €
8	Hôtel	Pressing	1 066,80 €	1 390,00 €	1 019,25 €	1 390,00 €	4 866,05 €
9	Hôtel	Linge	1 065,54 €	1 742,50 €	1 302,32 €	1 242,50 €	5 352,86 €
10	Hôtel	Produits s. de bains	915,69 €	1 235,36 €	986,50 €	1 235,36 €	4 372,91 €
11	Dépenses type 2		3 048,03 €	4 367,86 €	3 308,07 €	3 867,86 €	14 591,82 €
12	Total dépenses		5 884,97 €	8 775,93 €	7 675,93 €	8 638,61 €	30 975,44 €

Sur l'écran précédent, les lignes et les colonnes appartenant au niveau 3 ne sont plus visibles. Les boutons se transforment en .

- Pour réafficher les colonnes ou lignes subordonnées, cliquez sur chaque bouton , ou cliquez sur le bouton correspondant au niveau suivant.

Détruire un plan

- Activez la feuille contenant le plan.
- Activez l'onglet **Données** et ouvrez la liste associée au bouton **Dissocier** du groupe **Plan** puis activez l'option **Effacer le plan**.

Si vous supprimez un plan alors que les données de détail sont masquées, il est possible que les lignes ou les colonnes de détail restent masquées. Dans ce cas, pour afficher de nouveau les données, sélectionnez les lignes ou les colonnes visibles, ouvrez leur menu contextuel et activez l'option **Afficher**.

L'impression des données

huitième partie

Modifier les options de mise en page

Modifier les marges d'impression

- Activez la feuille concernée puis l'onglet **Mise en page**.
- Cliquez sur le bouton **Marges** du groupe **Mise en page**.
- Choisissez des marges **Normales**, **Larges** ou **Étroites**.

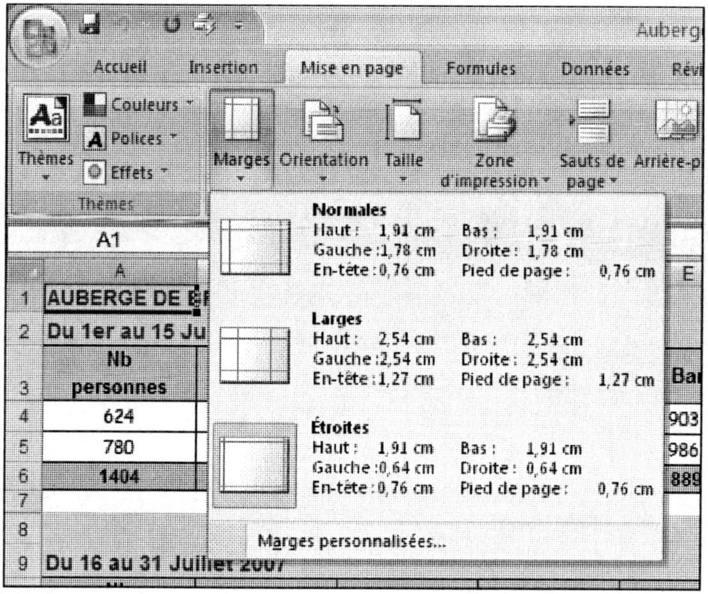

Les dimensions de chacune de ces types de marges sont précisées.

- Pour personnaliser les dimensions des marges, cliquez sur le bouton **Marges** du groupe **Mise en page** puis cliquez sur l'option **Marges personnalisées**.

  *La boîte de dialogue **Mise en page** s'ouvre et l'onglet **Marges** y est actif.*

  Précisez les valeurs des marges dans les zones **Haut**, **Gauche**, **Droite** et/ou **Bas**.

  Activez l'option **Horizontalement** et/ou **Verticalement** pour centrer le tableau dans la largeur et/ou la hauteur de la page.

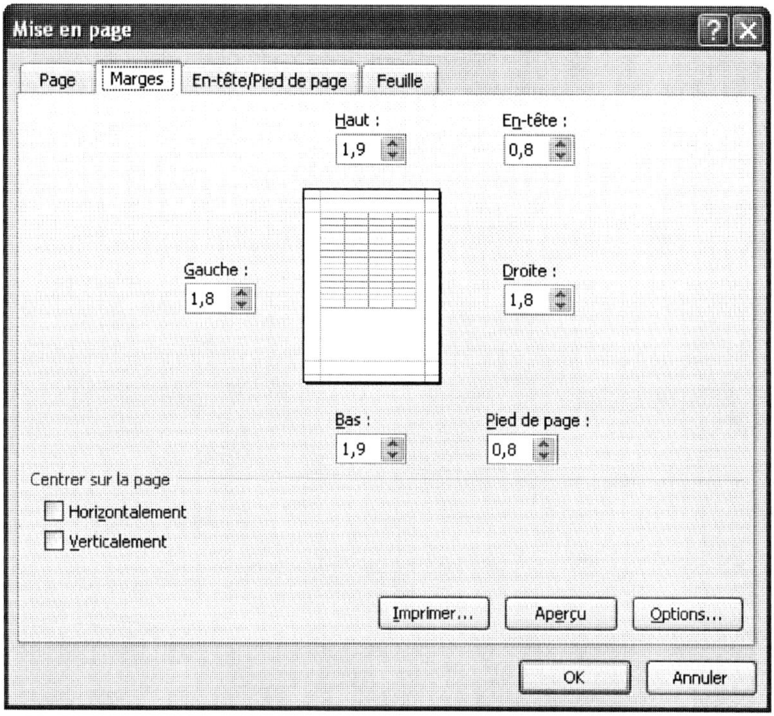

- Cliquez sur le bouton **OK**.

Vous pouvez aussi activer le mode **Mise en page** et pointer la bordure de la zone de marge à modifier dans la règle ; lorsque le pointeur de la souris apparaît sous la forme d'une flèche à deux têtes, cliquez et faites glisser de façon à dimensionner la marge comme vous le souhaitez (une info-bulle s'affiche et indique la taille de la marge).

Modifier l'orientation des pages

- Activez la feuille concernée puis l'onglet **Mise en page**.
- Cliquez sur le bouton **Orientation** du groupe **Mise en page**.
- Choisissez l'option **Portrait** ou **Paysage**.

Définir le format du papier

- Activez la feuille concernée puis l'onglet **Mise en page**.
- Cliquez sur le bouton **Taille** du groupe **Mise en page**.

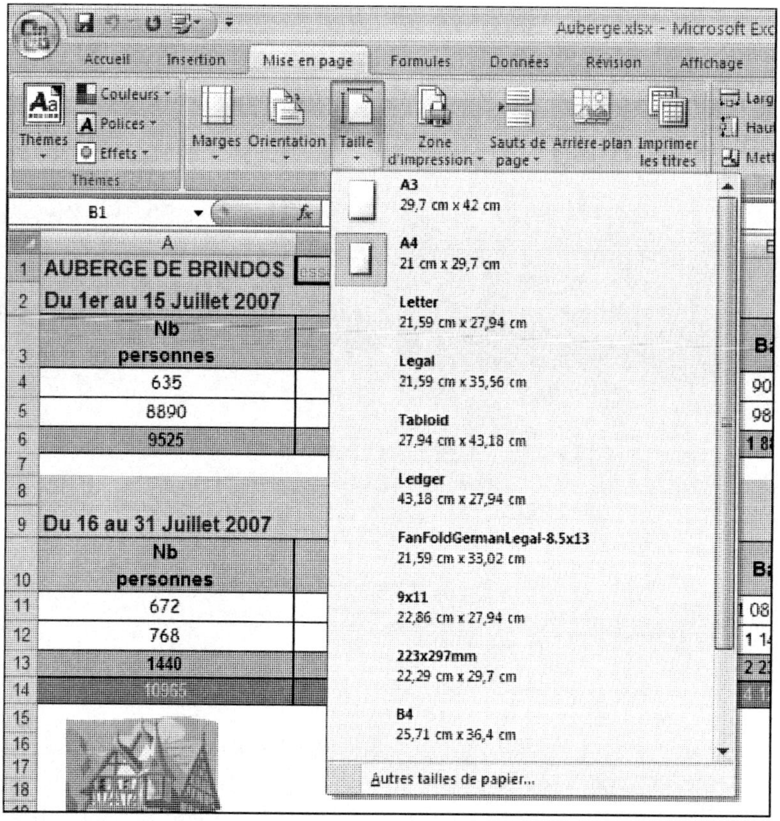

- Choisissez parmi les options proposées ou cliquez sur l'option **Autres tailles de papier** pour ouvrir la boîte de dialogue **Mise en page** et choisir l'option voulue dans la liste **Format du papier**.

Modifier l'échelle d'impression

- Activez la feuille concernée puis l'onglet **Mise en page**.
- Pour réduire la largeur de la feuille imprimée afin d'y inclure un nombre maximum de pages, ouvrez la liste associée au bouton **Largeur** du groupe **Mise à l'échelle** et cliquez sur le nombre de pages souhaité.

- Pour réduire la hauteur de la feuille imprimée afin d'y inclure un nombre maximum de pages, ouvrez la liste associée au bouton **Hauteur** du groupe **Mise à l'échelle** et cliquez sur le nombre de pages souhaité.
- Pour étirer ou réduire la feuille imprimée en fonction d'un pourcentage de sa taille réelle, sélectionnez le pourcentage souhaité dans la zone **Mettre à l'échelle** du groupe **Mise à l'échelle.**

Pour retrouver les dimensions d'origine de la feuille, sélectionnez les options **Automatique** dans les listes **Largeur** et **Hauteur** du groupe **Mise à l'échelle.**

<u>Imprimer le quadrillage/les numéros de ligne et les lettres de colonnes</u>

- Activez la feuille concernée puis l'onglet **Mise en page**.
- Pour imprimer le quadrillage de la feuille, activez l'option **Imprimer** de la zone **Quadrillage** du groupe **Options de la feuille de calcul**.

  Même si vous n'avez pas appliqué de bordures aux cellules renseignées, celles-ci seront imprimées avec une bordure simple.

  *L'option **Afficher** de cette zone correspond à l'option **Quadrillage** de l'onglet **Affichage**, groupe **Afficher/masquer** et permet la visualisation du quadrillage des cellules dans la feuille de calcul.*
- Pour imprimer les lettres représentatives des colonnes et les numéros représentatifs des lignes, activez l'option **Imprimer** de la zone **En-têtes** du groupe **Options de la feuille de calcul**.

  *L'option **Afficher** de cette zone correspond à l'option **Titres** de l'onglet **Affichage**, groupe **Afficher/masquer** et permet la visualisation des numéros de lignes et des lettres des colonnes dans la feuille de calcul.*

Créer une zone d'impression

Si vous ne souhaitez pas imprimer toute la feuille de calcul, vous pouvez définir une zone d'impression ; cette zone correspond à la partie de la feuille qui sera imprimée.

- Sélectionnez la zone à imprimer.
- Activez, si besoin, l'onglet **Mise en page**.
- Cliquez sur le bouton **Zone d'impression** du groupe **Mise en page** puis sur l'option **Définir**.

La zone d'impression ainsi définie apparaît entourée de pointillés. Lorsqu'une nouvelle zone d'impression est définie, Excel remplace la dernière zone créée par la nouvelle.

- Pour ajouter une autre partie à imprimer, sélectionnez-la et cliquez sur le bouton **Zone d'impression** puis sur l'option **Ajouter à la zone d'impression**. Faites la même chose pour chaque zone à ajouter.

  Les différentes zones d'impression seront imprimées sur des pages différentes.

- Pour supprimer la zone d'impression, cliquez sur le bouton **Zone d'impression** puis sur l'option **Annuler**.

  Si vous avez ajouté d'autres zones à la première zone d'impression, elles sont toutes supprimées.

Insérer/supprimer un saut de page manuel

Il s'agit d'imposer vos propres ruptures de page, appelées saut de page manuel.

- Activez la cellule à partir de laquelle les données seront imprimées sur une nouvelle page.

  Le saut de page sera inséré au-dessus et à gauche de la cellule active.

- Activez l'onglet **Mise en page** et cliquez sur le bouton **Sauts de page** du groupe **Mise en page** puis sur l'option **Insérer un saut de page**.

  Des lignes de pointillés matérialisent ce saut de page.

- Pour supprimer un saut de page, activez une cellule de la ligne et/ou de la colonne qui le suit puis cliquez sur le bouton **Sauts de page** et sur l'option **Supprimer le saut de page**.

- Pour supprimer tous les sauts de page manuels, activez n'importe quelle cellule de la feuille puis cliquez sur le bouton **Sauts de page** et sur l'option **Rétablir tous les sauts de page**.

Nous vous rappelons qu'en mode **Aperçu des sauts de page**, onglet **Affichage** vous pouvez déplacer les sauts de page (cf. Partie 1 - Chapitre Affichage).

Répéter des lignes/des colonnes sur chaque page

Cette technique permet d'imprimer une ou plusieurs mêmes lignes et/ou colonnes sur chaque page imprimée.

- Activez l'onglet **Mise en page** et cliquez sur le bouton **Imprimer les titres** du groupe **Mise en page**.

  *La boîte de dialogue **Mise en page** s'ouvre et l'onglet **Feuille** y est actif.*

- Cliquez sur le bouton de la zone **Lignes à répéter en haut** et/ou de la zone **Colonnes à répéter à gauche**, selon le cas, pour réduire la boîte de dialogue.
- Sélectionnez dans la feuille, la ou les lignes ou colonnes à répéter (le pointeur de la souris se transforme en flèche noire).

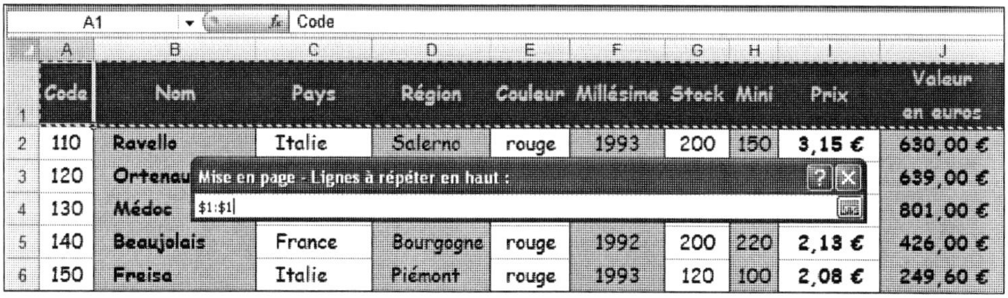

Sur cet exemple, la ligne 1 sera imprimée sur toutes les pages.

- Cliquez sur le bouton pour afficher à nouveau la boîte de dialogue en entier.
- Cliquez sur le bouton **OK**.

Créer et gérer des en-têtes et des pieds de page

Le contenu de l'en-tête est imprimé en haut de chaque page tandis que le contenu du pied de page est imprimé en bas de chaque page. Pour chaque en-tête ou pied de page, vous disposez de trois zones de texte : à gauche, au centre et à droite.

Accéder à la création/la modification des en-têtes/pieds de page

- Activez la feuille concernée puis choisissez l'une des techniques suivantes :
  - En mode Normal, activez l'onglet **Insertion** et cliquez sur le bouton **En-tête et pied de page** du groupe **Texte**.

Cette technique active systématiquement le mode Mise en page.

- En mode Mise en page, cliquez dans la zone située au centre dans la marge du haut, dans laquelle apparaît le texte **Cliquez ici pour ajouter un en-tête.**

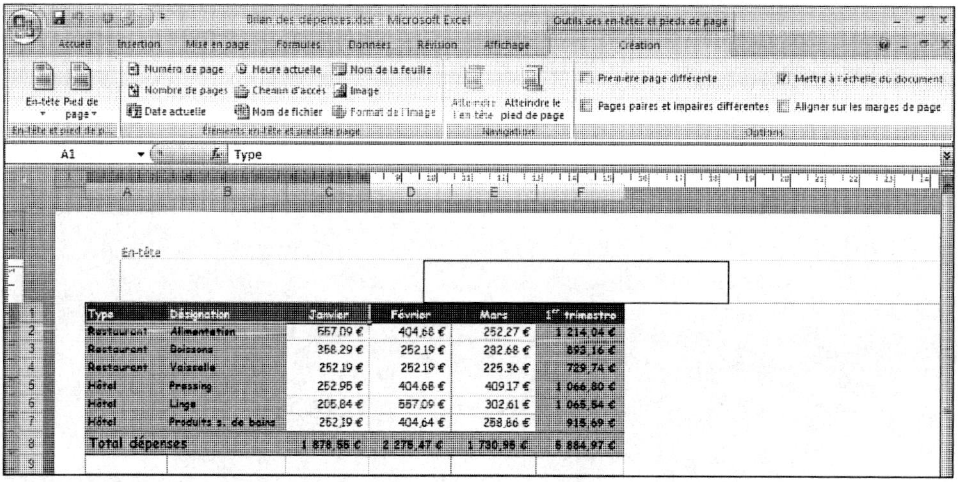

*Le point d'insertion clignote dans la zone centrale de l'**En-tête** et l'onglet spécifique **Outils des en-têtes et pieds de page - Création** s'affiche.*

- Pour activer une des deux autres zones de texte, cliquez à l'intérieur ou utilisez la touche ⇆.
- Pour basculer de l'en-tête au pied de page, cliquez sur le bouton **Atteindre le pied de page** du groupe **Navigation** ; pour réactiver l'en-tête, cliquez alors sur le bouton **Atteindre l'en-tête.**
- Pour quitter l'en-tête ou le pied de page, cliquez dans la feuille de calcul ou faites Echap.

Insérer un en-tête/pied de page prédéfini

Il s'agit d'insérer des textes proposés par Excel en en-tête et/ou en pied de page dans des zones déterminées.

- Accédez à la zone d'en-tête ou de pied de page.
- Pour insérer un en-tête, ouvrez la liste **En-tête** du groupe **En-tête et pied de page** de l'onglet **Outils des en-têtes et pieds de page** ; pour insérer un pied de page, ouvrez la liste **Pied de page.**

Lorsqu'Excel propose un seul contenu, il apparaîtra dans la zone centrale ; lorsque plusieurs contenus sont proposés, ils sont séparés par des points-virgules et s'affichent dans les zones de gauche, centrale et/ou droite.

*L'option **(aucun)** permet d'effacer l'en-tête ou le pied de page.*

- Cliquez sur le contenu voulu.

Quelle que soit la position de départ, Excel insère l'en-tête et/ou le pied de page dans des zones déterminées.

Insérer un en-tête/pied de page personnalisé

- Accédez à la zone d'en-tête ou de pied de page puis activez la zone de texte concernée en cliquant dessus.
- Saisissez le texte que vous souhaitez ; utilisez la touche Entrée pour créer plusieurs lignes.

*Pour insérer le signe & (et commercial) dans le texte d'un en-tête ou d'un pied de page, tapez-le à deux reprises. Pour inclure "Sous-traitants & services" dans un en-tête, par exemple, tapez **Sous-traitants && services**.*

- Pour insérer des contenus particuliers, cliquez sur le bouton correspondant du groupe **Éléments en-tête et pied de page** de l'onglet **Outils des en-têtes et pieds de page** : **Numéro de page**, **Nombre de pages**, **Date actuelle**, **Heure actuelle**, **Chemin d'accès** (pour insérer le chemin d'accès et le nom du fichier actif), **Nom de fichier** ou **Nom de la feuille**.

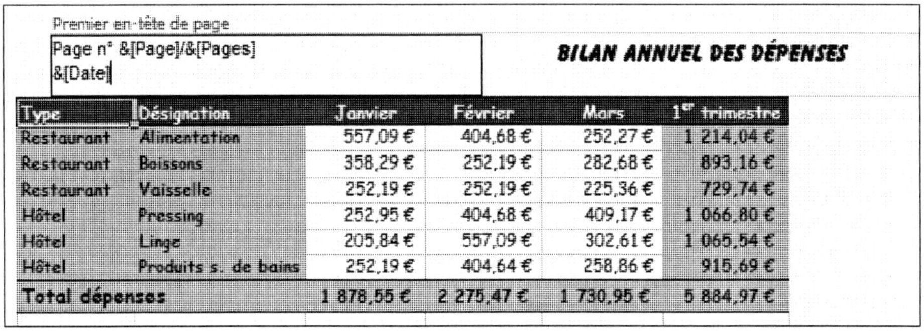

Type	Désignation	Janvier	Février	Mars	1er trimestre
Restaurant	Alimentation	557,09 €	404,68 €	252,27 €	1 214,04 €
Restaurant	Boissons	358,29 €	252,19 €	282,68 €	893,16 €
Restaurant	Vaisselle	252,19 €	252,19 €	225,36 €	729,74 €
Hôtel	Pressing	252,95 €	404,68 €	409,17 €	1 066,80 €
Hôtel	Linge	205,84 €	557,09 €	302,61 €	1 065,54 €
Hôtel	Produits s. de bains	252,19 €	404,64 €	258,86 €	915,69 €
Total dépenses		1 878,55 €	2 275,47 €	1 730,95 €	5 884,97 €

Chaque contenu particulier correspond à un code qui apparaît entre crochets.

- Pour mettre en valeur les caractères, sélectionnez-les et utilisez les outils de l'onglet **Accueil**.

Définir les options des en-têtes/pieds de page

- Accédez à la zone d'en-tête ou de pied de page de la feuille concernée.
- Activez les options suivantes du groupe **Options** de l'onglet **Outils des en-têtes et pieds de page** :

  Première page différente pour différencier l'en-tête et le pied de page de la première page imprimée ; dans ce cas, précisez l'en-tête et/ou le pied de page sur la première page puis sur une des autres pages.

  Pages paires et impaires différentes pour insérer un en-tête ou un pied de page différent sur les pages paires ou impaires ; dans ce cas, précisez l'en-tête et/ou le pied de page sur une des pages impaires puis sur une des pages paires.

  Mettre à l'échelle du document pour utiliser la même taille de police et la même échelle que celle de la feuille de calcul.

  Aligner sur les marges de pages pour aligner la marge de l'en-tête ou du pied de page avec les marges droite et gauche de la feuille de calcul.

Supprimer des en-têtes/pieds de page

- Accédez à la zone d'en-tête ou de pied de page de la feuille concernée.
- Sélectionnez le contenu à supprimer et faites [Suppr]
  ou
  Ouvrez la liste **En-tête** ou **Pied de page** du groupe **En-tête et pied de page** de l'onglet **Outils des en-têtes et pieds de page** et activez l'option **(aucun)**.

Créer un filigrane

Contrairement à l'arrière-plan de feuille qui ne peut s'imprimer, Microsoft Office Excel 2007 vous offre la possibilité d'insérer une image en en-tête ou en pied de page afin de pouvoir l'imprimer derrière le texte de la feuille.

- Accédez à la création ou à la modification de l'en-tête ou du pied de page pour la feuille de calcul concernée, puis cliquez dans la zone de texte qui contiendra l'image.
- Cliquez sur le bouton **Image** du groupe **Éléments en-tête et pied de page** de l'onglet **Outils des en-têtes et pieds de page**.

  *La boîte de dialogue **Insérer une image** s'affiche.*
- Accédez au dossier contenant l'image à mettre en filigrane.
- Faites un double clic sur le nom de l'image.

- Pour redimensionner l'image ou la mettre à l'échelle, cliquez sur le bouton **Format de l'image** du groupe **Éléments en-tête et pied de page**, puis dans la boîte de dialogue **Format de l'image**, sélectionnez les options désirées dans l'onglet **Dimension** ; cliquez sur le bouton **OK**.

Utiliser la technique des vues

*Une **vue** permet de mémoriser une zone d'impression, des paramètres de mise en page, des paramètres de filtre, des lignes et colonnes masquées. En activant la vue, les options mémorisées sont alors automatiquement activées.*

Créer une vue

- Préparez l'impression de la feuille (la mise en page, la zone d'impression, le masquage des colonnes...).
- Activez l'onglet **Affichage** et cliquez sur le bouton **Affichages personnalisés** du groupe **Affichages classeur**.
- Cliquez sur le bouton **Ajouter**.
- Saisissez le **Nom** de la vue en cours de création.
- Précisez si la vue doit mémoriser les **Paramètres d'impression** et les **Paramètres masqués des lignes, colonnes et filtres** en cochant la ou les options correspondantes.

- Validez.

Utiliser une vue

- Activez l'onglet **Affichage** et cliquez sur le bouton **Affichages personnalisés** du groupe **Affichages classeur**.

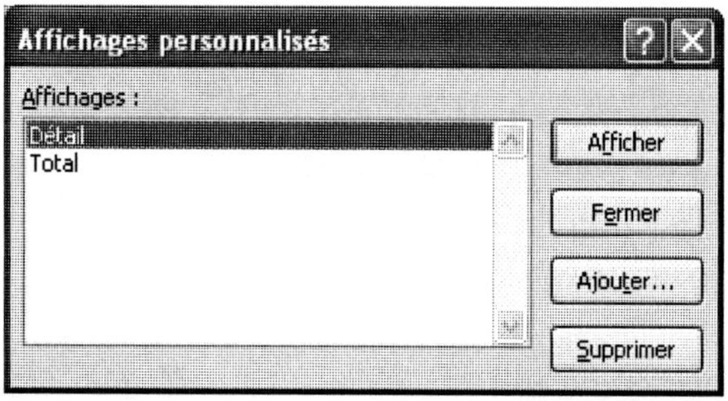

- Cliquez sur le nom de la vue à utiliser puis sur le bouton **Afficher**.

Le bouton **Supprimer** permet de supprimer la vue sélectionnée dans la liste **Affichages**.

Utiliser l'aperçu avant impression

Il s'agit de visualiser les feuilles du classeur telles qu'elles seront imprimées.

- Activez la feuille à visualiser.
- Cliquez sur le bouton **Microsoft Office** puis ouvrez la liste associée à l'option **Imprimer** et cliquez sur l'option **Aperçu avant impression** ou faites Ctrl F2.

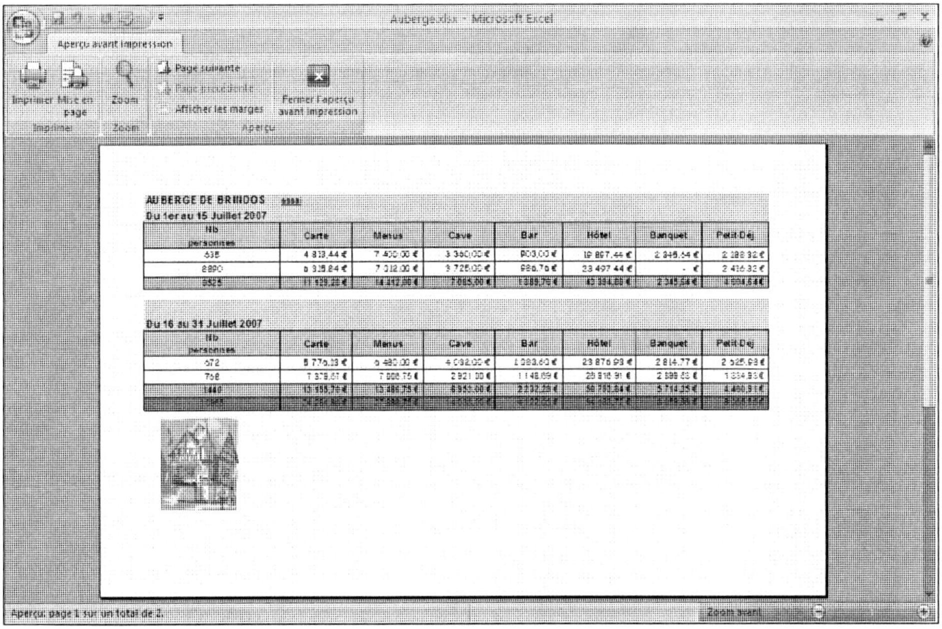

L'image réduite de la feuille telle qu'elle sera imprimée est proposée. Sur la barre d'état, Excel affiche le numéro de la page en cours et le nombre total de pages qui seront imprimées.

- Pour zoomer un aperçu, placez la souris sur la partie à agrandir puis cliquez.

Avant de cliquer, la souris se présentait sous la forme d'une loupe ; en mode zoom, elle est matérialisée par une flèche.

- Pour revenir en vision réduite, cliquez sur la page.
- Pour afficher une autre page, utilisez les boutons **Page suivante** et **Page précédente**.

En vision réduite du document vous pouvez également utiliser la barre de défilement vertical pour changer de page.

- Pour modifier les marges et largeurs des colonnes, cliquez sur le bouton **Afficher les marges**.

  Différentes poignées font leur apparition :

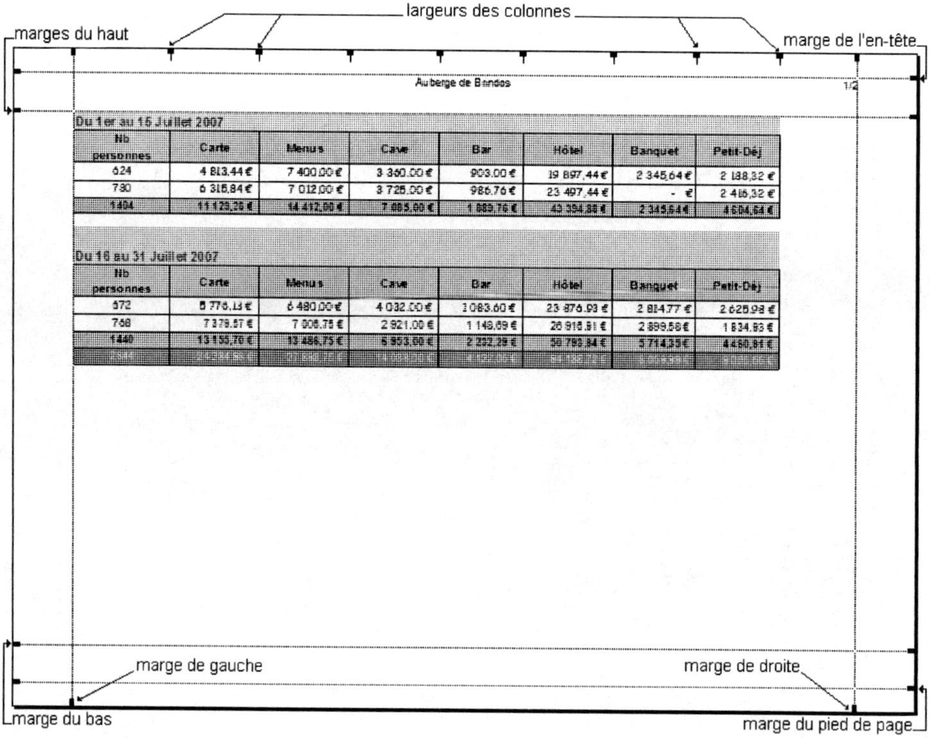

  Faites glisser la poignée de votre choix.

- Pour lancer l'impression, cliquez sur le bouton **Imprimer** puis, après avoir vérifié les options d'impression, cliquez sur le bouton **OK** de la boîte de dialogue **Imprimer**.

- Pour quitter l'aperçu, cliquez sur le bouton **Fermer l'aperçu avant impression** ou appuyez sur la touche [Echap].

Le bouton **Mise en page** ouvre la boîte de dialogue du même nom et permet de modifier les options de mise en page (orientation, échelle d'impression, format du papier...), les marges, les en-têtes et pieds de page et les options d'impression de la feuille (titres à répéter, sens de l'impression...).

Lancer l'impression d'une feuille

- Activez la feuille à imprimer.
- Cliquez sur l'outil **Impression rapide** qui apparaît sur la barre d'outils **Accès rapide** ; s'il n'apparaît pas, ajoutez-le en cliquant sur le bouton **Personnaliser la barre d'outils Accès rapide** et en activant l'option **Impression rapide**.

  *Pendant un instant, Excel offre la possibilité d'**Annuler** la demande d'impression ; les données sont ensuite transmises au Gestionnaire d'impression de Windows, puis la ou les pages correspondant à la feuille active sont imprimées.*

  L'outil permet d'imprimer selon les paramètres de mise en page actifs.

Imprimer un classeur

- Cliquez sur le bouton **Microsoft Office** puis sur l'option **Imprimer** ou faites Ctrl **P**.

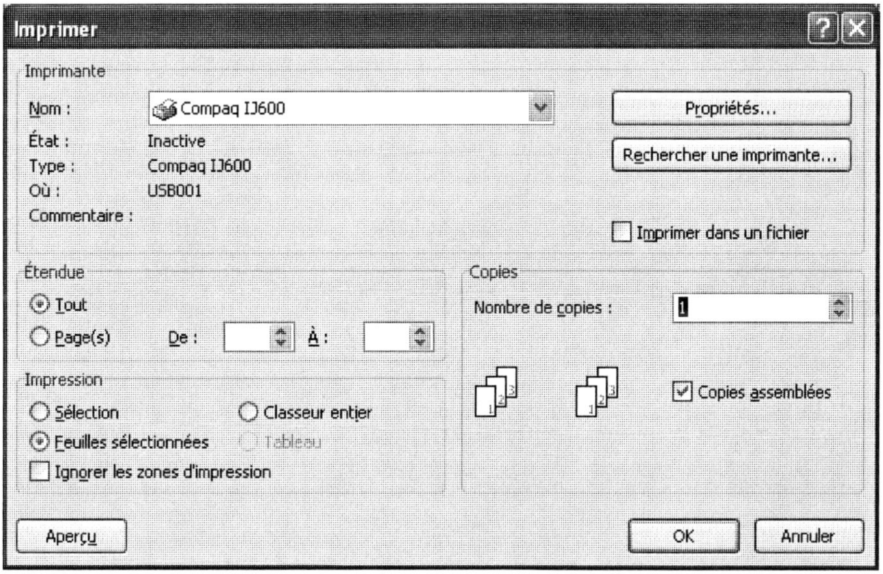

*L'option **Feuilles sélectionnées** (active par défaut) du cadre **Impression**, permet d'imprimer les éléments de la feuille active ou des éventuelles feuilles sélectionnées.*

- Pour imprimer la plage de cellules sélectionnée dans la feuille active, activez l'option **Sélection** du cadre **Impression**.

  Pour imprimer toutes les feuilles du classeur actif, activez l'option **Classeur entier**.

- Activez l'option **Ignorer les zones d'impression** si la feuille de calcul contient des zones d'impression et que Excel ne doit pas en tenir compte.

- Pour imprimer un groupe de pages, saisissez le numéro de la première page dans la zone **De** du cadre **Étendue** et saisissez le numéro de la dernière page à imprimer dans la zone **À**.

- Si vous désirez obtenir plusieurs exemplaires de votre impression, dans le cadre **Copies**, saisissez le **Nombre de copies**.

  Si votre impression comporte plusieurs pages et que vous en demandez plusieurs exemplaires, l'option ***Copies assemblées*** *permet l'impression d'un exemplaire complet avant l'impression de la première page de l'exemplaire suivant.*

- Validez par le bouton **OK**.

Le bouton **Aperçu** de la boîte de dialogue **Imprimer** permet de lancer l'aperçu avant impression.

Les graphiques

neuvième partie

Créer un graphique

- Sélectionnez les données à représenter sous forme graphique :
  - Si les cellules concernées sont adjacentes, sélectionnez-les par cliqué-glissé,
  - Si les cellules concernées ne sont pas adjacentes, sélectionnez-les par cliqué-glissé en utilisant la touche Ctrl ; veillez à ce que les différentes plages de cellules constituent à elles toutes une forme rectangulaire,
  - Si les cellules concernées sont présentées dans un tableau de données, cliquez dans l'une de ses cellules.

	Trim 1	Trim 2
OUEST	945 000	946 000
SUD	1 013 000	1 001 000
NORD	1 157 000	1 155 000
CENTRE	1 200 000	1 162 000
EST	1 299 000	1 228 000
TOTAL	5 614 000	5 492 000

Excel considère les blocs sélectionnés comme un seul bloc rectangulaire →

	Trim 2
OUEST	946 000
SUD	1 001 000
CENTRE	1 162 000
EST	1 228 000

Dans l'exemple ci-dessus la cellule vide (en haut à gauche) doit faire partie de la sélection afin que les blocs de cellules puissent former un rectangle.

- Activez l'onglet **Insertion**.
- Dans le groupe **Graphiques**, cliquez sur le bouton correspondant au type de graphique à créer : **Colonne** (pour insérer un histogramme), **Ligne**, **Secteurs**, **Barres**, **Aires**, **Nuages de points** ou **Autres graphiques** (pour insérer un graphique de type **Stock**, **Surface**, **Anneau**, **Bulles** ou **Radar**).

Le choix du type de graphique est primordial pour représenter les données ; voici quelques indications sur la finalité de chaque type de graphique :

- *Les **histogrammes** permettent d'illustrer les variations des données sur une période donnée ou de comparer des éléments.*
- *Les **graphiques en courbes** permettent d'afficher des données continues sur une période donnée ; ils sont définis par rapport à une échelle courante et conviennent parfaitement pour représenter les tendances dans les données à des intervalles réguliers.*
- *Les **graphiques en secteur** représentent la taille des éléments d'une seule série de données par rapport à leur somme.*
- *Les **graphiques en barres** permettent de représenter les comparaisons entre différents éléments.*

- *Les **graphiques en aires** mettent en valeur l'amplitude des variations sur une période donnée et permettent d'attirer l'attention sur la valeur totale pour une tendance.*
- *Les **graphiques en nuages de points** représentent les relations entre les valeurs numériques de plusieurs séries de données.*
- *Les **graphiques boursiers** sont utilisés pour représenter la fluctuation des cotations boursières mais aussi pour représenter des données scientifiques.*
- *Les **graphiques en surface** permettent de rechercher les meilleures combinaisons entre deux ensembles de données.*
- *De même qu'un graphique en secteurs, un **graphique en anneaux** représente la relation des différentes parties au total, mais il peut contenir plusieurs séries de données.*
- *Les **graphiques en bulles** sont utilisés pour représenter des données agencées en colonnes (les valeurs X sont indiquées dans la première colonne, les valeurs Y correspondantes et les valeurs de la taille des bulles sont dans des colonnes adjacentes.*
- *Les **graphiques en radar** comparent les valeurs regroupées d'un certain nombre de séries de données.*

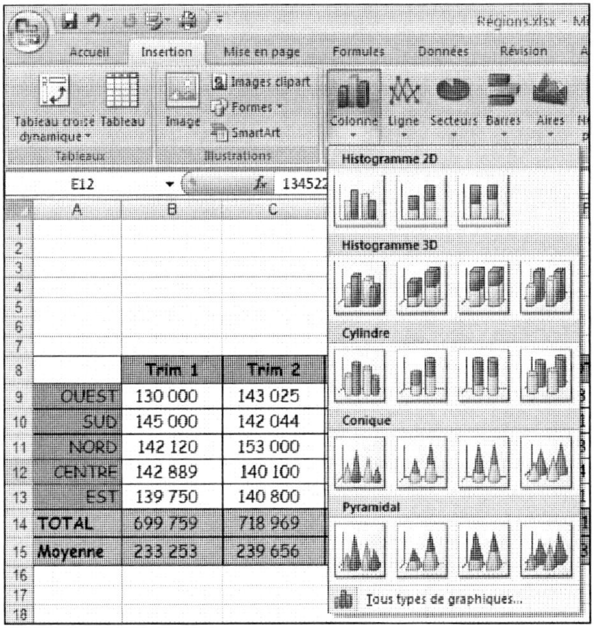

*L'option **Tous types de graphiques** que vous retrouvez à la fin de chaque menu permet d'ouvrir une boîte de dialogue affichant toutes les catégories de graphique disponibles dans Excel.*

- Cliquez sur le sous-type de graphique à créer.

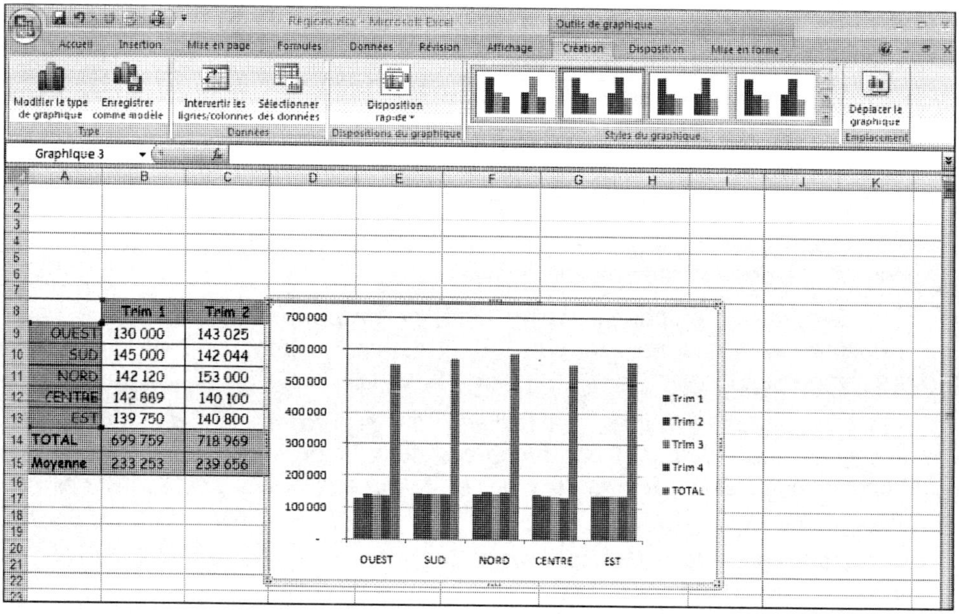

Immédiatement, le graphique apparaît dans la feuille de calcul. Les onglets spécifiques ***Création****,* ***Disposition*** *et* ***Mise en forme*** *associés à l'onglet* ***Outils de graphique*** *s'affichent.*

Lorsqu'un graphique incorporé, créé à partir de données adjacentes, est sélectionné, des plages de cellules codées par des couleurs apparaissent ; elles mettent en valeur les données de la feuille de calcul utilisées dans le graphique :

- les séries sont entourées d'un rectangle vert,

- les catégories sont entourées d'un rectangle violet,

- les points de données sont entourés d'un rectangle bleu.

- Déplacez, si besoin est, le graphique comme n'importe quel objet graphique : pointez un des bords de l'objet puis faites-le glisser. Vous pouvez aussi modifier ses dimensions en faisant glisser une des poignées.

Les graphiques créés dans une feuille de calcul sont appelés **Graphiques incorporés**, ils appartiennent à la famille des objets graphiques.

Sauf intervention de votre part, toutes modifications apportées aux données sources sont répercutées dans le graphique car ils sont liés.

Pour créer rapidement un graphique se basant sur le type de graphique par défaut, sélectionnez les données à présenter, puis appuyez sur Alt F1 pour créer un graphique incorporé ou sur F11 pour créer un graphique sur une feuille de graphique distincte.

Activer/désactiver un graphique incorporé

- Pour activer un graphique incorporé, cliquez une fois dessus de façon à sélectionner l'objet graphique ou à sélectionner un des éléments du graphique.

  *Les onglets **Outils de graphique** s'affichent à nouveau.*

- Pour désactiver un graphique incorporé, cliquez dans une cellule en-dehors du graphique.

Changer l'emplacement d'un graphique

Par défaut, un graphique est créé dans une feuille de calcul (on parle de graphique incorporé) ; vous pouvez changer son emplacement de manière à ce qu'il apparaisse dans une feuille à part entière (une feuille graphique) ou dans une autre feuille de calcul, en tant que graphique incorporé.

- S'il s'agit d'un graphique incorporé, cliquez dessus pour le sélectionner ; s'il s'agit d'un graphique existant sur une feuille graphique, cliquez sur l'onglet de la feuille pour l'activer.
- Activez l'onglet **Outils de graphique - Création** et cliquez sur le bouton **Déplacer le graphique** du groupe **Emplacement**.

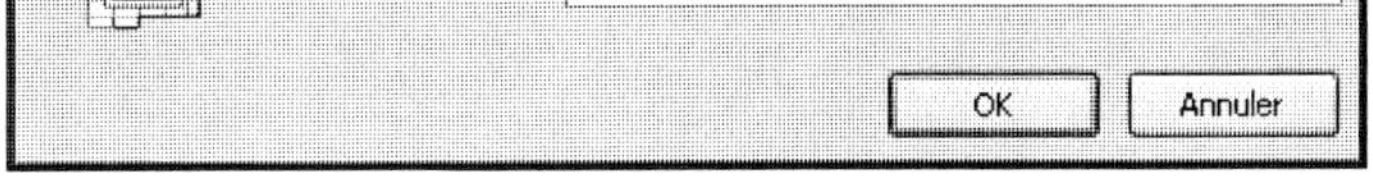

- Pour déplacer le graphique dans une feuille à part entière, activez l'option **Nouvelle feuille** et dans la zone de saisie qui suit, modifiez si besoin, le nom de cette nouvelle feuille.

Pour déplacer le graphique dans une feuille existante en tant que graphique incorporé, ouvrez la liste **Objet dans** et sélectionnez la feuille voulue.

- Cliquez sur le bouton **OK**.

Si vous avez choisi de transférer le graphique dans une nouvelle feuille, celle-ci est insérée avant la feuille active.

Inverser les données d'un graphique

Il s'agit d'inverser les séries de données et les catégories.

- Activez, si besoin est, le graphique.
- Activez l'onglet **Outils de graphique - Création** et cliquez sur le bouton **Intervertir les lignes/colonnes** du groupe **Données.**

Immédiatement, les données représentées en abscisse sont présentées en ordonnée et inversement.

Vous pouvez aussi cliquer sur le bouton **Sélectionner des données** du groupe **Données** de l'onglet **Outils de graphique - Création** puis dans la boîte de dialogue **Sélectionner la source de données** qui s'affiche, cliquer sur le bouton **Changer de ligne ou de colonne.**

Modifier la source de données du graphique

Cette technique permet de modifier les références des cellules représentées dans le graphique.

Première méthode

Cette méthode est réservée au graphique incorporé ; si vous devez ajouter des séries de données, ces dernières doivent être contigües à celles existantes sur le graphique.

- Sélectionnez la zone de graphique.

Nous vous rappelons que sur la feuille de calcul, les cellules contenant les points de données sont entourées d'un rectangle bleu.

- Faites glisser la poignée du rectangle bleu de façon à insérer ou à supprimer les valeurs des nouvelles données dans le rectangle vert.

Les titres des séries (entourés d'un rectangle vert) et les catégories (entourées d'un rectangle violet) accompagnent les modifications du rectangle bleu.

Seconde méthode

- Activez, si besoin est, le graphique.
- Activez l'onglet **Outils de graphique - Création** et cliquez sur le bouton **Sélectionner des données** du groupe **Données**.
- Dans la boîte de dialogue **Sélectionner la source de données** qui s'affiche, cliquez sur le bouton , si besoin, pour sélectionner la feuille contenant les nouvelles données à représenter, sélectionnez-les puis cliquez sur le bouton pour retrouver l'affichage de la boîte de dialogue.
- Cliquez sur le bouton **OK**.

Ajouter une ou plusieurs séries de données au graphique

- Activez, si besoin est, le graphique.
- Activez l'onglet **Outils de graphique - Création** et cliquez sur le bouton **Sélectionner des données** du groupe **Données**.

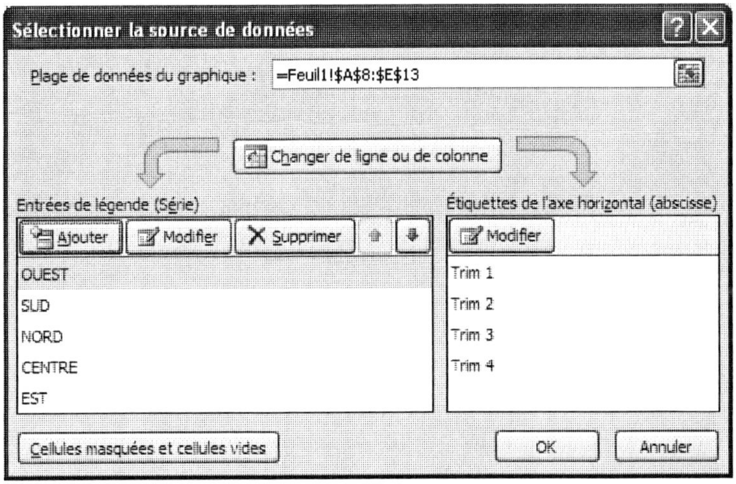

Pour ajouter plusieurs séries en une seule fois, celles-ci doivent être dans des cellules adjacentes.

- Cliquez sur le bouton **Ajouter** de la boîte de dialogue **Sélectionner la source de données.**

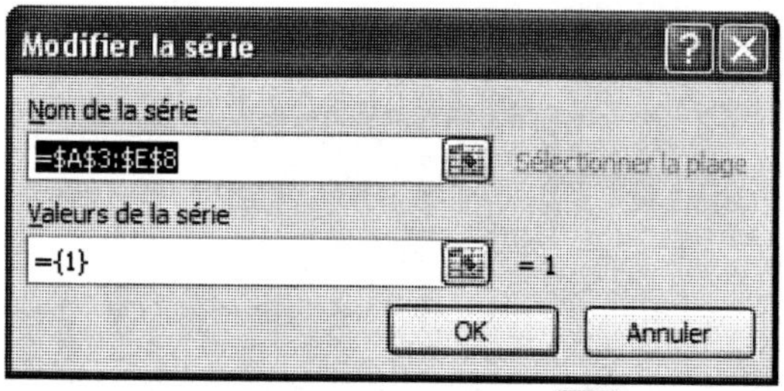

- Dans la zone **Nom de la série**, utilisez le bouton pour sélectionner la ou les cellule(s) contenant les étiquettes de(s) série(s) à ajouter.
- Dans la zone **Valeurs de la série**, utilisez le bouton pour sélectionner les cellules contenant les données numériques de(s) série(s) à ajouter.
- Cliquez sur le bouton **OK.**

Vous pouvez aussi, comme pour modifier la source des données du graphique, faire glisser le rectangle bleu (qui apparaît dans la feuille de calcul) de manière à insérer les cellules contenant les données de la nouvelle série.

Supprimer une série de données du graphique

- Activez, si besoin est, le graphique et sélectionnez la série à supprimer.
- Appuyez sur la touche Suppr.

Le bouton **Supprimer** de la boîte de dialogue **Sélectionner la source de données** permet aussi de suppriimer la série sélectionnée dans la zone **Entrées de légende (Série).**

Modifier l'ordre des séries de données du graphique

- Activez, si besoin est, le graphique.
- Activez l'onglet **Outils de graphique - Création** et cliquez sur le bouton **Sélectionner des données** du groupe **Données.**
- Cliquez sur la série dont l'ordre doit être modifié dans la partie **Entrées de légende (Série)** de la boîte de dialogue **Sélectionner la source de données.**
- Cliquez sur le bouton ou en fonction du déplacement désiré.
- Cliquez sur le bouton **OK.**

Modifier la source des étiquettes des abscisses

- Activez, si besoin est, le graphique.
- Activez l'onglet **Outils de graphique - Création** et cliquez sur le bouton **Sélectionner des données** du groupe **Données.**
- Cliquez sur le bouton **Modifier** dans la partie **Étiquettes de l'axe horizontal (abscisse).**
- Utilisez le bouton pour sélectionner les cellules contenant les étiquettes de l'axe à ajouter.
- Cliquez sur le bouton **OK** de la boîte de dialogue **Étiquettes des axes**.
- Cliquez sur le bouton **OK** de la boîte de dialogue **Sélectionner la source de données.**

Vous pouvez aussi sélectionner la première série du graphique puis modifier le deuxième argument de la fonction SERIE() visible dans la barre de formule.

Gérer les modèles de graphique

Créer un modèle de graphique permet de réutiliser un type de graphique que vous avez personnalisé.

Enregistrer un graphique comme modèle

- Cliquez sur le graphique à enregistrer en tant que modèle.
- Activez l'onglet **Outils de graphique - Création** et cliquez sur le bouton **Enregistrer comme modèle** du groupe **Type**.
- Dans la zone **Nom de fichier**, saisissez le nom à attribuer au modèle de graphique.

  Les modèles de graphique portent l'extension .crtx et sont enregistrés par défaut dans le dossier C:\Documents and Setting\Nom de l'utilisateur\Application Data\Microsoft\Templates\Charts.
- Cliquez sur le bouton **Enregistrer**.

Appliquer un modèle de graphique

- Pour créer un nouveau graphique à partir d'un modèle, activez l'onglet **Insertion**, cliquez sur un type de graphique du groupe **Graphiques** et cliquez sur l'option **Tous types de graphiques** ou cliquez sur le Lanceur de boîte de dialogue du groupe **Graphiques.**

  Pour modifier un graphique de manière à lui attribuer le modèle, activez l'onglet **Outils de graphique - Création** et cliquez sur le bouton **Modifier le type de graphique** du groupe **Type.**

- Dans la boîte de dialogue **Modifier le type de graphique** qui s'affiche, cliquez sur le dossier **Modèles** dans la partie gauche.

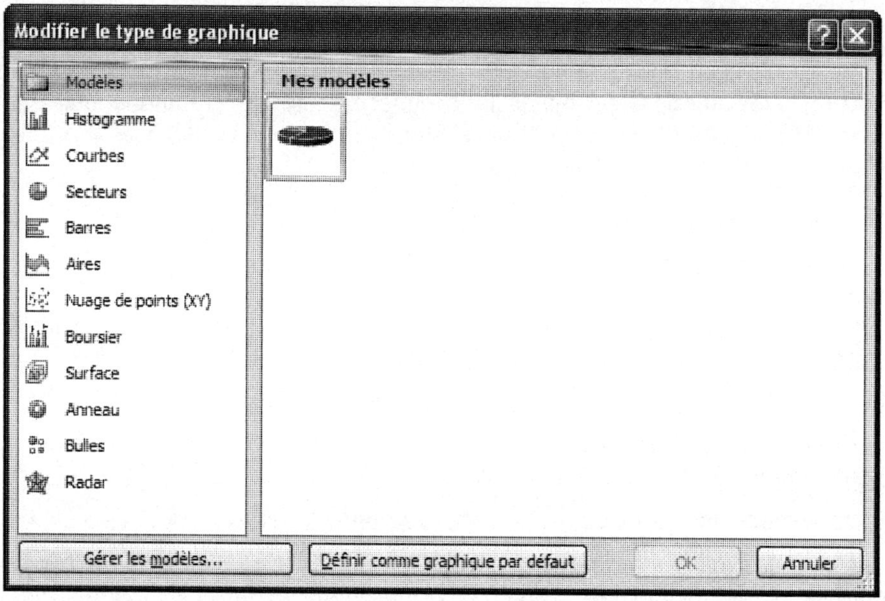

La liste des modèles existants apparaît dans la partie droite de la boîte de dialogue. Lorsque vous pointez un de ces modèles, son nom apparaît dans une infobulle.

- Faites un double clic sur le nom du modèle à utiliser.

Supprimer un modèle de graphique

- Accédez à la boîte de dialogue **Modifier le type de graphique** ou **Créer un graphique**.
- Cliquez sur le bouton **Gérer les modèles.**

  Une fenêtre de l'Explorateur Windows s'affiche ; le dossier d'enregistrement des modèles y est actif.
- Cliquez sur le modèle à supprimer puis faites Suppr ou utilisez l'option **Supprimer** de son menu contextuel. Confirmez sa suppression en cliquant sur le bouton **Oui**.
- Fermez la fenêtre de l'Explorateur Windows pour retrouver la boîte de dialogue d'origine.
- Cliquez sur le bouton **OK**.

Sélectionner les éléments d'un graphique

- Activez, si besoin est, le graphique.
- Pointez l'élément que vous souhaitez sélectionner et cliquez.

  Lorsque vous pointez un élément, son nom, et selon l'élément, sa valeur apparaissent dans une info-bulle.

  Lorsqu'un élément est sélectionné, il est entouré de poignées de sélection.

- Pour sélectionner un point d'une série, cliquez d'abord sur la série puis sur le point à sélectionner.

Sélectionner tous les éléments d'un graphique revient à sélectionner l'élément intitulé **Zone de graphique**.

Vous pouvez aussi activer l'onglet **Outils de graphique - Mise en forme**, ouvrir la liste **Éléments de graphique** du groupe **Sélection active**, et cliquer sur l'élément de graphique que vous souhaitez sélectionner.

Modifier le type du graphique/d'une série

- Pour modifier l'ensemble du graphique, activez simplement le graphique ; pour modifier une série de données du graphique, sélectionnez-la.
- Activez l'onglet **Outils de graphique - Création** et cliquez sur le bouton **Modifier le type de graphique** du groupe **Type**.
- Dans la boîte de dialogue **Modifier le type de graphique** qui s'affiche, cliquez sur un type de graphique dans la partie gauche de la boîte de dialogue.

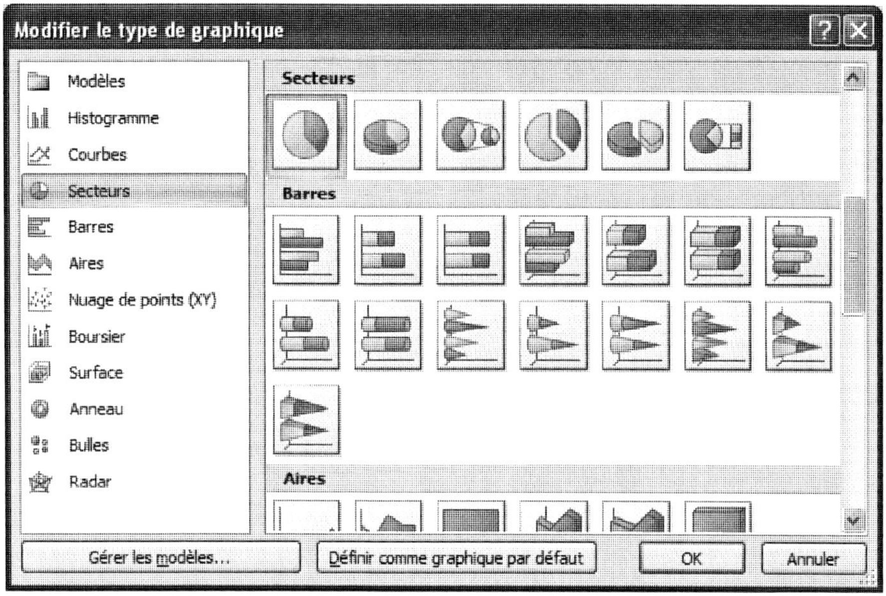

- Dans la partie droite de la boîte de dialogue, faites un double clic sur le sous-type de graphique souhaité.

Si vous utilisez fréquemment le même type de graphique, vous avez intérêt à le définir comme type de graphique par défaut : après avoir sélectionné le type et le sous-type de graphique dans la boîte de dialogue **Insérer un graphique**, cliquez sur le bouton **Définir comme graphique par défaut**.

Appliquer une disposition prédéfinie au graphique

Les différents modèles de disposition proposés par défaut permettent d'afficher un emplacement pour le titre du graphique, la légende, la table des données...

- Activez, si besoin est, le graphique concerné puis l'onglet **Outils de graphique - Création.**
- Cliquez sur la disposition désirée dans le groupe **Dispositions rapide**, bouton **Disposition rapide.**

La disposition nommée **Mise en forme 5** permet d'afficher la table des données dans l'espace réservé au graphique.

Afficher/masquer les éléments du graphique

Il s'agit d'afficher (en choisissant une position d'affichage prédéfinie) ou de masquer le titre du graphique, les titres des axes, la légende, les étiquettes de données, la table des données, les axes, le quadrillage...

- Activez, si besoin est, le graphique concerné puis l'onglet **Outils de graphique - Disposition.**
- Pour afficher un élément ou modifier son emplacement, cliquez sur le bouton correspondant à l'élément concerné et choisissez l'option adéquate à la position souhaitée :

Titre du graphique	Pour afficher une zone de texte modifiable, superposée et centrée dans le graphique ou au-dessus du graphique (cf. Modifier le contenu d'une zone de texte modifiable).
Titres des axes	Pour afficher une zone de texte modifiable correspondant à l'axe horizontal et une zone de texte modifiable correspondant à l'axe vertical (cf. Modifier le contenu d'une zone de texte modifiable).
Légende	Pour afficher le titre des séries de données ; par défaut, cet élément est affiché à droite du graphique.
Étiquettes de données	Pour afficher les valeurs de la série de données sélectionnée ; si aucune série n'est sélectionnée, Excel affiche les étiquettes pour toutes les séries.
Table de données	Pour afficher le tableau correspondant aux données source du graphique, sous ce dernier.
Axes	Pour afficher l'axe horizontal principal avec ou sans les étiquettes et/ou l'axe vertical principal en choisissant son échelle de valeurs (en milliers, en millions, en milliards...).
Quadrillage	Pour afficher le quadrillage horizontal et/ou vertical principal et/ou secondaire.
Zone de traçage	Pour afficher la zone située entre les deux axes (active par défaut).

- Pour masquer un élément, cliquez sur le bouton correspondant à l'élément et choisissez l'option **Aucun.**

Le fait d'appliquer certaines dispositions prédéfinies permet aussi d'afficher ou de masquer certains éléments.

Pour masquer un élément, vous pouvez aussi le sélectionner et appuyer sur la touche Suppr.

Modifier le contenu d'une zone de texte modifiable

Il s'agit ici de modifier le texte qui apparaît par défaut lorsque vous affichez un titre.

- Activez, si besoin est, le graphique concerné.
- Cliquez sur la zone de texte modifiable pour la sélectionner.
- Utilisez les techniques habituelles pour modifier le texte. Pour faire apparaître le texte sur plusieurs lignes, utilisez la touche Entrée à chaque changement de ligne souhaité.

Déplacer/dimensionner un élément

Certains éléments, comme les titres, la légende... peuvent être positionnés à un endroit quelconque du graphique. Ces mêmes éléments, ou bien d'autres, (zone de traçage, légende...) peuvent être dimensionnés.

- Activez, si besoin est, le graphique concerné et sélectionnez l'élément concerné.
- Pour déplacer un élément, pointez la sélection et, lorsque le pointeur de la souris prend la forme d'une flèche à quatre têtes, réalisez un cliqué-glissé dans la direction souhaitée.
- Pour dimensionner un élément, pointez l'une des poignées de sélection et, lorsque le pointeur de la souris prend la forme d'une flèche à deux têtes, réalisez un cliqué-glissé dans la direction souhaitée.

Modifier l'axe des abscisses

Cette manipulation permet de modifier la position des graduations, des étiquettes, l'intersection de l'axe vertical et de l'axe horizontal...

- Activez, si besoin est, le graphique concerné puis l'onglet **Outils de graphique - Disposition.**
- Cliquez sur le bouton **Axes** du groupe **Axes** et activez les options **Axe horizontal principal** puis **Autres options de l'axe horizontal principal** puis, si besoin, la catégorie **Options d'axe**.

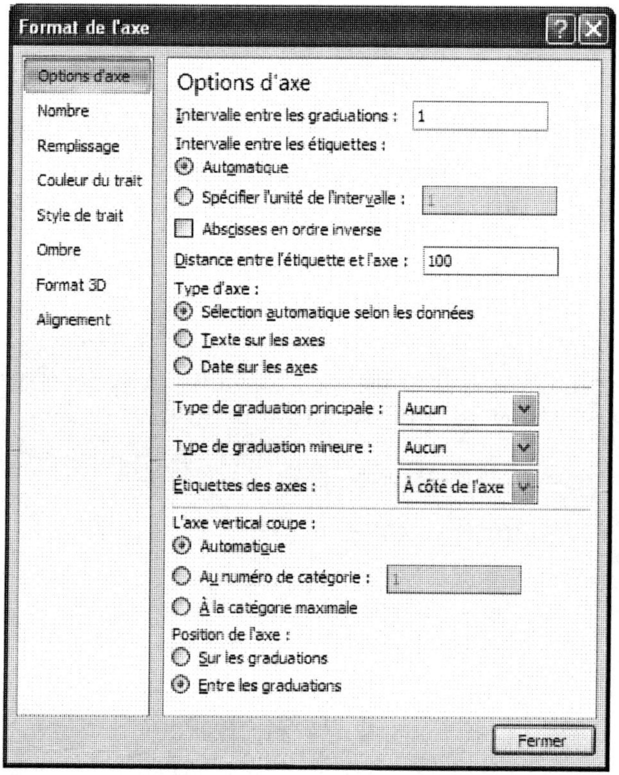

- Précisez l'espace entre les marques de graduation de l'axe dans la zone **Intervalle entre les graduations.**
- Précisez l'espace entre les étiquettes des marques de graduation dans la zone **Intervalle entre les étiquettes.**
- Pour afficher les marques de graduation principales, ouvrez la liste **Type de graduation principale** et choisissez leur position.
- Pour afficher les marques de graduation secondaires, ouvrez la liste **Type de graduation mineure** et choisissez leur position.
- Pour afficher le texte des étiquettes de graduation, ouvrez la liste **Étiquettes des axes** et choisissez leur position.
- Dans la zone **L'axe vertical coupe**, modifiez l'endroit de l'intersection de l'axe des ordonnées sur l'axe des abscisses.
- Lorsque vos modifications sont terminées, cliquez sur le bouton **Fermer**.

Modifier l'axe des ordonnées

Cette technique permet de modifier l'échelle du graphique, la position des graduations, des étiquettes, l'intersection de l'axe horizontal et de l'axe vertical ...

- Activez, si besoin est, le graphique concerné puis l'onglet **Outils de graphique - Disposition**.
- Cliquez sur le bouton **Axes** du groupe **Axes** et activez les options **Axe vertical principal** puis **Autres options de l'axe vertical principal** puis, si besoin, la catégorie **Options d'axe**.

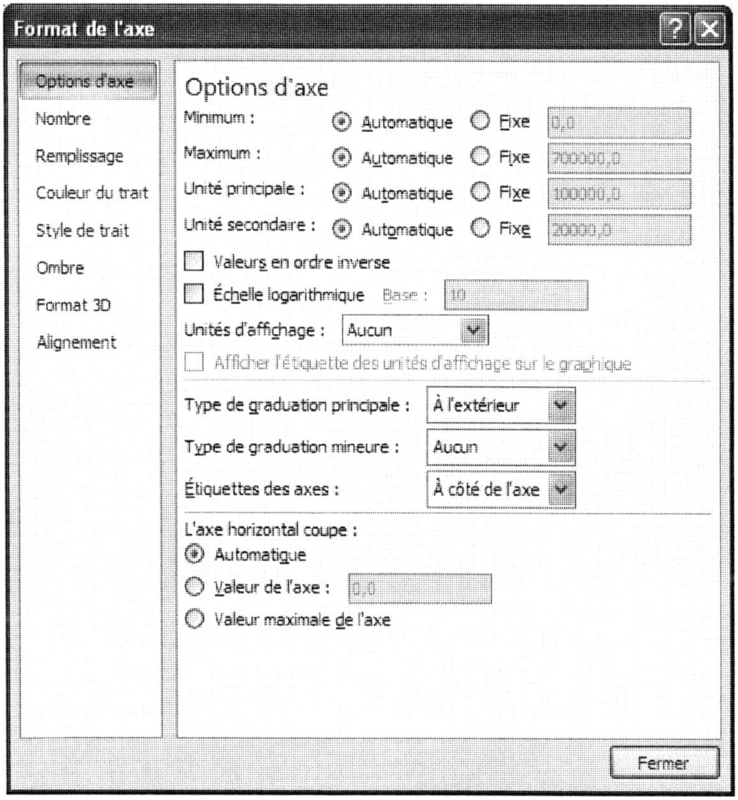

- Utilisez les options de la première partie de la boîte de dialogue pour modifier l'échelle du graphique.
- Pour afficher les graduations principales, ouvrez la liste **Type de graduation principale** et choisissez leur position.

- Pour afficher les graduations secondaires, ouvrez la liste **Type de graduation mineure** et choisissez leur position.
- Pour afficher le texte des étiquettes de graduation, ouvrez la liste **Étiquettes des axes** et choisissez leur position.
- Dans la zone **L'axe horizontal coupe**, modifiez l'endroit de l'intersection de l'axe des abscisses sur l'axe des ordonnées.
- Lorsque vos modifications sont terminées, cliquez sur le bouton **Fermer**.

Ajouter un axe vertical secondaire

Cette technique permet de représenter sur un même graphique des données complètement différentes, de par leur échelle et/ou leur unité. Sur cet exemple, les quatre premières séries sont représentées par des barres d'histogramme associées à l'axe vertical principal tandis que la dernière est représentée par une courbe associée à l'axe vertical secondaire :

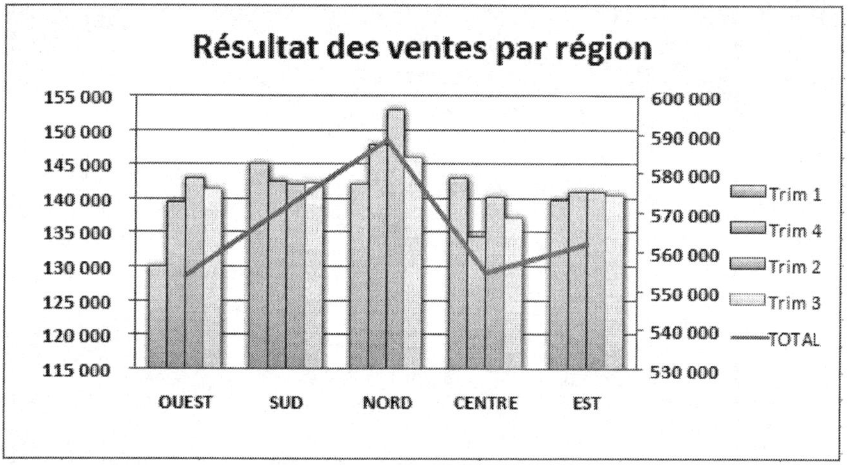

- Sélectionnez la série de données que vous voulez associer à l'axe vertical secondaire.
- Activez l'onglet **Outils de graphique - Mise en forme**, puis cliquez sur le bouton **Mise en forme de la sélection** du groupe **Sélection active**.
- Dans la catégorie **Options des séries**, activez l'option **Axe secondaire** du cadre **Tracer la série avec.**
- Cliquez sur le bouton **Fermer**.

Modifier les étiquettes de données

Il s'agit de modifier l'affichage des valeurs correspondant aux données de chaque série.

- Dans le graphique, affichez, si besoin, les étiquettes de données pour la ou les séries concernées (cf. Afficher/masquer les éléments du graphique).
- Activez l'onglet **Outils de graphique - Disposition**.
- Cliquez sur le bouton **Étiquettes de données** du groupe **Étiquettes** et activez l'option **Autres options d'étiquettes de données** puis, si besoin, la catégorie **Options d'étiquettes**.

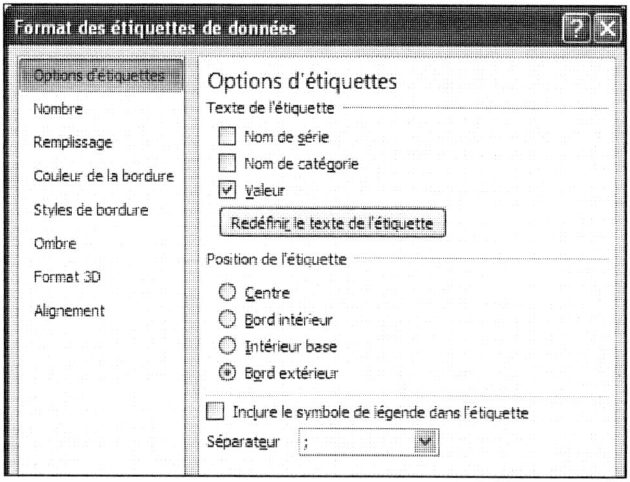

- Précisez ce que doit afficher les étiquettes dans la zone **Texte de l'étiquette**.
- Choisissez la disposition des étiquettes par rapport à la représentation des séries (barres, courbes..) dans la zone **Position de l'étiquette**.
- Pour afficher aussi le symbole de la légende dans l'étiquette, activez l'option **Inclure la clé de légende dans l'étiquette**.
- Cliquez sur le bouton **Fermer**.

Appliquer un style rapide au graphique

Un style rapide est un ensemble prédéfini de couleurs, de remplissage et de contours pour les éléments du graphique.

- Cliquez sur le style voulu dans le groupe **Styles du graphique** de l'onglet **Outils de graphique - Création** ; pour visualiser tous les styles disponibles en même temps, cliquez sur le bouton **Autres** de ce même groupe.

Il est possible d'appliquer un style rapide à un élément du graphique en particulier (cf. chapitre Gestion des objets - Appliquer un style prédéfini à un objet).

Modifier le format des valeurs numériques dans un graphique

- Sélectionnez l'élément du graphique contenant les valeurs numériques à modifier.
- Activez l'onglet **Outils de graphique - Mise en forme** et cliquez sur le bouton **Mise en forme de la sélection** du groupe **Sélection active**.
- Activez la catégorie **Nombre.**
- Choisissez la **Catégorie** et précisez ses options.

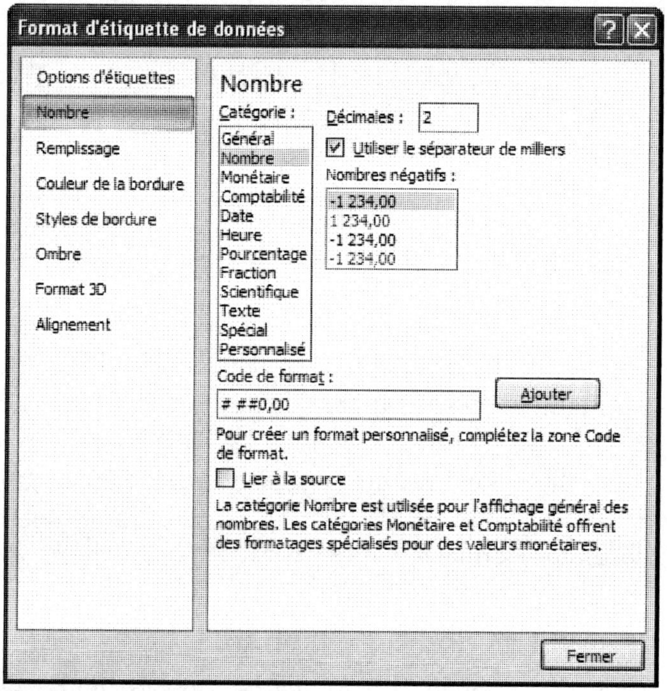

- Cliquez sur le bouton **Fermer**.

Modifier l'orientation du texte dans un élément

- Sélectionnez l'élément du graphique contenant le texte à modifier.
- Activez l'onglet **Outils de graphique - Mise en forme** et cliquez sur le bouton **Mise en forme de la sélection** du groupe **Sélection active.**
- Activez la catégorie **Alignement**.
- Ouvrez la liste **Orientation du texte** et choisissez l'option **Faire pivoter tout le texte de 90°** ou l'option **Faire pivoter tout le texte de 270°** ou encore l'option **Empiler** pour afficher les caractères les uns sous les autres.

  ou

  Conservez l'option **Horizontal** dans la liste **Orientation du texte** et précisez un degré d'inclinaison dans la zone **Angle personnalisé.**

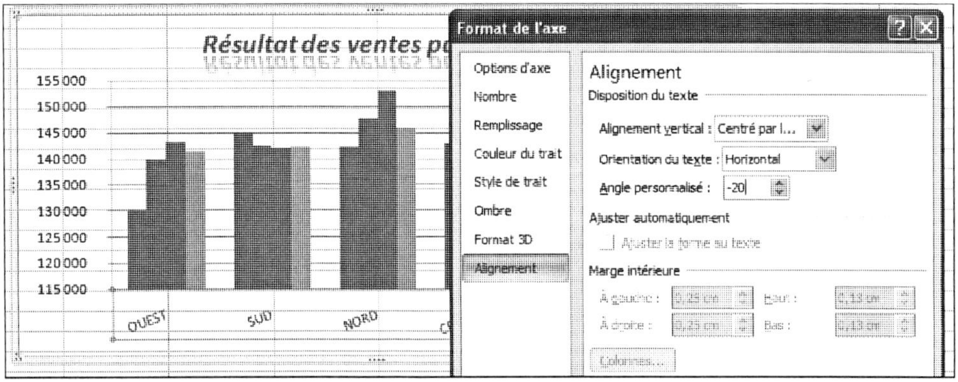

Sur cet exemple, les étiquettes de l'axe des abscisses sont orientées à -20°.

- Cliquez sur le bouton **Fermer**.

Vous pouvez modifier la présentation des caractères d'un élément du graphique (cf. chapitre Gestion des objets - Mettre en valeur les caractères d'un objet).

De même, vous pouvez modifier le remplissage ou la bordure d'un élément mais aussi lui appliquer un effet de profondeur (cf. chapitre Gestion des objets - Modifier le remplissage/la bordure/l'effet de profondeur d'un objet).

Modifier le format d'un graphique en 3D

Ces options vous permettent de mettre en forme l'élément de graphique sélectionné avec un effet en trois dimensions.

- Sélectionnez l'élément du graphique concerné.
- Activez l'onglet **Outils de graphique - Mise en forme** et cliquez sur le bouton **Mise en forme de la sélection** du groupe **Sélection active**.
- Activez la catégorie **Format 3D**.

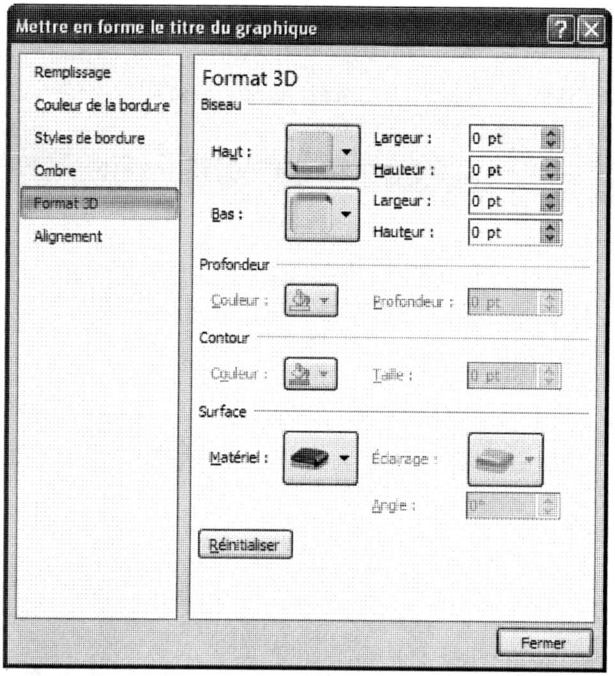

Certaines options de mise en forme 3D ne sont pas disponibles avec certains graphiques.

- Pour obtenir un effet en 3D sur la bordure supérieure d'un élément, ouvrez la liste **Haut** du cadre **Biseau** et sélectionnez l'option voulue ; définissez ensuite la **Largeur** et la **Hauteur** de la bordure supérieure.

  Un effet de biseau semble faire apparaître le contour en relief grâce à l'ajout d'ombres et de lumières autour de l'élément.

- Pour obtenir un effet en 3D sur la bordure inférieure d'un élément, ouvrez la liste **Bas** du cadre **Biseau** et sélectionnez l'option voulue ; définissez ensuite la **Largeur** et la **Hauteur** de la bordure inférieure.

- Choisissez ensuite la **Couleur** et la **Profondeur** de l'effet 3D.
- Pour modifier l'apparence de l'élément en modifiant sa surbrillance spéculaire, ouvrez les listes **Matériel** et **Éclairage** et choisissez l'option adéquate.

  *Les surbrillances spéculaires rendent les objets plus ou moins brillants. L'utilisation d'un effet de la liste **Matériel** permet de rendre les éléments plus ternes, plastiques, métalliques ou transparents.*
- Cliquez sur le bouton **Fermer**.

Le bouton **Réinitialiser** annule la mise en forme 3D appliquée à l'élément.

Modifier l'orientation/la perspective d'un graphique en 3D

- Sélectionnez l'élément du graphique concerné.
- Activez l'onglet **Outils de graphique - Mise en forme** et cliquez sur le bouton **Mise en forme de la sélection** du groupe **Sélection active**.
- Activez la catégorie **Rotation 3D**.

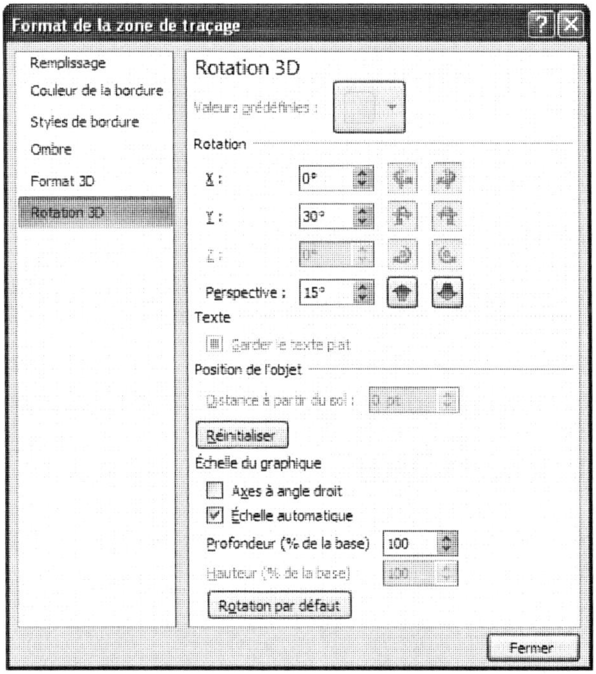

- Pour modifier l'orientation (la rotation) et la position de la caméra (vue) utilisée pour visualiser les éléments, précisez vos valeurs dans les zones :

  X pour modifier l'orientation de l'axe horizontal,

  Y pour modifier l'orientation de l'axe vertical,

  Z pour modifier la position des formes au-dessus ou en dessous d'autres formes.

- Pour modifier l'apparence de la profondeur de l'effet 3D, entrez une valeur dans la zone **Perspective**.

  La valeur minimale (0) revient à avoir une caméra parallèle, et la valeur maximale (120) produit la perspective la plus exagérée, similaire à celle que génère une caméra grand-angle.

- Activez l'option **Garder le texte plat** pour éviter que le texte à l'intérieur d'une forme n'effectue une rotation lorsque vous faites pivoter la forme.

  Lorsque cette option est sélectionnée, le texte reste toujours au-dessus de la forme. Si elle ne l'est pas, le texte inséré dans la forme suit le mouvement de rotation de la face avant de la forme.

- Pour déplacer la forme vers l'avant ou vers l'arrière dans un espace en 3D, saisissez une valeur dans la zone **Distance à partir du sol**.

- Cliquez sur le bouton **Fermer**.

Le bouton **Réinitialiser** annule les effets de rotation 3D et de perspective appliqués à l'élément.

Modifier un graphique sectoriel

Vous pouvez réaliser une rotation d'un graphique sectoriel ou encore éclater une ou plusieurs de ses parts.

- Sélectionnez la série du graphique.

- Activez l'onglet **Outils de graphique - Mise en forme** et cliquez sur le bouton **Mise en forme de la sélection** du groupe **Sélection active** puis activez, si besoin, la catégorie **Options des séries**.

- Pour imposer une rotation au graphique sectoriel, faites glisser le curseur de la zone **Angle du premier secteur** ou saisissez un degré de rotation dans la zone de saisie située sous ce curseur.

- Pour éclater les parts du graphique, faites glisser le curseur de la zone **Explosion** ou saisissez un pourcentage dans la zone de saisie située sous ce curseur.

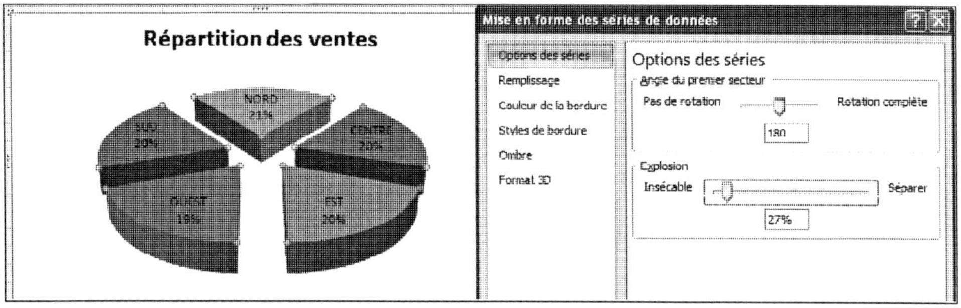

- Cliquez sur le bouton **Fermer**.

Pour mettre en évidence une des parts du graphique, vous pouvez la faire éclater indépendamment des autres parts : cliquez deux fois sur la part concernée pour la sélectionner et réalisez un cliqué-glissé vers l'extérieur du graphique.

Relier les points d'un graphique de type Courbes

- Activez l'onglet **Outils de graphique - Disposition**.
- Pour afficher des lignes entre les points, cliquez sur le bouton **Analyse** puis sur le bouton **Lignes** et choisissez :

Lignes de projection	Pour afficher des lignes qui partent de l'ordonnée la plus haute et se terminent sur l'axe des abscisses.
Lignes haut/bas	Pour afficher des lignes qui relient l'ordonnée la plus haute et l'ordonnée la plus basse.

- Pour afficher des barres entre les points, cliquez sur le bouton **Analyse** puis sur le bouton **Barres haut/bas** et activez l'option du même nom.

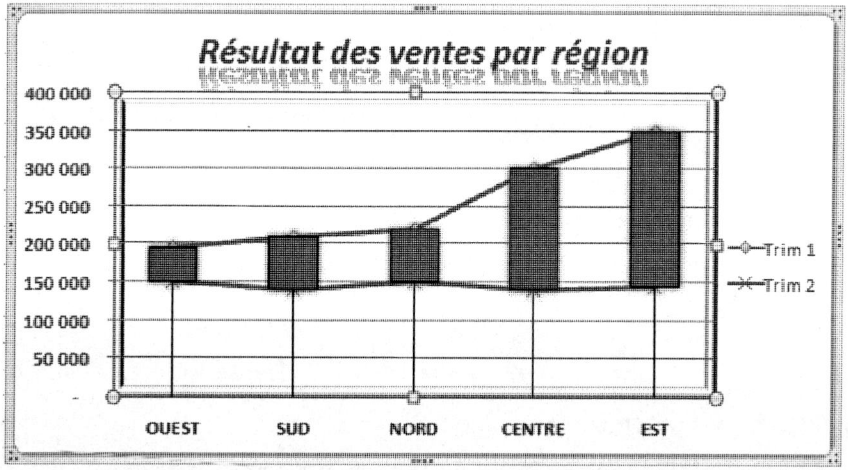

Sur cet exemple, des lignes de projection et des barres haut/bas apparaissent.

Les objets graphiques

dixième partie

Tracer une zone de texte

Une zone de texte est un objet graphique, par défaut sans fond et sans contour, destiné à afficher du texte. Cela permet de saisir du texte en dehors d'une cellule.

- Activez l'onglet **Insertion** et cliquez sur le bouton **Zone de texte** du groupe **Texte**.

  Le pointeur de la souris prend la forme d'un trait vertical noir.

- Cliquez à l'endroit où vous souhaitez créer la zone de texte,

  ou

  faites un cliqué-glissé seul ou accompagné de l'une des touches suivantes dans la feuille de calcul de façon à tracer la zone de texte :

  - utilisez la touche Alt pour aligner la zone de texte sur les cellules,
  - utilisez la touche Shift pour dessiner la zone de texte sous forme de carré.

- Saisissez le texte voulu sans vous préoccuper des fins de ligne ; appuyez sur la touche Entrée pour créer un nouveau paragraphe.

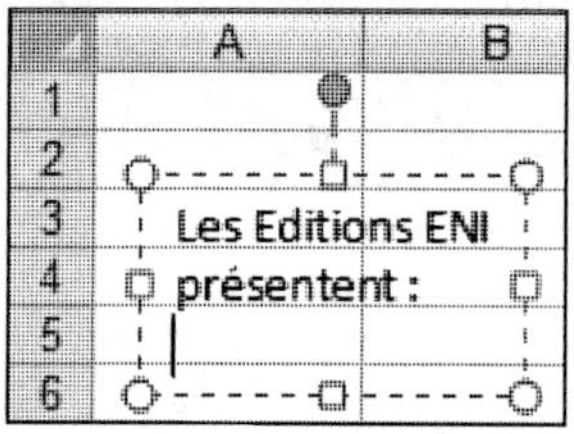

- Pour mettre en valeur le texte saisi, utilisez la mini-barre d'outils.
- Lorsque la zone de texte est terminée, cliquez en dehors.

Si vous souhaitez sélectionner une zone de texte, cliquez dessus et faites Echap ; en effet, un seul clic sur la zone permet d'activer son contenu afin de le modifier.

Insérer un objet WordArt

Un objet WordArt est un objet graphique destiné, comme une zone de texte, à contenir des caractères présentés avec un effet décoratif. Exemple :

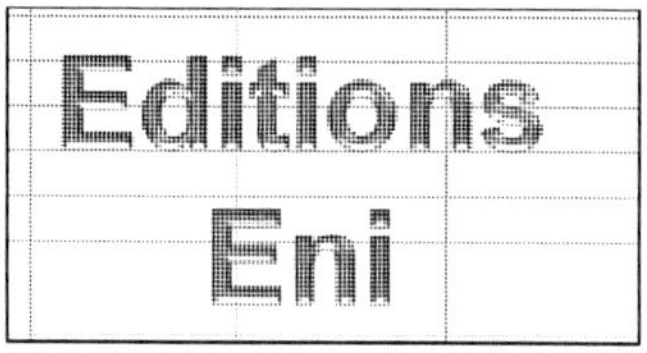

- Activez l'onglet **Insertion** et cliquez sur le bouton **WordArt** du groupe **Texte**.
- Cliquez sur l'effet désiré.

  L'objet s'affiche dans la feuille de calcul avec comme contenu : ***Votre texte ici.***
- Saisissez le texte sur lequel l'effet WordArt va s'appliquer ; utilisez la touche [Entrée] pour imposer un saut de ligne.
- Pour mettre en valeur le texte saisi, utilisez la mini-barre d'outils.

Si vous souhaitez sélectionner un objet WordArt, cliquez dessus et faites [Echap] ; en effet, un seul clic sur l'objet permet d'activer son contenu afin de le modifier.

Tracer une forme

- Activez l'onglet **Insertion** et cliquez sur le bouton **Formes** du groupe **Illustrations.**
- Cliquez sur la forme à dessiner.

  Le pointeur de la souris prend la forme d'une petite croix noire.
- Cliquez à l'endroit de la feuille où vous souhaitez voir apparaître la forme pour la dessiner avec des dimensions prédéfinies,

  ou

  faites un cliqué-glissé seul ou accompagné de l'une des touches suivantes dans la feuille de calcul de façon à tracer la forme :

  - utilisez la touche [Alt] pour aligner la forme sur les cellules,
  - utilisez la touche [⇧ Shift] pour dessiner un carré, un cercle ou pour contraindre les dimensions des autres formes.

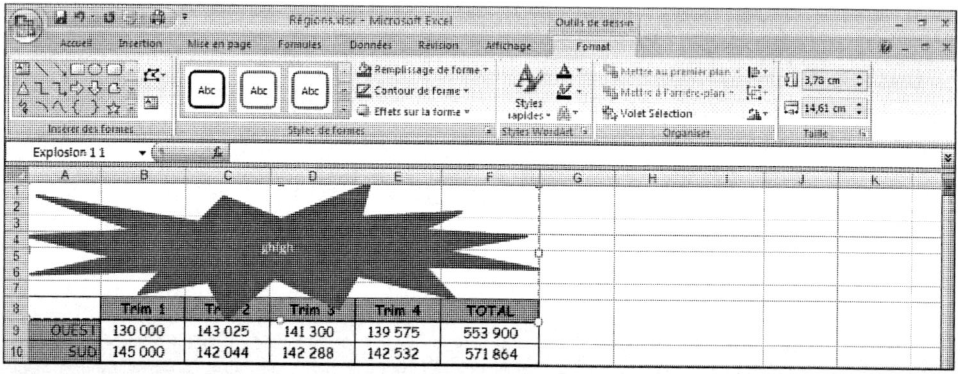

La forme apparaît sélectionnée et elle se superpose aux cellules. Son nom apparaît dans la zone de nom de la barre de formule. L'onglet spécifique ***Outils de dessin - Format*** *s'affiche avec, en premier, le groupe* ***Insérer des formes*** *qui permet de dessiner d'autres formes.*

- Saisissez, éventuellement, le texte qui doit apparaître dans la forme ; utilisez la touche [Entrée] pour passer à la ligne et la touche [Echap] pour mettre fin à la saisie.
- Pour mettre en valeur le texte saisi, utilisez la mini-barre d'outils.

Vous pouvez ajouter des formes à un graphique ou ajouter des formes sur un diagramme pour les personnaliser.

Pour ajouter du texte à une forme déjà créée, cliquez dessus pour la sélectionner puis saisissez le texte voulu.

Pour dessiner plusieurs formes identiques à la suite, cliquez sur le bouton **Formes** de l'onglet **Insertion** et ouvrez le menu contextuel de la forme concernée puis activez l'option **Mode Verrouillage du dessin** ; réalisez ensuite les différents tracés ; une fois que toutes les formes souhaitées sont ajoutées, appuyez sur la touche [Echap].

Insérer un fichier image

- Activez l'onglet **Insertion** et cliquez sur le bouton **Image** du groupe **Illustrations.**

  La boîte de dialogue ***Insérer une image*** *s'ouvre.*

- Accédez à l'unité et au dossier contenant l'image à insérer.
- Faites un double clic sur le nom du fichier Image.

Insérer un clip

Un clip est une image, un son ou une vidéo comprise dans la Bibliothèque multimédia d'Office.

- Activez l'onglet **Insertion** et cliquez sur le bouton **Images clipart** du groupe **Illustrations.**

*Immédiatement le volet Office **Images clipart** s'ouvre dans la partie droite de la fenêtre d'Excel.*

- Saisissez un ou plusieurs mots clés dans la zone **Rechercher**.

- Pour limiter l'emplacement de la recherche, développez la liste **Rechercher dans**, effectuez votre choix en respectant les instructions suivantes : le signe plus ⊞ permet de développer l'arborescence tandis que le signe moins ⊟ permet de la réduire ; un clic dans une case à cocher permet de sélectionner ou de désélectionner la catégorie correspondante alors qu'un double clic permet de sélectionner ou de désélectionner la catégorie correspondante ainsi que les sous-catégories.

*La catégorie **Collections Office** (et ses sous-catégories) correspond aux différents éléments (images, sons et vidéos) installés avec Office. La catégorie **Collections Web** correspond aux éléments recherchés sur le Web, plus précisément sur le site Microsoft, Excel tient compte de cet emplacement uniquement si vous avez une connexion Internet ouverte.*

- Pour limiter le type d'éléments recherché (**Images de la bibliothèque**, **Photographies**, **Films** ou **Sons**), dans la liste **Les résultats devraient être**, décochez les types d'éléments ne correspondant pas à votre recherche. Vous pouvez également limiter votre recherche à certains types de fichiers ; pour cela, cliquez sur le signe plus ⊞ correspondant au type d'élément concerné puis décochez les types de fichiers ne correspondant pas à votre recherche.
- Cliquez sur le bouton **OK** pour lancer la recherche.

*Si vous souhaitez interrompre la recherche en cours, cliquez sur le bouton **Arrêter** qui prend la place du bouton **OK**.*

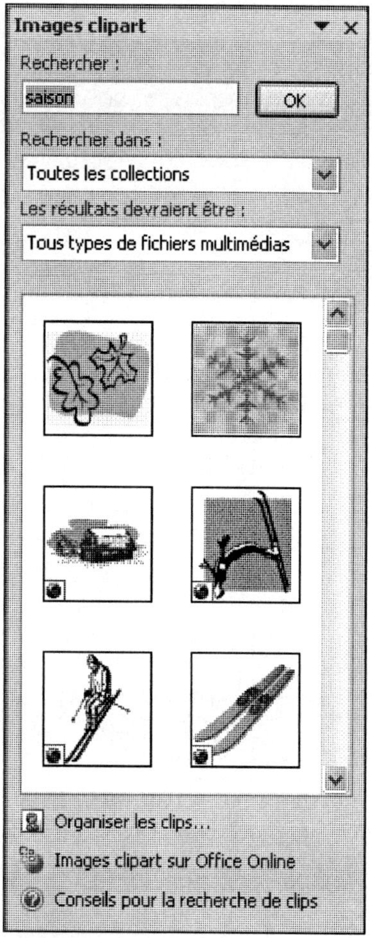

Si vous avez inclus dans votre recherche la recherche sur le Web et si votre connexion Internet est ouverte, l'icône ● en bas à gauche de l'élément vous indique que l'élément a été trouvé sur le Web.

- Pour insérer un des éléments trouvés dans votre feuille active, sélectionnez la cellule où vous désirez insérer votre élément puis cliquez sur ce dernier dans le volet Office **Images clipart**.

  Pour insérer un élément dans la feuille de calcul, vous pouvez également effectuer un cliqué-glissé du volet Office vers la feuille active.

Lorsque vous pointez un élément dans le volet **Images clipart**, vous visualisez une flèche à droite de celui-ci. En cliquant sur cette flèche, vous obtenez le menu contextuel de l'image dont le contenu varie selon le type de l'élément. Vous pouvez ainsi, par exemple, **Copier** l'élément, le **Supprimer de la Bibliothèque multimédia**, **Copier dans la collection** de votre choix l'élément, **Modifier les mots clés** qui lui sont associés, **Rechercher un style similaire** à l'élément trouvé ou obtenir l'**Aperçu et propriétés** de l'élément...

Utilisez le lien **Image clipart sur Office Online** du volet Office afin d'effectuer des recherches directement sur le site Microsoft.

- Si besoin, fermez le volet Office en cliquant sur le bouton [X].

Modifier le format d'une image

- Sélectionnez l'image concernée par un simple clic et, si besoin, par un double clic de manière à afficher l'onglet **Outils Image - Format**.

- Pour appliquer un style prédéfini à l'image, cliquez sur le style souhaité dans le groupe **Styles d'images**.
- Pour insérer l'image dans une forme prédéfinie, cliquez sur le bouton **Forme de l'image** du groupe **Styles d'images** et choisissez la forme dans laquelle l'image va s'inscrire.
- Pour modifier la bordure de l'image, cliquez sur le bouton **Bord de l'image** du groupe **Styles d'images** et choisissez la couleur, l'épaisseur et le style de la bordure.

- Pour appliquer un effet particulier à l'image, cliquez sur le bouton **Effets des images** du groupe **Styles d'images** et choisissez le type d'effet - **Prédéfini** (pour un effet 3D), **Ombre**, **Réflexion**, **Lumière**, **Bordures arrondies**, **Biseau** ou **Rotation 3D**) - et cliquez sur le sous-type souhaité.
- Pour modifier la luminosité de l'image, cliquez sur le bouton **Luminosité** du groupe **Ajuster** et choisissez le pourcentage voulu.
- Pour modifier le contraste de l'image, cliquez sur le bouton **Contraste** du groupe **Ajuster** et choisissez le pourcentage voulu.
- Pour modifier les couleurs d'une image, cliquez sur le bouton **Recolorier** du groupe **Ajuster** et choisissez parmi les options :

Modes de couleurs	pour afficher l'image en **Nuances de gris**, en mode **Sépia, Estompé** ou en **Noir et blanc.**
Variations sombres	pour afficher l'image en couleur sombres.
Variations légères	pour afficher l'image en couleur claires.

- Pour annuler tous les formats de l'image, cliquez sur le bouton **Rétablir l'image** du groupe **Ajuster**.

Le bouton **Modifier l'image** du groupe **Ajuster** permet de remplacer l'image sélectionnée par une autre (un fichier Image) tout en conservant les mises en valeur effectuées.

Pour rogner une image, c'est-à-dire supprimer des parties de l'image, cliquez sur le bouton **Rogner** du groupe **Taille** de l'onglet **Outils Image - Format** ; pointez le côté ou l'angle de l'image correspondant à la partie à supprimer et faites glisser la souris vers l'intérieur de l'image ; faites Echap ou cliquez à nouveau sur le bouton **Rogner** pour sortir du processus.

Insérer un diagramme

*Un diagramme, appelé aussi graphique **SmartArt**, est une représentation graphique de vos informations et idées, tel que par exemple, un organigramme.*

- Activez l'onglet **Insertion** et cliquez sur le bouton **SmartArt** du groupe **Illustrations.**

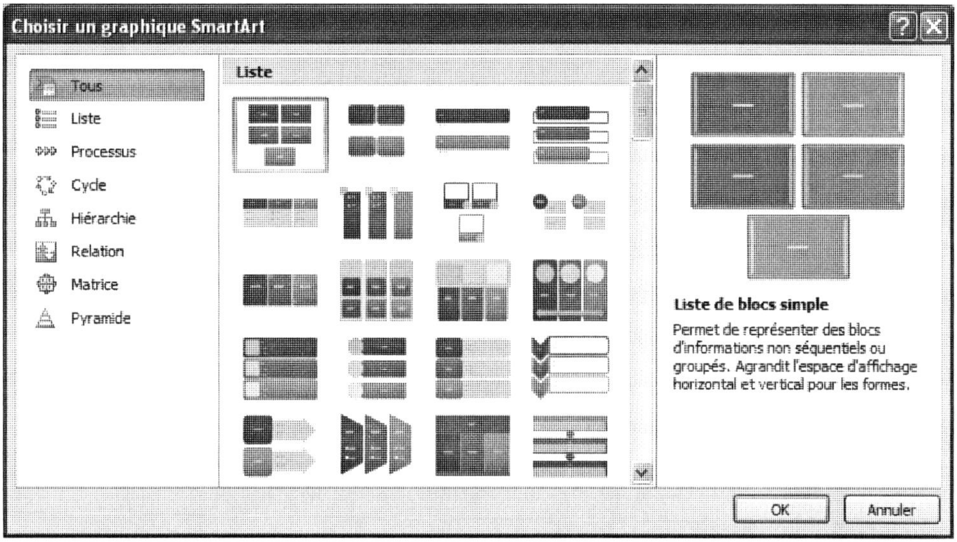

La partie gauche de la boîte de dialogue regroupe tous les types de diagrammes disponibles, la partie centrale affiche toutes les dispositions pour le type sélectionné dans la partie gauche et la partie droite affiche la description pour la disposition sélectionnée.

- Choisissez, dans la partie gauche de la boîte de dialogue, le type de diagramme souhaité ; l'option **Tous** regroupe toutes les dispositions pour tous les types de diagrammes.

- Dans la partie centrale de la boîte de dialogue, cliquez sur la disposition souhaitée puis cliquez sur le bouton **OK**.

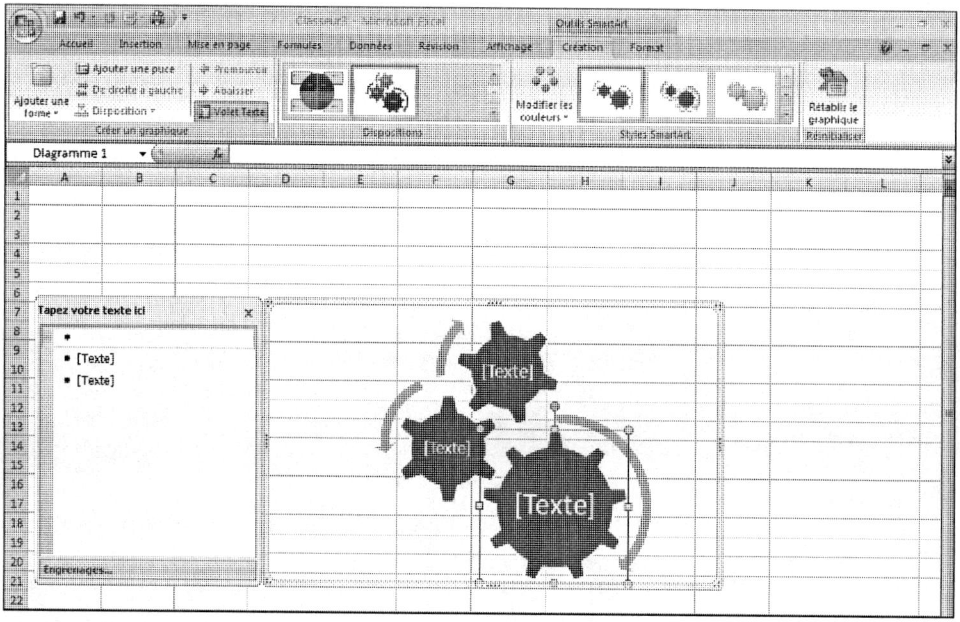

Le diagramme vide de texte apparaît, accompagné à gauche d'un volet Texte qui va permettre de le compléter. Le point d'insertion clignote dans le premier espace réservé au texte du volet, appelé puce, et correspondant à la première forme à remplir du diagramme. Les onglets spécifiques ***Outils SmartArt - Création*** *et* ***Format*** *s'affichent.*

- Dans le volet Texte, cliquez sur l'espace réservé **[Texte]** que vous souhaitez compléter et saisissez le texte voulu.

Le volet Texte peut être comparé à un plan ou à une liste à puce. Chaque puce du volet Texte correspond à des informations utilisées pour organiser le diagramme : à mesure que vous saisissez le texte, le diagramme se met automatiquement à jour. Plus vous ajoutez du texte, plus la taille des caractères diminue dans la forme active mais aussi dans les autres formes.

Ajouter des puces à une forme

Chaque puce du volet Texte correspond à des informations utilisées pour organiser un diagramme. Chaque diagramme définit ses propres correspondances entre les puces du volet Texte et son propre jeu de formes.

- Cliquez sur la forme dans laquelle vous souhaitez ajouter des puces.
- Cliquez sur le bouton **Ajouter une puce** du groupe **Créer un graphique** de l'onglet **Outils SmartArt - Création.**

En fonction du type de diagramme choisi, chaque puce ajoutée sera représentée soit par une nouvelle forme, soit par une puce insérée dans une forme. Une puce insérée dans une forme indique que le texte correspondant se trouve à un niveau inférieur par rapport au texte qui le précède. Exemples : sur ce premier diagramme, une puce a été ajoutée à partir de la première forme ; la conséquence est la création d'une nouvelle forme, avec à l'intérieur un texte présenté par des puces :

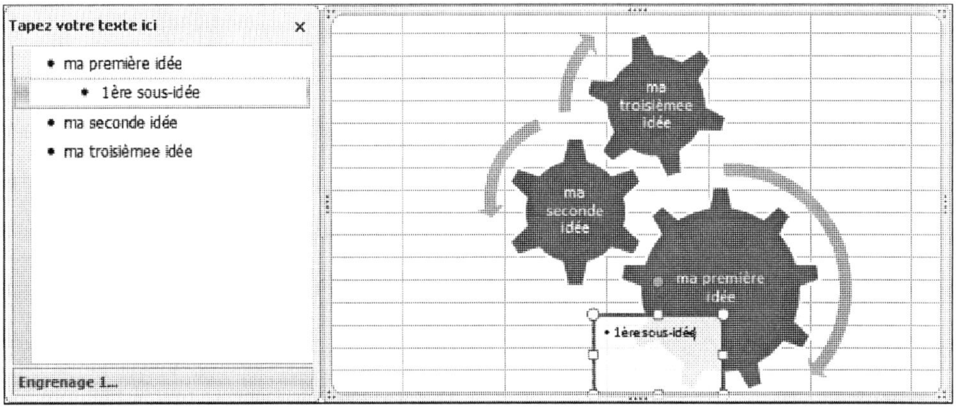

Sur cet autre diagramme, une puce a également été ajoutée à partir de la première forme : aucune nouvelle forme n'est apparue mais un paragraphe introduit par une puce :

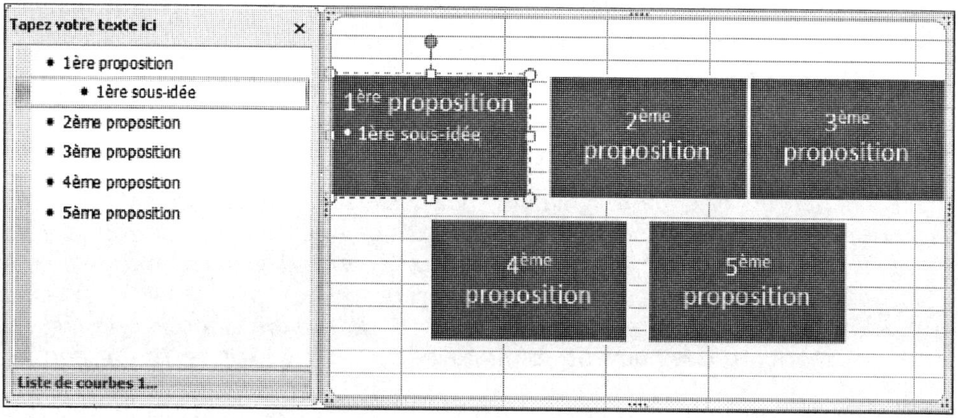

Afficher/masquer le volet Texte

- Pour fermer le volet Texte, cliquez sur son bouton de fermeture ou sur le bouton **Volet texte** du groupe **Créer un graphique** de l'onglet **Outils SmartArt - Création.**

- Pour afficher à nouveau le volet Texte, cliquez sur son bouton.

Gérer les formes d'un diagramme

Plusieurs solutions s'offrent à vous : vous pouvez travailler dans le volet Texte, donc sur les lignes de texte à puce ou directement sur les formes dans le diagramme.

Créer une nouvelle forme

- Sélectionnez la forme après laquelle vous souhaitez en ajouter une et cliquez sur le bouton **Ajouter une forme** du groupe **Créer un graphique** de l'onglet **Outils SmartArt - Création,**

  ou

  dans le volet Texte, cliquez à la fin de la ligne de texte à puce après laquelle vous souhaitez ajouter une nouvelle ligne et appuyez sur la touche Entrée.

Cela a pour conséquence de créer une nouvelle forme dans le diagramme ou de créer une puce à l'intérieur d'une forme. Pour les diagrammes qui contiennent un nombre constant de formes, un X rouge apparaît dans le volet Texte et la forme ne se créée pas dans le diagramme :

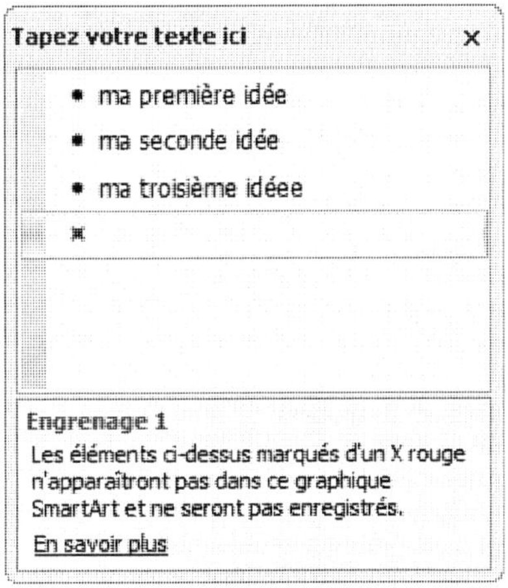

Pour remédier à cela, changez la disposition du diagramme (cf. titre suivant).

Modifier le niveau d'une forme

- Pour diminuer le niveau d'une forme, c'est-à-dire mettre en retrait une ligne de puce, à partir du volet Texte, cliquez dans la ligne concernée puis appuyez sur la touche [Tab] ou cliquez sur le bouton **Abaisser** du groupe **Créer un graphique** de l'onglet **Outils SmartArt - Création.**
- Pour augmenter le niveau d'une forme, c'est-à-dire diminuer le retrait d'une ligne du volet Texte, cliquez dans cette ligne puis faites [Shift][Tab] ou cliquez sur le bouton **Promouvoir** du groupe **Créer un graphique** de l'onglet **Outils SmartArt - Création.**

  Le diagramme est toujours mis à jour. Vous ne pouvez pas abaisser le texte de plusieurs niveaux par rapport à la ligne supérieure, ni abaisser la forme de premier niveau.

Supprimer une forme

- Sélectionnez la forme à supprimer dans le diagramme ou sélectionnez sa ligne de texte dans le volet Texte puis appuyez sur la touche [Suppr].

Déplacer des formes dans le diagramme

- Sélectionnez la forme à déplacer dans le diagramme ; si vous devez en déplacer plusieurs, utilisez la touche Ctrl pour les sélectionner.
- Effectuez un cliqué-glissé à l'endroit voulu dans la zone du diagramme.
- Pour inverser des formes, sélectionnez l'une d'entre elles et cliquez sur le bouton **De droite à gauche** du groupe **Créer un graphique** dans l'onglet **Outils SmartArt - Création.**

Pour remplacer une forme par une autre, sélectionnez-la puis activez l'onglet **Outils SmartArt - Mise en forme** et cliquez sur le bouton **Modifier la forme** du groupe **Forme** puis sur la forme de votre choix.

Modifier la présentation générale d'un diagramme

Vous pouvez changer la disposition, le type, les couleurs d'un diagramme ou encore lui appliquer un style rapide.

- Cliquez, si besoin, sur le diagramme concerné et activez l'onglet **Outils SmartArt - Création.**
- Pour modifier la disposition du diagramme, sélectionnez-la dans le groupe **Dispositions** de l'onglet **Outils SmartArt - Création.**
- Pour modifier le type du diagramme, cliquez sur le bouton **Autres** du groupe **Dispositions** de l'onglet **Outils SmartArt - Création** puis sur l'option **Autres dispositions.**

  Dans la boîte de dialogue **Choisir un graphique SmartArt**, cliquez sur le type et la disposition désirés et validez.
- Pour changer les couleurs du diagramme, cliquez sur le bouton **Modifier les couleurs** du groupe **Styles rapides** et choisissez la couleur voulue.
- Pour appliquer un style rapide, cliquez sur le style désiré dans le groupe **Styles rapides.**

Pour retrouver la présentation d'origine, cliquez sur le bouton **Réinitialiser le graphique** du groupe **Réinitialiser.**

Pour personnaliser la présentation de chacune des formes d'un diagramme, vous pouvez utiliser les boutons de l'onglet **Outils SmartArt - Mise en forme.**

Les techniques abordées dans ce chapitre sont valables pour les objets graphiques mais aussi pour les graphiques et, pour ce qui concerne la présentation, pour les éléments d'un graphique.

Sélectionner des objets

- Pour sélectionner un objet, cliquez dessus.

Attention : pour une zone de texte ou un objet WordArt, faites Echap *pour sélectionner l'objet en entier et non son contenu. Pour un diagramme, faites* Echap *deux fois si vous avez sélectionné une forme en cliquant dessus.*

Lorsqu'un objet est sélectionné (hormis un diagramme ou un graphique), un cadre fictif apparaît autour contenant des ***poignées de sélection****, matérialisées par des petits carrés sur les côtés et des cercles sur les angles :*

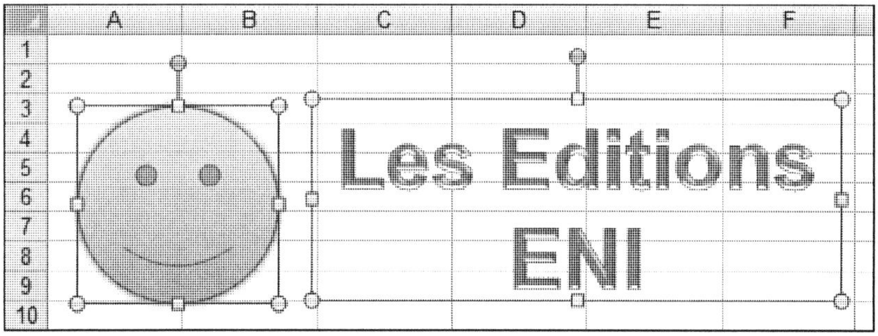

Lorsque vous pointez ces poignées, le pointeur de la souris prend l'aspect d'une flèche double verticale, horizontale ou oblique, en fonction de la poignée.

Certains objets affichent aussi un rond vert au-dessus, appelé ***poignée de rotation*** *(cf. Faire pivoter un objet). Quant à un diagramme ou à un graphique sélectionné, il est entouré d'un cadre plus élaboré mais le principe des poignées reste identique.*

- Pour sélectionner plusieurs objets en même temps, sélectionnez le premier puis cliquez sur chaque objet en maintenant la touche ⇧ Shift enfoncée.

Supprimer des objets

- Sélectionnez le ou les objets à supprimer.
- Appuyez sur la touche Suppr.

Déplacer des objets

- Sélectionnez le ou les objets à déplacer.
- Pointez l'un des bords de la sélection jusqu'à ce que le pointeur de la souris prenne l'aspect d'une flèche à quatre têtes puis faites un cliqué-glissé vers le nouvel emplacement.

Dimensionner des objets

- Sélectionnez le ou les objets à dimensionner.
- Faites glisser l'une des poignées de la sélection.

Vous pouvez aussi préciser les dimensions exactes dans les zones **Hauteur** et **Largeur** du groupe **Taille** de l'onglet **Mise en forme** ou **Format** (en fonction de l'objet).

Faire pivoter un objet

Vous pouvez faire pivoter une zone de texte, une forme, un objet WordArt, une image mais aussi une forme à l'intérieur d'un diagramme.

- Sélectionnez l'objet concerné.
- Pointez le rond vert situé en haut de l'objet puis faites-le glisser pour faire pivoter l'élément.

Vous pouvez aussi utiliser l'outil **Rotation** situé dans le groupe **Organiser** de l'onglet **Mise en forme** ou **Format** (en fonction de l'objet).

Grouper/dissocier des objets

Grouper des objets permet de les déplacer, les dimensionner, les mettre en valeur en une seule manipulation.

- Sélectionnez les objets à grouper.
- Activez l'onglet **Mise en forme** ou **Format** (en fonction de l'objet).
- Cliquez sur l'outil **Grouper** du groupe **Organiser** et activez l'option **Grouper**.

Un seul cadre entoure à présent les objets. Notez que la zone de nom de la barre de formule affiche désormais le terme ***GroupeN****.*

Pour dissocier des objets groupés, sélectionnez le groupe puis cliquez sur l'outil et choisissez l'option **Dissocier**.

Aligner des objets entre eux

Cette manipulation permet d'aligner des objets par rapport à leur bord supérieur, inférieur, gauche, droit ou leur milieu horizontal ou vertical.

- Sélectionnez les objets concernés.
- Activez l'onglet **Mise en forme** ou **Format** (en fonction de l'objet).
- Cliquez sur l'outil **Aligner** du groupe **Organiser** et activez l'une des six premières options, correspondant à l'alignement voulu.

Les options **Distribuer horizontalement** et **Distribuer verticalement** de ce sous-menu permettent d'uniformiser l'espace existant entre chaque objet de la sélection.

Modifier l'ordre de superposition des objets

- Sélectionnez l'objet concerné.
- Activez l'onglet **Mise en forme** ou **Format** (en fonction de l'objet) et choisissez l'une des options suivantes :
  - Cliquez sur le bouton **Mettre au premier plan** du groupe **Organiser** et activez l'option du même nom pour placer l'objet devant tous les autres ou l'option **Avancer** pour placer l'objet devant celui qui le précède,
  - Cliquez sur le bouton **Mettre à l'arrière-plan** du groupe **Organiser** et activez l'option du même nom pour placer l'objet derrière tous les autres ou l'option **Reculer** pour placer l'objet derrière celui qui le suit.

Appliquer un style prédéfini à un objet

Il s'agit ici d'appliquer un des styles de forme prédéfinis sur une zone de texte, une forme, un objet WordArt, mais aussi sur une forme à l'intérieur d'un diagramme ou encore sur un élément de graphique.

- Sélectionnez le ou les objets concernés et activez l'onglet **Format** ou **Mise en forme.**
- Cliquez sur le style voulu dans le groupe **Styles de formes.**

Modifier le remplissage/la bordure/ l'effet de profondeur d'un objet

Ces manipulations concernent les zones de texte, les formes, les objets WordArt, mais aussi les formes à l'intérieur d'un diagramme ou le diagramme en entier ou encore un élément de graphique. Pour les images, reportez-vous au titre "Modifier le format d'une image" du chapitre précédent.

- Sélectionnez le ou les objets concernés et activez l'onglet **Format** ou **Mise en forme.**
- Pour modifier le fond de la sélection, cliquez sur le bouton **Remplissage de forme** du groupe **Styles de formes :**

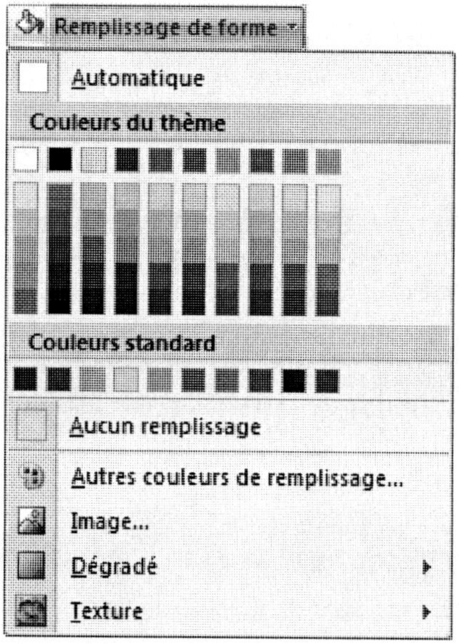

Réalisez l'une des manipulations suivantes :

Cliquez sur une pastille parmi les **Couleurs du thème** ou les **Couleurs standard** pour remplir l'objet de la couleur choisie.

*L'option **Autres couleurs de remplissage** permet de créer vos propres couleurs.*

Cliquez sur l'option **Image** pour remplir l'objet avec un fichier **Image** que vous sélectionnez dans la boîte de dialogue **Insérer une image**.

Cliquez sur l'option **Dégradé** pour appliquer dans le fond de l'objet, la couleur choisie plus haut en dégradé.

Cliquez sur l'option **Texture** pour appliquer une texture particulière comme fond d'objet.

Pour modifier la bordure de la sélection, cliquez sur le bouton **Contour de forme** du groupe **Styles de formes** :

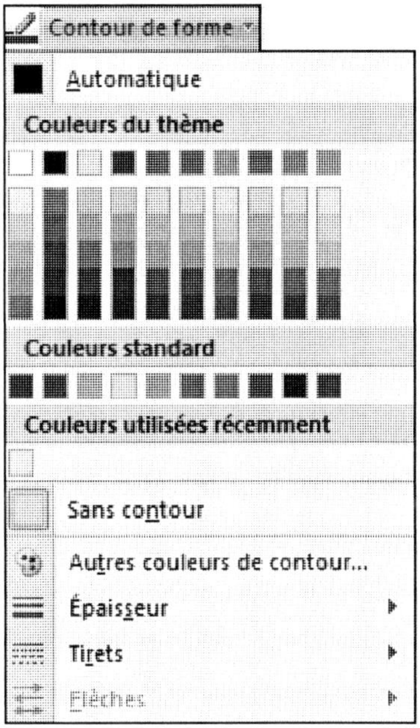

Réalisez l'une des manipulations suivantes :

Cliquez sur une pastille parmi les **Couleurs du thème** ou les **Couleurs standard** pour appliquer à la bordure de l'objet la couleur choisie.

*L'option **Autres couleurs de contour** permet de créer vos propres couleurs.*

Cliquez sur l'option **Épaisseur** pour modifier la taille de la bordure de l'objet.

Cliquez sur l'option **Tirets** pour changer le style de la bordure de l'objet.

- Pour appliquer un effet de profondeur à l'objet, cliquez sur le bouton **Effets sur la forme** du groupe **Styles de formes** puis activez une des options pour visualiser son sous-menu et cliquez sur l'option voulue :

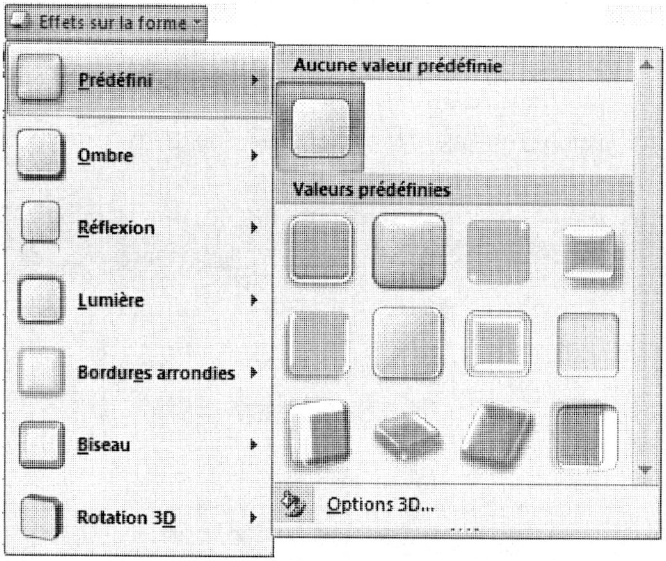

Vous retrouvez ces options dans la boîte de dialogue **Format de la forme** que vous ouvrez en cliquant sur le lanceur de boîte de dialogue du groupe **Styles de formes.**

L'option **Aucun remplissage** du bouton **Remplissage de forme** du groupe **Styles de formes** permet de supprimer le remplissage de l'objet sélectionné ; l'option **Sans contour** du bouton **Contour de forme** permet de supprimer la bordure de l'objet ; enfin, chaque sous-menu du bouton **Effets sur la forme** comporte une option de type **Aucune (Aucune ombre, Aucune réflexion...)** qui permet d'annuler un effet.

Mettre en valeur les caractères d'un objet

Ces techniques permettent de modifier l'apparence des caractères d'une zone de texte, d'une forme, d'un objet WordArt, mais aussi d'une forme à l'intérieur d'un diagramme ou encore d'un élément de graphique.

- Sélectionnez le ou les objets contenant le texte à mettre en valeur.
- Utilisez la mini barre d'outils associée à la sélection de caractères ou les outils et boutons du groupe **Police** de l'onglet **Accueil** pour modifier la police, la taille, les mises en valeur, la couleur des caractères.
- Pour appliquer des effets spéciaux, activez l'onglet **Format** ou **Mise en forme** et utilisez les boutons suivants du groupe **Styles WordArt** :

Styles rapides	pour appliquer un effet de caractère de type WordArt.
	pour appliquer un remplissage aux caractères.
	pour appliquer un contour aux caractères.
	pour appliquer un effet spécial aux caractères (ombre, lumière...).

Tableaux de données et tableaux croisés dynamiques

onzième partie

Créer un tableau de données

Un tableau de données, aussi appelé table ou liste de données (dans les anciennes versions d'Excel) est un ensemble de lignes et de colonnes qui contiennent des données connexes gérées indépendamment des données des autres lignes et colonnes de la feuille de calcul ; il permet de gérer et d'analyser ces données plus facilement.

- Sélectionnez la plage de cellules que vous voulez organiser dans un tableau.
- Activez l'onglet **Insertion** et cliquez sur le bouton **Tableau** du groupe **Tableaux**.

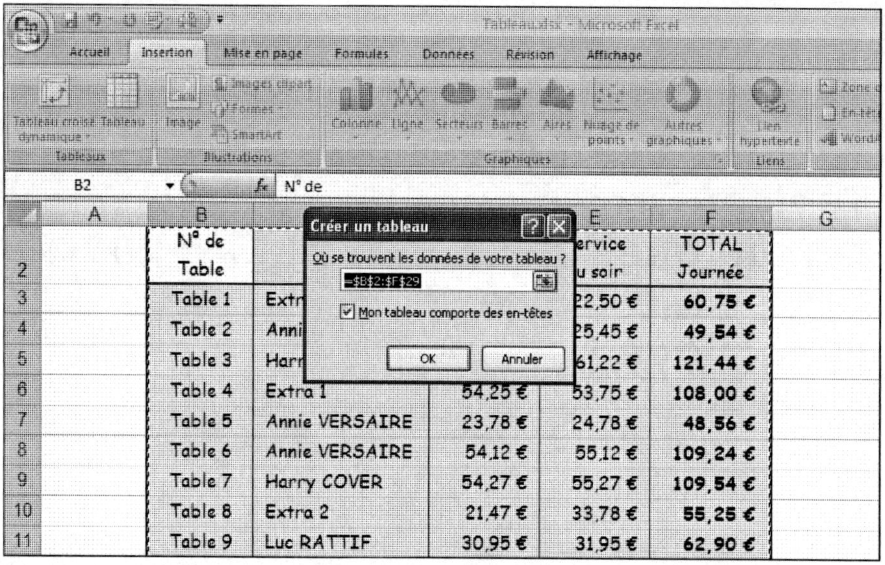

- Activez l'option **Mon tableau comporte des en-têtes** si la plage de cellules sélectionnée contient des données que vous voulez afficher en en-tête.
- Cliquez sur le bouton **OK**.

*Les en-têtes de tableau sont automatiquement affichés et présentent des flèches de listes déroulantes. Un nouvel onglet nommé **Outils de tableau - Création** apparaît. Vous pouvez utiliser les outils qu'il propose pour personnaliser ou modifier le tableau.*

Les listes déroulantes de chaque en-tête permettent de trier et/ou de filtrer les données du tableau.

Pour créer un tableau, vous pouvez aussi sélectionner les cellules concernées et leur appliquer un style de tableau par l'option **Mettre sous forme de tableau** du groupe **Style** de l'onglet **Accueil**.

Redimensionner un tableau de données

- Cliquez n'importe où dans le tableau.
- Cliquez sur le bouton **Redimensionner le tableau** du groupe **Propriétés** de l'onglet **Outils de tableau - Création.**
- Modifiez la sélection des cellules puis validez.

Vous pouvez aussi pointer la poignée de redimensionnement (petit triangle dans le coin inférieur droit du tableau) et la faire glisser de manière à sélectionner la plage de cellules concernée.

Supprimer un tableau de données

Lorsque vous n'avez plus besoin d'un tableau de données, vous pouvez le supprimer en le convertissant à nouveau en plage de données.

- Cliquez n'importe où dans le tableau.
- Cliquez sur le bouton **Convertir en plage** du groupe **Outils** de l'onglet **Outils de tableau - Création** ou utilisez l'option **Table - Convertir en plage** du menu contextuel du tableau.
- Confirmez la conversion du tableau en cliquant sur le bouton **Oui**.

Afficher/masquer les en-têtes d'un tableau

- Cliquez n'importe où dans le tableau.
- Activez, si besoin, l'onglet **Outils de tableau - Création**.
- Pour afficher les en-têtes du tableau, cochez l'option **Ligne d'en-tête** du groupe **Options de style de tableau** ; pour les masquer, désactivez cette option.

Lorsque vous désactivez les en-têtes d'un tableau, les filtres automatiques d'en-tête, ainsi que les autres filtres éventuellement appliqués, sont supprimés du tableau.

Ajouter une ligne/une colonne à un tableau

- Pour ajouter une ligne au tableau, saisissez une donnée dans une cellule placée juste sous le tableau.
- Pour ajouter une colonne au tableau, saisissez une donnée dans une cellule placée immédiatement à droite du tableau.
- Pour ajouter des lignes et/ou des colonnes, vous pouvez aussi faire glisser la poignée de redimensionnement (coin inférieur droit du tableau) vers le bas et/ou la droite pour sélectionner des lignes et/ou des colonnes.
- Pour ajouter une ligne vide dans le bas d'un tableau, cliquez dans la dernière cellule du tableau et appuyez sur la touche [⇆].

  S'il existe une ligne de totaux dans le tableau, placez-vous dans la dernière cellule de la ligne qui précède celle des sous-totaux.

Pour insérer et/ou supprimer des lignes/des colonnes dans un tableau de données, procédez comme dans la feuille de calcul (cf.chapitre Lignes/Colonnes/Cellules).

Sélectionner des lignes/des colonnes dans un tableau de données

- Pour sélectionner les données d'une colonne d'un tableau, pointez le bord supérieur de l'en-tête de la colonne du tableau (le pointeur de la souris prend la forme : ⬇) et cliquez, ou activez l'une des cellules de la colonne et faites [Ctrl][Espace].

  Pour sélectionner toute la colonne (avec son en-tête), faites un double clic ou utilisez deux fois le raccourci-clavier [Ctrl][Espace].
- Pour sélectionner une ligne d'un tableau, pointez le bord gauche de la ligne du tableau (le pointeur de la souris prend la forme : ➡) et cliquez, ou activez l'une des cellules de la ligne et faites [⇧ Shift][Espace].
- Pour sélectionner toutes les données d'un tableau, pointez le bord supérieur gauche du tableau (le pointeur de la souris prend la forme : ↘) et cliquez, ou activez l'une des cellules de la colonne et faites [Ctrl][⇧ Shift][Espace] ou [Ctrl] **A**.

  Pour sélectionner tout le tableau (avec ses en-têtes), faites un double clic ou utilisez deux fois un des raccourcis-clavier.

Afficher une ligne de total dans un tableau de données

Vous pouvez rapidement totaliser les données d'un tableau en affichant une ligne de totaux à la fin du tableau, et en utilisant ensuite les fonctions fournies dans les listes déroulantes de chaque cellule de la ligne des totaux.

- Cliquez n'importe où dans le tableau.
- Activez, si besoin, l'onglet **Outils de tableau - Création** et cochez l'option **Ligne des totaux** du groupe **Options de style de tableau.**

*La ligne de totaux s'affiche dans la dernière ligne du tableau et affiche la mention **Total** dans la cellule située à l'extrême gauche.*

- Pour afficher le résultat d'un autre calcul ou d'une autre colonne, cliquez sur la cellule de la colonne concernée dans la ligne des totaux, puis cliquez sur la flèche de la liste déroulante qui s'affiche :

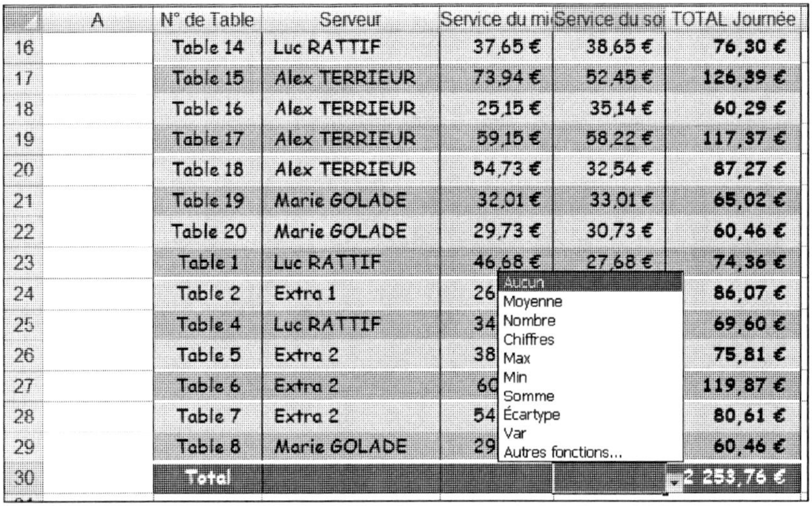

	A	N° de Table	Serveur	Service du mi	Service du so	TOTAL Journée
16		Table 14	Luc RATTIF	37,65 €	38,65 €	76,30 €
17		Table 15	Alex TERRIEUR	73,94 €	52,45 €	126,39 €
18		Table 16	Alex TERRIEUR	25,15 €	35,14 €	60,29 €
19		Table 17	Alex TERRIEUR	59,15 €	58,22 €	117,37 €
20		Table 18	Alex TERRIEUR	54,73 €	32,54 €	87,27 €
21		Table 19	Marie GOLADE	32,01 €	33,01 €	65,02 €
22		Table 20	Marie GOLADE	29,73 €	30,73 €	60,46 €
23		Table 1	Luc RATTIF	46,68 €	27,68 €	74,36 €
24		Table 2	Extra 1	26		86,07 €
25		Table 4	Luc RATTIF	34		69,60 €
26		Table 5	Extra 2	38		75,81 €
27		Table 6	Extra 2	6C		119,87 €
28		Table 7	Extra 2	54		80,61 €
29		Table 8	Marie GOLADE	29		60,46 €
30		Total				2 253,76 €

Excel propose les fonctions de calcul courantes ; vous pouvez aussi saisir la formule de votre choix directement dans une cellule de la ligne des totaux.

Cliquez sur la fonction que vous souhaitez utiliser.

- Pour masquer la ligne des totaux, désactivez l'option **Ligne des totaux** du groupe **Options de style de tableau.**

Créer une colonne calculée dans un tableau

- Cliquez dans une cellule d'une colonne vide du tableau que vous souhaitez transformer en colonne calculée.
- Saisissez la formule voulue.

La formule spécifiée est automatiquement insérée dans toutes les cellules de la colonne.

Pour supprimer une colonne calculée, procédez comme pour n'importe quelle colonne.

Pour modifier une colonne calculée, il suffit de modifier l'une des formules de calcul de la colonne : les autres cellules sont automatiquement mises à jour.

Appliquer un style de tableau à un tableau de données existant

- Cliquez n'importe où dans le tableau.
- Activez, si besoin, l'onglet **Outils de tableau - Création** et cliquez sur le bouton **Styles rapides** du groupe **Styles de tableau.**

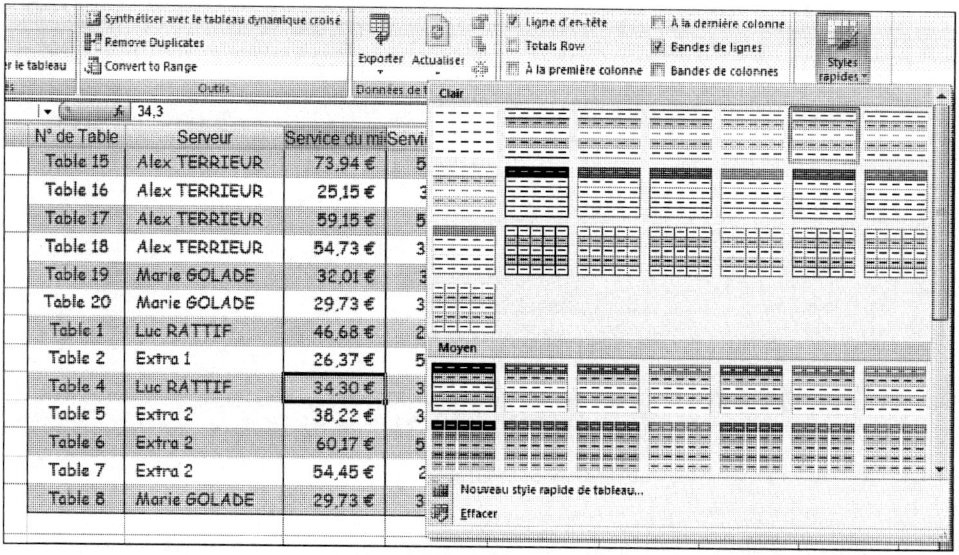

- Cliquez sur le style de tableau à utiliser.

Créer un tableau croisé dynamique

Un tableau croisé dynamique permet de résumer, d'analyser, d'explorer et de présenter des données de synthèse.

- Si la plage de cellule concernée par le tableau croisé dynamique contient des en-têtes de colonnes ou est déjà organisé en tableau Excel, cliquez dans l'une des cellules ; sinon, sélectionnez la plage de cellules à traiter dans le tableau croisé dynamique.
- Activez l'onglet **Insertion** et cliquez sur le bouton **Tableau croisé dynamique** du groupe **Tableaux**, puis éventuellement sur l'option **Tableau croisé dynamique**.

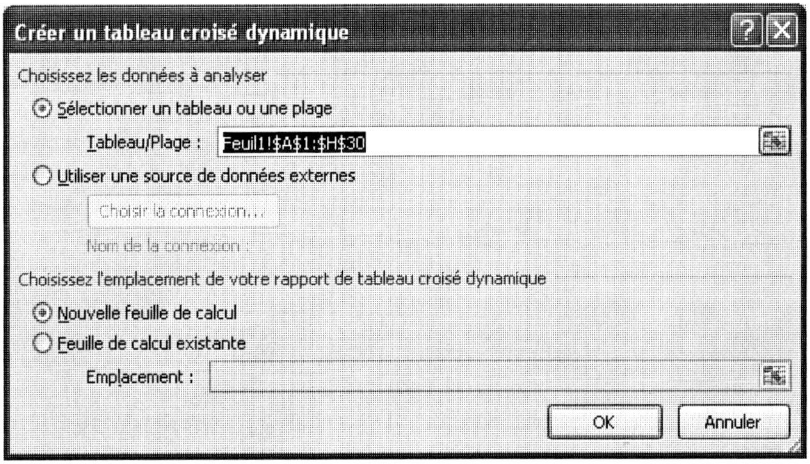

- Vérifiez que la zone **Sélectionner un tableau ou une plage** contienne bien les données à analyser ; sinon, utilisez le bouton pour les sélectionner.
- Choisissez l'emplacement du tableau croisé dynamique : sur une **Nouvelle feuille de calcul** ou sur une **Feuille de calcul existante** ; si vous avez choisi cette dernière option, utilisez le bouton pour activer la première cellule destinatrice du rapport.
- Cliquez sur le bouton **OK**.

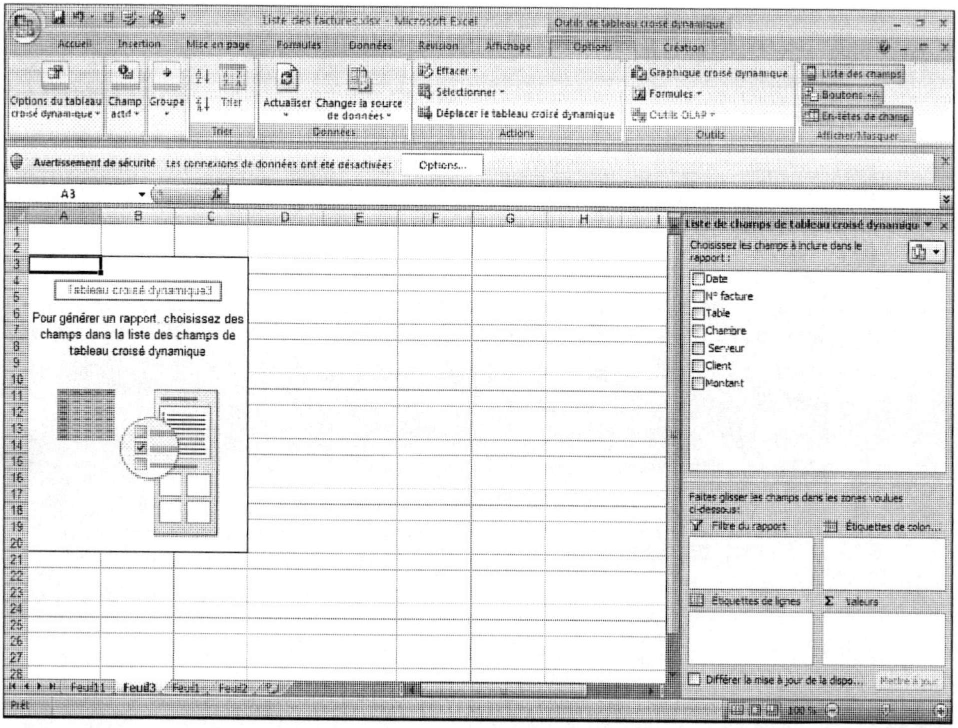

*Un rapport de tableau croisé dynamique vide est inséré à l'emplacement indiqué (ici, en cellule **A3** de la **Feuil3**) et le volet **Liste de champs du tableau croisé dynamique** apparaît à droite afin que vous puissiez commencer à ajouter des champs, à créer une disposition et à personnaliser le rapport. Ce volet comporte deux sections : la partie supérieure, appelée section **Champ**, qui affiche la liste des champs et la partie inférieure, appelée section **Disposition** qui permet de réorganiser et repositionner les champs dans l'une des quatre zones du rapport de tableau croisé dynamique.*

*Les onglets **Outils de tableau croisé dynamique - Options** et **Création** apparaissent.*

- À vous ensuite d'ajouter les champs pour créer le tableau croisé dynamique (cf. titre suivant).

Par défaut, les sections **Champ** et **Disposition** du volet **Liste de champs de tableau croisé dynamique** sont superposées ; vous pouvez modifier cette disposition en choisissant une des options associées à l'outil .

Supprimer un tableau croisé dynamique

- Cliquez à l'intérieur du tableau croisé dynamique.
- Activez, si besoin, l'onglet **Outils de tableau croisé dynamique - Options.**
- Cliquez sur le bouton **Effacer** du groupe **Actions** et sur l'option **Effacer tout.**

Gérer les champs d'un tableau croisé dynamique

Ajouter/supprimer un champ

- Cliquez avec le bouton droit sur le nom du champ dans la section **Champ** du volet **Liste de champs de tableau croisé dynamique**, puis sélectionnez l'option correspondant à la zone voulue pour placer le champ :

Ajouter au filtre de rapport	Pour filtrer le tableau en fonction du champ ajouté dans cette zone.
Ajouter aux étiquettes de lignes	Pour afficher les champs ajoutés dans cette zone sous forme de lignes, sur le côté du tableau. Une ligne de position inférieure est imbriquée dans la ligne affichée immédiatement au-dessus d'elle.
Ajouter aux étiquettes de colonnes	Pour afficher les champs ajoutés dans cette zone sous forme de colonnes, en haut du tableau. Une colonne de position inférieure est imbriquée dans la colonne affichée immédiatement au-dessus d'elle.
Ajouter aux valeurs	Pour afficher les champs ajoutés dans cette zone sous forme de synthèse numérique.

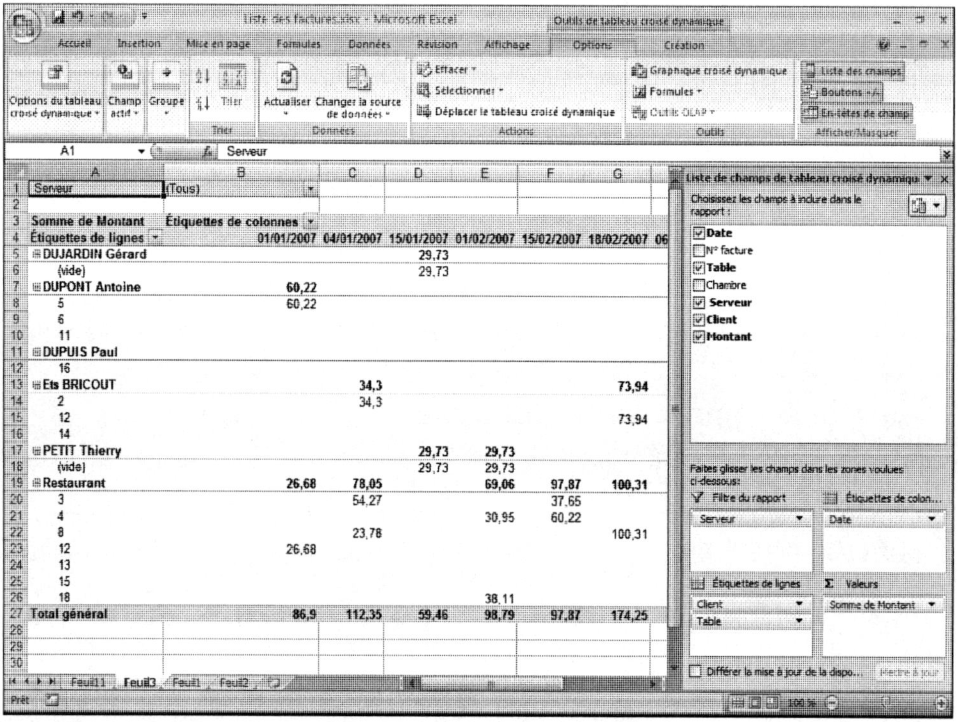

Ce tableau croisé dynamique permet d'afficher les chiffres d'affaires réalisés par serveur en fonction des dates, par table et par client.

Vous pouvez aussi activer la case à cocher correspondant au champ à insérer dans la section **Champ** mais dans ce cas, le champ est placé dans une zone par défaut : les champs non numériques sont ajoutés à la zone **Étiquettes de lignes**, les champs numériques à la zone **Valeurs**, et les champs date et heure OLAP sont ajoutés à la zone **Étiquettes de colonnes** ; il vous faut ensuite, si besoin est, réorganiser les champs.

Pour supprimer un champ du tableau croisé dynamique, désactivez sa case à cocher dans la section **Champ**.

Réorganiser les champs

- Cliquez sur le nom du champ concerné dans l'une des quatre zones de la section **Disposition**, puis sélectionnez l'une des options suivantes :

Monter	Déplace le champ d'une position vers le haut dans la zone.
Descendre	Déplace le champ d'une position vers le bas dans la zone.
Déplacer au début	Déplace le champ au début de la zone.
Déplacer à la fin	Déplace le champ à la fin de la zone.
Déplacer dans la zone Filtre du rapport	Déplace le champ vers la zone **Filtre du rapport**.
Déplacer dans la zone Étiquettes de lignes	Déplace le champ vers la zone **Étiquettes de lignes**.
Déplacer dans la zone Étiquettes de colonnes	Déplace le champ vers la zone **Étiquettes de colonnes**.
Déplacer dans la zone Valeurs	Déplace le champ vers la zone **Valeurs**.
Paramètres de champ	Ouvre la boîte de dialogue **Paramètres de champ** ou **Paramètres des champs de données**, qui permet de définir divers paramètres de mise en forme, d'impression, de sous-totaux et de filtrage applicables à un champ d'un rapport de tableau croisé dynamique.

Modifier le type de calcul réalisé sur un champ

- Cliquez sur le nom du champ concerné dans la zone **Valeurs** de la section **Disposition**, puis activez l'option **Paramètres des champs de valeurs**.
- Sélectionnez le calcul à réaliser.

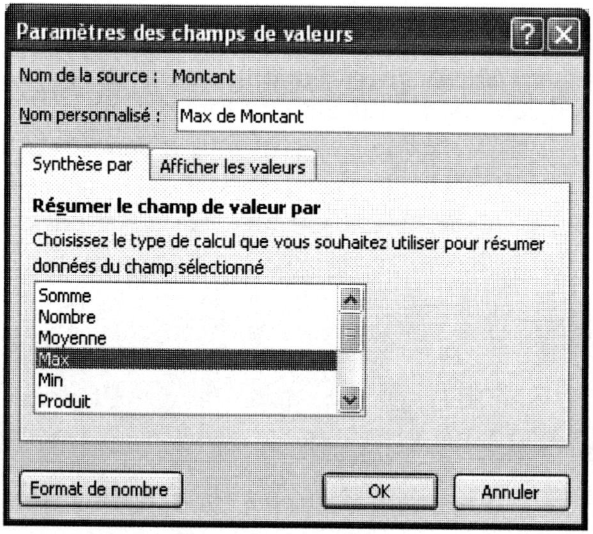

*Le bouton **Format de nombre** permet de modifier le format des résultats du calcul.*

Cliquez sur le bouton **OK**.

Pour ajouter un champ ou modifier son emplacement, vous pouvez aussi faire glisser son nom de la zone **Choisissez les champs à inclure dans le rapport** (section Champ) dans l'une des quatre zones situées en bas du volet **Liste de champs du tableau croisé dynamique** (section **Disposition**).

Filtrer un tableau croisé dynamique

- Lorsque le tableau croisé dynamique comporte un champ dans la section **Filtre du rapport**, ouvrez la liste déroulante qui affiche, par défaut, l'option **Tous** pour filtrer les informations :

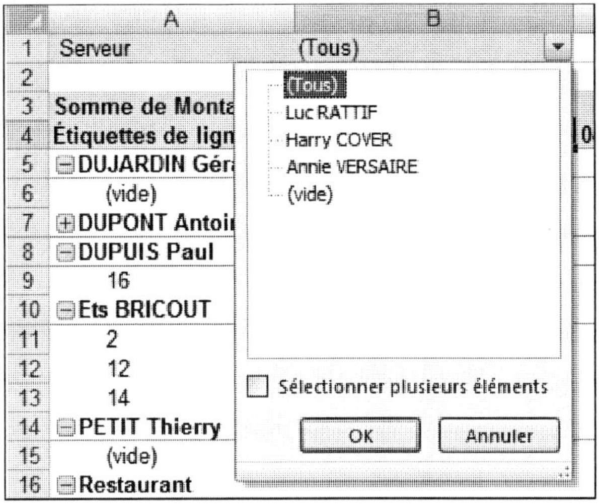

Cliquez sur l'entrée correspondant aux informations que vous souhaitez afficher ; pour afficher les informations correspondant à plusieurs entrées, activez l'option **Sélectionner plusieurs éléments** puis cochez les entrées voulues ; cliquez sur le bouton **OK**.

- Pour filtrer des informations de la section **Étiquettes de lignes** et/ou **Étiquettes de colonnes**, ouvrez la liste déroulante qui apparaît dans la cellule en en-tête de ligne ou de colonne et sélectionnez les entrées correspondant aux informations à afficher.

- Lorsque plusieurs champs ont été ajoutés en colonnes ou en lignes, les champs supérieurs peuvent être développés en cliquant sur leur signe ⊞ ou réduits en cliquant sur leur signe ⊟.

Grouper des éléments d'un tableau croisé dynamique

- Cliquez sur le champ du tableau croisé dynamique que vous voulez regrouper.
- Activez, si besoin, l'onglet **Outils de tableau croisé dynamique - Options** et cliquez sur le bouton **Groupe** puis sur l'option **Grouper les champs.**
- Saisissez la première valeur à grouper (nombre, date ou heure) dans la zone **Début** et la dernière dans la zone **Fin.**
- Dans la zone **Par**, en fonction du type de regroupement, réalisez l'une des manipulations suivantes :
  - pour un regroupement concernant des valeurs numériques, tapez la valeur représentant l'intervalle de chaque groupe,
  - pour un regroupement concernant des dates ou des heures, choisissez l'unité de temps à appliquer aux groupes.

Ici, les colonnes du tableau croisé dynamique seront regroupées par mois entre le 01/01/2007 et le 26/03/2007.

- Cliquez sur le bouton **OK.**

nnuler le regroupement, dissociez les éléments : sélectionnez les éléments s voulez dissocier et cliquez sur le bouton **Groupe** puis sur l'option **Disso-**

Modifier la disposition/la présentation d'un tableau croisé dynamique

- Cliquez, si besoin, dans le tableau croisé dynamique.
- Activez l'onglet **Outils de tableau croisé dynamique - Création**.
- Pour modifier la disposition du tableau, utilisez les boutons du groupe **Disposition** et activez l'option voulue.
- Pour modifier la présentation du tableau, activez ou non les options du groupe **Options de style de tableau croisé dynamique**.
- Pour appliquer ou modifier le style du tableau, sélectionnez-le dans le groupe **Styles de tableau croisé dynamique**.

Recalculer un tableau croisé dynamique

Lorsque la plage de cellules, source du tableau croisé dynamique, est modifiée, ces changements ne sont pas reportés dans le tableau : il vous faut le mettre à jour.

- Cliquez si besoin, dans le tableau croisé dynamique.
- Activez l'onglet **Outils de tableau croisé dynamique - Options**.
- Cliquez sur le bouton **Actualiser** du groupe **Données**.

Créer un graphique croisé dynamique

Un graphique croisé dynamique fournit une représentation graphique des données contenues dans un tableau croisé dynamique. Lorsque vous créez un graphique croisé dynamique, vous lui associez en même temps un tableau croisé dynamique.

- Si la plage de cellule concernée par le graphique croisé dynamique contient des en-têtes de colonnes ou est déjà organisée en tableau de données Excel, cliquez dans l'une des cellules ; sinon, sélectionnez la plage de cellules à traiter dans le tableau croisé dynamique.
- Activez l'onglet **Insertion** et ouvrez la liste associée au bouton **Tableau croisé dynamique** du groupe **Tableaux** puis cliquez sur l'option **Graphique croisé dynamique.**

  La boîte de dialogue qui s'ouvre est semblable à celle qui permet de créer un tableau croisé dynamique.
- Vérifiez que la zone **Sélectionner un tableau ou une plage** contienne bien les données à analyser ; sinon, utilisez le bouton pour les sélectionner.
- Choisissez l'emplacement du graphique croisé dynamique : sur une **Nouvelle feuille de calcul** ou sur une **Feuille de calcul existante** ; si vous avez choisi cette dernière option, utilisez le bouton pour activer la première cellule destinatrice du graphique.
- Cliquez sur le bouton **OK.**

  Un graphique croisé dynamique vide apparaît à l'emplacement indiqué avec juste à côté, un tableau croisé dynamique également vide ; comme pour la création d'un tableau croisé dynamique seul, le volet ***Liste de champs de tableau croisé dynamique*** *s'affiche à droite de la fenêtre. La section* ***Champs Légende (Série)*** *remplace la section* ***Étiquettes de colonnes*** *tandis que la section* ***Champs Axe (Abscisses)*** *remplace la section* ***Étiquettes de lignes.***

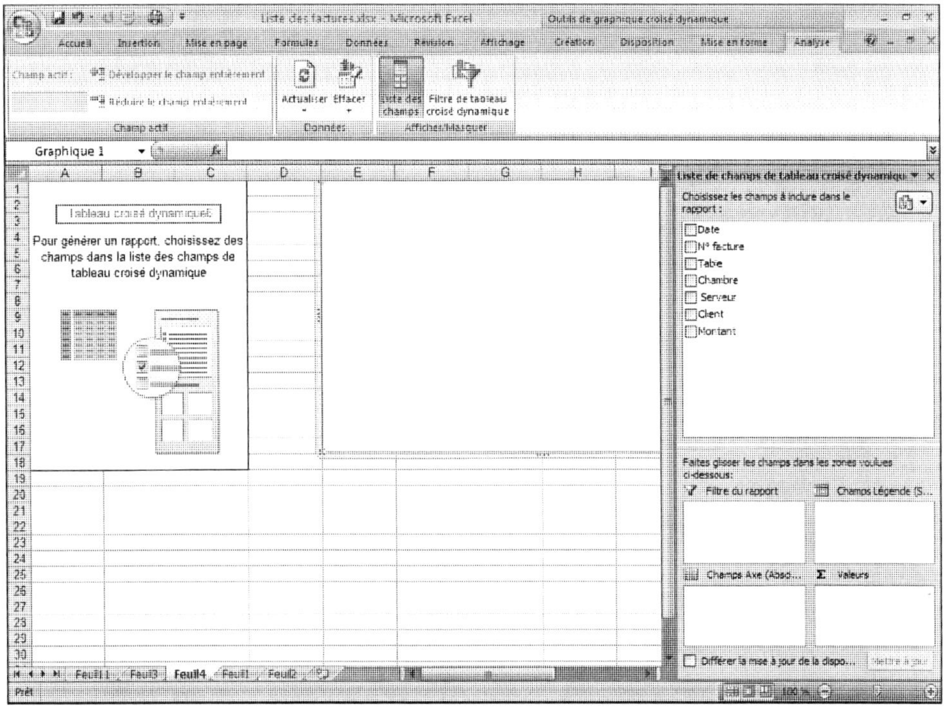

*Les onglets **Outils de graphique croisé dynamique - Création, Disposition, Mise en forme** et **Analyse** apparaissent.*

Construisez le graphique croisé dynamique comme un tableau croisé dynamique (cf. chapitre précédent).

Pour modifier le type de graphique, la disposition et les mises en valeur d'un graphique croisé dynamique, reportez-vous aux chapitres sur les graphiques.

Pour créer un graphique croisé dynamique à partir d'un tableau croisé dynamique existant, cliquez sur le tableau croisé dynamique puis activez l'onglet **Insertion** et, dans le groupe **Graphiques**, cliquez sur le type de graphique que vous souhaitez créer.

Supprimer un graphique croisé dynamique

- Cliquez à l'intérieur du graphique croisé dynamique.
- Activez si besoin est, l'onglet **Outils de graphique croisé dynamique - Analyse,** cliquez sur le bouton **Effacer** du groupe **Données** puis sur l'option **Effacer tout.**

Filtrer un graphique croisé dynamique

- Cliquez à l'intérieur du graphique croisé dynamique.
- Activez si besoin est, l'onglet **Outils de graphique croisé dynamique - Analyse** puis cliquez sur le bouton **Filtre de tableau croisé dynamique** du groupe **Afficher/ Masquer.**

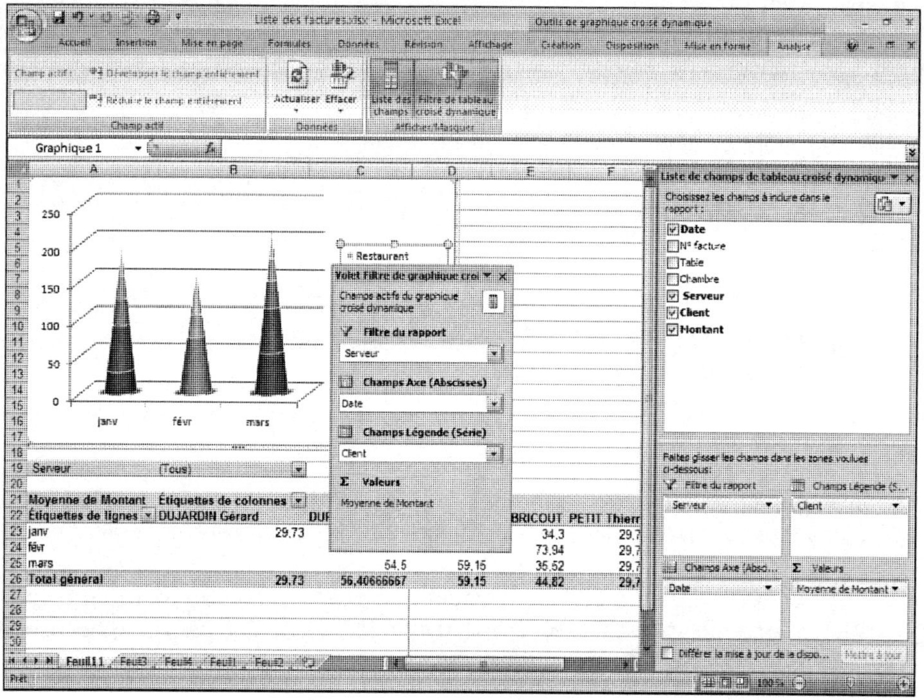

Le ***Volet Filtre de graphique croisé dynamique*** *s'affiche au milieu de la fenêtre.*

- Utilisez les différentes zones de liste du volet pour afficher ou pour masquer les données dans le graphique.
- Pour fermer le volet, cliquez sur son bouton de fermeture x.

Travail collaboratif

douzième partie

Protéger un classeur à l'aide d'un mot de passe

Pour autoriser uniquement les utilisateurs autorisés à afficher et/ou à modifier vos données, vous pouvez sécuriser un classeur avec un mot de passe.

- Accédez à la boîte de dialogue **Enregistrer sous** (cliquez sur le bouton **Microsoft Office** , puis sur l'option **Enregistrer sous**).
- Cliquez sur le bouton **Outils** puis sur l'option **Options générales.**
- Pour protéger le classeur en lecture, c'est-à-dire pour demander un mot de passe à l'utilisateur à l'ouverture du classeur, saisissez un mot de passe dans la zone **Mot de passe pour la lecture.**

  Par défaut, cette fonctionnalité utilise le chiffrement avancé, une méthode standard utilisée pour sécuriser vos fichiers.
- Pour protéger le classeur en écriture, c'est-à-dire pour demander un mot de passe à l'utilisateur à l'ouverture du classeur concernant l'enregistrement des modifications, saisissez ce mot de passe dans la zone **Mot de passe pour la modification.**

  Il ne s'agit pas, dans ce cas, d'une fonctionnalité de sécurité proprement dite, mais d'une simple protection car il n'y a pas de cryptage du contenu du classeur. Ce mot de passe permet à l'utilisateur d'ouvrir le classeur en lecture seule ; il ne pourra pas modifier le contenu du classeur d'origine mais pourra, malgré tout, lui apporter des modifications et l'enregistrer sous un autre nom.

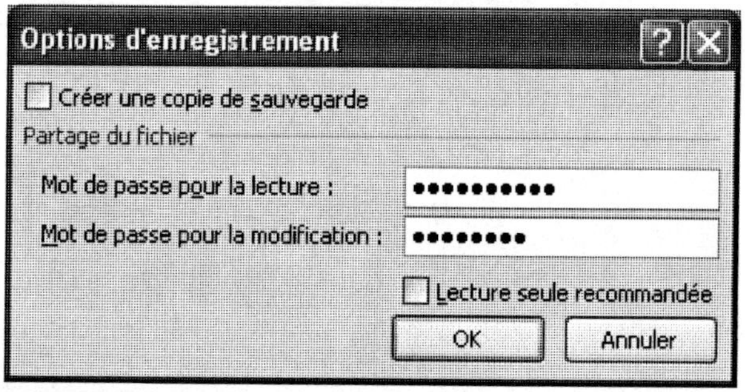

Il est conseillé d'utiliser des mots de passe forts, qui associent des lettres majuscules et minuscules, des nombres et des symboles ; les mots de passe doivent contenir au moins huit caractères.

- Pour renforcer la protection, activez l'option **Lecture seule recommandée.** Ainsi, lors de l'ouverture du classeur, il sera demandé aux utilisateurs s'ils souhaitent ouvrir le fichier en lecture seule.

  Cette option peut être combinée avec la demande d'un mot de passe en écriture. Si ce dernier est demandé, la procédure d'ouverture du classeur en sera légèrement modifiée : même si vous connaissez le mot de passe, Excel vous proposera tout de même d'ouvrir le classeur en lecture seule (dans ce cas, il vous faudra cliquer sur le bouton ***Oui*** *pour l'ouvrir en lecture seule ou sur le bouton* ***Non*** *dans le cas contraire).*
- Cliquez sur le bouton **OK**.
- À l'invite, saisissez à nouveau vos mots de passe pour les confirmer puis cliquez sur le bouton **OK**.
- Cliquez sur le bouton **Enregistrer**.
- Si besoin, cliquez sur le bouton **Oui** pour remplacer le classeur existant.

Attention : n'oubliez pas vos mots de passe car Microsoft ne peut pas les récupérer ! Notez-les dans un endroit sûr, loin des informations qu'ils protègent.

Pour supprimer un mot de passe, sélectionnez à l'aide d'un cliqué-glissé le contenu des zones **Mot de passe pour la lecture** et/ou **Mot de passe pour la modification** puis appuyez sur la touche [Suppr].

Protéger les éléments d'un classeur

Il s'agit de protéger les modifications concernant la structure des feuilles de calcul ainsi que leur taille et position.

- Activez l'onglet **Révision** et cliquez sur le bouton **Protéger le classeur** du groupe **Modifications** puis sur l'option **Protéger la structure et les fenêtres.**
- Pour empêcher les utilisateurs d'afficher les feuilles de calcul masquées, de déplacer, supprimer, masquer ou renommer les feuilles de calcul, d'insérer de nouvelles feuilles de calcul, activez l'option **Structure**.
- Pour empêcher les utilisateurs de modifier la taille ou la position les feuilles de calcul, activez l'option **Fenêtres**.
- Pour empêcher les utilisateurs non autorisés de supprimer la protection du classeur, saisissez un mot de passe dans la zone **Mot de passe (facultatif)**.

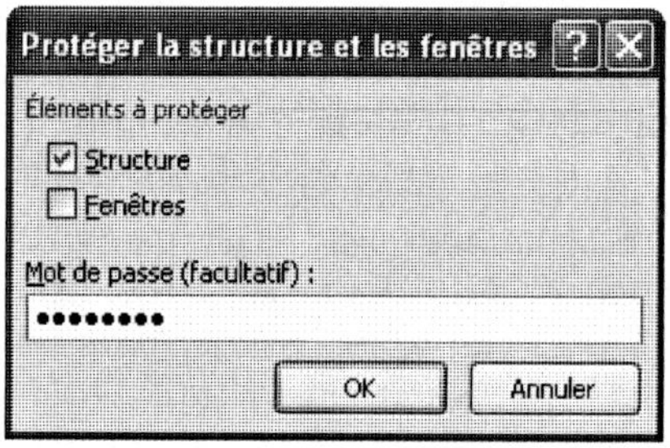

- Cliquez sur le bouton **OK**.
- Si besoin, saisissez à nouveau le mot de passe pour le confirmer et validez.

Pour supprimer la protection du classeur, cliquez à nouveau sur le bouton **Protéger le classeur** du groupe **Modifications** de l'onglet **Révision** puis désactivez l'option **Protéger la structure et les fenêtres** ; saisissez l'éventuel mot de passe dans la boîte de dialogue **Ôter la protection** et validez.

Protéger les cellules d'une feuille de calcul

Si vous désirez autoriser la saisie de données uniquement dans certaines cellules d'une feuille de calcul, vous devez au préalable annuler l'état de protection de ces cellules (état actif par défaut) puis ensuite protéger la feuille entière.

Déverrouiller une plage de cellules

- Sélectionnez les cellules dans lesquelles la saisie sera autorisée.
- Activez l'onglet **Accueil** et cliquez sur le bouton **Format** du groupe **Cellules** puis sur l'option **Format de cellule.**
- Dans la boîte de dialogue **Format de cellule** qui apparaît, activez l'onglet **Protection.**
- Désactivez l'option **Verrouillée.**
- Cliquez sur le bouton **OK.**

Activer l'état de protection de la feuille

- Activez l'onglet **Révision** et cliquez sur le bouton **Protéger la feuille** du groupe **Modifications.**
- Veillez à ce que l'option **Protéger la feuille et le contenu des cellules verrouillées** soit cochée.

- Cochez (ou décochez) les options correspondant aux actions qui pourront être réalisées par les utilisateurs dans la liste **Autoriser tous les utilisateurs de cette feuille à.**

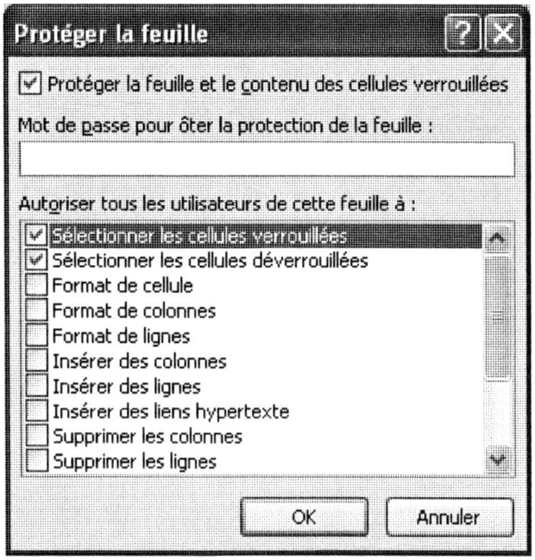

- Pour que la protection de la feuille puisse être désactivée par les utilisateurs autorisés, entrez un mot de passe dans la zone **Mot de passe pour ôter la protection de la feuille**.
- Cliquez sur le bouton **OK**.
- Si besoin, saisissez à nouveau le mot de passe pour le confirmer puis cliquez sur le bouton **OK**.

Si vous tentez de saisir dans une cellule protégée, le message d'alerte suivant s'affiche :

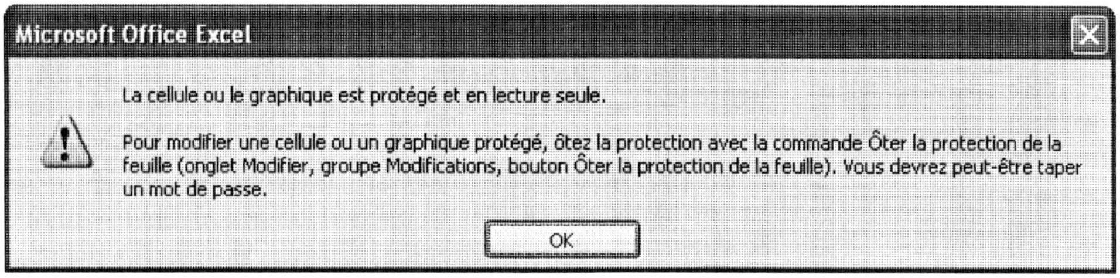

- Cliquez sur le bouton **OK** pour fermer cette boîte de dialogue.

Selon les autorisations accordées aux utilisateurs, certaines options des différents onglets ne sont plus disponibles sur la feuille protégée (les boutons correspondants sont grisés).

Pour annuler la protection de la feuille, cliquez sur le bouton **Ôter la protection de la feuille** du groupe **Modifications** de l'onglet **Révision** ; saisissez si besoin, le mot de passe et validez.

Autoriser l'accès aux cellules pour certains utilisateurs

Cette technique permet de protéger les cellules d'une feuille et d'autoriser l'accès à différentes plages de cellules soit par des mots de passe différents soit en sélectionnant des noms d'utilisateurs (dans ce cas, votre PC doit se trouver dans un domaine).

- Activez l'onglet **Révision** et cliquez sur le bouton **Permettre la modification des plages** du groupe **Modifications**.
- Cliquez sur le bouton **Nouvelle**.

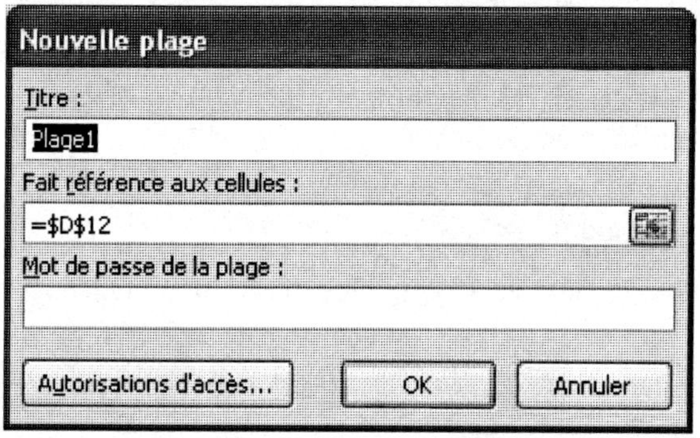

- Modifiez si besoin, le **Titre** associé à la plage sur laquelle vous accordez des droits d'accès.
- Cliquez sur le bouton de la zone **Fait référence aux cellules**, sélectionnez dans la feuille la plage de cellules concernée puis cliquez sur pour revenir dans la boîte de dialogue **Nouvelle plage**.

  Vous pouvez utiliser la touche Ctrl *pour sélectionner des plages de cellules discontinues.*

- Dans la zone **Mot de passe de la plage**, saisissez le mot de passe que les utilisateurs devront saisir pour pouvoir modifier cette plage, validez, puis pour confirmer, saisissez une deuxième fois ce même mot de passe et validez.

  Si vous ne définissez pas de mot de passe, tous les utilisateurs pourront modifier les cellules.

- Pour définir la liste des utilisateurs auxquels vous souhaitez donner des droits d'accès, cliquez sur le bouton **Autorisations d'accès** de la boîte de dialogue **Nouvelle plage** ou, si vous avez saisi et confirmé un mot de passe, sur le bouton **Autorisations** de la boîte de dialogue **Permettre la modification des plages** ; dans la boîte de dialogue **Autorisations pour "Nom de la plage"** qui s'affiche ensuite, cliquez sur le bouton **Ajouter**.

- Saisissez les noms des utilisateurs ou ordinateurs ou groupes concernés par les droits séparés par un point virgule (;).

*Le lien **exemples** vous présente différentes syntaxes possibles.*

- Cliquez sur le bouton **Vérifier les noms** afin que les coordonnées saisies soient correctement identifiées.

- Lorsque tous les noms ont été saisis et vérifiés, cliquez une première fois sur le bouton **OK** pour quitter la boîte de dialogue **Sélectionnez Utilisateurs ou Groupes** puis une seconde fois pour quitter la boîte de dialogue **Autorisations pour "Nom de la plage"**.

- Si vous avez besoin de définir une autre plage de cellules associée à un autre mot de passe, cliquez à nouveau sur le bouton **Nouvelle** de la boîte de dialogue **Permettre la modification des plages** puis effectuez les opérations décrites précédemment.

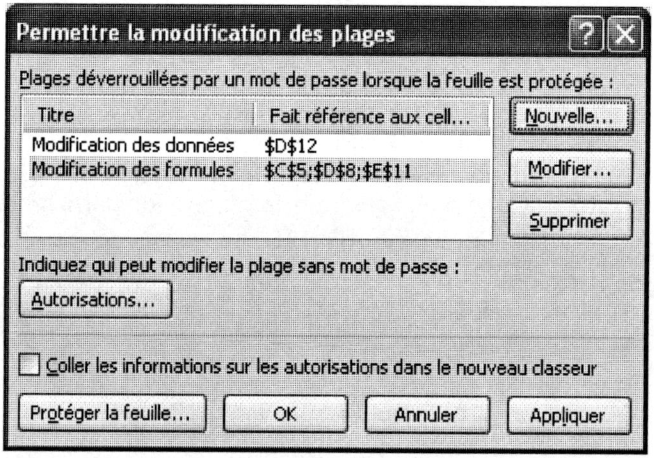

*L'option **Coller les informations sur les autorisations dans le nouveau classeur** permet de résumer les autorisations dans un nouveau classeur.*

- Cliquez sur le bouton **Protéger la feuille** et vérifiez que l'option **Protéger la feuille et le contenu des cellules verrouillées** est bien cochée. Saisissez un **Mot de passe pour ôter la protection de la feuille** et si besoin, cochez ou décochez les options dans la liste **Autoriser tous les utilisateurs de cette feuille à.**
- Cliquez sur le bouton **OK.**
- Saisissez de nouveau, si nécessaire, le mot de passe pour protéger la feuille de calcul afin de le confirmer.
- Cliquez sur le bouton **OK.**

Si vous tentez de saisir dans une cellule appartenant à une plage dont l'autorisation de modification est limitée par un mot de passe, Excel vous demande de saisir ce dernier :

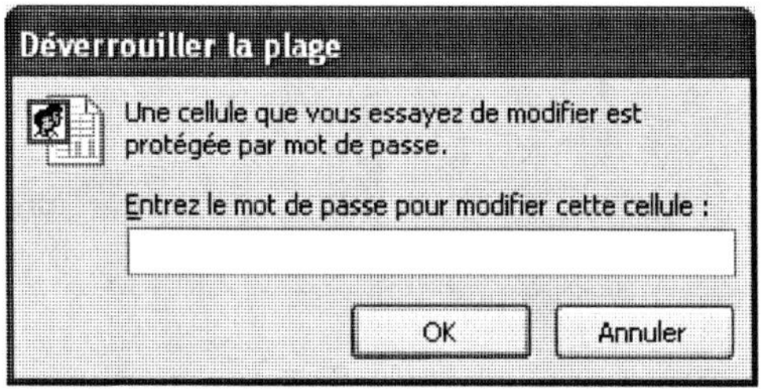

- Saisissez alors le mot de passe puis cliquez sur le bouton **OK**.

Il existe plusieurs façons de partager, d'analyser et de communiquer des informations et des données dans Microsoft Office Excel 2007. L'une d'entre elles, étudiée dans ce chapitre, consiste à autoriser plusieurs utilisateurs à modifier simultanément le même classeur.

Le principe consiste à enregistrer le classeur en tant que classeur "partagé" à un emplacement accessible à partir d'un dossier partagé sur le réseau. Sachez que lorsqu'un classeur est partagé, les fonctionnalités suivantes ne peuvent pas être modifiées : fusion de cellules, mises en forme conditionnelles, validation de données, graphiques, images, objets graphiques, liens hypertexte, scénarios, plans, sous-totaux, tableaux de données, rapports de tableau croisé dynamique, protection de classeur et de feuille de calcul, macros.

Autoriser plusieurs utilisateurs à modifier simultanément le même classeur

Cette manipulation est réalisée par le propriétaire du classeur, qui souhaite que d'autres personnes l'utilisent.

Enregistrer le classeur dans un dossier partagé

- Ouvrez le classeur concerné ou créez-le.
- Enregistrez le classeur sur un emplacement réseau, accessible à tous les utilisateurs : cliquez sur le bouton **Microsoft Office** puis sur l'option **Enregistrer sous** ; accédez à un emplacement réseau en cliquant, par exemple, sur le bouton **Favoris réseau** de la barre **Emplacement** et en sélectionnant le dossier **Documents partagés**.

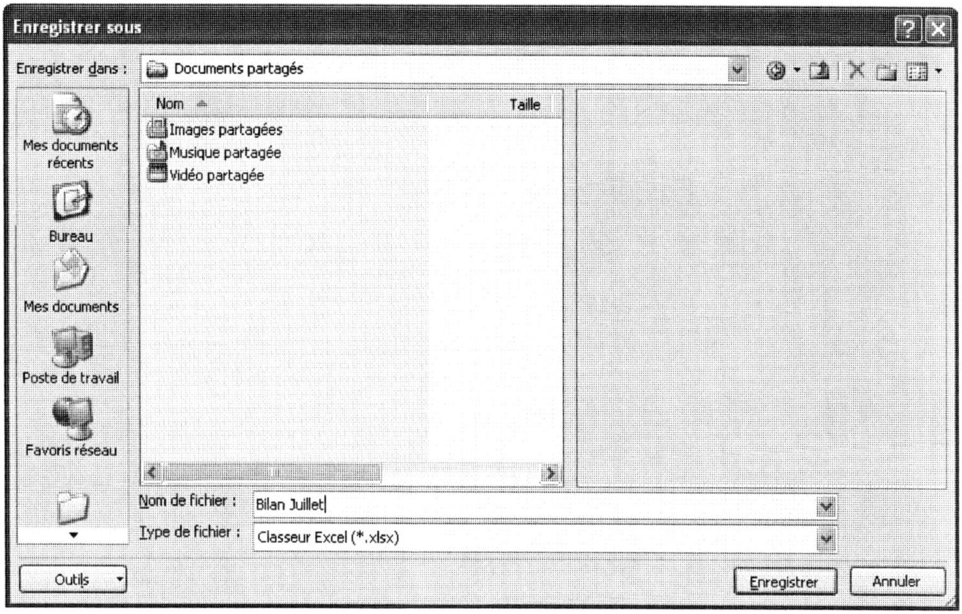

- Cliquez sur le bouton **Enregistrer**.

Partager un classeur

- Activez l'onglet **Révision** puis cliquez sur le bouton **Partager le classeur** du groupe **Modifications.**
- Cochez l'option **Permettre une modification multi-utilisateur.**

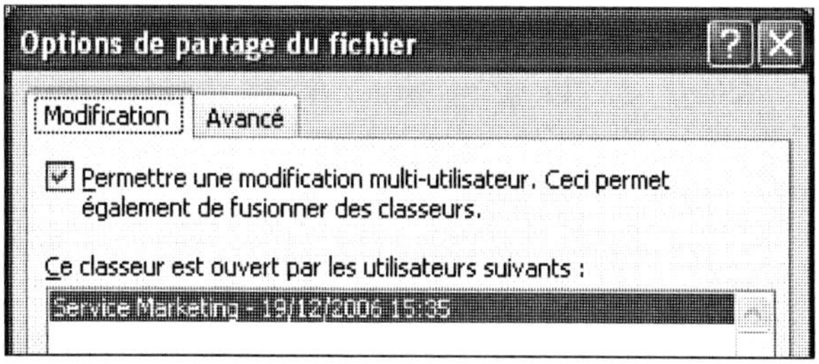

- Cliquez sur l'onglet **Avancé.**

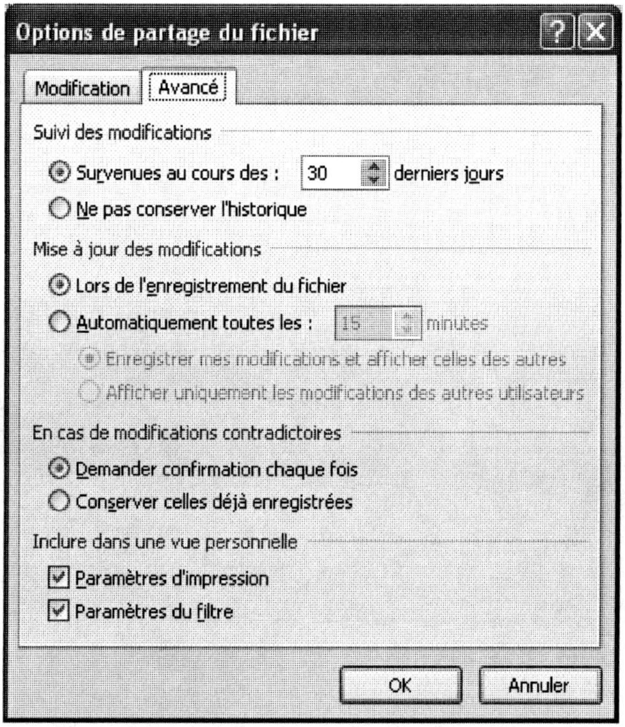

- Sélectionnez les options à utiliser pour suivre et actualiser les modifications.

  Suivi des modifications : précisez la durée de conservation des modifications ou activez l'option **Ne pas conserver l'historique** pour ne pas avoir la possibilité de suivre les modifications.

  Mise à jour des modifications : précisez si les mises à jour doivent intervenir à chaque enregistrement du classeur (**Lors de l'enregistrement du fichier**) ou périodiquement **Automatiquement toutes les** puis précisez la fréquence.

  En cas de modification contradictoire : activez l'option **Conserver celles déjà enregistrées** pour ne pas afficher la boîte de dialogue **Résolution des conflits** et rester prioritaire en cas de conflit.

  Inclure dans une vue personnelle : laissez les options **Paramètres d'impression** et/ou **Paramètres du filtre** actives si vous souhaitez utiliser vos paramètres de filtre et/ou d'impression.

- Cliquez sur le bouton **OK**.

- Cliquez à nouveau sur le bouton **OK** au message vous proposant d'enregistrer le classeur.

  *Le nom du classeur, suivi du terme **[Partagé]** apparaît dans la barre de titre.*

Protéger un classeur partagé

Tous les utilisateurs ayant accès au partage réseau ont un accès total au classeur partagé sauf si vous verrouillez des cellules et si vous protégez la feuille de calcul pour restreindre l'accès. Il est donc recommandé de protéger un classeur partagé.

- Activez si besoin, l'onglet **Révision** puis cliquez sur le bouton **Protéger le classeur partagé** du groupe **Modifications.**
- Cochez l'option **Partage avec suivi des modifications.**
- Cliquez sur le bouton **OK.**

Pour supprimer la protection d'un classeur partagé, cliquez sur le bouton **Ôter la protection de partage** du groupe **Modifications** de l'onglet **Révision.**

Modifier un classeur partagé

Après avoir ouvert un classeur partagé, vous pouvez entrer et modifier les données comme dans n'importe quel classeur standard.

- Ouvrez le classeur partagé : utilisez la commande habituelle pour ouvrir un classeur mais allez le chercher à l'emplacement réseau où il a été enregistré.

  *Le nom du classeur suivi du terme **[Partagé]** dans la barre de titre vous indique que vous allez travailler sur un classeur partagé.*

- Cliquez sur le bouton **Microsoft Office** puis sur le bouton **Options Excel.**
- Activez, si besoin, la catégorie **Standard** puis dans la zone **Nom d'utilisateur** de la partie **Personnaliser votre copie de Microsoft Office**, saisissez votre nom d'utilisateur afin que les modifications que vous allez apporter au classeur soient identifiées :

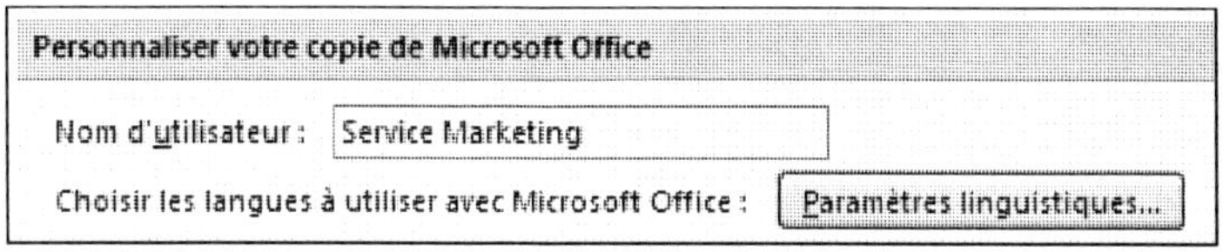

- Cliquez sur le bouton **OK**.
- Saisissez et modifiez les données souhaitées comme vous le faites habituellement.

  Rappelez-vous que vous ne pouvez pas modifier tous les éléments (cf. introduction du chapitre).
- Définissez tous les paramètres de filtre et d'impression souhaités pour votre utilisation personnelle. Par défaut, les paramètres de chaque utilisateur sont enregistrés individuellement.

  *Pour utiliser les paramètres de filtre ou d'impression créés par le propriétaire du classeur chaque fois que vous ouvrez le classeur, cliquez sur le bouton **Partager le classeur** du groupe **Modifications** puis, activez l'onglet **Avancé** afin de désactiver les options **Paramètres d'impression** et/ou **Paramètres du filtre** dans la partie **Inclure dans une vue personnelle** puis cliquez sur le bouton **OK**.*
- Enregistrez les modifications que vous avez apportées au classeur en utilisant la technique habituelle : cliquez sur l'outil **Enregistrer** de la barre d'outils **Accès rapide** ou faites Ctrl **S**.

  *Si la boîte de dialogue **Résolution des conflits** s'affiche, résolvez les conflits (cf. titre suivant).*

Vous pouvez voir les autres personnes qui ont ouvert le classeur dans l'onglet **Modification** de la boîte de dialogue **Options de partage du fichier** (onglet **Révision**, groupe **Modifications**, bouton **Partager le classeur**).

Vous pouvez choisir d'obtenir périodiquement des mises à jour automatiques des modifications des autres utilisateurs, avec ou sans enregistrement, dans la partie **Mise à jour des modifications** de l'onglet **Avancé** de la boîte de dialogue **Options de partage du fichier** (onglet **Révision**, groupe **Modifications**, bouton **Partager le classeur**).

Résoudre les conflits de modification

Lorsque vous enregistrez un classeur partagé après avoir modifié les mêmes cellules qu'un autre utilisateur, les modifications sont en conflit. Excel affiche alors une boîte de dialogue vous permettant de choisir les modifications à conserver.

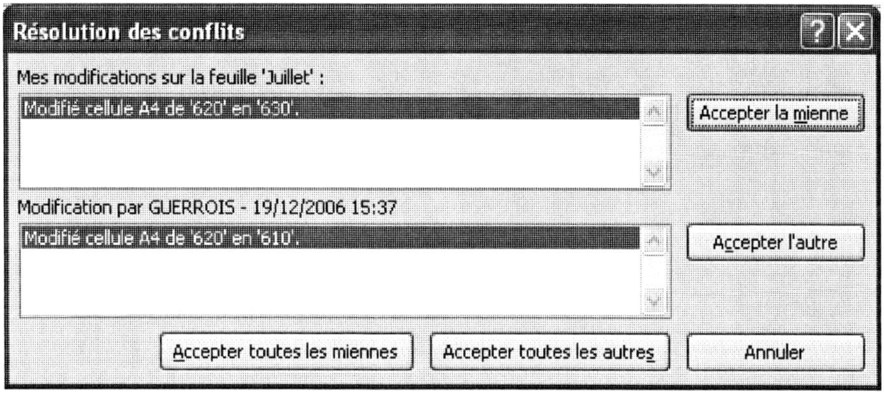

- Pour traiter chaque conflit de modification, cliquez sur le bouton **Accepter la mienne** ou sur le bouton **Accepter l'autre** pour accepter respectivement votre modification ou celle de l'autre utilisateur et passez ensuite à la modification contradictoire suivante.
- Pour accepter toutes vos modifications ou celles du ou des autres utilisateurs, cliquez respectivement sur le bouton **Accepter toutes les miennes** ou sur le bouton **Accepter toutes les autres**.

Si vous voulez que vos modifications soient prioritaires sur celles des autres utilisateurs et qu'ainsi la boîte de dialogue **Résolution des conflits** ne s'affiche plus, cliquez sur le bouton **Partager le classeur** du groupe **Modifications** de l'onglet **Révision** puis activez l'option **Conserver celles déjà enregistrées** sur l'onglet **Avancé**.

Effectuer le suivi des modifications

- Ouvrez le classeur partagé, ayant fait l'objet de modifications.
- Activez, si besoin, l'onglet **Révision** puis cliquez sur le bouton **Suivi des modifications** du groupe **Modifications** et cliquez sur l'option **Afficher les modifications**.

- Pour afficher les modifications apportées pendant un intervalle de temps précis, cochez l'option **Le** et sélectionnez cet intervalle dans la liste qui suit :

Depuis mon dernier enregistrement	Surligne seulement les modifications apportées depuis la dernière sauvegarde du classeur.
Tous	Surligne toutes les modifications apportées au classeur.
Pas encore révisé	Surligne les modifications qui n'ont pas été acceptées ou refusées.
Depuis la date du ...	Surligne les modifications apportées après la date saisie dans la zone **Le**.

- Pour surligner les modifications apportées par un utilisateur précis, cochez l'option **Par** et sélectionnez l'utilisateur dans la liste qui suit.
- Cochez l'option **Dans** puis sélectionnez la plage de cellules pour laquelle les modifications doivent être visualisées.

*Si aucune des trois options de la zone **Afficher les modifications apportées** n'est active, Excel surligne toutes les modifications apportées au classeur partagé (les vôtres et celles des autres utilisateurs).*

- Cochez l'option **Afficher les modifications à l'écran** pour visualiser les modifications surlignées directement sur les cellules.

En activant cette option, Excel affiche un triangle, de couleur différente pour chaque utilisateur, dans le coin supérieur gauche de chaque cellule modifiée.

Lorsque vous pointez ces triangles, les détails et le nom de l'utilisateur de la modification apparaissent dans une info-bulle :

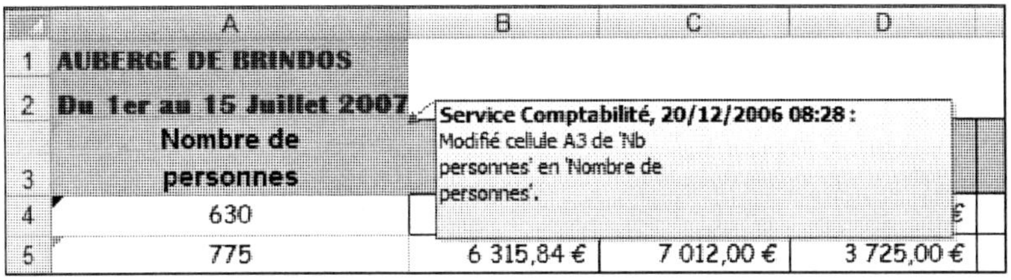

- Activez la case à cocher **Lister les modifications dans une autre feuille** pour afficher les modifications dans une feuille nommée **Historique**.

  Cette feuille affiche toutes les modifications sous forme de liste, en colonnes ; cette liste peut être filtrée. Les modifications conflictuelles finalement conservées sont signalées comme ***Gagnant*** *dans la colonne* ***Type d'action****. Les numéros de ligne affichés dans la colonne* ***Perte d'action*** *identifient les lignes contenant des informations relatives à des modifications contradictoires qui n'ont pas été conservées, y compris les données supprimées.*

- Cliquez sur le bouton **OK**.

Par défaut, l'historique du suivi des modifications est conservé pendant 30 jours ; pour modifier cette valeur, cliquez sur le bouton **Partager le classeur** du groupe **Modifications** de l'onglet **Révision** et modifiez le nombre de jours dans la zone **Survenues au cours des...**

Accepter ou refuser les modifications

- Ouvrez le classeur partagé, ayant fait l'objet de modifications.
- Activez, si besoin, l'onglet **Révision** puis cliquez sur le bouton **Suivi des modifications** du groupe **Modifications** et cliquez sur l'option **Accepter ou refuser les modifications**.

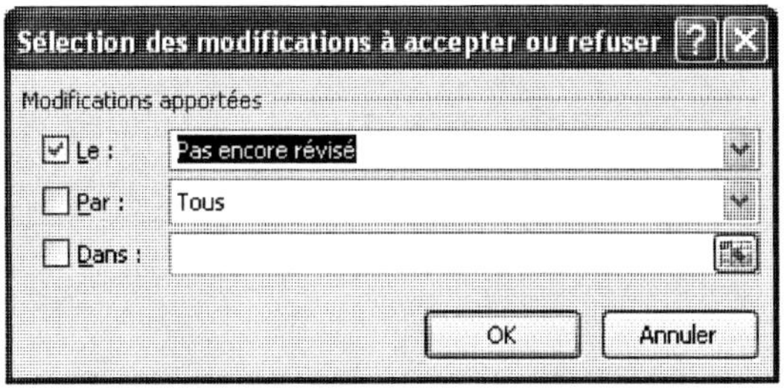

- Modifiez si besoin, l'intervalle de temps dans la liste **Le**.

Pas encore révisé	Sélectionne les modifications que vous n'avez pas encore révisées.
Depuis la date du ...	Révise les modifications apportées au classeur après la date saisie dans la zone **Le**.

- Cochez l'option **Par** pour réviser les modifications apportées au classeur par le ou les utilisateurs sélectionnés dans la liste associée à cette option.
- Cochez l'option **Dans** puis sélectionnez la plage de cellules pour laquelle les modifications doivent être révisées.

Si aucune des trois options n'est cochée, toutes les modifications apportées au classeur partagé seront révisées.

- Cliquez sur le bouton **OK**.

*Le détail de la modification apparaît dans la boîte de dialogue **Accepter ou refuser les modifications** et la première modification est surlignée dans le classeur.*

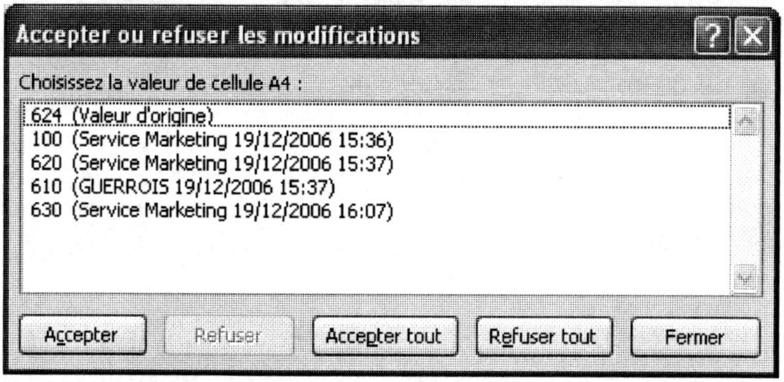

- Pour contrôler chaque modification, vous pouvez choisir d'**Accepter** ou de **Refuser** la modification en cours. Excel affiche automatiquement la modification suivante.

*Si plusieurs modifications ont été effectuées dans une même cellule, Excel vous propose de choisir la valeur ; dans ce cas, cliquez sur la valeur souhaitée puis sur le bouton **Accepter**.*

- Pour traiter toutes les modifications en une seule fois, vous pouvez choisir d'**Accepter tout** ce qui a été modifié dans le classeur ou de **Refuser tout**.

Supprimer un utilisateur d'un classeur partagé

Si nécessaire, vous pouvez déconnecter des utilisateurs d'un classeur partagé. Avant cela, assurez-vous qu'ils ont terminé leur travail dans le classeur ; en effet, si vous supprimez un utilisateur actif, le travail qui n'a pas été enregistré est perdu

- Cliquez sur le bouton **Partager le classeur** du groupe **Modifications** dans l'onglet **Révision**.
- Activez l'onglet **Modification** puis cliquez sur le nom de l'utilisateur à déconnecter dans la liste **Ce classeur est ouvert par les utilisateurs suivants**.
- Cliquez sur le bouton **Supprimer**.
- Pour supprimer les paramètres d'affichage personnels de l'utilisateur supprimé, activez l'onglet **Affichage** puis cliquez sur le bouton **Affichages personnalisés** du groupe **Affichages classeur** ; dans la liste **Affichages**, sélectionnez l'affichage de l'utilisateur concerné et cliquez sur le bouton **Supprimer**.

Arrêter le partage d'un classeur

Il est préférable de vérifier que vous êtes bien le seul utilisateur (cf. titre précédent), sinon le travail des autres utilisateurs sera perdu.

- Si besoin, enlevez la protection du classeur partagé en cliquant sur le bouton **Ôter la protection de partage** du groupe **Modifications** de l'onglet **Révision**.
- Cliquez sur le bouton **Partager le classeur** du groupe **Modifications** dans l'onglet **Révision**.
- Activez l'onglet **Modification** puis désactivez la case à cocher **Permettre une modification multi-utilisateur**.
- Cliquez sur le bouton **OK**. Confirmez votre choix en cliquant sur **Oui** dans la boîte de dialogue qui s'ouvre.

Fonctions avancées diverses

treizième partie

Créer une série de données personnalisée

Saisir une nouvelle série

- Cliquez sur le bouton **Microsoft Office** puis cliquez sur le bouton **Options Excel**.
- Sélectionnez la catégorie **Standard** et cliquez sur le bouton **Modifier les listes personnalisées**.
- Dans la zone **Listes personnalisées**, cliquez sur l'option **Nouvelle liste** même si ce choix est déjà sélectionné.

  *Le point d'insertion apparaît dans la zone **Entrées de la liste**.*
- Dans la zone **Entrées de la liste**, saisissez chacune de vos données en les séparant par la touche Entrée.

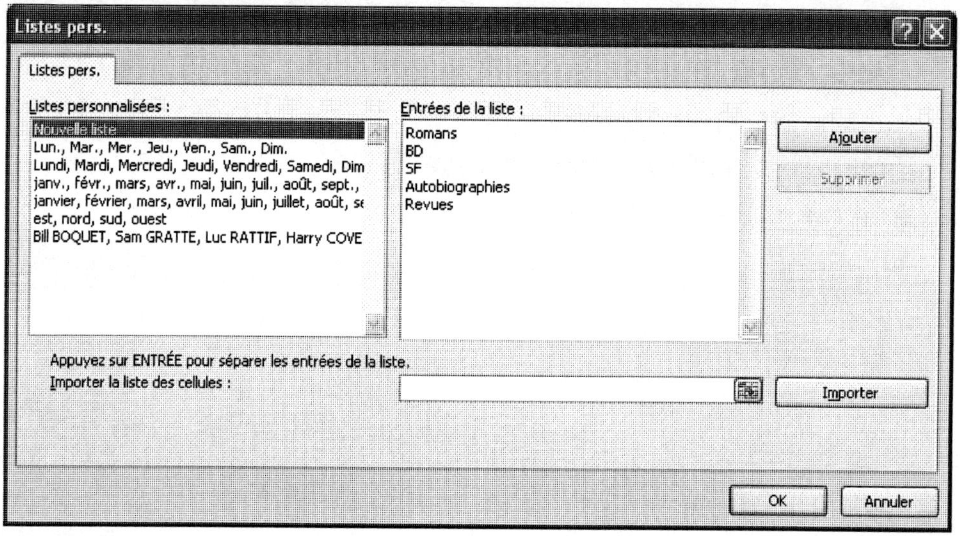

- Cliquez sur le bouton **Ajouter**.

  La nouvelle liste s'affiche à la suite des séries existantes et chaque donnée est séparée de la suivante par une virgule.
- Cliquez sur le bouton **OK** une première fois pour fermer la boîte de dialogue **Listes pers.** et une seconde fois pour fermer la boîte de dialogue **Options Excel**.

Importer une nouvelle série

Si la série de données a déjà été saisie dans une feuille, il est possible de créer une nouvelle liste personnalisée à partir de cette saisie.

- Cliquez sur le bouton **Microsoft Office** puis cliquez sur le bouton **Options Excel**.
- Sélectionnez la catégorie **Standard** et cliquez sur le bouton **Modifier les listes personnalisées**.
- Cliquez sur le bouton situé à l'extrémité droite du champ **Importer la liste des cellules**.

  La boîte de dialogue ***Options*** *se réduit.*
- Sélectionnez les cellules contenant la série que vous souhaitez récupérer.

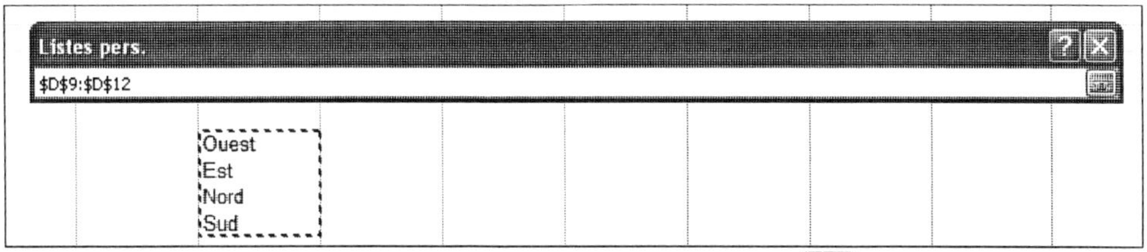

- Lorsque la sélection vous convient, cliquez sur le bouton afin de valider votre sélection et d'afficher de nouveau la boîte de dialogue **Options** en entier.
- Cliquez sur le bouton **Importer** pour ajouter la nouvelle liste à la suite des **Listes personnalisées**.
- Cliquez sur le bouton **OK** une première fois pour fermer la boîte de dialogue **Listes pers.** et une seconde fois pour fermer la boîte de dialogue **Options Excel**.

Une série de données personnalisée s'utilise comme n'importe quelle série de données simple : saisissez la première valeur de la série dans une cellule et faites glisser la poignée de recopie de cette cellule.

Modifier/supprimer une série de donnée personnalisée

- Accédez à la boîte de dialogue **Listes pers.** : cliquez sur le bouton **Microsoft Office** puis cliquez sur le bouton **Options Excel** ; dans la catégorie **Standard**, cliquez sur le bouton **Modifier les listes personnalisées**.

- Pour modifier une série personnalisée, cliquez dessus dans la partie **Listes personnalisées**.
- Faites vos modifications dans la partie **Entrées de la liste** : ajoutez, supprimez des caractères ou des entrées.
- Pour supprimer une série personnalisée, cliquez dessus dans la partie **Listes personnalisées** puis cliquez sur le bouton **Supprimer** ; confirmez la suppression définitive en cliquant sur le bouton **OK** de la boîte de dialogue **Microsoft Office Excel** qui apparaît.
- Cliquez sur le bouton **OK** une première fois pour fermer la boîte de dialogue **Listes pers.**, puis une seconde fois pour fermer la boîte de dialogue **Options Excel**.

Créer une liste déroulante de valeurs

Cette manipulation permet de créer une liste déroulante dans une cellule à partir de données saisies dans des cellules situées ailleurs dans le classeur. La cellule qui contient la liste déroulante affiche une flèche lorsqu'elle est active. Pour entrer des informations dans cette cellule, cliquez sur la flèche, puis sur l'entrée voulue.

- Saisissez chaque entrée de la liste déroulante dans une cellule, sur une seule ligne ou une seule colonne, délimitée par une cellule vide.

  Vous pouvez trier les données dans l'ordre dans lequel vous voulez qu'elles apparaissent dans la liste déroulante.
- Si vous souhaitez créer la liste sur une autre feuille de calcul que celle où se trouvent les entrées, nommez les cellules contenant les entrées (cf. ZONES NOMMÉES).
- Sélectionnez la ou les cellules dans lesquelles vous voulez afficher la liste déroulante.
- Activez l'onglet **Données** et cliquez sur l'outil **Validation des données** du groupe **Outils de données**.

  *La boîte de dialogue **Validation des données** s'affiche.*
- Dans l'onglet **Options**, ouvrez la liste **Autoriser** et choisissez l'option **Liste**.
- Pour sélectionner les cellules contenant les entrées de la liste se situant dans une autre feuille, activez la zone de saisie **Source** et tapez le signe = suivi du nom attribué aux cellules ; pour sélectionner les entrées de la liste se situant dans la même feuille, cliquez sur le bouton  de la zone **Source**.

*La boîte de dialogue **Validation des données** se réduit afin de pourvoir accéder à la feuille de calcul.*

Sélectionnez les cellules contenant les entrées de la liste déroulante puis cliquez sur le bouton pour agrandir à nouveau la boîte de dialogue.

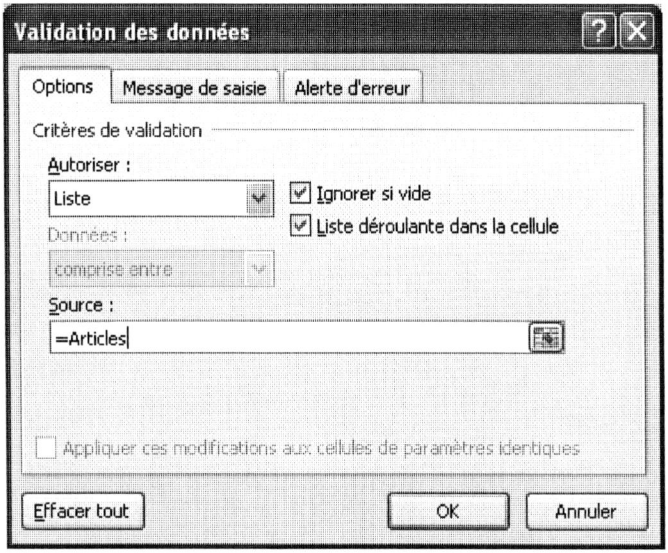

Quelle que soit la solution choisie, le nom ou la sélection est précédée du signe =.

- Pour indiquer que la cellule peut être vide, laissez l'option **Ignorer si vide** active.
- Précisez éventuellement un message qui apparaîtra dans une info-bulle lorsque vous activerez la cellule contenant la liste déroulante :

  Cliquez sur l'onglet **Message de saisie** et vérifiez que l'option **Quand la cellule est sélectionnée** est active.

  Saisissez l'intitulé du message dans la zone **Titre** et le texte du message (jusqu'à 225 caractères) dans la zone **Message de saisie**.

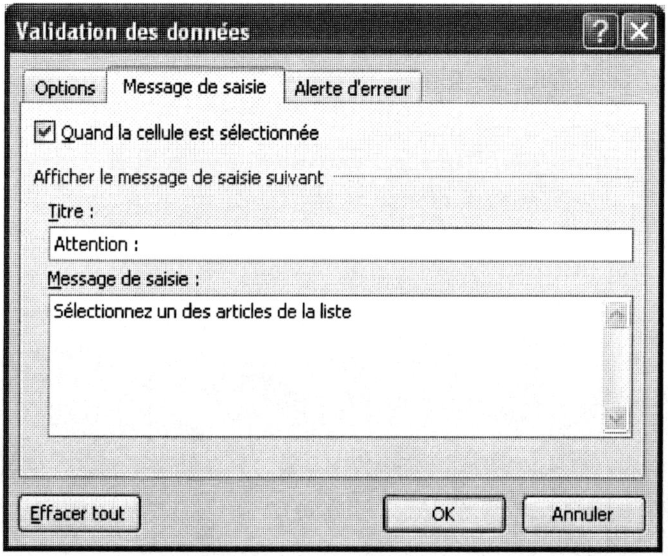

- Indiquez la marche à suivre en cas de saisie de données non incluses dans la liste déroulante :

  Cliquez sur l'onglet **Alerte d'erreur** et vérifiez que l'option **Quand les données non valides sont tapées** est active.

  Sélectionnez l'une des options suivantes dans la liste **Style** :

  Arrêt Pour afficher un message et empêcher la saisie des données n'appartenant pas à la liste déroulante.

  Avertissement Pour afficher un message d'avertissement, ce qui n'empêche pas la saisie des données n'appartenant pas à la liste déroulante.

  Informations Pour afficher un message d'informations tout en acceptant la saisie de données n'appartenant pas à la liste déroulante.

  Saisissez l'intitulé du message dans la zone **Titre** et le texte du message dans la zone **Message d'erreur**.

Si vous ne précisez rien en cas de données non valides, voici le message affiché par défaut :

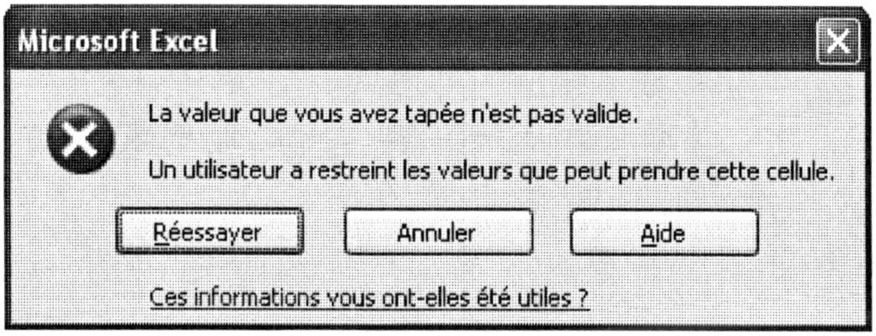

Vous ne pourrez pas saisir une donnée n'existant pas dans la liste déroulante.

La largeur de la liste déroulante est déterminée par la largeur de la cellule contenant la liste déroulante.

Une liste déroulante peut contenir au maximum 32 767 entrées.

Si les entrées de la liste déroulante se trouvent dans une autre feuille et que vous souhaitez empêcher les utilisateurs d'y accéder, masquez et/ou protégez cette feuille de calcul.

Pour supprimer une liste déroulante, activez la boîte de dialogue **Validation des données** (onglet **Données**, groupe **Outils de données**, bouton **Validation des données**) pour la cellule contenant la liste à supprimer et cliquez sur le bouton **Effacer tout** de n'importe quel onglet de la boîte de dialogue.

Définir les données autorisées

Cette manipulation permet de limiter le type de données autorisées dans une ou plusieurs cellules en définissant les critères de validation.

Définir les critères de validation

- Sélectionnez les cellules concernées.
- Activez l'onglet **Données** et cliquez sur le bouton **Validation des données** du groupe **Outils de données.**

  *La boîte de dialogue **Validation des données** s'affiche.*
- Dans l'onglet **Options**, ouvrez la liste **Autoriser** et choisissez une option en fonction du type de données que vous souhaitez autoriser dans la cellule :

Tout	Pas de restriction.
Nombre entier	La donnée doit être un nombre entier.
Décimal	La donnée doit être un nombre ou une fraction.
Liste	La donnée doit être déjà choisie dans une cellule (cf. titre précédent).
Date	La donnée doit être une date.
Heure	La donnée doit être une heure.
Longueur du texte	Cette option permet de préciser le nombre de caractères autorisé pour la donnée.
Personnalisé	Cette option permet d'entrer une formule pour définir les données autorisées.

- Pour les choix **Nombre entier, Décimal, Date, Heure, Longueur du texte**, choisissez un opérateur dans la liste **Données** puis complétez les options en fonction de l'opérateur sélectionné.

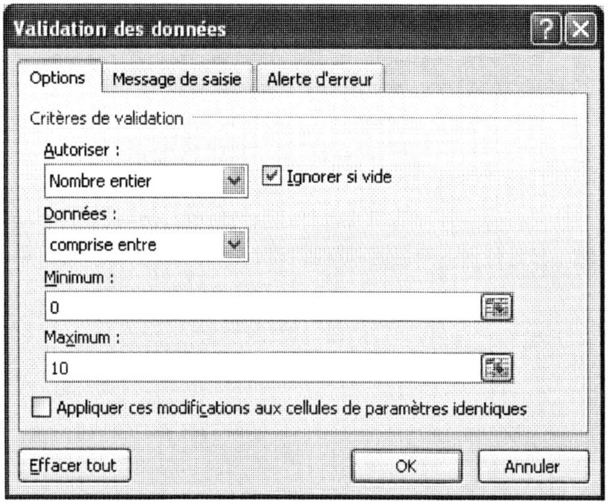

Ces critères de validation autorisent la saisie d'un nombre entier ou décimal compris entre 0 et 10.

- Si vous choisissez **Personnalisé**, entrez la formule de calcul dans la zone **Formule** en commençant par le signe égal (=). Cette formule doit être une formule de type logique, de résultat VRAI ou FAUX.
- Quel que soit le type de données, laissez active l'option **Ignorer si vide** si vous acceptez que la cellule reste vide.
- Précisez éventuellement un message qui apparaîtra dans une info-bulle lorsque vous activerez la cellule concernée :

  Cliquez sur l'onglet **Message de saisie** et vérifiez que l'option **Quand la cellule est sélectionnée** est active.

  Saisissez l'intitulé du message dans la zone **Titre** et le texte du message dans la zone **Message de saisie**.
- Indiquez la marche à suivre en cas de saisie de données non valides : cliquez sur l'onglet **Alerte d'erreur** et vérifiez que l'option **Quand les données non valides sont tapées** est active.

  Sélectionnez l'une des options suivantes dans la liste **Style** :

Arrêt	Pour afficher un message et empêcher la saisie des données non valides.
Avertissement	Pour afficher un message d'avertissement et éventuellement forcer la saisie non autorisée.
Informations	Simplement pour afficher un message d'informations et accepter la saisie de données non valides.

Saisissez l'intitulé du message dans la zone **Titre** et le texte du message dans la zone **Message d'erreur**.

Les boutons visibles dans le message d'erreur sont différents en fonction du style choisi, donnant ainsi la possibilité de forcer ou non la saisie.

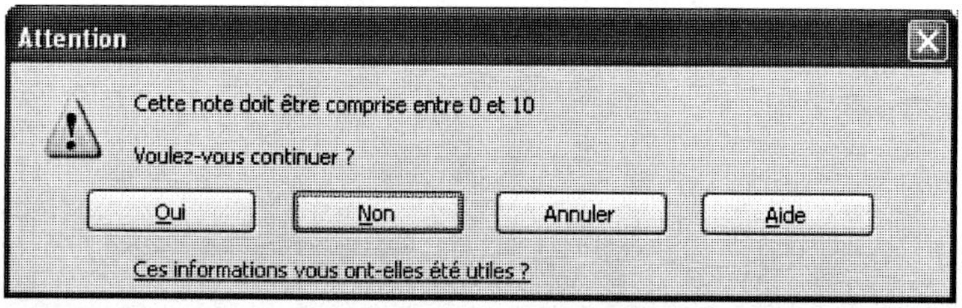

Sur cet exemple, il s'agit d'un message d'avertissement : l'utilisateur peut forcer la saisie en cliquant sur le bouton ***Oui****.*

Entourer les données non valides

Il s'agit d'entourer de cercles rouges les données ne correspondant pas aux critères de validation demandés.

- Activez l'onglet **Données** et cliquez sur la flèche du bouton **Validation des données** du groupe **Outils de données.**
- Cliquez sur l'option **Entourer les données non valides.**

	SEMESTRE 1					
NOM DE L'ÉLÈVE	Expression	Expression écrite	Lecture	Ecriture	Projet (10)	RÉSULTAT DU SEMESTRE
ARDOUIN Mathilde	18	17	15	16	10	76
BARNET Linda	15	16	15	12	8	66
DA SILVA Paola	22	19	18	20	9	88
EGREFIN Mélissa	14	15	11	12	11	63
KANTIN Nathalie	13	12	10	12	6	53
LILIAN Lola	14	15	13	13	7	62
MARTIN Marie	19	19	17	18	8	81
NAULLON Dorine	17	16	15	14	7	69
POTIER Emma	23	20	19	24	9	95
PULLAN Gaëlle	20	18	17	22	12	89
ROLLIN Amélie	18	19	16	17	7	77
RECHARD Sarah	14	13	13	14	7	51
SANDRIN Victoire	11	10	9	10	8	48
SOUBIRAN Jessica	9	8	10	10	5	42
TIERRY Sylvie	20	17	15	14	6	72
UNTEL Anne	19	16	14	13	7	69

Sur cet exemple, les notes doivent êtres comprises entre 0 et 10.

- Pour masquer les cercles rouges, activez l'onglet **Données**, cliquez sur la flèche du bouton **Validation des données** du groupe **Outils de données** et cliquez sur l'option **Effacer les cercles de validation.**

Annoter des cellules

Cette technique vous permet d'associer des commentaires à des cellules.

Créer le commentaire

- Activez la cellule à commenter.
- Activez l'onglet **Révision** et cliquez sur le bouton **Nouveau commentaire** du groupe **Commentaires.**

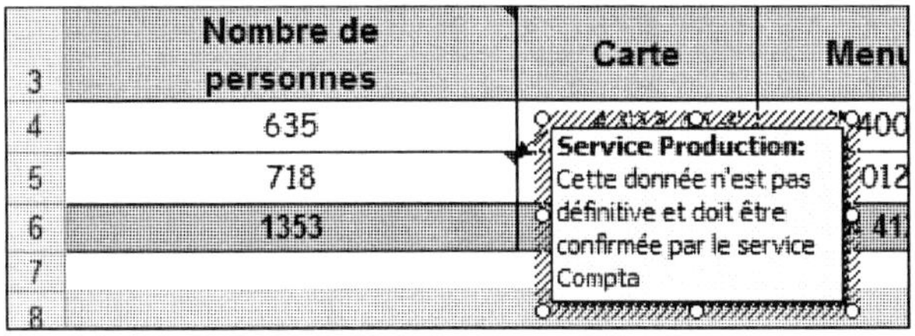

Une info-bulle apparaît avec le nom de l'utilisateur.

- Renseignez le texte du commentaire.

  Le commentaire est saisi directement dans l'info-bulle. Un changement de ligne est possible par la touche Entrée.

- Appuyez sur la touche Echap ou cliquez ailleurs pour interrompre la saisie.

  Par défaut, en haut à droite de la cellule, un petit triangle rouge matérialise l'existence d'un commentaire.

Visualiser les commentaires

- Pour visualiser un commentaire, pointez tout simplement le triangle rouge.
- Pour afficher les commentaires les uns après les autres, cliquez sur les boutons **Précédent** et/ou **Suivant** du groupe **Commentaires** de l'onglet **Révision.**
- Pour afficher tous les commentaires simultanément, cliquez sur le bouton **Afficher tous les commentaires** du groupe **Commentaires** de l'onglet **Révision.**

Pour modifier l'affichage général des commentaires, cliquez sur le bouton **Microsoft Office** puis sur le bouton **Options Excel**, catégorie **Options avancées**, zone **Afficher**, activez l'option **Aucun commentaire ou indicateur**, **Indicateur seul, et commentaires au survol** ou **Commentaires et indicateurs**) et validez.

Pour modifier un commentaire, cliquez sur la cellule contenant le commentaire à modifier, cliquez sur le bouton **Modifier le commentaire** (groupe **Commentaires** de l'onglet **Révision**), apportez vos modifications puis faites Echap.

Pour supprimer un commentaire, cliquez sur la cellule contenant le commentaire à supprimer puis cliquez sur le bouton **Supprimer** du groupe **Commentaires** de l'onglet **Révision**.

Créer un lien hypertexte

Pour accéder rapidement à des informations situées dans un autre emplacement du classeur ou dans un autre fichier ou une page Web, vous pouvez insérer un lien hypertexte dans une cellule ou sur un objet graphique.

- Cliquez dans la cellule ou sélectionnez l'objet graphique qui doit être associé au lien hypertexte à créer.

  S'il s'agit d'une cellule, celle-ci peut contenir des données et des formats.

- Activez l'onglet **Insertion** et cliquez sur le bouton **Lien hypertexte** du groupe **Liens** ou faites Ctrl **K**.

Créer un lien vers un nouveau fichier

- Cliquez sur l'option **Créer un document** située dans le volet **Emplacement** (gauche de la boîte de dialogue).

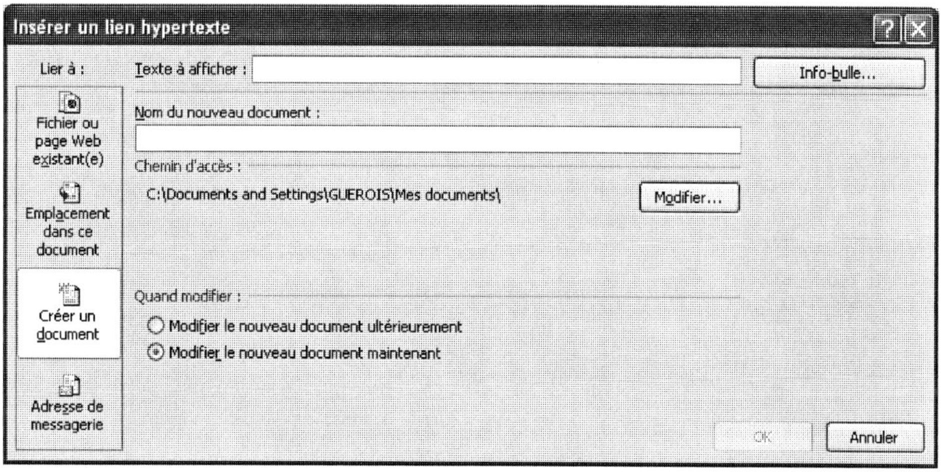

- Saisissez le **Nom du nouveau document** composé de son adresse complète (emplacement + nom) si le **Chemin d'accès** proposé ne vous convient pas ou bien ne saisissez que le nom du nouveau document si ce chemin vous convient.

  *Le bouton **Modifier** permet de saisir le nom du nouveau document et de choisir un nouvel emplacement sans avoir à en saisir le chemin d'accès.*

- Selon que vous souhaitez modifier le nouveau document maintenant ou ultérieurement, activez l'option correspondante dans la section **Quand modifier**.

- Cliquez, si vous le souhaitez, sur le bouton **Info-bulle**, saisissez le texte que vous souhaitez afficher (dans une info-bulle) lorsque le pointeur se trouvera sur le lien hypertexte. Validez par le bouton **OK.**

  Si vous ne renseignez pas le texte de l'info-bulle, Excel affichera par défaut l'adresse complète du nouveau document.

- Cliquez sur le bouton **OK** pour valider la création du lien et du nouveau document.

  Si vous avez demandé une modification immédiate, le classeur contenant le nouveau lien hypertexte reste ouvert (notez la présence de son bouton dans la barre des tâches) et la feuille du nouveau classeur s'active automatiquement.

- Dans ce cas, apportez les modifications souhaitées puis, si besoin est, fermez ce classeur comme tout classeur Excel.

Créer un lien vers un fichier existant ou une page Web

- Cliquez sur l'option **Fichier ou page Web existant(e)** située dans le volet **Emplacement** (gauche de la boîte de dialogue).

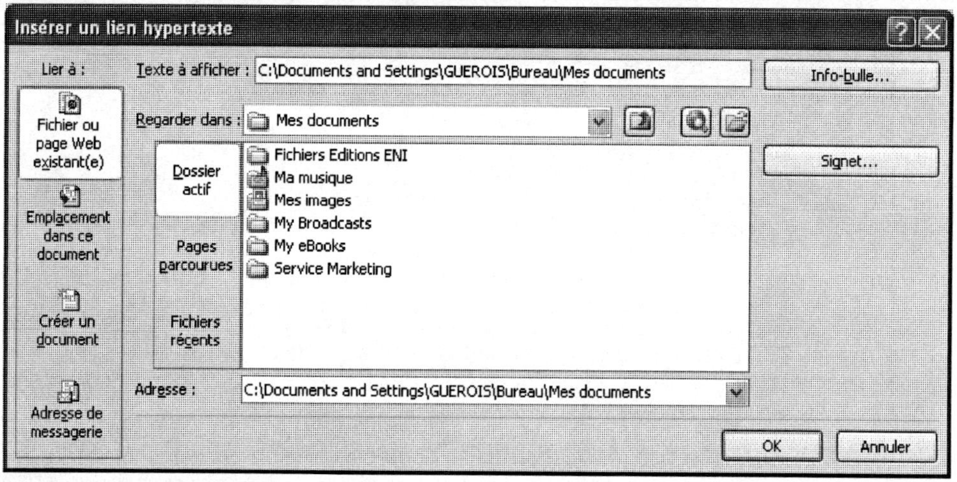

- Selon le type de document vers lequel vous souhaitez créer un lien, cliquez sur le bouton :

  Dossier actif : afin de sélectionner le fichier cible du lien dans le dossier en cours.

  Pages parcourues : afin de sélectionner dans la liste des pages parcourues, la page Web cible du lien.

  Fichiers récents : afin de sélectionner dans la liste des fichiers récemment utilisés, le fichier cible du lien.

- Si vous connaissez l'**Adresse** exacte du document vers lequel vous souhaitez créer le lien, vous pouvez la saisir directement dans le champ du même nom.
- Cliquez, si vous le souhaitez, sur le bouton **Info-bulle** puis saisissez le texte que vous souhaitez afficher (dans une info-bulle) lorsque le pointeur se trouvera sur le lien hypertexte. Validez par le bouton **OK**.

  Si vous ne renseignez pas le texte de l'info-bulle, Excel affichera par défaut l'adresse complète du document.
- Cliquez sur le bouton **OK** pour valider la création du lien.

Créer un lien vers un emplacement spécifique du classeur

- Cliquez sur le raccourci **Emplacement dans ce document** situé dans le volet **Emplacement** (gauche de la boîte de dialogue).

  La liste des feuilles existantes ainsi que des noms définis du classeur actif apparaît dans la partie centrale de la boîte de dialogue.

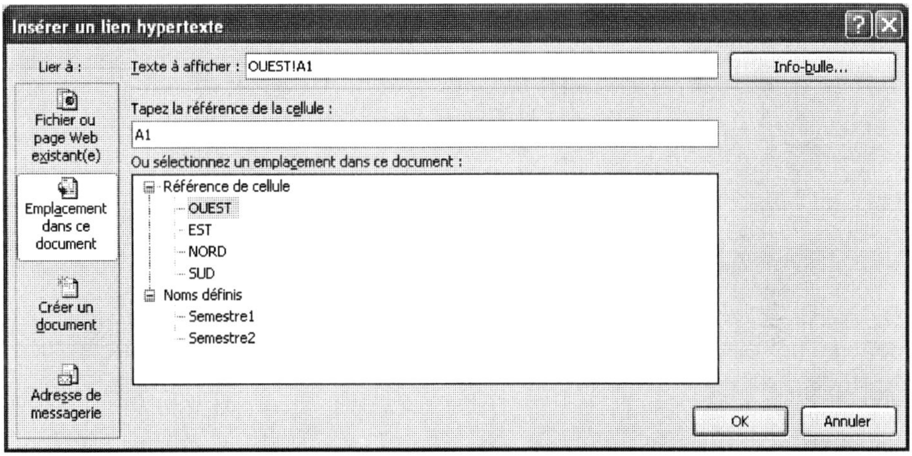

- Dans la liste **Ou sélectionnez un emplacement dans ce document**, cliquez sur le nom de la feuille ou sur le nom défini vers lequel vous souhaitez créer un lien.
- Modifiez la référence de la cellule qui apparaît dans la zone **Tapez la référence de la cellule** afin de préciser la cellule concernée par l'insertion du lien.
- Cliquez, si nécessaire, sur le bouton **Info-bulle** puis saisissez le texte à afficher lorsque le lien sera pointé ; validez la saisie par le bouton **OK**.
- Cliquez sur le bouton **OK** de la boîte de dialogue **Insérer un lien hypertexte** pour valider la création du lien.

Créer un lien vers une adresse de messagerie

- Cliquez sur l'emplacement **Adresse de messagerie** situé dans le volet **Emplacement** (gauche de la boîte de dialogue).

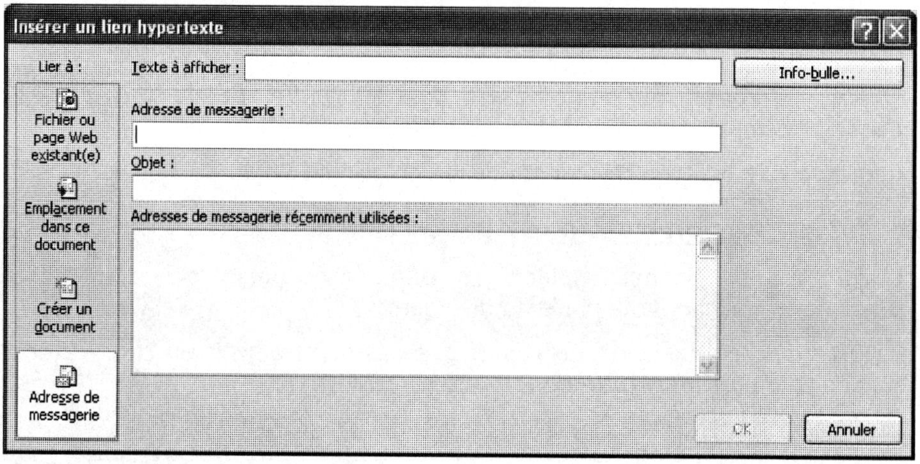

- Précisez **l'Adresse de messagerie** et l'**Objet** du message.
- Cliquez sur le bouton **OK** de la boîte de dialogue **Insérer un lien hypertexte** pour le créer.

Lorsque vous cliquerez sur ce lien, une fenêtre de votre logiciel de messagerie s'ouvrira vous permettant ainsi de compléter le message et de l'envoyer (l'adresse et le sujet du message seront pré-remplis).

Si vous avez inséré un lien hypertexte dans une cellule vide, le texte correspondant au contenu du lien (chemin complet du fichier ou emplacement dans le classeur) est inséré dans cette cellule.

Vous pouvez aussi créer un lien hypertexte vers une adresse de messagerie dans une cellule en entrant directement cette adresse dans la cellule.

Activer un lien hypertexte

Il s'agit d'activer la destination du lien hypertexte, c'est-à-dire d'ouvrir le fichier correspondant ou d'activer l'emplacement défini par le lien.

- Pointez le lien hypertexte à activer.

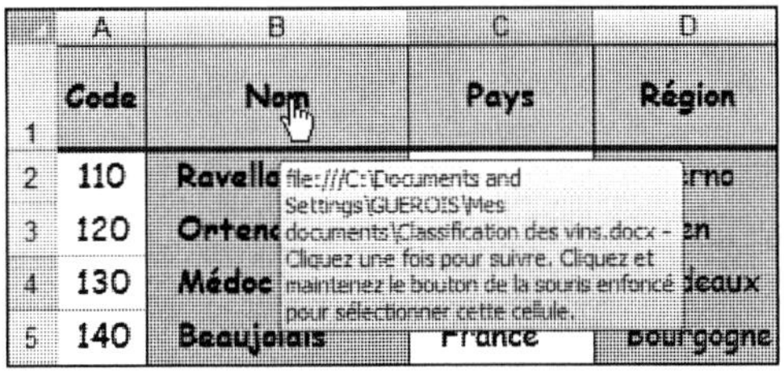

Lorsque vous pointez le lien inséré dans une cellule ou sur un objet graphique, le pointeur de la souris prend la forme d'une main ; si vous n'avez pas renseigné de texte pour l'info-bulle lors de la création du lien, l'info-bulle affiche l'adresse complète du document ou le nom du classeur actif suivi de l'emplacement à atteindre.

- Lorsque vous visualisez la main, cliquez pour activer le lien hypertexte.

Si le lien hypertexte conduit à l'ouverture d'un fichier, il se peut qu'un message d'alerte vous demande d'être prudent quant à l'utilisation de certains fichiers :

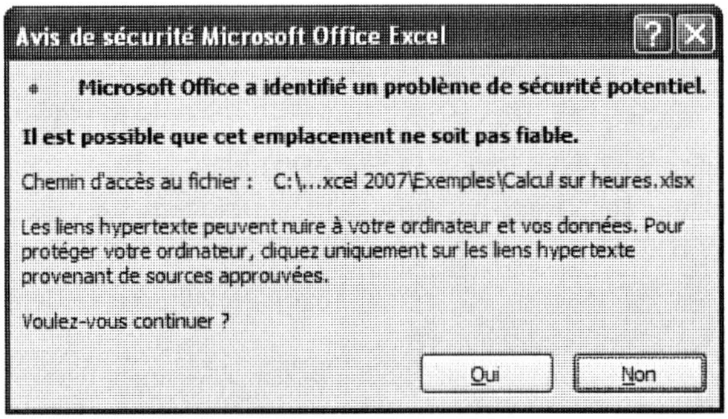

- Si le fichier à ouvrir est de source fiable, cliquez sur le bouton **Oui** pour l'ouvrir ; sinon, cliquez sur le bouton **Non**.

Lorsque le lien hypertexte a été activé au moins une fois, il change de couleur et devient violet.

Modifier/supprimer un lien hypertexte

Sélectionner une cellule/un objet sans activer le lien hypertexte

- Pour sélectionner une cellule contenant un lien hypertexte, pointez-la et cliquez en maintenant quelques instants le bouton de la souris enfoncé ; lorsque le pointeur de la souris se transforme en croix blanche, relâchez la souris.

Vous pouvez aussi utiliser les touches de déplacement pour activer la cellule.

- Pour sélectionner un objet auquel est associé un lien hypertexte, appuyez sur la touche Ctrl, maintenez-la enfoncée et cliquez sur l'objet.

Modifier la destination d'un lien hypertexte

- Sélectionnez la cellule ou l'objet graphique contenant le lien hypertexte concerné.
- Cliquez sur le bouton **Lien hypertexte** du groupe **Liens** de l'onglet **Insertion** ou faites Ctrl **K**.

  *Vous pouvez aussi ouvrir le menu contextuel de la cellule ou du contour de l'objet et activer l'option **Modifier le lien hypertexte**.*

- Apportez les modifications nécessaires et validez.

Modifier le texte ou l'objet graphique d'un lien hypertexte

- Pour modifier le texte d'une cellule contenant un lien hypertexte, sélectionnez la cellule et saisissez le nouveau texte ou apportez vos modifications directement dans la barre de formule puis validez.
- Pour modifier l'objet graphique, sélectionnez-le puis faites un double clic dessus pour afficher l'onglet spécifique à la modification de l'objet

Supprimer un lien hypertexte

- Sélectionnez la cellule ou l'objet graphique contenant le lien hypertexte concerné.
- Cliquez avec le bouton droit de la souris sur la cellule ou sur le contour de l'objet pour afficher son menu contextuel.
- Cliquez sur l'option **Supprimer le lien hypertexte**.

Pour modifier l'apparence des liens hypertexte, modifiez les styles **Lien hypertexte** et **Lien hypertexte visité** (cf. chapitre Styles de cellules - Gérer les styles de cellules existants).

Pour ne pas transformer une adresse e-mail saisie en lien hypertexte, cliquez sur le bouton **Microsoft Office** puis sur le bouton **Options Excel**, activez la catégorie **Vérification** puis cliquez sur le bouton **Options de correction automatique** ; activez l'onglet **Mise en forme automatique au cours de la frappe** et pour terminer, désactivez l'option **Adresses Internet et réseau avec des liens hypertexte**.

Importer des données d'une base de données Access

Cette technique permet d'importer des données Access actualisables dans Excel en établissant une connexion à la base de données. Une fois les données importées, vous pouvez mettre à jour automatiquement, et quand vous le souhaitez, les données Access.

- Ouvrez, si besoin, le classeur qui doit contenir les données importées et activez la première cellule destinatrice de l'importation.
- Activez l'onglet **Données** et cliquez sur le bouton **Données externes** puis sur le bouton **À partir du fichier Access**.
- Dans la boîte de dialogue **Sélectionner la source de données** qui s'affiche, accédez au dossier contenant la base de données Access à importer et double cliquez sur celle-ci.
- Dans la boîte de dialogue **Sélectionner le tableau** qui s'affiche, cliquez sur l'objet (table ou requête) de la base de données que vous souhaitez importer :

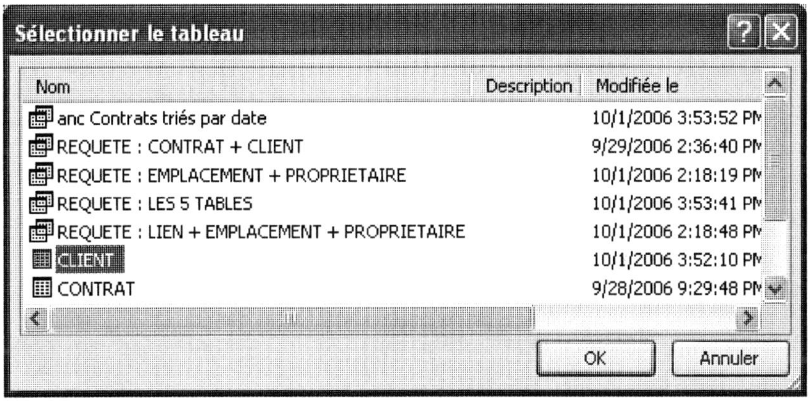

- Cliquez sur le bouton **OK**.

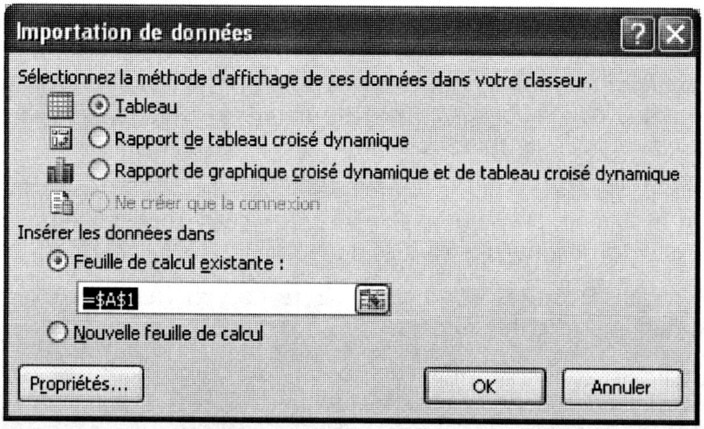

- Choisissez la façon dont vous souhaitez importer les données : sous forme de **Tableau**, de **Rapport de tableau croisé dynamique** ou sous forme de **Rapport de graphique croisé dynamique et de tableau croisé dynamique**.
- Précisez l'emplacement de l'importation des données : sur une **Nouvelle feuille de calcul** ou sur une **Feuille de calcul existante** ; si vous avez choisi cette dernière option, utilisez le bouton pour activer la première cellule destinatrice des données importées.

  *Le bouton **Propriétés** permet de définir les options d'actualisation, de format et de mise en page des données importées (cf. Modifier les paramètres d'actualisation).*

- Cliquez sur le bouton **OK**.

  Excel place la plage de données externes à l'emplacement que vous spécifiez.

La connexion est stockée dans un fichier Office Data Connection (.odc) dans le dossier C:\Documents and Settings\Nom d'utilisateur\Mes documents\Mes sources de données.

Importer des données d'une page Web

Cette technique permet d'importer des données d'une page Web actualisables dans Excel en établissant une connexion à la page Web. Une fois les données importées, vous pouvez les mettre à jour.

- Vérifiez que vous êtes connecté à Internet.

- Ouvrez, si besoin, le classeur qui doit contenir les données importées et activez la première cellule destinatrice de l'importation.
- Activez l'onglet **Données** et cliquez sur le bouton **Données externes** puis sur le bouton **À partir du site Web**.
- Dans la boîte de dialogue **Nouvelle requête sur le Web** qui s'affiche, saisissez l'URL ou l'adresse de la page Web contenant les données à importer dans la zone **Adresse** et cliquez sur le bouton **Ok**.

  Vous pouvez aussi ouvrir la liste associée à la zone ***Adresse*** *pour sélectionner une des dernières adresses utilisées.*
- Si les icônes ne sont pas visibles dans la page, cliquez sur l'outil pour les visualiser.
- Sélectionnez les données à importer : cliquez sur l'icône située en haut à gauche :
  - du ou des tableaux concernés pour importer les données des tableaux sélectionnés,
  - de la page pour importer toutes les données de la page.

L'icône se transforme en .

- Cliquez sur le bouton **Options** pour modifier les options de mise en forme et d'importation.

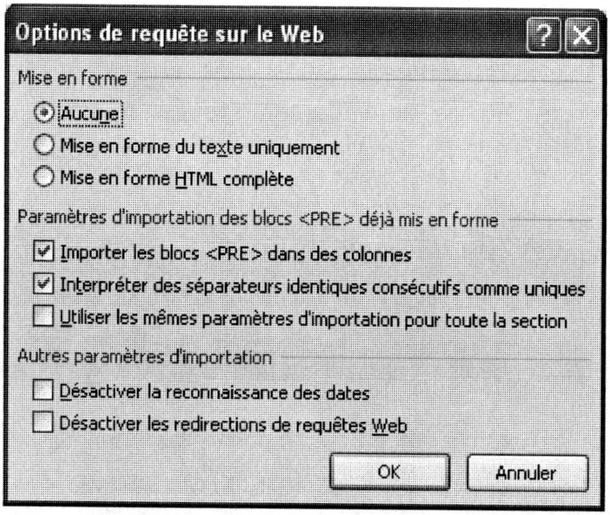

*Vous constatez que, par défaut, les données seront importées sans **Aucune Mise en forme**.*

- Modifiez les options voulues et cliquez sur le bouton **OK**.

- Si vous souhaitez pouvoir extraire les données de la requête dans d'autres classeurs ou partager la requête avec d'autres utilisateurs, vous devez enregistrer la requête web ; pour cela, cliquez sur l'outil , sélectionnez l'emplacement du fichier et saisissez le **Nom de fichier** puis cliquez sur le bouton **Enregistrer**.

  *Une requête Web est enregistrée par défaut dans le dossier C :\Documents and Settings\Nom d'utilisateur\Application Data\Microsoft\Queries et porte l'extension **.iqy** ; si vous n'enregistrez pas la requête Web dans un fichier, elle sera enregistrée en tant qu'élément du classeur et ne pourra être exécutée qu'à partir de ce classeur.*

- Cliquez sur le bouton **Importer**.

- Précisez l'emplacement de l'importation des données : sur une **Nouvelle feuille de calcul** ou sur une **Feuille de calcul existante** ; si vous avez choisi cette dernière option, utilisez le bouton pour activer la première cellule destinatrice des données importées.

*Le bouton **Propriétés** permet de définir les options d'actualisation, de format et de mise en page des données importées (cf. Modifier les paramètres d'actualisation).*

- Cliquez sur le bouton **OK**.

Importer des données d'un fichier Texte

Il s'agit ici d'importer des données d'un fichier d'extension .txt, avec la possibilité de mettre à jour ces données dans Excel.

- Ouvrez, si besoin, le classeur qui doit contenir les données importées et activez la première cellule destinatrice de l'importation.
- Activez l'onglet **Données** et cliquez sur le bouton **Données externes** puis sur le bouton **À partir du texte**.
- Dans la boîte de dialogue **Importer Fichier Texte** qui s'affiche, accédez au dossier contenant le fichier à importer et double cliquez sur son nom.

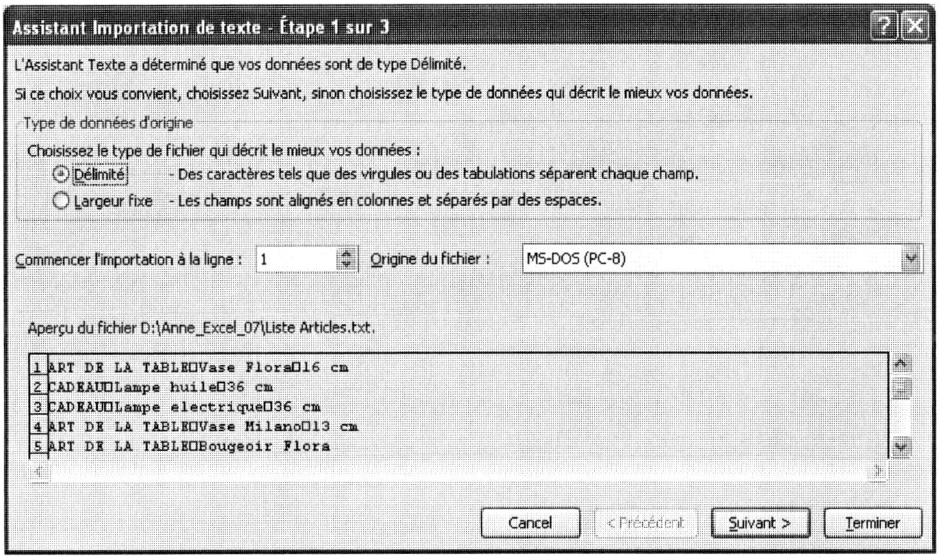

*L'Assistant vous informe que les données du fichier texte sont de type **Délimité** (séparées par des tabulations ou des virgules) ou de type **Largeur fixe** (séparé par des espaces).*

- Modifiez si besoin, le **Type de données d'origine** dans le cadre correspondant.
- Si vous ne souhaitez pas importer les données à partir de la première ligne du fichier, sélectionnez ou tapez le numéro de la ligne souhaitée dans la zone **Commencer l'importation à la ligne.**
- Cliquez sur le bouton **Suivant.**
- Sélectionnez les séparateurs contenus dans les données si celles-ci sont de type **Délimité** ou choisissez la largeur des champs en suivant les explications contenues dans le premier cadre de la fenêtre, si les données sont de type **Largeur fixe.**
- Cliquez sur le bouton **Suivant.**
- Pour chaque colonne, sélectionnez le format des données ; pour ceci, cliquez dans la colonne puis sur l'une des options du cadre **Format des données en colonne.**

  *Le bouton **Avancé** permet de vérifier et de modifier, si besoin, le type de séparateur des décimales et des milliers, des données du fichier à importer.*
- Cliquez sur le bouton **Terminer.**
- Précisez l'emplacement de l'importation des données : sur une **Nouvelle feuille de calcul** ou sur une **Feuille de calcul existante** ; si vous avez choisi cette dernière option, utilisez le bouton pour activer la première cellule destinatrice des données importées.

  *Le bouton **Propriétés** permet de définir les options d'actualisation, de format et de mise en page des données importées (cf. Modifier les paramètres d'actualisation).*
- Cliquez sur le bouton **OK.**

Vous pouvez aussi utiliser la boîte de dialogue **Ouvrir** pour importer un fichier texte mais dans ce cas, les données ne pourront pas être actualisées.

Actualiser des données importées

Actualiser une ou plusieurs plages de données externes

- Cliquez sur dans une des plages de données importées.
- Activez l'onglet **Données** et ouvrez la liste associée au bouton **Actualiser tout** du groupe **Connexions.**

- Choisissez l'une des options suivantes :

Actualiser tout	Pour actualiser toutes les plages de données externes du classeur.
Actualiser	Pour actualiser la plage de données externes active.

Si plusieurs classeurs sont ouverts, vous devez actualiser les données externes dans chacun des classeurs.

Actualiser les données d'un fichier texte importé

- Cliquez sur une des cellules de la plage de données importées du fichier texte.
- Activez l'onglet **Données** et ouvrez la liste associée au bouton **Actualiser tout** du groupe **Connexions** puis cliquez sur l'option **Actualiser**.
- Dans la boîte de dialogue **Importer Fichier Texte** qui s'affiche, sélectionnez le fichier texte puis cliquez sur le bouton **Importer**.

Modifier les paramètres d'actualisation

- Cliquez sur une des cellules de la plage de données externes concernée.
- Activez l'onglet **Données** et ouvrez la liste associée au bouton **Actualiser tout** du groupe **Connexions** puis cliquez sur l'option **Propriétés de connexion**.

  *La boîte de dialogue qui s'ouvre est la même qui apparaît lorsque vous cliquez sur le bouton **Propriétés** de la boîte de dialogue **Importation de données** (quand vous êtes en train de créer l'importation).*

Paramétrer l'actualisation automatique à l'ouverture du classeur

- Cliquez, si besoin est, sur l'onglet **Utilisation**.
- Activez la case à cocher **Actualiser les données lors de l'ouverture du fichier**.
- Si vous voulez enregistrer le classeur et la définition de requête mais pas les données externes, cochez l'option **Supprimer les données de la plage de données externe avant d'enregistrer le classeur**.

  Cocher cette option permet de limiter la taille du classeur.
- Cliquez sur le bouton **OK**.

Paramétrer l'actualisation à intervalles réguliers

- Cliquez, si besoin est, sur l'onglet **Utilisation.**
- Activez la case à cocher **Actualiser toutes les**, puis précisez le nombre de minutes souhaité entre les actualisations.
- Cliquez sur le bouton **OK.**

Paramétrer l'actualisation avec un mot de passe

Cette fonctionnalité ne s'applique pas aux données extraites d'un fichier texte (.txt) ou d'une requête Web (*.iqy).*

- Cliquez sur l'onglet **Définition.**
- Désactivez la case à cocher **Enregistrer le mot de passe.**

Dans ce cas, Excel demandera un mot de passe lors de la première actualisation de la plage de données externes et ce, une seule fois par session ; au démarrage suivant, Excel vous invitera à nouveau à saisir le mot de passe si vous ouvrez le classeur qui contient la requête et essayez d'effectuer une actualisation.

- Cliquez sur le bouton **OK.**

Gérer les connexions existantes

- Activez, si besoin, l'onglet **Données** et cliquez sur le bouton **Connexions** du groupe **Connexions.**

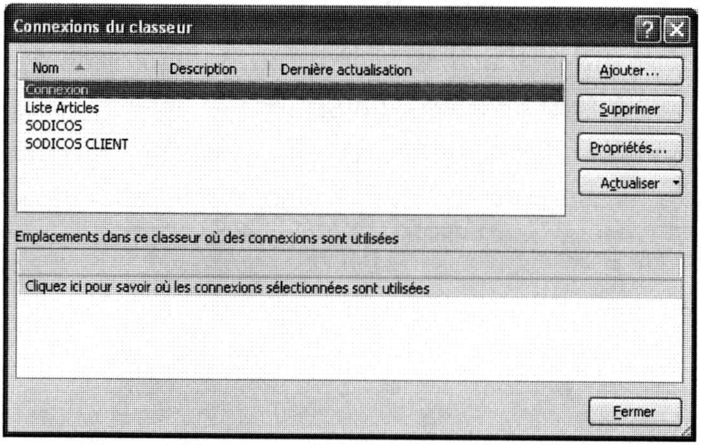

La liste de toutes les connexions actives dans les classeurs ouverts apparaît.

- Pour ajouter une connexion, cliquez sur le bouton **Ajouter** pour afficher la boîte de dialogue **Connexions existantes** et sélectionner la connexion à ouvrir.
- Pour afficher les informations de connexion, sélectionnez la connexion concernée puis cliquez sur le bouton **Propriétés** pour ouvrir la boîte de dialogue **Propriétés de connexion**.
- Pour actualiser les données externes, utilisez le bouton **Actualiser** et l'option **Actualiser** ou **Actualiser tout**.
- Pour obtenir des informations concernant l'état d'une actualisation, sélectionnez une ou plusieurs connexions, puis ouvrez la liste du bouton **Actualiser** et cliquez sur l'option **État de l'actualisation**.
- Pour arrêter l'opération d'actualisation en cours, ouvrez la liste du bouton **Actualiser** et cliquez sur l'option **Annuler l'actualisation**.
- Pour supprimer une ou plusieurs connexions, sélectionnez celle(s) que vous souhaitez supprimer et cliquez sur le bouton **Supprimer**.

  Lorsque vous supprimez une connexion, la connexion à la source de données est alors rompue mais les objets et données du classeur ne sont pas supprimés.
- Pour afficher les emplacements d'une ou de plusieurs connexions dans le classeur, sélectionnez les connexions concernées puis cliquez sur le lien **Cliquez ici pour savoir où les connexions sélectionnées sont utilisées**.

  Vous visualisez alors le nom de la feuille de calcul et la référence des cellules contenant les données connectées ainsi que le nom de la requête Excel.
- Cliquez sur le bouton **Fermer** de la boîte de dialogue **Connexions du classeur**.

Insérer un objet d'une autre application

Cette manipulation est aussi le moyen d'importer des données provenant d'une autre application.

Créer un nouvel objet

- Dans Excel, cliquez dans la cellule où l'objet doit apparaître.
- Activez l'onglet **Insertion** puis cliquez sur le bouton **Objet** du groupe **Texte**.
- Dans la boîte de dialogue **Objet** qui apparaît, sélectionnez l'application dans laquelle vous souhaitez créer l'objet dans la liste **Type d'objet**.

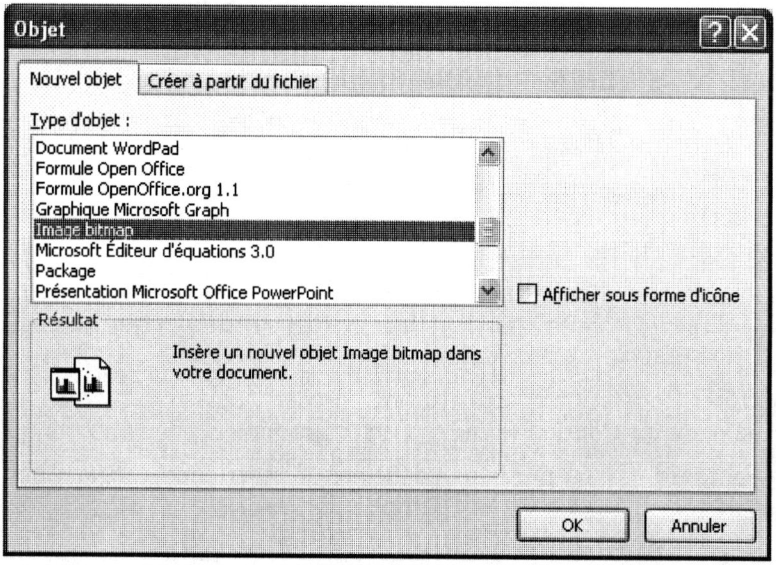

Le contenu de cette liste dépend des applications installées sur votre poste de travail.

- Activez l'option **Afficher sous forme d'icône** pour visualiser l'objet dans Excel sous la forme d'une icône représentative de l'application utilisée pour créer l'objet.
- Cliquez sur le bouton **OK**.

  L'application sélectionnée se lance dans une nouvelle fenêtre ou apparaît dans un cadre hachuré directement dans la fenêtre Excel (en fonction de l'application).
- Réalisez l'objet souhaité et, en fonction de l'application, faites **Fichier - Quitter** pour quitter l'application et retourner dans Excel ou cliquez tout simplement dans une des cellules de la feuille active en arrière-plan du cadre hachuré.

Insérer un objet existant

- Dans Excel, cliquez dans la cellule où doit apparaître l'objet.
- Activez l'onglet **Insertion** puis cliquez sur le bouton **Objet** du groupe **Texte**.
- Dans la boîte de dialogue **Objet** qui apparaît, activez l'onglet **Créer à partir du fichier**.
- Utilisez le bouton **Parcourir** pour sélectionner le fichier à insérer.

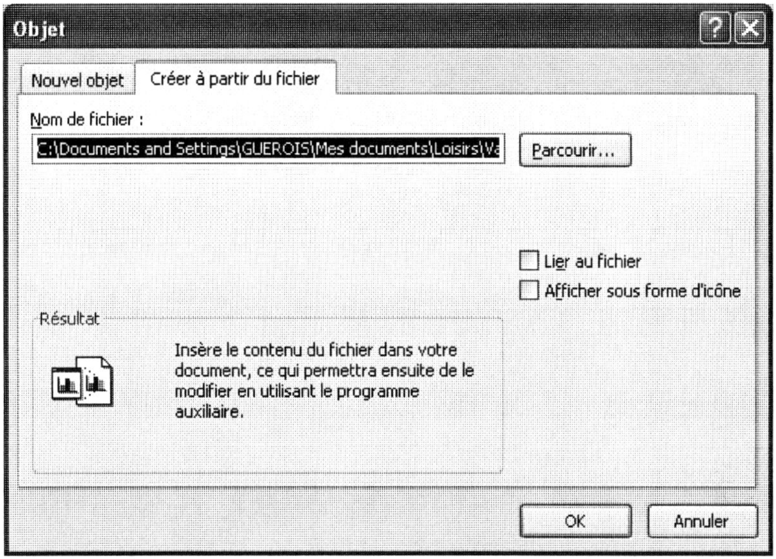

- Activez l'option **Lier au fichier** pour créer une liaison entre l'objet importé et le classeur.
- Activez l'option **Afficher sous forme d'icône** pour visualiser l'objet dans Excel sous la forme d'une icône représentative de l'application dans laquelle a été créé le fichier.
- Cliquez sur le bouton **OK**.

Pour modifier un objet et/ou pour le visualiser dans l'application d'origine, s'il a été affiché sous forme d'icône, faites un double clic dessus.

Exporter des données Excel vers une autre application

Il s'agit de copier des données d'Excel vers d'autres applications. Sachez que ce principe est valable aussi pour importer des données d'autres applications dans Excel. Trois techniques vous sont proposées dans ce titre.

Exporter des données par cliqué-glissé

Le principe est de faire glisser des données d'une feuille de calcul d'un classeur Microsoft Excel vers une autre application (ex: Access, Word).

- Ouvrez, si besoin est, l'application Excel puis le classeur concerné et activez la feuille contenant les données à exporter.
- Ouvrez l'application puis le fichier dans lequel vous souhaitez exporter les données.
- Affichez à l'écran les fenêtres des deux applications en faisant un clic droit dans un espace vierge de la barre des tâches puis en cliquant sur l'option **Mosaïque horizontale** ou **Mosaïque verticale** suivant la façon dont vous souhaitez disposer vos fenêtres à l'écran.
- Sélectionnez, dans la feuille de calcul du classeur Microsoft Excel, les cellules contenant les données que vous souhaitez exporter.
- Pointez l'un des bords de la sélection.

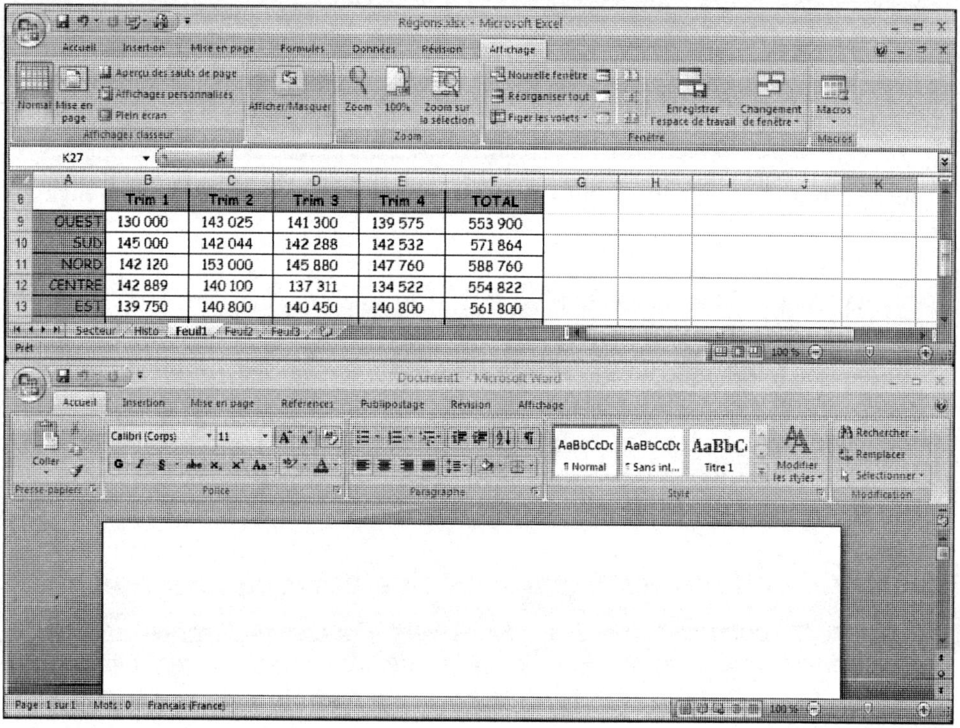

Le pointeur de la souris prend alors l'apparence d'une flèche à quatre têtes. Attention, ne pointez pas la poignée de recopie.

- Faites glisser la sélection vers la fenêtre de l'application dans laquelle le transfert doit être fait, à l'endroit où vous souhaitez que les données apparaissent ; pour réaliser une copie des données, appuyez et maintenez la touche Ctrl enfoncée lors du cliqué-glissé.
- Relâchez le bouton de la souris puis éventuellement la touche Ctrl.

Exporter des données par copie sans liaison

- Sélectionnez les cellules contenant les données à copier ou sélectionnez l'objet graphique à copier.
- Activez l'onglet **Accueil** et cliquez sur le bouton **Copier** du groupe **Presse-papiers** ou faites Ctrl **C**.
- Ouvrez l'application et le fichier dans lequel vous souhaitez coller les données.
- Cliquez à l'endroit ou les données doivent être collées.
- Activez si besoin, l'onglet **Accueil** et cliquez sur le bouton **Coller** du groupe **Presse-papiers** ou faites Ctrl **V**.

Exporter des données par copie avec liaison

Grâce à la liaison, toutes les modifications de données dans le classeur Microsoft Excel seront répercutées dans le fichier contenant les données exportées.

- Sélectionnez les cellules contenant les données à copier.
- Activez l'onglet **Accueil** et cliquez sur le bouton **Copier** du groupe **Presse-papiers** ou faites Ctrl **C**.
- Ouvrez l'application et le fichier dans lequel vous souhaitez coller les données.
- Cliquez à l'endroit ou les données doivent être collées.
- Activez si besoin, l'onglet **Accueil** et ouvrez la liste associée au bouton **Coller** du groupe **Presse-papiers**.
- Activez l'option **Coller spécial**.

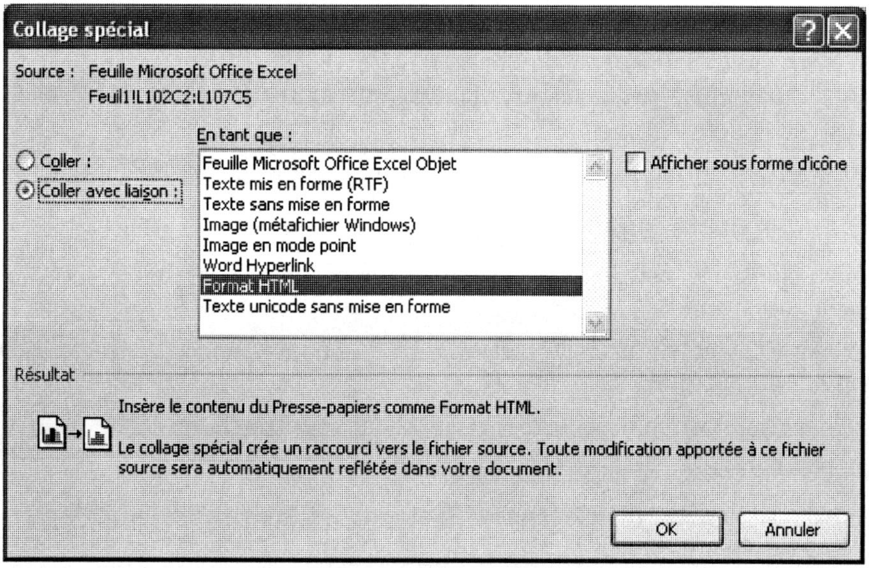

- Sélectionnez le format dans lequel des données doivent être collées à l'aide de la liste **En tant que**, et activez l'option **Coller avec liaison**.
- Cochez l'option **Afficher sous forme d'icône** si vous souhaitez que les données liées soient visibles sous la forme d'une icône.
- Cliquez sur le bouton **OK**.

Vous pouvez exporter un classeur entier dans une autre application, à condition que celle-ci gère le format des fichiers Excel : il suffit d'ouvrir le classeur dans l'application cible.

Paramétrer Excel pour utiliser les macros

*Pour créer des macros avec l'enregistreur de macros, vous devez utiliser les commandes de l'onglet **Développeur** qui n'est, par défaut, pas visible dans le ruban.*

Afficher l'onglet Développeur

- Cliquez sur le bouton **Microsoft Office** puis sur le bouton **Options Excel**.
- Activez la catégorie **Personnaliser** puis la case à cocher **Afficher l'onglet Développeur dans le ruban** de la partie **Meilleures options pour travailler avec Excel**.
- Cliquez sur le bouton **OK**.

Définir le niveau de sécurité des macros

Pour enregistrer des macros, il est conseillé de définir temporairement le niveau de sécurité de manière à activer toutes les macros. Pour exécuter des macros, vous devez faire cette manipulation avant même d'ouvrir le classeur contenant les macros à exécuter.

- Activez l'onglet **Développeur** et cliquez sur le bouton **Sécurité des macros** du groupe **Code**.

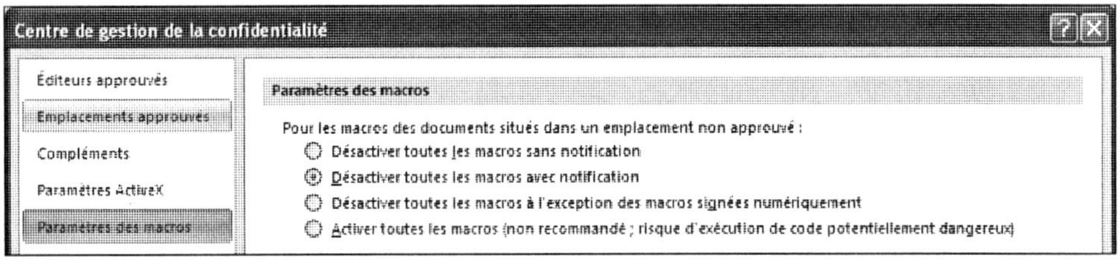

- Dans la catégorie **Paramètres des macros**, cliquez sur l'option **Activer toutes les macros (non recommandé ; risque d'exécution de code potentiellement dangereux)**.
- Cliquez sur le bouton **OK**.

Lorsque vous avez fini d'utiliser des macros, il est fortement recommandé de revenir aux paramètres qui désactivent toutes les macros, c'est-à-dire d'accéder à la boîte de dialogue **Centre de gestion de la confidentialité** et d'activer l'option **Désactiver toutes les macros avec notification**.

Enregistrer une macro

Une macro-commande permet d'automatiser une série de commandes et de fonctions que vous êtes amené à exécuter fréquemment. Pour automatiser ces tâches répétitives, vous pouvez enregistrer rapidement une macro. Microsoft Office Excel utilise pour cela le langage de programmation Visual Basic pour Applications.

- Commencez par préciser si vous souhaitez enregistrer la macro avec des références relatives ou non : activez l'onglet **Développeur** et cliquez sur le bouton **Utiliser les références relatives** pour l'activer.

  Si ce bouton est activé, Excel mémorise les déplacements dans la macro relativement à la position de départ : lorsque vous exécuterez la macro, il agira sur les cellules en fonction de la cellule active lors de l'exécution ; sinon, il travaille avec les références absolues : quelle que soit la position de départ lors de l'exécution de la macro, il agira sur les cellules mémorisées dans la macro.

- Activez l'onglet **Développeur** et cliquez sur le bouton **Enregistrer une macro** du groupe **Code** ou cliquez sur le bouton  situé à gauche dans la barre d'état.
- Dans la zone **Nom de la macro**, saisissez le nom que vous souhaitez attribuer à la macro.

  Vous ne pouvez pas utiliser d'espace et le premier caractère du nom doit être une lettre. Les autres caractères peuvent être des lettres, des nombres ou des traits de soulignement. Évitez les noms semblables à des références de cellule.

- Pour affecter un raccourci-clavier (qui permettra d'exécuter la macro) utilisant la touche [Ctrl], saisissez la lettre souhaitée dans la zone **Touche de raccourci**.
- Ouvrez la liste **Enregistrer la macro dans** afin de choisir le classeur dans lequel la macro sera enregistrée :

Nouveau classeur	Pour stocker la macro dans un nouveau classeur.
Ce classeur	Pour stocker la macro dans le classeur actif.
Classeur de macros personnelles	Pour rendre la macro disponible chaque fois que vous utilisez Excel ; dans ce cas, la macro est enregistrée dans un classeur de macros personnelles, nommé Personal.xlsb, chargé à chaque démarrage d'Excel mais qui reste masqué. Dans Microsoft Windows 2000 et Windows XP, ce classeur est enregistré dans le dossier C:\Documents and Settings\nom d'utilisateur\Application Data\Microsoft\Excel\XLStart ; dans Microsoft Windows Vista, il est stocké dans le dossier C:\Users\nom d'utilisateur\Application Data\Microsoft\Excel\ XLStart.

- Pour inclure une description de la macro, entrez le texte souhaité dans la zone **Description**.

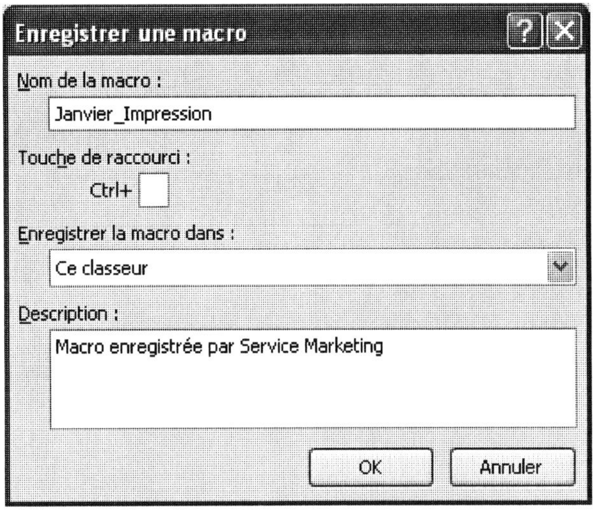

- Cliquez sur le bouton **OK** pour commencer à enregistrer.
- Effectuez les manipulations que vous souhaitez automatiser.
- Lorsque toutes les manipulations ont été réalisées, cliquez sur le bouton **Arrêter l'enregistrement** du groupe **Code** de l'onglet **Développeur** ou cliquez sur le bouton  situé à gauche dans la barre d'état.

Exécuter une macro

- Si la macro a été conçue dans un autre classeur que Personal.xlsb, ouvrez-le.
- Activez l'onglet **Développeur** et cliquez sur le bouton **Macros** du groupe **Code** ou faites [Alt][F8].
- Indiquez où se trouve la macro à exécuter grâce à la liste **Macros dans**.
- Faites un double clic sur la macro à exécuter.

Si un raccourci-clavier a été attribué à la macro lors de sa création, vous pouvez aussi tout simplement taper ce raccourci-clavier.

Affecter une macro à un objet graphique

Grâce à cette technique, vous pouvez exécuter une macro en cliquant sur un objet graphique.

- Cliquez avec le bouton droit de la souris sur l'objet graphique auquel vous souhaitez affecter une macro existante.
- Cliquez sur l'option **Affecter une macro.**
- Dans la boîte de dialogue qui s'affiche, sélectionnez la macro à affecter dans la zone **Nom de la macro.**
- Cliquez sur le bouton **OK.**

*Dans cet exemple, un clic sur l'objet graphique **Impression** permettra de lancer la macro nommée **Janvier_Impression** :*

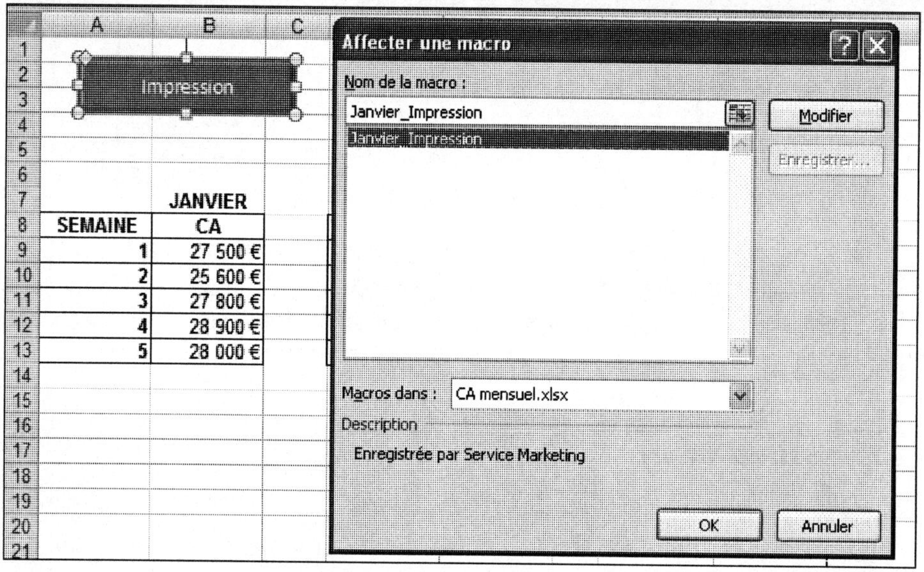

Modifier une macro

- Si la macro a été conçue dans un autre classeur que Personal.xlsb, ouvrez ce classeur ; si la macro se trouve dans Personal.xlsb, affichez ce classeur (onglet **Affichage**, bouton **Afficher la fenêtre** 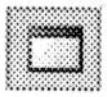 du groupe **Fenêtre**).

- Activez l'onglet **Développeur** et cliquez sur le bouton **Macros** du groupe **Code** ou faites Alt F8.
- Ouvrez, si besoin, la liste **Macros dans** afin de sélectionner le classeur contenant la macro à modifier.
- Sélectionnez la macro puis cliquez sur le bouton **Modifier**.

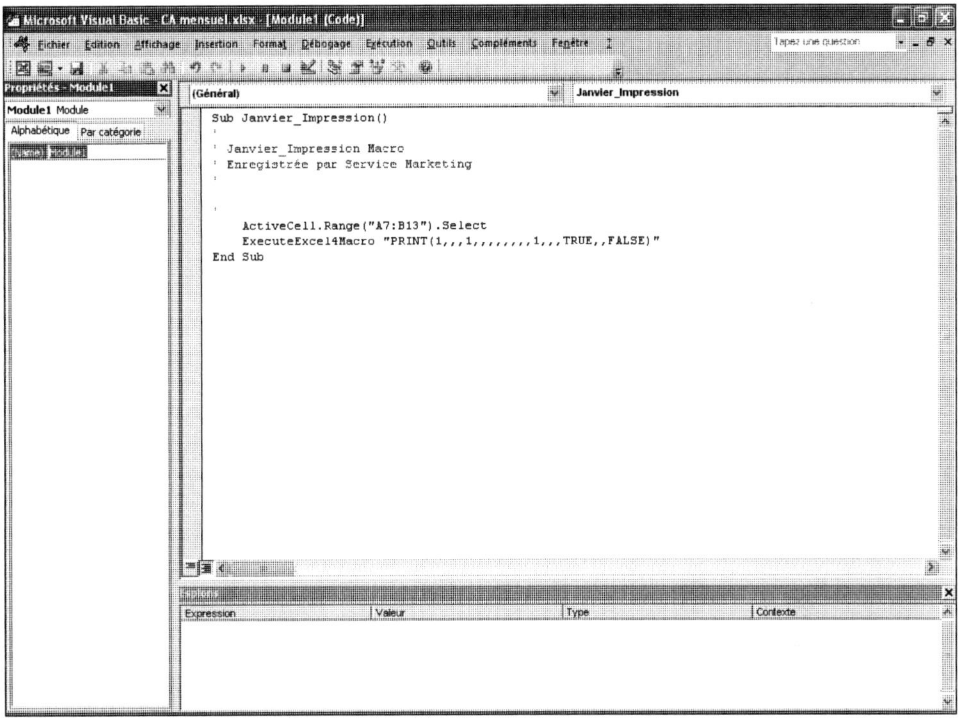

*Les codes d'instruction de la macro apparaissent dans une fenêtre **Microsoft Visual Basic**. Le code d'ouverture d'une macro est toujours **Sub** suivi du nom de la macro, tandis que le code de fermeture est **End Sub**.*

Sans connaître le langage de programmation Visual Basic, vous pouvez malgré tout effectuer quelques modifications simples à l'intérieur d'une macro.

- Pour modifier des références de cellules, faites comme dans n'importe quelle saisie : déplacez-vous à l'endroit souhaité et saisissez les références souhaitées, utilisez les touches Suppr, ←...
- Pour sélectionner des instructions, utilisez la technique du cliqué-glissé.

- Pour copier/déplacer des instructions, utilisez les commandes **Edition - Copier** ou **Edition - Couper** et **Edition - Coller**.
- Lorsque les modifications sont terminées, refermez la fenêtre **Microsoft Visual Basic** en cliquant sur son bouton de fermeture (☒).

Supprimer une macro

- Si la macro a été conçue dans un autre classeur que Personal.xlsb, ouvrez ce classeur ; si la macro se trouve dans Personal.xlsb, affichez ce classeur (onglet **Affichage**, bouton **Afficher la fenêtre** du groupe **Fenêtre**).
- Activez l'onglet **Développeur** et cliquez sur le bouton **Macros** du groupe **Code** ou faites [Alt][F8].
- Ouvrez, si besoin, la liste **Macros dans** afin de sélectionner le classeur contenant la macro à supprimer.
- Sélectionnez la macro puis cliquez sur le bouton **Supprimer**.
- Cliquez sur le bouton **Oui** pour confirmer la suppression de la macro.

Enregistrer un classeur contenant des macros

Si vous souhaitez pouvoir réutiliser vos macros ultérieurement dans le classeur, vous devez enregistrer celui-ci dans un format spécial prenant en charge les macros, d'extension .xlsm.

- Activez le classeur concerné.
- Cliquez sur le bouton **Microsoft Office** puis faites glisser la souris sur l'option **Enregistrer sous**.
- Cliquez sur l'option **Classeur Excel prenant en charge les macros.**
- Dans la boîte de dialogue **Enregistrer sous** qui apparaît, modifiez éventuellement le dossier d'enregistrement et le nom du fichier.

  *Remarquez que la zone **Type de fichier** affiche le format **Classeur Excel prenant en charge les macros (*.xlsm)**.*
- Cliquez sur le bouton **Enregistrer**.

Pages Web

Les pages Web sont des fichiers au format HTML (HyperText Markup Language) qui sont prises en charge par les navigateurs Web, ce qui permet l'accès à ces pages à d'autres utilisateurs. Office Excel 2007 possède des outils élaborés (Services Excel) qui permettent de publier vos classeurs sur un serveur Microsoft Office SharePoint Server 2007. Même si vous n'avez pas accès à ces services, vous pouvez tout de même créer vos pages Web à l'attention des utilisateurs de votre réseau ou de votre intranet.

Enregistrer un classeur sous forme de page Web

L'intérêt de cette manipulation se manifeste dans la situation suivante : vous disposez d'Excel sur un ordinateur mais vous ne pouvez pas publier à partir de ce poste.

- Ouvrez le classeur à transformer en page Web et, si vous ne souhaitez pas enregistrer tout le classeur dans un fichier Page Web, sélectionnez les cellules concernées.
- Cliquez sur le bouton **Microsoft Office** puis sur le bouton **Enregistrer sous**.
- Si besoin, modifiez le dossier d'enregistrement et/ou le nom du classeur dans la zone **Nom de fichier**.
- Ouvrez la liste **Type de fichier** et choisissez le type de page Web à créer :

  Page Web à fichier unique : pour enregistrer le classeur dans un seul fichier en tant que page Web intégrant toutes les informations de la présentation, y compris les images et autres fichiers. Ce format crée des fichiers d'extension .mht ou .mhtml.

  Page Web : pour enregistrer le classeur dans une page Web, d'extension **.htm** ou **.html**, et de créer un dossier associé contenant les fichiers de prise en charge, comme les mises en valeur pour chaque feuille, les objets graphiques... Ce dossier est créé dans le même dossier de classement que la page Web.

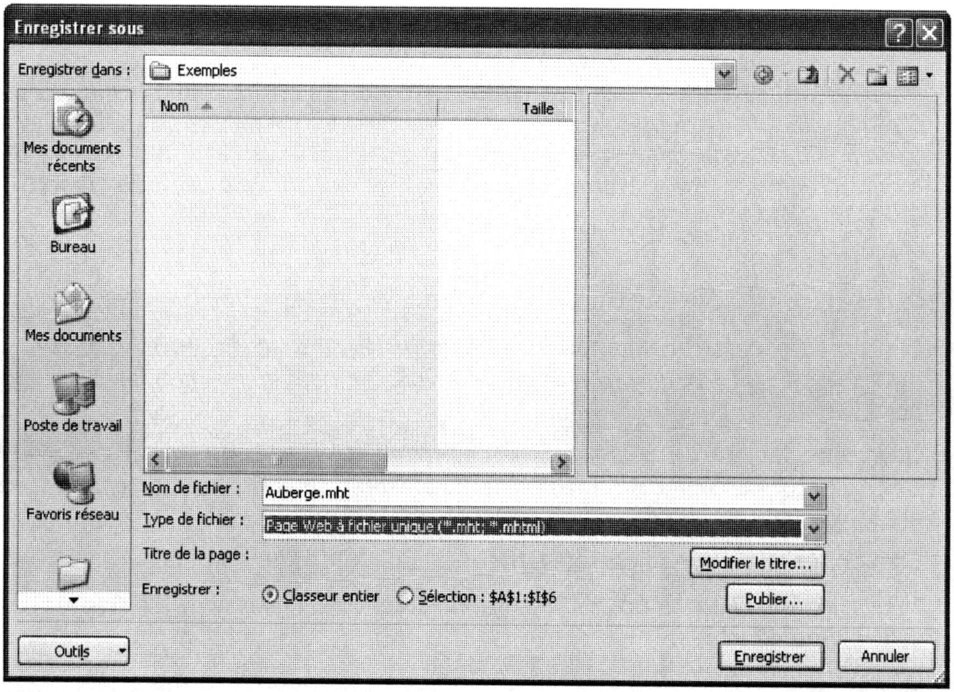

- Cliquez sur le bouton **Modifier le titre** si vous souhaitez modifier le texte qui apparaîtra sur la barre de titre de votre navigateur puis cliquez sur le bouton **OK**.

  Si vous ne modifiez pas ce titre, le texte qui apparaît par défaut est le nom complet (avec le chemin d'accès) du fichier page Web.

- Cliquez sur l'option **Classeur entier** de la zone **Enregistrer** pour enregistrer tout le classeur dans un fichier Page Web ou sur l'option **Sélection** pour enregistrer uniquement la sélection dans un fichier Page Web.
- Cliquez sur le bouton **Enregistrer**.

Excel vous affiche un message vous indiquant que certaines fonctionnalités peuvent être perdues :

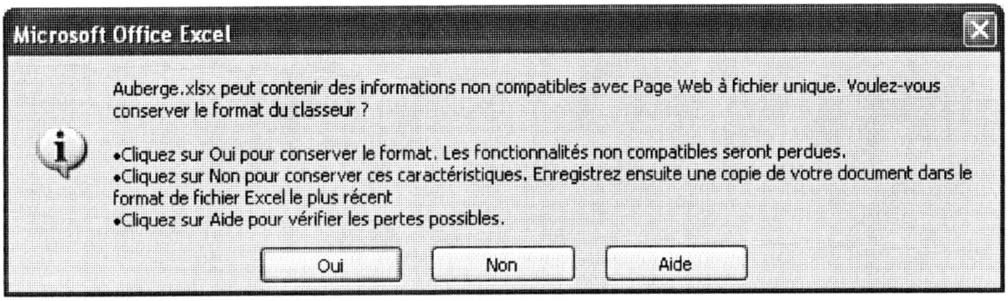

- Cliquez sur le bouton **Oui** pour continuer l'enregistrement.

La page Web est affichée dans la fenêtre d'Excel.

Si le classeur d'origine a été modifié, vous devez à nouveau l'enregistrer sous forme de page Web pour actualiser les modifications dans la page Web.

Pour visualiser une page Web dans un navigateur, accédez à celui-ci et précisez l'adresse complète de la page à afficher dans sa barre **Adresse** ou accédez à l'Explorateur Windows puis au dossier d'enregistrement de la page et faites un double clic sur son nom.

Publier un classeur

Cette technique permet de faire une copie du classeur au format HTML (HyperText Markup Language) afin de le rendre disponible à d'autres utilisateurs mais aussi de permettre la mise à jour de la page Web après modification du classeur d'origine.

Créer la page Web

- Ouvrez le classeur à publier et, si vous ne souhaitez pas publier tout le classeur, sélectionnez éventuellement les cellules concernées par la publication.
- Cliquez sur le bouton **Microsoft Office** puis sur le bouton **Enregistrer sous.**
- Si besoin, modifiez le nom du classeur dans la zone **Nom de fichier**.
- Ouvrez la liste **Type de fichier** et choisissez le type de page Web à créer : **Page Web à fichier unique** ou **Page Web**.
- Cliquez sur le bouton **Publier**.

- Dans la boîte de dialogue **Publier en tant que page Web** qui s'affiche, ouvrez la zone de liste **Choisissez** afin d'y sélectionner ce que vous souhaitez publier ; sélectionnez éventuellement la plage de cellules à publier en utilisant le bouton .
- Cliquez sur le bouton **Modifier** pour changer le texte qui apparaîtra sur la barre de titre de votre navigateur puis cliquez sur le bouton **OK**.
- Dans la zone **Nom du fichier**, sélectionnez l'emplacement pour publier la page Web. Si vous souhaitez attribuer un autre nom à la copie publiée que le nom du fichier source, précisez-le à la fin de la zone de saisie.

  Vous pouvez utiliser le bouton ***Parcourir*** *pour sélectionner cet emplacement, qui peut être un serveur Web ou un autre ordinateur.*
- Activez l'option **Republier automatiquement lors de chaque enregistrement de ce classeur** si vous souhaitez que la page Web se mette à jour après l'enregistrement des modifications du classeur.
- Activez l'option **Ouvrir la page Web publiée dans un navigateur** pour visualiser la page dès sa publication.

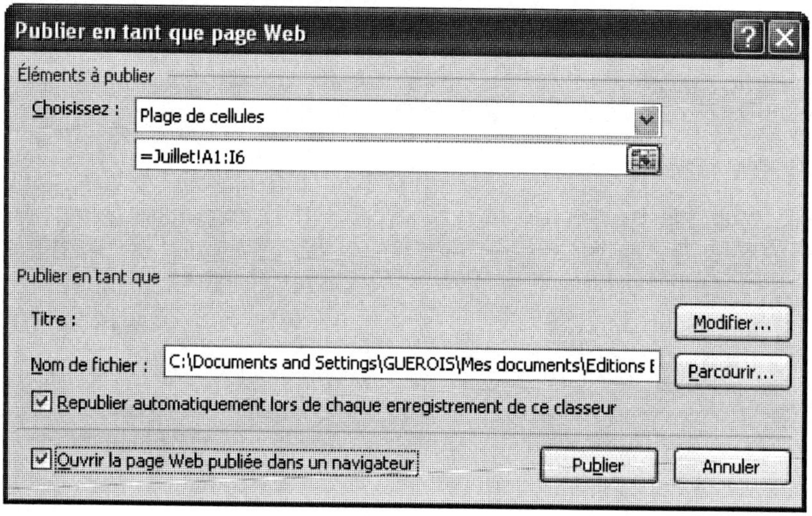

- Cliquez sur le bouton **Publier**.

Mettre à jour une page Web publiée

- Dans Excel, apportez vos modifications dans le classeur et enregistrez-les à l'aide de l'outil .

  *Si vous avez coché l'option **Republier automatiquement lors de chaque enregistrement de ce classeur** lors de la création de la page Web, la boîte de dialogue suivante apparaît :*

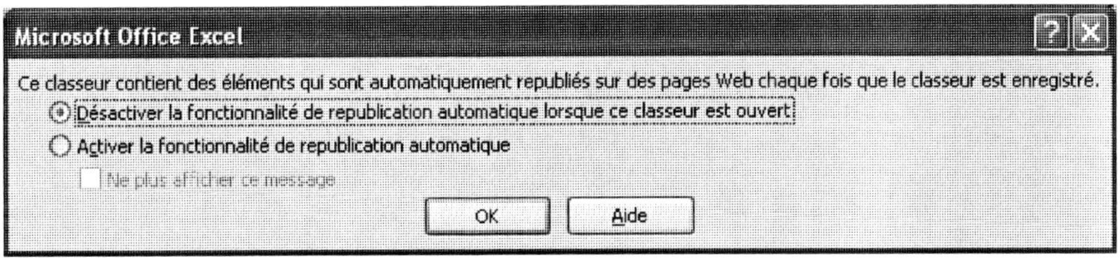

- Si vous souhaitez désactiver la republication automatique pour cette page Web, conservez la première option active ; si vous souhaitez conserver cette fonctionnalité, activez l'option **Activer la fonctionnalité de republication automatique** puis, éventuellement, cochez l'option **Ne plus afficher ce message**.
- Cliquez sur le bouton **OK**.
- Dans le navigateur, si la page Web est restée affichée lors de l'enregistrement des modifications du classeur, actualisez l'affichage de la page Web pour la mettre à jour.

Si vous n'avez pas activé la fonctionnalité de republication automatique lors de la création de la page Web, pour mettre à jour les modifications apportées dans le classeur, vous devez le publier à nouveau.

	Recherche/Remplacement
	Rechercher
Shift F4	Suivant
Ctrl Shift F4	Précédent
Ctrl H	Remplacer/Rechercher
F5 ou Ctrl T	Atteindre
Alt clic	Bibliothèque de recherche
	Insertion
Ctrl +	Cellule, Ligne, Colonne
Shift F11	Feuille de calcul
	Graphique
F11	Comme nouvelle Feuille
	Nom
Ctrl F3	Définir
F3	Coller
Ctrl Shift F3	Créer
Shift F2	Commentaire
Ctrl K	Lien hypertexte
	Affichage ligne/colonne
	Ligne
Alt "	Masquer
Alt _	Afficher
	Colonne
Alt (	Masquer
Alt)	Afficher
	Macro
Alt F8	Macros
Alt F11	Visual Basic Editor
Alt Shift F11	Microsoft script Editor
	Calcul et formule
F9	Calculer maintenant
Shift F9	Calculer document

	Audit de formules
Ctrl "	Mode Audit de formule
	Saisies particulières
Alt Gr E	Symbole euro
Ctrl ;	La date du jour
Ctrl :	L'heure
Ctrl $	Valeur de la cellule du dessus
Alt =	Formule Somme automatique
Suppr	Effacer formules et données
Alt ↓	Afficher la liste des saisies semi-automatique
Ctrl ⇄	Tabulation dans une zone de texte
	Barre de Formule
F2	Accès au mode Modifier
=	Début d'une formule
Ctrl Suppr	Suppression à partir du point d'insertion jusqu'à la fin de la ligne
Alt Entrée	Saut de ligne
Echap	Annulation de la saisie
Entrée	Validation
Ctrl Entrée	Insère le contenu de la cellule active dans les cellules sélectionnées
Ctrl ⇧ Shift Entrée	Valide une formule matricielle
F4	Références absolues/relatives
Ctrl A	Après la saisie d'un nom de fonction, affiche la palette de formules
Ctrl ⇧ Shift A	Après la saisie d'un nom de fonction, affiche les arguments de la fonction
	Mise en forme de cellule
Ctrl '	Aucune bordure
Ctrl G	Attribut Gras
Ctrl I	Attribut Italique
Ctrl U	Attribut Souligné
Alt '	Style
Ctrl ⇧ Shift 1	Cellule, Objet, ...

F7	Orthographe
	Format des nombres et des dates
Ctrl R	Format numérique standard
Ctrl !	Format milliers à deux décimales (0,00)
Ctrl M	Format monétaire à deux décimales (# ##0,00 €)
Ctrl E	Format numérique exponentiel à deux décimales (0,00E + 00)
Ctrl J	Format date (jj-mmm-aa)
	Déplacements
↖	Début de ligne
Ctrl ↖	Début de la feuille : A1
Ctrl Fin	Cellule correspondant à l'intersection de la dernière colonne de droite utilisée et la dernière ligne du bas utilisée
Ctrl F6 ou Ctrl ⇄	Fenêtre suivante
Ctrl ⇧ Shift F6 ou Ctrl ⇧ Shift ⇄	Fenêtre précédente
Ctrl Pg Dn	Feuille suivante dans le classeur
Ctrl Pg Up	Feuille précédente dans le classeur
F6	Volet suivant
⇧ Shift F6	Volet précédent
	Sélections
Ctrl A	Toute la feuille
Ctrl Espace	Colonne
⇧ Shift Espace	Ligne
F8	Active et désactive le mode Extension
⇧ Shift F8	Active et désactive le mode Ajout de sélection
Ctrl ⇧ Shift O	Cellules contenant une annotation.
Ctrl *	Plage rectangulaire de cellules autour de la cellule active.
Ctrl /	Totalité de la matrice à laquelle appartient la cellule active.

Mode Plan

Alt ⇧Shift ←	Dissocie une ligne ou une colonne d'un groupe
Alt ⇧Shift →	Associe une ligne ou une colonne à un groupe
Ctrl L	Affiche/masque les symboles du plan
	Grouper et créer un plan
Alt ⇧Shift →	Grouper
Alt ⇧Shift ←	Dissocier

Index thématique

Index thématique

Index thématique

Index thématique

Index thématique

Index thématique

Liste des titres disponibles de la collection Référence Bureautique

Consultez notre site Internet pour avoir la liste des derniers titres parus.
http://www.editions-eni.com

Access 2002
Access 2003
Bien utiliser son PC
Calc – Le tableur d'OpenOffice.org 2
Ciel Compta 2006
Ciel Compta 2005
Ciel Compta 2004
Ciel Compta 2003
Ciel Gestion Commerciale 2004
Ciel Paye 2003
Découvrez Office 2003
Découvrez Office XP
Excel 2007
Excel 2003
Excel 2002
Excel 2001 sur Macintosh
Excel 2000
FileMaker Pro 8
Frontpage 2003
Frontpage 2002
Impress – Créez des présentations animées avec OpenOffice.org 2
L'ordinateur et Internet – Notions fondamentales
Linux Mandriva 2007
Lotus Notes 7 Utilisateur
Lotus Notes 6 Utilisateur
Mac OS X Tiger
Mac OS X
Office 2004 pour Mac
Office One 6.5
OpenOffice.org 2 ou StarOffice 8
OpenOffice.org
Outlook 2002
Outlook 2003
Powerpoint 2003
Powerpoint 2002
Préparez-vous au B2i avec Office 2003
Project 2003
Project 2002
Publisher 2003
Publisher 2002
Sage Comptabilité – Ligne 100 (Version 12.02)
StarOffice 7 et sa version libre Open Office .org 1.1
Visio 2003
Visio 2002
Windows Vista
Windows XP – Nouvelle édition
Word 2007
Word 2003
Word 2002
Word 2000
Word 2001 sur Macintosh
Writer : le traitement de texte d'OpenOffice.org 2